普通高等教育规划教材

工业生产技术基础

主编　刘群山　张双杰
主审　董　方

机　械　工　业　出　版　社

本着加强基础、拓宽知识、培养学生综合素质和创新思维能力的原则，在压缩传统《金属工艺学》基础上，重点增加了新材料、新技术、新工艺、企业管理、环境保护和部分前沿科技内容。

全书共分十三章，包括材料学基础、钢的热处理、机械工程材料、表面处理、铸造、金属塑性成形、焊接、塑料和陶瓷成型技术、金属切削加工基本知识、各种表面的加工方法、机械加工工艺过程、先进加工技术、企业管理与环境保护。每章后附有复习思考题。

本书可作为高等院校理工科和经管类各专业学生的课堂用教材，也可作为有关工程技术人员和工业企业管理干部的学习参考书。

图书在版编目（CIP）数据

工业生产技术基础/刘群山等主编. —北京：机械工业出版社，2004.1（2019.6 重印）
普通高等教育规划教材
ISBN 978-7-111-13567-8

Ⅰ. 工… Ⅱ. 刘… Ⅲ. 工业技术-高等学校-教材 Ⅳ. T

中国版本图书馆 CIP 数据核字（2003）第 112223 号

机械工业出版社（北京市百万庄大街 22 号 邮政编码 100037）
策划编辑：张祖凤 责任编辑：董连仁 版式设计：张世琴
责任校对：吴美英 封面设计：陈 沛 责任印制：常天培
唐山三艺印务有限公司印刷
2019 年 6 月第 1 版 · 第 11 次印刷
169mm×239mm · 20.5 印张 · 399 千字
标准书号：ISBN978-7-111-13567-8
定价：39.80 元

凡购本书，如有缺页、倒页、脱页，由本社发行部调换

电话服务 网络服务
服务咨询热线：010-88379833 机 工 官 网：www.cmpbook.com
读者购书热线：010-88379649 机 工 官 博：weibo.com/cmp1952
教育服务网：www.cmpedu.com
封面无防伪标均为盗版 金 书 网：www.golden-book.com

前言

本书是根据原国家教委1995年颁布的《工程材料及机械制造基础课程教学基本要求》，参考了1997年颁布的《重点高等工科院校金工系列课程改革指南》，并结合各高校课程改革的经验和实践编写的。

本书是一部在原传统《金属工艺学》基础上，把传统与先进制造技术结合在一起，建立起的更为综合性的技术基础课教材。不仅注重学生获取知识能力的培养，而且注重学生综合素质和创新思维的培养。书中内容进行了精心选取，在适当压缩传统内容的同时，吸收了新材料、新技术、新工艺、企业管理、环境保护和部分前沿科技内容。全书采用了最新国家标准，章后附有复习思考题。

参加本书编写的人员及分工：刘群山（第一、十二章）；魏胜辉（第二、三章）；张忠诚（第四、五章）；张双杰（第六、八章）；李志勇（第七、十三章）；林兵（第九章）；幺春霞（第十、十一章）。全书由刘群山、张双杰任主编，董方任主审。

本书编写过程中，参考了大量的有关教材、手册和论文，所用主要参考文献列于书后，并对有关出版社和作者表示衷心感谢。书中不妥之处，敬请读者批评指正。

编　者

于河北科技大学

目　录

第一章　材料学基础

材料是人类赖以生存的物质基础，其种类繁多、性能各异、价格不同。工业生产中所使用的材料属于工程材料，主要包括金属材料、无机非金属材料、有机高分子材料和复合材料四大类。其中，应用最广泛的是金属材料。本章主要阐述金属材料的基础知识。

第一节　材料的性能

金属材料具有一定的力学性能、物理性能、化学性能和工艺性能，可以满足不同使用条件下对零件的要求，在结构、机件、工具和物理功能器件的制造中广为应用。

一、金属材料的力学性能

金属材料的力学性能是指金属材料在受外力作用时所反映出来的性能。它是衡量金属材料性能的极其重要的指标，是选择、使用金属材料的重要依据。金属材料的力学性能主要有：强度、塑性、硬度、冲击韧度、疲劳强度等。

1. 强度

强度是金属材料在外力作用下抵抗塑性变形和断裂的能力。按照作用力性质的不同，强度可分为屈服点（屈服强度）、抗拉强度、抗压强度、抗弯强度等。工程上常用的强度指标是屈服点和抗拉强度，它们都由拉伸试验测定。

拉伸试验是将金属材料按国家标准制成标准试样（图 1－1a）装夹在材料试验机上，对其两端施加轴向静拉力，试样产生变形。随着拉力的增大变形量增加，直至把试样拉断（图 1－1b）。在试验过程中，试验机自动绘制出拉力 F 与其相对应的变形量 ΔL 之间的关系曲线（图 1－2），称为力－伸长曲线。

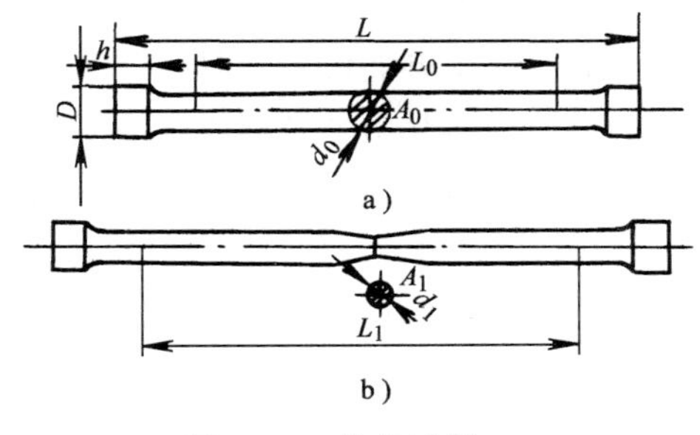

图 1－1　拉伸试样

a）标准拉伸试样　b）拉断后

由图可见，在 oe 段，变形与外力成正比，试样只产生弹性变形，即当外力去除后，试样就恢复到原始长度。超过 e 点，试样就会产生塑性变形，即使去掉外力，试样也不能恢复到原始长度。通常，材料在弹性范围内所能承受的最大应力称为弹性极限，用 σe 表示。在新的国家标准中，弹性极限用材料产生 0.01% 塑性变形量时的应力值来表示。

金属材料在外力作用下抵抗弹性变形的能力称为刚度。在弹性范围内，应力（单位横截面积上受的力）与应变（单位长度上的变形量）的比值称为弹性模量，用 E 表示。它是衡量金属材料刚度大小的指标，反映了材料弹性变形的难易程度。在相同的外力作用下，材料的 E 越大，则弹性变形越小；E 越小，则弹性变形越大。弹性模量 E 的大小，与材料原子之间的作用力强弱有密切的关系，而与其内部组织的变化关系不大。对于一个机械零件来说，其刚度除与所用材料的 E 有关外，还与该零件的形状和尺寸有关。

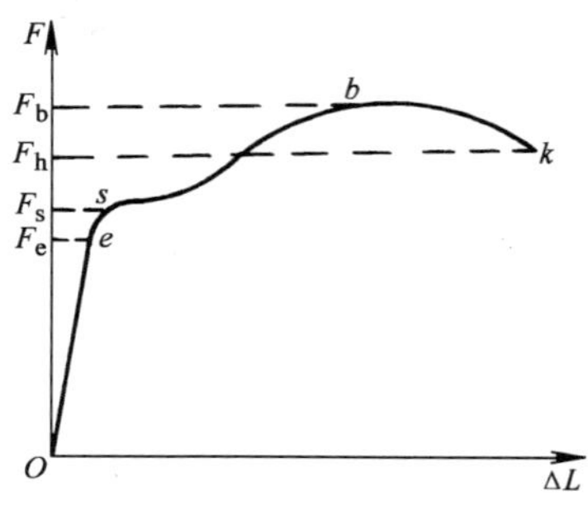

图 1－2　低碳钢力－伸长曲线

当载荷继续增大到 F_s 时，力－伸长曲线出现了小锯齿状平台。其特点是试样所承受的载荷几乎不变，但却产生了不断增加的塑性变形，这种现象称为屈服。材料产生屈服现象时的应力称为屈服点，用 σ_s 表示，单位为 Pa，即

$$\sigma_s = F_s / A_0$$

式中　F_s——屈服载荷（N）；

A_0——试样原始横截面积（m^2）。

有些金属材料，如高碳钢、铸铁、铜、铝等，没有明显的屈服现象，力－伸长曲线上没有小锯齿状平台，通常规定产生 0.2% 塑性变形时的应力作为其名义屈服点，用 $\sigma_{0.2}$ 表示。

屈服点表征了材料抵抗微量塑性变形的能力。屈服以后，材料产生明显的塑性变形。载荷再继续增大时，塑性变形量显著增大。当载荷增大到 F_b 时，试样的某一横截面开始急剧减小，出现“缩颈”。由于承载面积减小，试样很快被拉断。金属材料在拉断前所能承受的最大应力称为抗拉强度，用 σ_b 表示，即

$$\sigma_b = F_b / A_0$$

式中　F_b——最大载荷（N）；

A_0——试样原始横截面积（m^2）。

屈服点和抗拉强度是设计机械零件时评定、选择金属材料的重要依据。因为，多数机械零件工作时不允许出现塑性变形，其材料所受的应力不能超过 σ_s。机械零件更不能在超过其材料 σ_b 的条件下工作，否则将导致机件的破坏。

2．塑性

金属材料在外力作用下，断裂前发生不可逆永久变形的能力称为塑性。通常

用伸长率 δ 和断面收缩率 ψ 来表示，即

$$\delta=(L_1-L_0)/L_0\times100\%$$

$$\psi=(A_0-A_1)/A_0\times100\%$$

式中　L_0——试样的原始长度（mm）；

L_1——试样拉断后的长度（mm）；

A_0——试样的原始横截面积（m^2）；

A_1——试样拉断后断口处的截面积（m^2）。

δ 或 ψ 越大，材料的塑性越好。良好的塑性是金属材料进行塑性成形的必要条件。

3．硬度

硬度是金属材料抵抗其他更硬的物体压入其内的能力。它表示了金属材料在一个小的体积范围内抵抗变形和断裂的能力，是一个重要的综合力学性能指标。

金属材料的硬度是在专门的硬度计上测定的。常用的硬度指标有布氏硬度、洛氏硬度等。

（1）布氏硬度　布氏硬度测定时，通常用一定直径的淬火钢球或硬质合金球作压头，在一定的静载荷下压入试件表面（图 1－3），保持压力至规定的时间后卸载。根据所加载荷的大小和所得压痕表面积来计算压痕表面上的平均应力值。此平均应力值即定义为布氏硬度，并用 HBS 或 HBW 表示，即

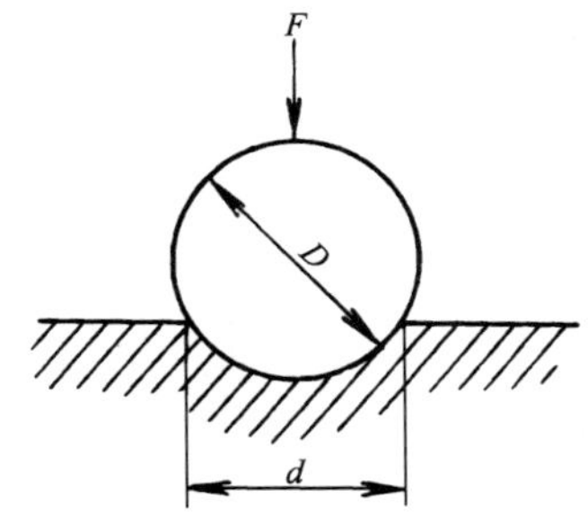

图 1－3　布氏硬度试验示意图

$$\mathrm{HBS（HBW）}=\frac{F}{A_R}=0.102\frac{2F}{\pi D\left(D-\sqrt{D^2-d^2}\right)}$$

式中　F——所加载荷（N）；

A_R——压痕表面积（mm^2）；

D——球体直径（mm）；

d——压痕平均直径（mm）。

在实际测定中，F 和 D 是根据被测材料按国家标准选定的，只需用刻度放大镜测量出压痕直径 d，然后直接查表即可求得硬度值。实际上，布氏硬度仍沿用 kgf/mm^2 作为单位，但习惯上不予标出。例如 120HBS10/1000/30，表示用 ϕ10mm 淬火钢球，在 9806.7N（1000kgf）载荷下，保持 30s 测得的布氏硬度值为 120。

由于布氏硬度测量时压痕面积较大，能反映较大范围内金属各组成物的平均性能，且试验数据的重复性好，因此广泛用于测定铸铁、有色金属、退火钢等小

于450HBS的金属材料。当被测金属材料的布氏硬度大于450HBS时，由于淬火钢球本身发生变形而影响测定结果的准确性，故不能测定太硬的材料。布氏硬度试验规范见表1-1。

表1-1 布氏硬度试验规范

材料	布氏硬度值HBS	试样厚度/mm	F/D	D/mm	F/N	载荷保持时间/s
钢及铸铁	140～450	>6 6～3 <3	≈300	10.0 5.0 2.5	29420.0 7355.0 1838.7	10～15
	<140	>6 6～3 <3	≈100	10.0 5.0 2.5	9806.7 2451.7 612.9	10～15
铜及其合金	>130	>6 6～3 <3	≈300	10.0 5.0 2.5	29420.0 7355.0 1838.7	30
	35～130	>6 6～3 <3	≈100	10.0 5.0 2.5	9806.7 2451.7 612.9	30
	<35	>6 6～3 <3	≈50	10.0 5.0 2.5	4903.3 1225.8 306.5	60

由于硬度和强度以不同形式反映了材料在外力作用下抵抗变形和断裂的能力，故二者之间有一定的关系，其经验换算关系为：

低碳钢 $\sigma_b \approx 3.6$HBS

高碳钢 $\sigma_b \approx 3.4$HBS

调质合金钢 $\sigma_b \approx 3.25$HBS

灰铸铁 $\sigma_b \approx 1$HBS

上述关系式中，σ_b 的单位为MPa。

当布氏硬度大于450HBS测定时，可以用一定直径的硬质合金球作压头，据压痕直径查表得出材料的硬度，其符号是HBW。例如500HBW5/750/15，表示用直径5mm的硬质合金球，在7355N（750kgf）载荷下保持15s测得的布氏硬度值为500。这种硬质合金球压头可用于测布氏硬度值在650以下的材料。

（2）洛氏硬度　洛氏硬度与布氏硬度的测定原理基本相同，所不同的是，它不测压痕的面积大小，而是根据压痕的深度来衡量硬度。洛氏硬度试验是用顶角为120°的金刚石圆锥或直径为1.588mm的淬火钢球作压头，根据被测材料的软硬不同来选择。当用120°金刚石圆锥作压头时（图1-4），先加初载荷98.07N

(10kgf)，使压头压入 b 处，与试件的表面良好地接触。以 b 处作为衡量压入深度的起点。然后，再加上主载荷使压头压入到 c 处，停留一定时间后，将主载荷卸除。由于材料弹性变形的恢复，压头回升到 d 处，以此时的压痕深度 h 作为测量的硬度。

金属越硬，压痕深度越小；金属越软，压痕深度越大。为了与习惯上“数值越大硬度越高”的概念相一致，采用一常数 K 减去 h 的差值来表示硬度值。又为简便起见，规定每压入 0.002mm 深度作为一个硬度单位（即洛氏硬度计刻度盘上一小格）。洛氏硬度用符号 HR 表示，其值为：

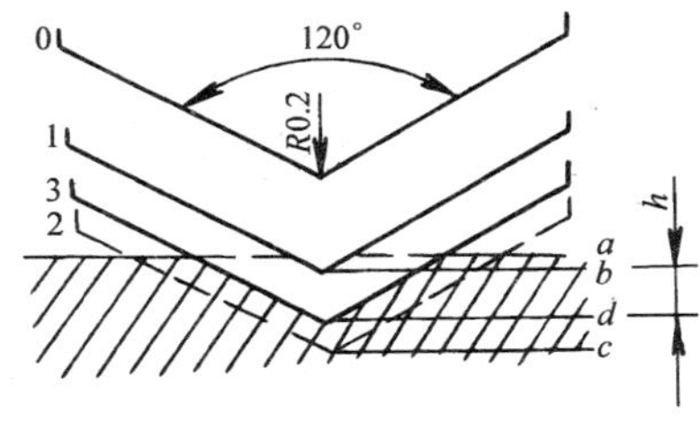

图 1－4 洛氏硬度试验原理

$$HR=(K-h)/0.002$$

式中 K——常数，采用金刚石圆锥作压头时 $K=0.2$；采用淬火钢球作压头时 $K=0.26$。

据所用压头和载荷的不同，洛氏硬度可分为 HRA、HRB、HRC、HRD 等几种标度，分别适用于测定不同的材料，见表 1－2。

表 1－2 洛氏硬度试验规范

标度	压头	初载荷/N	主载荷/N	总载荷/N	硬度范围	适用的材料
HRA	120°金刚石圆锥	98.07	490.33	588.4	70～85	硬质合金、表面淬火的钢等
HRB	ϕ1.588mm 钢球	98.07	882.63	980.7	25～100	软钢、退火钢，铜合金等
HRC	120°金刚石圆锥	98.07	1372.93	1471.0	20～67	淬火钢、调质钢等
HRD	120°金刚石圆锥	98.07	882.63	980.7	49～77	薄钢板、中等厚度的表面硬化零件

洛氏硬度测定法操作简单，并能直接从硬度计的表盘上读出硬度值；被测试件表面压痕小，几乎不损伤成品件表面；又由于所加载荷较小，适宜于较薄工件的硬度测定。尤其是 HRC 可用于测定硬度很高的材料，在热处理质量检查中应用非常广泛。但由于压痕较小，对内部组织和硬度不均匀的材料，测得的结果不够准确，通常需要在试件的不同部位测定三点以上，取其平均值。

硬度高低对材料的切削加工性和零件的耐磨性具有至关重要的影响。通常，材料的硬度越高，其耐磨性越好。金属材料的硬度约为 300HBS 左右时，具有较好的切削加工性。硬度过低或过高，都不利于切削加工。

4. 冲击韧度

金属材料抵抗冲击载荷作用而不破坏的能力称为冲击韧性。它通常以试样缺口底部单位横截面上的冲击吸收功来衡量，即称为冲击韧度。

许多机械零件是在冲击载荷下工作的，如锻锤的锤杆、柴油机的曲轴、冲床的冲头等。由于瞬时的冲击力作用所引起的变形和应力，比静载荷的大得多，对零件的破坏程度更严重，因此，设计这些承受冲击载荷的零件时，必须考虑所用材料的冲击韧度。

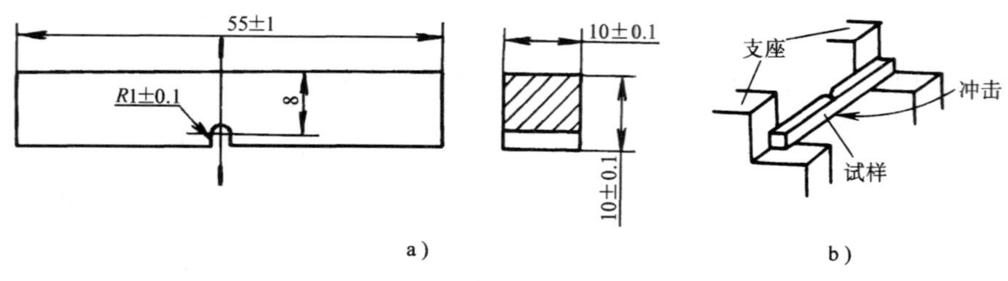

图 1－5　冲击试验的试样

a）标准试样　b）试样安放

金属材料的冲击韧度可用摆锤冲击试验来测定：首先，将金属材料制成标准冲击试样，图 1－5a 为 U 形缺口冲击试样。然后，将试样按图 1－5b 安放在试验机上。摆锤冲击试验原理如图 1－6 所示。试验时，将重力为 G 的摆锤提升到 H_1 的高度，使其获得位能 GH_1，然后使摆锤下落，其位能变成动能，冲断试样消耗了一部分能量，剩余的能量使摆锤继续向前升到 H_2 的高度，此时摆锤的位能为 GH_2。摆锤冲断试样所做的冲击吸收功 $A_K = G(H_1 - H_2)$。试样缺口处单位横截面积上的冲击吸收功，即冲击韧度值 a_K 为：

$$a_K = A_K / A_0$$

式中　A_K——试样在一次冲击下折断时所吸收的功（J）；

A_0——试样缺口处的横截面积（cm^2）。

a_K 值越大，材料的韧性越好，受到冲击时不易断裂。a_K 值的大小与很多因素有关，不仅受试样形状、表面粗糙度、内部组织等因素的影响，还与试验时的环境温度有关，因而重复性较差。另外，在冲击载荷下工作的机械零件，很少是受大能量一次冲击而破坏的，往往是在较小能量多次重复冲击下而破坏。研究表明，在冲击能量相对不太大的情况下，金属材料承受多次重复冲击的能力，主要取决于强度，而不是要求过高的冲击韧度，即冲击韧度较低而强度较高的材料寿命较长。因此，用 a_K 值来衡量和设计这些机械零件是不太合适的，一般只用 a_K

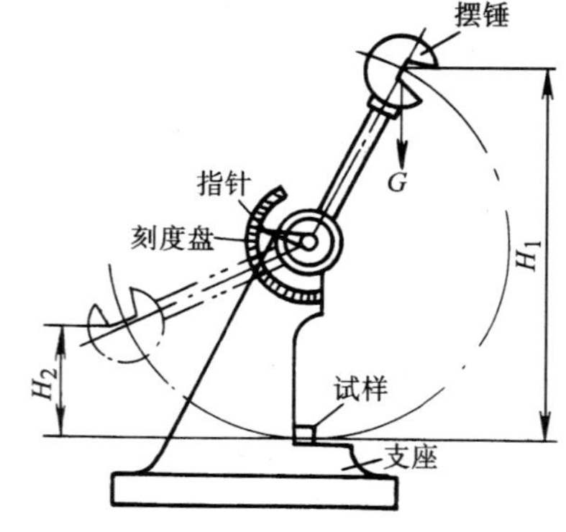

图 1－6　摆锤冲击试验原理

值作为选择材料的参考。

5. 疲劳强度

许多机械零件，如曲轴、齿轮、连杆、弹簧等，是在大小或方向反复改变的交变载荷下工作的。虽然零件所受的应力远低于材料的抗拉强度，甚至远低于屈服点，但在使用中往往会发生突然断裂，这种现象称为疲劳破坏。据统计，约有80%的机械零件的失效是属于疲劳造成的。

产生疲劳破坏的原因，一般认为是由于材料有杂质、表面划痕及其他能引起应力集中的缺陷，而导致微裂纹的产生。这种微裂纹随应力循环次数的增加而逐渐扩展，致使零件不能承受所加载荷而突然断裂。

金属材料在无数次重复交变载荷作用下不致引起断裂的最大应力称为疲劳强度。实际上，不可能进行无数次重复交变载荷试验来测定材料的疲劳强度，故各种金属材料应有一定的应力循环基数，如钢材以 10^7 为基数，即钢材承受的载荷交变次数达到 10^7 次仍不发生疲劳破坏的最大应力，就定为该钢的疲劳强度。有色金属和某些超高强度钢则取 10^8 为基数。

机械零件的疲劳强度与所用材料的材质、零件表面状况、结构形状及承受的载荷性质等许多因素有关。生产中可通过改善零件结构形状来避免应力集中、减小表面粗糙度数值和强化表面（如表面淬火、喷丸处理）等来提高疲劳强度。

二、金属材料的物理、化学及工艺性能

1. 物理性能

金属材料的物理性能主要有密度、熔点、热膨胀性、导电性和导热性等。由于机械零件的用途不同，对其物理性能的要求也有所不同，例如飞机零件要选用密度小的铝合金来制造；制造内燃机活塞的金属材料应具备较小的热膨胀系数；设计电机电器的零件时，常要考虑金属材料的导电性等。

金属材料的一些物理性能，对于热加工也有一定的影响。例如高速钢的导热性较差，在热处理和锻造时就应该用较低的速度进行加热，否则会产生裂纹；又如铸铝、铸铁和铸钢的熔点不同，在铸造时三者的熔炼工艺就有较大的差别。

2. 化学性能

金属材料的化学性能是指其抵抗各种化学作用的能力，主要是抵抗活泼介质的化学侵蚀能力，如耐酸性、耐碱性等。

对于在腐蚀介质中或在高温下工作的零件，比在空气中或室温下的腐蚀更为强烈。设计这类零件时，应选用化学稳定性好的金属材料，如化工设备、食品机械、医疗器具等可采用不锈钢来制造。

3. 工艺性能

工艺性能是物理、化学、力学性能的综合。按工艺方法的不同，可分为铸造性能、可锻性、焊接性和切削加工性等。如果某种材料的工艺性好，就意味着能用简单的工艺加工成高质量、低成本的零件或毛坯。因此，设计机械零件和选择工艺方法时，都要考虑金属材料的工艺性能。各种工艺性能将在以后有关章节中分别介绍。

第二节 金属的结构与结晶

一、晶体与晶格

1. 晶体与晶格的概念

固态物质按其原子的排列情况不同，可分为晶体和非晶体两大类。非晶体的特点是原子的排列不规则，如玻璃、沥青、松香等都是非晶体；晶体的特点是它们的原子都按一定的次序作规则的排列，如金刚石、石墨和固态下的金属及合金都属于晶体。

金属的原子结构中，最外层的电子数目少，与原子核的结合力较弱，容易摆脱原子核的束缚变成自由电子。当大量金属原子聚集在一起构成金属晶体时，绝大部分金属原子都将失去其最外层的电子变成正离子。这些正离子按照一定的规律排列，并在各自的位置上作微弱的热振动。而自由电子则在各正离子间穿梭运动，为整个金属中的原子所共有，称为自由电子。金属晶体就是靠正离子与公有化的自由电子之间的相互作用而结合起来的，这种结合方式称为金属键。图 1－7a 是金属原子在空间堆积的立体模型。

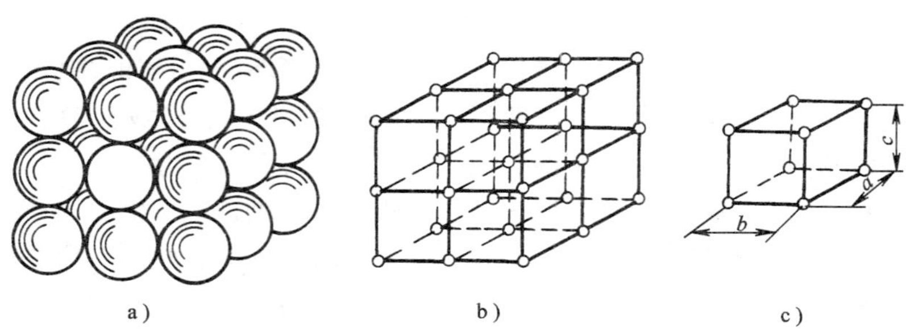

图 1－7 简单立方晶格与晶胞的示意图
a）晶体中的原子排列 b）晶格 c）晶胞

为了便于表明原子的排列规律，假设原于静止，并缩小成位于其中心的一个质点，用直线将这些质点连接起来，组成空间格子（图 1－7b）称为晶格。晶格中的每个点称为结点。能够完全代表晶格中原子排列规律的最小几何单元称为晶胞（图 1－7c）。整个晶格就是由大小、形状和位向相同的晶胞在空间重复堆积而成的。晶胞中各棱边的长度 a、b、c 叫晶格常数，其大小通常用 Å 来度量（$1Å=10^{-10}m$）。

2. 晶格类型

研究表明，大多数的金属都具有比较简单的晶体结构，最常见的晶格类型有以下三种：

(1) 体心立方晶格　在体心立方晶格的晶胞（图 1－8a）中，八个角上各有一个原子，构成立方体。在立方体中心还有一个原子，故称为体心立方晶格。其晶格常数 $a=b=c$，用 a 表示。属于这种晶格的金属有 Cr、W、V、Mo、α－Fe 等。

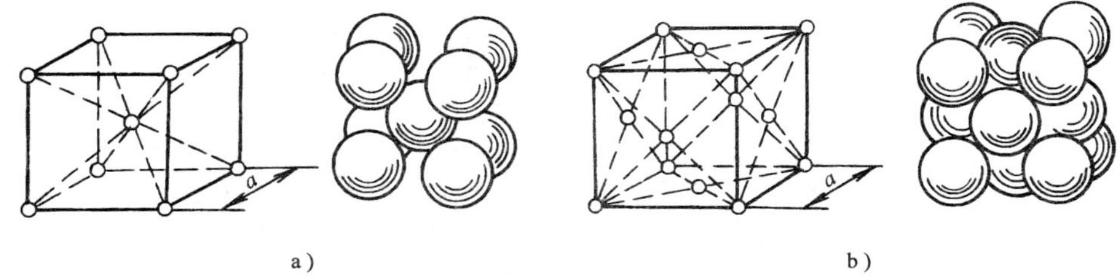

图 1－8　体心立方晶胞和面心立方晶胞

由图 1－8a 可知，体心立方晶胞中对角线方向上的原子是彼此紧密相接触排列着的。该对角线的长度为$\sqrt{3}a$，恰好是两个原子间距，所以，原于半径为 $r=\sqrt{3}a/4$。

在体心立方晶胞中，每个角上的原子是与相邻的另七个晶胞所共有，属于这个晶胞的只有 1/8；而体中心的原子只属于这个晶胞。所以，体心立方晶胞中仅包含有：$(1/8)\times 8+1=2$ 个原子。

由图 1－8a 可知，晶胞棱边上和表面中心等处原子不能接触，存在间隙。通常把原子排列的紧密程度称为致密度，它是晶胞中所包含的原子占有的体积与该晶胞体积之比。体心立方晶格的致密度为：

$$\frac{\text{晶胞拥有的原子数}\times\text{单个原子体积}}{\text{晶胞的体积}}=\frac{2\times\left(\frac{4}{3}\pi r^3\right)}{a^3}=\frac{2\times\frac{4}{3}\pi\left(\frac{\sqrt{3}}{4}a\right)^3}{a^3}=0.68$$

可见，致密度是一个与原子大小、晶胞大小无关的数。就是说，只要金属的原子排列成体心立方这种晶体结构，就会有 68% 的体积被金属原子占据，其余为空隙。

(2) 面心立方晶格　在面心立方晶格的晶胞（图 1－8b）中，八个角上各有一个原子，构成立方体。在立方体的每个表面的中心各有一个原子，故称为面心立方晶格。晶格常数 $a=b=c$，也用 a 来表示。属于这种晶格的金属有 Al、Cu、Ni、Pb、γ－Fe 等。

由图 1－8b 可知，面心立方晶胞中，每个面的对角线上各原子彼此相互接触，这个对角线的长度是$\sqrt{a^2+a^2}=\sqrt{2}a$，恰好是两个原子间距，所以原子半径$r=\sqrt{2}a/4$。

同样，每个角上的原子是与相邻的另七个晶胞所共有，属于这个晶胞的只有 1/8；而每一面心位置上的原子同时属于两个晶胞共有，属于这个晶胞的只有 1/2。所以，面心立方晶胞中含有：$(1/8)\times 8+(1/2)\times 6=4$ 个原子。

面心立方晶胞的棱边上和中心等处存在间隙，它的致密度为：

$$\frac{4\times\left(\frac{4}{3}\pi r^3\right)}{a^3}=\frac{4\times\frac{4}{3}\pi\left(\frac{\sqrt{2}}{4}a\right)^3}{a^3}=0.74$$

可见，面心立方晶格的致密度比体心立方晶格大，原子排列得较紧密。

(3) 密排六方晶格　在密排六方晶格的晶胞（图 1－9）中，六方体的十二个角上各有一个原子，上下两个正六边形表面的中心也各有一个原子，在六方体的中间还规则地分布着三个原子。属于这种晶格的金属有 Be、Mg、Zn、α－Ti 等。

在密排六方晶格的晶胞中，每个角上的原子与相邻的另五个晶胞所共有，属于这个晶胞的只占 1/6；上下两个正六边形表面中心的原子分别与相邻的晶胞共有，属于这个晶胞的是 1/2；而中间的三个原子只属于这个晶胞。所以，密排六方晶胞中含有：$(1/6)\times 12+(1/2)\times 2+3=6$ 个原子。

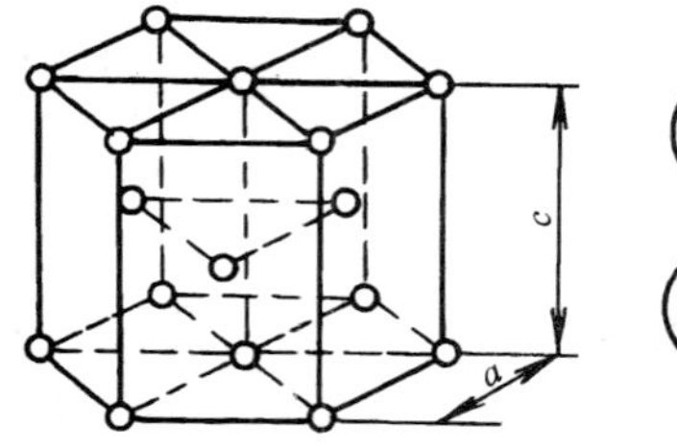

图 1－9　密排六方晶胞

密排六方晶胞的晶格常数用 a（正六边形的边长）和 c（六方体的高）来表示。c 与 a 之比称为轴比，一般 $c/a=\sqrt{8}/\sqrt{3}$。正六边形边上的原子紧密接触，a 正好是一个原子间距。所以，$r=a/2$。

由数学可知，正六边形面积为$\frac{3\sqrt{3}}{2}a^2$；六方体的体积为$\frac{3\sqrt{3}}{2}a^2c$；每个原子的体积为$\frac{4\pi}{3}r^3=\frac{4\pi}{3}\left(\frac{a}{2}\right)^3=\frac{\pi}{6}a^3$。所以，密排六方晶格的致密度为：

$$\frac{6\times\frac{\pi}{6}a^3}{\frac{3\sqrt{3}}{2}a^2c}=\frac{\pi a^3}{\frac{3\sqrt{3}}{2}a^2\frac{\sqrt{8}}{\sqrt{3}}a}=0.74$$

可见，密排六方晶格也是一种紧密排列，并由此而得名。

3. 晶面与晶向

晶格中各方位上的原子面称为晶面。晶面在晶胞中的位置与方向用晶面指数表示。

晶格中原子列在空间的位置和方向称为晶向。晶向在晶胞中的位向用晶向指数表示。

晶体中的原子在三维空间呈周期性规则排列。晶向指数和晶面指数能够形象地描述原子在晶体中的位置，更好地确定晶体中相关的点、线、面以及相互间的关系，可进一步分析晶体的各种原子列和原子面的特点。

在一个单晶体中，由于各晶面和晶向上的原子密度不同，原子之间的结合力也随之不同。因此，在各个方向上所表现出的物理、化学和力学性能便出现差异，这种现象称为各向异性。这种特性在某些特殊场合得到了应用，如用来提高硅钢片的磁导率。然而，在工业上应用的金属材料大多数是多晶体，材料的性能是各个位向不同的晶粒性能的统计平均值，所以不会表现出各向异性。

二、晶体结构与晶格缺陷

1. 多晶体结构

如果一块晶体内部的晶格方位完全一致，我们就把它称作单晶体。实际的金属，大都是由许多位向不同的小单晶体组成的（图 1－10）。由于每个小单晶体的外形多为不规则的颗粒状，故常称其为晶粒。晶粒与晶粒之间的界面称为晶界。晶界是不同位向晶粒之间的过渡区，原子排列不规则，它的厚度约为几个原子层厚。

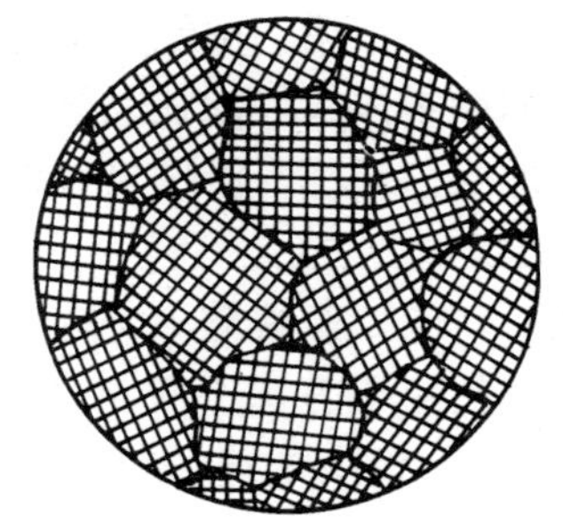

图 1－10　多晶体结构示意图

钢铁材料中的晶粒尺寸，一般在 10^{-1}～10^{-3}mm，只有在显微镜下才能看到。在显微镜下所观察到的晶粒的大小、形态和分布称为显微组织。有色金属，如铜、铝、锡、铅、锌等的晶粒一般比钢铁的大些，有些不用显微镜就能直接看到。如镀锌钢板表面的锌晶粒，其尺寸可达数毫米至几十毫米。

实际上，每个晶粒内部也不是那么理想的完整，每个晶粒内部的晶格方位在不同区域上还有微小的差别。这些在晶格方位上彼此有微小差别的晶内小区域，称为亚晶粒或亚结构。因其尺寸较小，常须在高倍的显微镜或电子显微镜下才能观察到。

2. 晶体缺陷

原子完全按一定的次序规则排列的晶体，称为理想晶体。由于晶体形成条件、原子的热运动及其他条件的影响，原子的规则排列在局部区域受到破坏，呈现不完整性。在实际金属中这种局部原子排列的不完整区域，称为晶体缺陷。按几何形态不同，晶体缺陷可分为以下三大类：

（1）点缺陷 它的特征是在三维方向上的尺寸都很小，相当于一个原子尺寸。最常见的点缺陷是晶格空位、间隙原子和置换原子（图1－11）。在实际晶体中，晶格的某些结点未被原子占据，这些空着的结点位置称为晶格空位。当然，也可能在晶格的间隙中出现多余的原子，这些不占正常晶格结点位置，而处在晶格间隙中的原子称为间隙原子。置换原子是取代了正常结点上原子的其他原子。

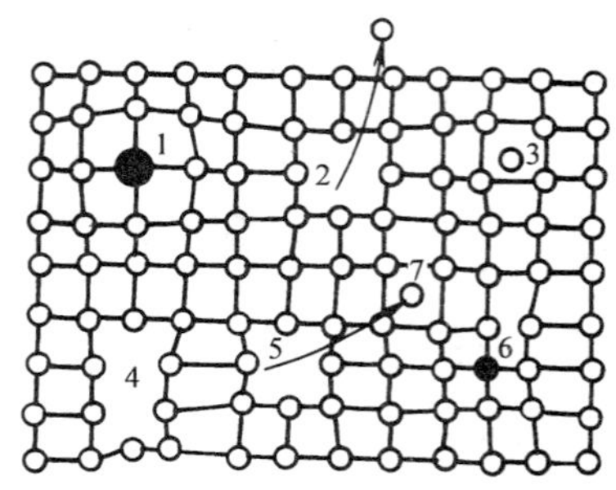

图1－11 点缺陷示意图
1、6—置换原子 2、4、5—空位
3、7—间隙原子

由于晶格空位、间隙原子和置换原子的出现，原子间的作用力平衡被破坏，使其周围的其他原子发生移动，偏离晶体的结点位置，这种现象称为晶格畸变。

（2）线缺陷 它的特征是沿着晶体点阵的某一方向尺寸很大，而三维空间的其他两个方向尺寸很小。线缺陷即晶格中的位错。它是晶格中一部分晶体相对于另一部分晶体的局部滑移而造成的。由于局部滑移的方式不同，可有不同形式的位错。图1－12所示是一种最简单的位错，称为刃型位错。由于右上部分的局部滑移，结果在晶格的上半部中挤出了半层多余的原子面，好像在晶格中额外插入了半层原子面一样，该多余半层原子面的边缘即为位错线。沿位错线的周围晶格发生了畸变，离开位错线越远，晶格畸变越小。

（3）面缺陷 它的特征是沿着晶体点阵的某两个方向上尺寸很大，而第三个方向上的尺寸很小。在多晶体中，各晶粒的位向不同，原子排列的规律性在晶界处得不到统一，必须从一种位向过渡到另一种位向（图1－13a）。因此，晶界是一种面缺陷。

如果晶界两侧的晶粒位向相差不大（图1－13b），称其为亚晶界。亚晶界也可看成是一种位错线的堆积。

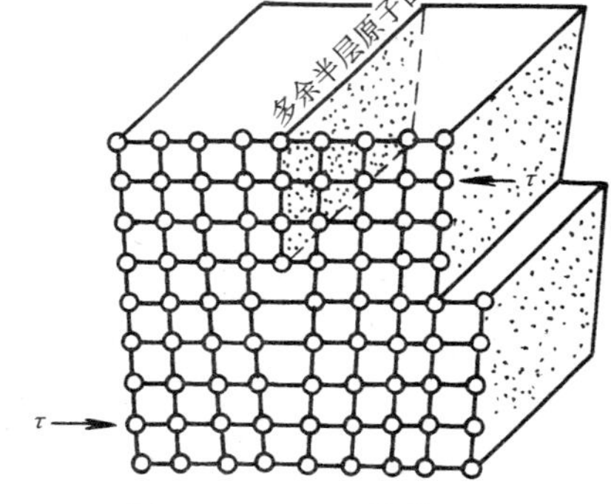

图1－12 刃型位错

通过以上分析可知，凡晶格缺陷处及其附近，均有明显的晶格畸变，使金属的力学性能发生明显变化。实验证明，晶界和亚晶界越多、位错密度越大，金属的强度越高。

三、金属的结晶与铸锭组织

1．纯金属的结晶过程

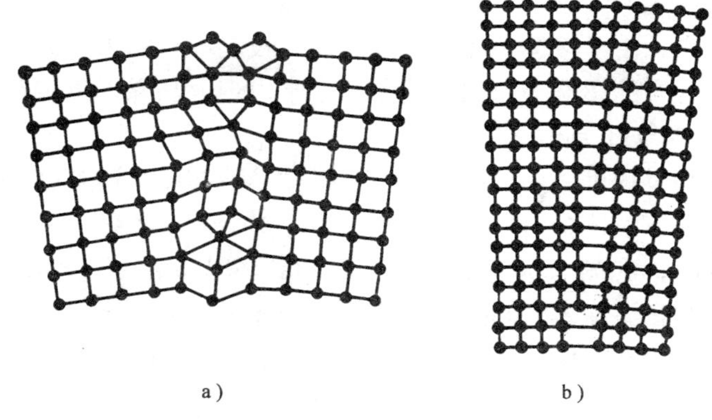

图 1－13　晶界和亚晶界示意图
a) 晶界　b) 亚晶界

金属由液态转变为固态晶体的过程称为结晶。

当液态金属冷却到结晶温度时，液体金属中就会有少数原子形成类似晶体原子排列的小集团，称为晶胚。这些晶胚不仅尺寸较小，大小不一，而且极不稳定，时聚时散（图 1－14a）。当液体金属被冷却到结晶温度以下时，某些尺寸较大、比较稳定的晶胚便有了进一步成长的条件，形成最初的小晶体，称为晶核。这个过程称为形核过程（图 1－14b）。

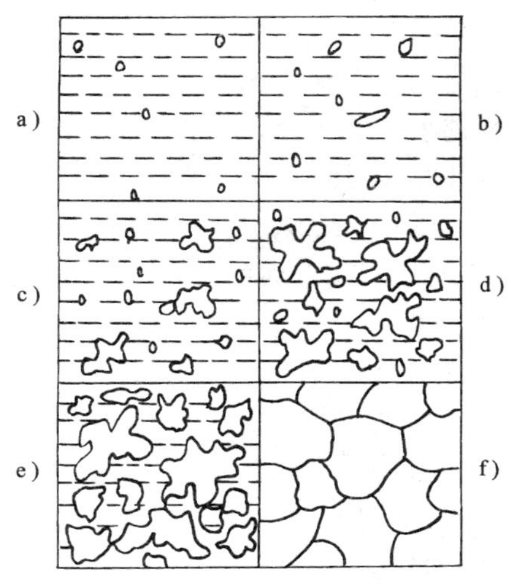

图 1－14　金属结晶过程示意图

在晶核开始成长的初期，因其内部原子规则排列的特点，其外形也大多是比较规则的。但随着晶核的成长，晶体棱角的形成，棱角处的散热条件优于其他部位，因而得到优先成长，像树枝一样先长出枝干，再长出分枝，最后填满枝干的空间。这种成长方式叫枝晶成长。在晶核长大的同时，液体金属的其他地方又会出现新的晶核。结晶过程就是不断形核与晶核不断长大同时进行的基本过程（图 1－14c，d，e），直至液态金属全部消失为止（图 1－14f）。

在结晶刚开始时，晶核形成的数量极少，故结晶很慢，一般把这个阶段称为孕育期；随后因大量晶核的形成和成长同时并进，于是结晶过程加速进行；当各晶体成长到相互接触以后，结晶过程的速度又逐渐变慢。正因为结晶后期晶体的成长受到相互抵触的限制，才使最终形成的晶粒具有不规则的外形。并且，在枝晶成长的过程中，由于液体中的热流或流动、枝晶本身的重力作用和彼此间的碰撞，以及杂质元素的影响等原因，使晶粒中常出现亚晶界、位错等缺陷。

2. 冷却曲线与过冷度

金属的结晶过程可以用其冷却曲线来描述。冷却曲线通常是采用热分析法测定。其原理为：在液体金属中插入一温度计，并让液体金属以缓慢的速度冷却。每隔一定的时间，观测一次温度，直至冷却到较低的温度。然后，将测得的时间、温度值绘制在温度－时间坐标系中，并用光滑的曲线把这些点连接起来，就得到了该金属的冷却曲线（图 1－15），即温度随时间而变化的曲线。

由冷却曲线可见，开始时，由于散热液态金属的温度降低；当降低到 T_n 时，由于结晶而放出结晶潜热，补偿了热量的散失，使温度不再降低，所以冷却曲线上出现了平台；一定时间后，结晶完毕，固态金属的温度继续降低。

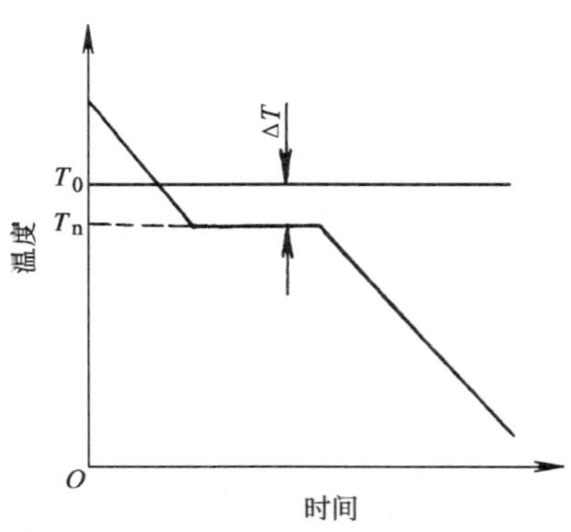

图 1－15　纯金属的冷却曲线

冷却曲线上的平台温度 T_n，称为实际结晶温度。实践证明，T_n 是随冷却速度而变化的：冷却速度越大，T_n 越低；冷却速度越小，T_n 越高。当采用无限缓慢的速度冷却时所得到的结晶温度，称为理论结晶温度，用 T_0 表示，它在冷却曲线上最高。因此，实际结晶温度 T_n 总是低于理论结晶温度 T_0，这种现象称为过冷。理论结晶温度与实际结晶温度之差称为过冷度，用 ΔT 表示，$\Delta T = T_0 - T_n$。当 $\Delta T = 0$ 时，熔化速度与结晶速度相同；只有 $\Delta T > 0$ 时才开始结晶。

3. 影响晶粒大小的因素

晶粒大小对于金属的力学性能影响很大。因为晶粒越细，晶界就越多，晶界处的晶格排列方向极不一致，犬牙交错、互相咬合，从而增加了塑性变形的抗力，提高了金属的强度。同时，金属的塑性和韧性也可得到提高。

晶粒的大小与形核率和长大率密切相关。影响形核率和长大率的主要因素是结晶时的过冷度和液体金属中的未熔杂质。

（1）过冷度的影响　金属冷却越快，过冷度越大，晶核的形核率和长大率随之增大（图 1－16），但两者的增加速度不一样，其中形核率增长较快。因此，金属结晶时过冷度越大，形成的晶核越多，得到的晶粒便越细。

（2）未熔杂质的影响　金属中总免不了含有一些杂质，有的与金属一起熔化了，有的则由于熔点高而呈固体质点形式悬浮于液体金属中。当金属凝固时，便在这些质点的表面上结晶，以减少杂质暴露于液体中的表面积，使表面能降低。因此，这些杂质就充当了金属结晶时的晶核作用。

在金属结晶前，有意识地向液体金属中加入某些杂质（少量细小的金属或合金），以起人工晶核的作用，来有效地细化金属的晶粒，达到改善其力学性能的目的。这种细化晶粒的方法称为变质处理，所加入的杂质称为变质剂或人工晶核。

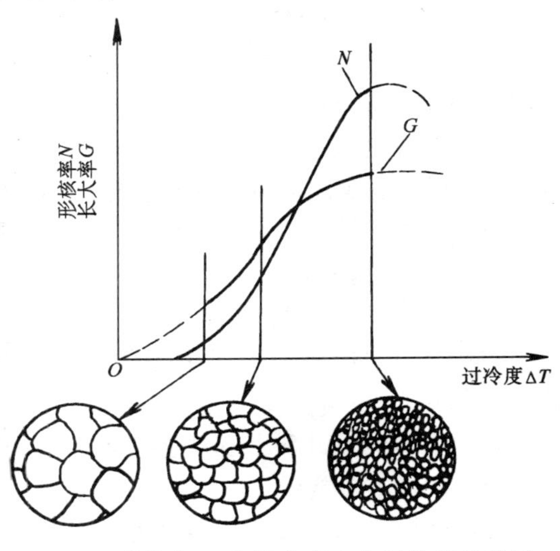

图 1－16　形核率 N 和长大率 G 与过冷度的关系

除上述方法外，在金属结晶过程中，采用机械振动、超声波振动、电磁搅拌等措施，都具有细化晶粒的效果。

4．铸锭组织

金属的结晶，除受过冷度和未熔杂质两个最重要的因素影响之外，还可能受到其他因素的影响。因此，实际铸造金属的组织是多种多样的。图 1－17 表示了钢锭的铸态组织，它是由以下三层不同外形的晶粒组成的：

(1) 表面细晶粒层　表层细晶粒的形成，主要是因为钢液刚浇入锭模后，模壁温度较低，铸锭表层金属受到剧烈冷却而产生较大的过冷度造成的。此外，模壁的人工晶核作用也是这层晶粒细化的原因之一。

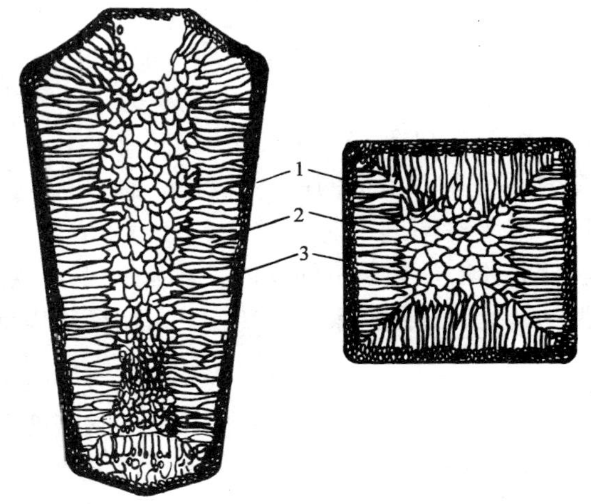

图 1－17　钢锭的铸态组织示意图

1—表面细晶粒层　2—柱状晶粒层　3—心部等轴晶粒区

(2) 柱状晶粒层　柱状晶粒的形成主要是因为铸锭垂直于模壁方向散热所致。在表面细晶粒层形成以后，随着模壁温度的升高，钢液的冷却速度有所降低，过冷度减小，形核率较小，而晶核的长大率相对较大，各晶粒便可得到较快的长大。并且，在垂直于模壁的方向上放出的结晶潜热可以短距离较快传出。另外，晶粒的成长也不会因相互抵触而受限制。所以，只有这些晶粒才可能优先得到长大，从而形成柱状晶粒。

（3）中心等轴晶粒区　随着柱状晶粒发展到一定程度，通过已结晶的柱状晶粒层、表面细晶粒层和模壁向外散热的速度越来越慢，钢锭中心部剩余的液体温差也越来越小，散热的方向性已不明显，而趋于均匀冷却状态；同时，由于种种原因，如液体金属的流动可能将一些未熔杂质推至铸锭中心，或将柱状晶的枝晶分枝冲断飘移到铸锭中心，它们都有可能成为剩余液体的晶核，这些晶核由于在各方向上的长大速度相同而形成较粗大的等轴晶粒区。

由此可见，铸锭组织是不均匀的。在金属铸锭中，除组织不均外，还常存在各种铸造缺陷，如缩孔、缩松、气孔、裂纹、非金属夹杂及偏析等。

5. 金属的同素异构转变

多数金属在结晶后，其晶格类型都保持不变。但某些金属，如铁、锰、锡等，结晶后的晶格类型却因温度而异。一种金属能以几种晶格类型存在的性质，叫同素异构性。

金属在固态时改变其晶格类型的过程，称为金属的同素异构转变。这一转变同样是原子重新排列的过程，遵守形核与长大的结晶基本规律，故又称为重结晶（或二次结晶）。

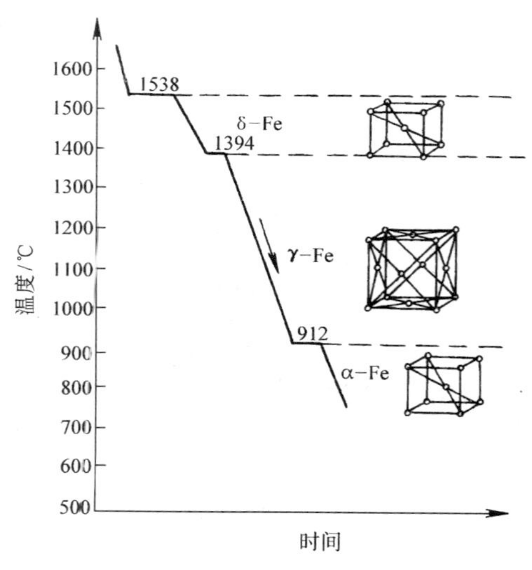

图1-18　纯铁的冷却曲线

图1-18所示为纯铁同素异构转变的冷却曲线。纯铁在结晶后，形成具有体心立方晶格的晶体，称为δ-Fe；继续冷却到1394℃时，δ-Fe转变为面心立方晶格的晶体，称为γ-Fe；继续冷却到912℃时，γ-Fe又转变为体心立方晶格的晶体，称为α-Fe。纯铁在1394℃和912℃发生的晶格类型的转变，都是同素异构转变，可用简式表示：

$$\delta-\text{Fe} \xrightleftharpoons{1394^\circ\text{C}} \gamma-\text{Fe} \xrightleftharpoons{912^\circ\text{C}} \alpha-\text{Fe}$$

需要指出的是，由于不同晶格的致密度不同，当发生同素异构转变时，必然伴随有体积的变化，有可能引起内应力。

第三节　合金的结构及二元合金相图

工业上广泛应用的金属材料是合金，它是由两种或两种以上的金属与金属元素或金属与非金属元素组成的具有金属性质的物质。例如，钢和铁是铁与碳组成的合金，黄铜是铜与锌组成的合金。

组成合金的最基本的独立物质称为组元。组元一般是化学元素，但稳定的化合物也可以看成是一个组元。按组元的数目不同，合金可分为二元合金、三元合金等。

一、合金中的相

合金的结晶过程同纯金属一样，也是通过形核和长大两个过程完成的。不同的是合金含有两种或两种以上元素的原子，它们在液态时一般可以相互溶解，而结晶的产物往往不是只含有一种元素，而是含有两种或多种元素的小晶体。这些由多种元素构成的小晶体，其化学成分和晶体结构可以是完全均匀一致的，也可以是不一致的。在金属或合金中，凡成分相同、结构相同并与其他部分有界面分开的均匀组成部分称为相。若合金是由成分、结构都相同的同一种晶粒构成的，则各晶粒虽有界面分开，却属于同一种相：若合金是由成分、结构互不相同的几种晶粒组成，它们将属于不同的相。

在液态下，大多数合金的组元都能相互溶解，成为均匀的液体，故只有一个相。固态合金中的相，按其晶体结构的基本属性可分为两类：第一类，在合金结晶时所形成的固相晶体结构与合金的某一组元晶体结构相同，这种固相称为固溶体；第二类，在合金结晶时所形成的固相晶体结构与合金的各组元晶体结构均不相同，这种固相称为金属化合物。

合金中常见的相有液相、纯金属、固溶体、金属化合物等。而混合物一般由两个或多个相组成。

1．固溶体

组成合金的组元，在固态时相互溶解，所形成的单一均匀的物质称为固溶体。其中所含的组元，即使在显微镜下充分放大也不能区别出来。固溶体仍保持溶剂的晶格类型。根据溶质原子在溶剂晶格中所占的位置不同，可将固溶体分为置换固溶体和间隙固溶体。

（1）置换固溶体　溶质原子取代了一部分溶剂晶格结点上的原子所形成的固溶体称为置换固溶体（图 1－19a）。如果溶质原子与溶剂原子可以任何比例相互溶解，这种固溶体称为无限固溶体；而有限度溶解的固溶体称为有限固溶体。

（2）间隙固溶体　溶质原子溶入溶剂晶格的间隙中而形成的固溶体，称为间隙固溶体（图 1－19b）。间隙固溶体的溶解度总是有限的，所以是有限固溶体。

一般规律是，当溶质原子直径与溶剂原子直径之比小于 0.59 时，易形成间隙固溶体；在直径大小差不多的元素之间易形成置换固溶体。当直径相近、晶格类型相同时，才可能形成无限固溶体。对大多数有限固溶体来说，通常随温度升高溶解度增大。

无论是形成间隙固溶体，还是形成置换固溶体，由于在一种晶格中溶入了另一种元素的原子，造成溶剂晶格发生畸变（图 1－11），从而增加了塑性变形的抗力，提高了合金的强度和硬度。这种由于溶质原子的加入，使固溶体的强度、硬度升高的现象，称为固溶强化。它也是提高金属材料力学性能的重要途径之一。

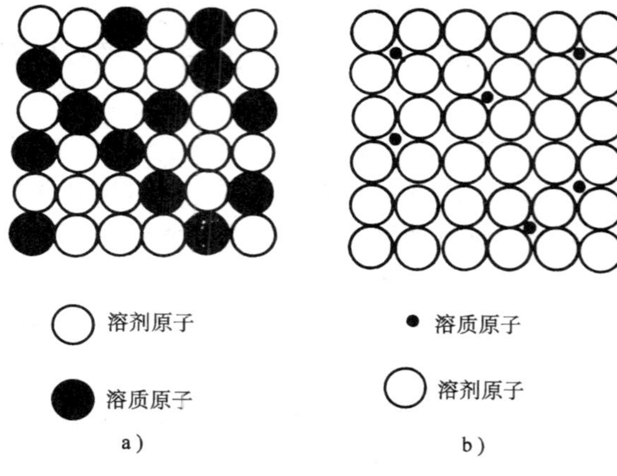

图 1－19 固溶体的两种类型

2. 金属化合物

金属化合物是合金组元间发生相互作用而生成的晶格类型和性能不同于任一组元的物质。它具有明显的金属性质，一般可以用分子式大致表示其组成。

金属化合物大都具有复杂的晶体结构，熔点高，硬而脆。当合金中含有金属化合物时，将使合金的强度、硬度和耐磨性提高，但会降低塑性。金属化合物是各类金属材料的重要强化相。

纯金属、固溶体、金属化合物是组成固态合金的基本相。当合金中存在不同数量、不同形态和不同分布的各种相时，合金便具有不同的组织。在工业中使用的合金，除少数具有单相固溶体组织外，大多数是由两相或多相组织组成的。合金的性能除取决于相的性能和数量外，还与合金的组织特征，即各相的形态和分布有关。因此，在金属材料中，其成分—组织—性能之间存在着密切的关系。

二、二元合金相图

1. 二元合金相图的建立

相图是通过试验建立的，常用的试验方法是热分析法。现以 Cu－Ni 合金为例，说明二元合金相图的建立步骤。

1）配制各种成分的 Cu－Ni 合金。配制的合金数目越多，试验数据之间间隔越小，绘制出的相图就越精确。表 1－3 中只列出了六种成分的 Cu－Ni 合金。

表 1－3 铜镍合金及其临界点

合金序号	w_{Cu}（%）	w_{Ni}（%）	结晶开始温度/°C	结晶终了温度/°C
Ⅰ	100	0	1083	1083
Ⅱ	80	20	1175	1130
Ⅲ	60	40	1260	1195
Ⅳ	40	60	1340	1270
Ⅴ	20	80	1410	1360
Ⅵ	0	100	1455	1455

2）测定每一合金在缓冷条件下的冷却曲线（图1－20a），获得临界点（转变的开始温度和终了温度）见表1－3。

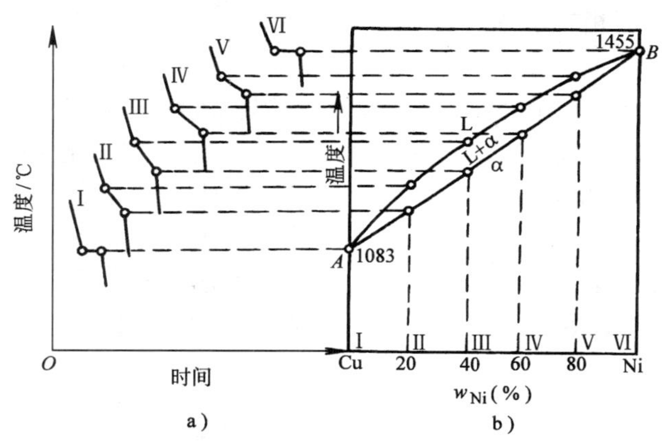

图1－20　铜镍合金相图的绘制

a）冷却曲线　b）相图

3）建立一个以温度为纵坐标（单位为℃），成分为横坐标（单位为Ni的质量分数）的直角坐标系。自横坐标上的成分点向上作成分垂线，把临界点分别标在成分垂线上。

4）把开始转变点和转变终了点分别用光滑的曲线连接起来，并根据已知条件和实际分析结果写上数字、字母和各区内的相或组织名称，就得到了一个完整的Cu－Ni二元合金相图（图1－20b）。

凡是在液态和固态都能无限互溶，固态下又形成无限固溶体的二元合金，它们的相图都是这种形式，这类相图称为二元匀晶相图，是相图中最简单的一种。除此之外，还有二元共晶相图、二元包晶相图等。

2. 二元匀晶相图的分析

在图1－20b中，*A*点（1083℃）为纯Cu的熔点，*B*点（1455℃）为纯Ni的熔点。图上仅有二条线，上面那条线为液相线，代表各种成分的Cu－Ni合金在冷却过程中开始结晶的温度；下面那条线为固相线，代表各种成分的Cu－Ni合金在冷却过程中结晶终了的温度。液相线和固相线把整个相图分成了三个区域，液相线以上为单相的液相区（L）；固相线以下为单相的固溶体区（α）；在液相线与固相线之间为液相和固相共存的两相区（L＋α）。

（1）合金的结晶过程　现以$w_{Ni}=40\%$的Cu－Ni合金为例，说明合金的结晶过程（图1－21）。当合金由液态缓冷至与液相线相交（t_1）时，开始从液相中结晶出固溶体α相。继续冷却，α相的量不断增多，剩余液相的量不断减少。最后冷至固相线（t_4）时，液相消失，结晶为单相α固溶体。在整个结晶过程中，液相和固相的成分也通过原子扩散不断改变。液相的成分沿液相线变化，固相的成分沿固相线变化。例如，在 t_2 温度时，通过 t_2 作横坐标轴的平行线分别与固相线和液相线相交于 b_2 和 a_2。b_2 在横坐标上的投影表示在 t_2 温度时从液相中结晶出的固溶体的成分；a_2 在横坐标上的投影表示在 t_2 温度时液体的成分。显然，固溶体要比液体含有较多的镍。当温度降至 t_3 时，从液体中结晶出的固溶体成分为 b_3，原先结晶出的、成分为 b_2 的固溶体通过原子扩散，其成分也变为 b_3。此时，液体成分为 a_3。到达 t_4 温度时，结晶完毕，全部转变为 α 固溶体，其成分变为 b_4，刚好是 w_{Ni} 为 40% 的合金成分。因此，在结晶过程中，只有在极缓慢冷却条件下，即所谓平衡条件下才有足够的原子扩散条件，得到成分均匀的 α 固溶体，否则，将会产生化学成分的偏析现象。

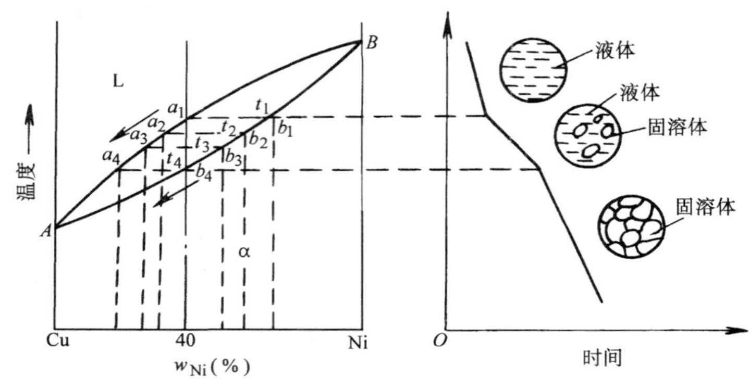

图 1-21 铜镍合金结晶过程

(2) 枝晶偏析 在实际生产中，一般冷却速度都较快。由于合金内部，尤其是固相内部的原子扩散来不及充分进行，使先结晶的树枝状晶体含 Ni 量较高，后结晶的含 Ni 量较低，晶粒中心部与表层的成分不均匀。这种晶体内部化学成分不均匀的现象，称为晶内偏析或称枝晶偏析。

冷却速度越大，实际结晶温度越低，原子扩散能力越弱，枝晶偏析越严重。枝晶偏析的存在，使晶粒内部性能不一致，严重影响合金的力学性能和耐蚀性，对加工工艺性也有损害。因此，在生产上要通过固态下的高温加热、长时间保温，即均匀化退火的方法来消除或改善。

(3) 杠杆定律 如前所述，在液固两相并存时，若要确定某合金（Ⅰ）在某温度（t）时两相的成分，则可通过该合金的成分垂线作一条代表该温度的水平线（图 1-22），令其与液、固相线相交，两个交点（a、b）的横坐标（x_L、x_α），就分别代表该温度时液、固两平衡相的成分。

若要确定某合金（Ⅰ）在某温度（t）时两平衡相的相对重量，则可进行如下的运算：

设合金Ⅰ的总质量为 1，t 温度时液相的质量为 Q_L，固相的质量为 Q_α。又已知液相的含 Ni 量为 x_L，固相的含 Ni 量为 x_α，合金Ⅰ的含 Ni 量为 x，则可写出：

$$\begin{cases} Q_L + Q_\alpha = 1 \\ Q_L x_L + Q_\alpha x_\alpha = 1x \end{cases}$$

解上述联立方程得：

$$Q_L = (x_\alpha - x)/(x_\alpha - x_L);$$

$$Q_\alpha = (x - x_L)/(x_\alpha - x_L)$$

上述两式中的 $x_\alpha - x$、$x_\alpha - x_L$、$x - x_L$ 等于图 1－22 中的线段 cb、ab 和 ac 的长度。所以，上述两式又可写成：

$$Q_L = cb/ab；\ Q_\alpha = ac/ab$$

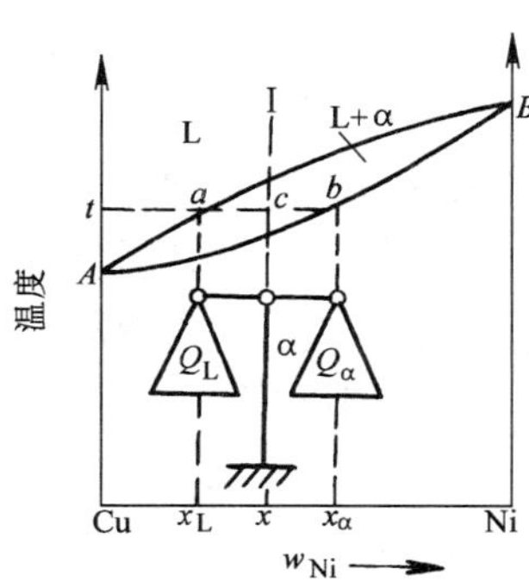

图 1－22　杠杆定律的应用

此时，合金中液相和固相的质量比为：

$$Q_L/Q_\alpha = cb/ac$$

上式又可写成 $Q_L ac = Q_\alpha cb$，与力学中的杠杆定律非常相似，故也称为杠杆定律。

应该指出，杠杆定律只适用于两相区。

第四节　铁碳合金相图

钢铁材料具有优良的力学性能和工艺性能，是现代工业中使用最广泛的金属材料。它们是铁和碳作为基本元素的合金。改变其化学成分和工艺条件（温度、冷却速度等），可以获得不同的组织和性能。铁碳合金相图是在平衡条件下，铁碳合金的成分、温度和组织之间关系的图形。

一、铁碳合金的基本组织

1. 铁素体

铁素体是碳溶于 α－Fe 中形成的固溶体，常用符号 F 表示。它是间隙固溶体，仍保持 α－Fe 的体心立方晶格。由于 α－Fe 的间隙半径很小，溶碳能力很差，室温时仅能溶碳的质量分数为 0.0008%，在 727°C 时达到最大溶解度也仅能溶碳的质量分数为 0.0218%。

因为铁素体含碳量很少，其塑性、韧性较好（$\delta = 45\% \sim 50\%$，$A_K = 128 \sim 160$J），强度和硬度不高（$\sigma_b \approx 250$MPa，硬度为 80HBS）。在显微镜下观察时，铁素体为均匀明亮的多边形晶粒。

2. 奥氏体

奥氏体是碳溶于 γ－Fe 中形成的固溶体，常用符号 A 表示。它也是间隙固溶体，仍保持 γ－Fe 的面心立方晶格。γ－Fe 的间隙半径比 α－Fe 的大，其溶碳能力比 α－Fe 强。在 727℃ 时它能溶碳 w_C 为 0.77%。随温度升高，间隙增大，溶碳能力增加，在 1148℃ 时溶碳能力最大，达到 $w_C=2.11\%$。

奥氏体的硬度不高（170～220HBS），塑性很好（$\delta=40\%\sim50\%$），是大多数钢种进行塑性成形的理想组织。但常用钢中稳定奥氏体存在的最低温度为 727℃，所以大多数钢的塑性成形要在高温下进行。在显微镜下观察时，奥氏体晶粒呈多边形，晶界较铁素体平直。

3．渗碳体

渗碳体是铁与碳形成的金属化合物 Fe_3C，它的含碳量为 $w_C=6.69\%$，具有与铁、碳均不相同的复杂晶格。它硬度很高（800HBW），极脆，塑性几乎为零，是一个硬而脆的组织。渗碳体与其他组织共存时，可能呈片状、网状、粒状等，在一定条件下可以分解成铁和石墨。

4．珠光体

珠光体是铁素体和渗碳体组成的两相混合物，常用符号 P 表示。珠光体的力学性能介于铁素体和渗碳体之间，具有良好的综合力学性能（$\sigma_b\approx750$MPa，硬度约为 180HBS，$\delta\approx20\%$）。

5．莱氏体

莱氏体是奥氏体和渗碳体组成的两相混合物，常用符号 Ld 表示。它存在于高温区（727～1148℃）。在 727℃ 以下时变成由珠光体和渗碳体组成的混合物，称为低温莱氏体，用符号 L′d 表示。由于莱氏体中含有大量的渗碳体，故塑性、韧性很差，是硬而脆的组织。

二、铁碳合金相图分析

铁碳合金相图也是用试验的方法建立的（图 1－23）。因为含碳量 $w_C>6.69\%$ 的铁碳合金，在工业上没有实用价值，故图中横坐标仅标出了 $w_C\leqslant6.69\%$ 的合金部分。当 w_C 为 6.69% 时，铁和碳全部形成 Fe_3C，可以看作是合金的一个组元。因此，这个相图实际上是 $Fe-Fe_3C$ 相图。另外，相图中的左上角较复杂，且实际应用较少，故图 1－23 可简化为图 1－24。由于该图中填写的是铁碳合金的组织组成物，所以称为铁碳合金状态图更为准确（但习惯上仍称该图为铁碳合金相图）。

1．各特性点的意义

铁碳合金相图中各主要特性点的含义见表 1－4。

2．各主要线的意义

相图中的线是把相同转变性质的各个成分合金的开始转变点和转变终了点，分别用光滑曲线连接起来得到的，代表了铁碳合金内部组织发生转变的界限。

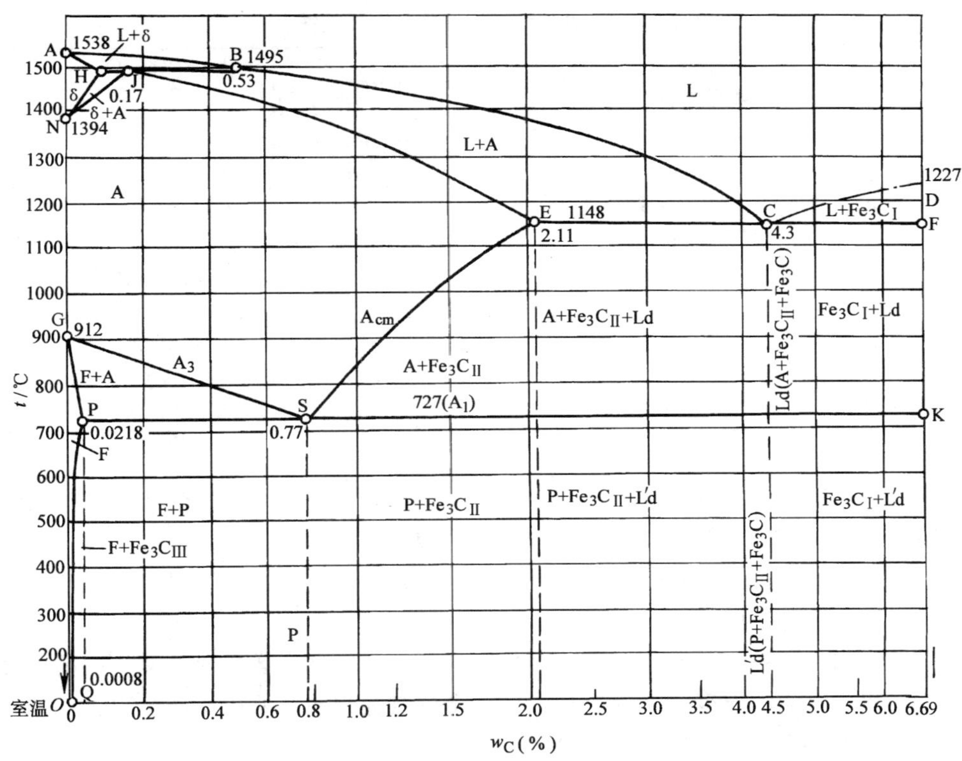

图 1－23　铁碳合金相图

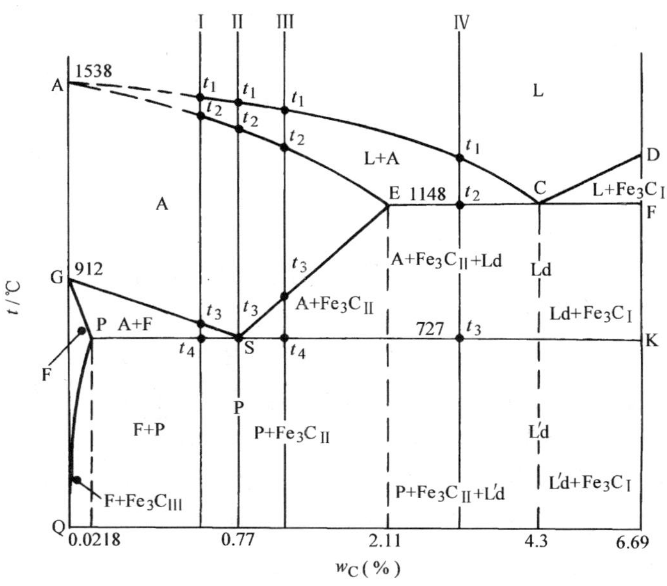

图 1－24　简化的铁碳合金相图及典型合金的组织转变过程

表 1－4 铁碳合金相图中各主要特性点

点的符号	温度/℃	w_C（%）	说明
A	1538	0	纯铁的熔点
C	1148	4.30	共晶点，$L_c \rightleftharpoons A_E + Fe_3C$
D	～1227	6.69	渗碳体的熔点
E	1148	2.11	碳在 γ－Fe 中的最大溶解度
F	1148	6.69	共晶渗碳体成分点
G	912	0	$\alpha-Fe \rightleftharpoons \gamma-Fe$ 同素异构转变点
K	727	6.69	共析渗碳体成分点
P	727	0.0218	碳在 α－Fe 中的最大溶解度
S	727	0.77	共析点，$A_S \rightleftharpoons F_P + Fe_3C$
Q	室温	0.0008	室温下，碳在 α－Fe 中的溶解度

（1）ACD 线——液相线　各种成分的铁碳合金，由低温加热到这条线对应的温度时，全部熔化为液态。此线以上的区域是液相区（图 1－24）。

（2）AECF 线——固相线　铁碳合金冷却到此线对应的温度时结晶完毕，在此线以下合金处于固态。

（3）AC 线——A 结晶开始线　对于 $w_C<4.3\%$ 的铁碳合金来说，由高温液态冷到此线对应的温度时，开始从液体合金中结晶出 A。所以，此线以下的 A－C－E－A 区域为 L 和 A 两相共存区。

（4）AE 线——A 结晶终了线　对于 $w_C \leqslant 2.11\%$ 的铁碳合金来说，冷却到此线对应的温度就会全部结晶成 A。所以，此线以下的 A－E－S－G－A 区域为单一的 A 区。

（5）GS 线——F 析出开始线（A_3 线）　对于 $w_C<0.77\%$ 的铁碳合金来说，由 A 继续冷却到此线时就会有 F 从 A 中析出。所以，此线以下的 G－S－P－G 区域是 A 和 F 共存区。

（6）GP 线——F 析出终了线　对于 $w_C \leqslant 0.0218\%$ 的铁碳合金来说，由 A 继续冷却到此线时，全部转变成 F。所以，此线以下的 G－P－Q－G 区域是单一的 F 区。

（7）PQ 线——C 在 F 中的溶解度曲线　对于 $w_C \leqslant 0.0218\%$ 的铁碳合金来说，由单一 F 继续冷却到此线时，达到了该温度下 C 在 F 中的最大溶解度，再冷却时多余的 C 就以渗碳体形式从 F 中析出。这种由 F 中析出的渗碳体称为三次渗碳体，用 Fe_3C_{III} 表示。由于 Fe_3C_{III} 的量很少，故常略去不计。PQ 线又称作三次渗碳体析出线，此线以下为 F 和 Fe_3C_{III} 共存区。

（8）ES 线——C 在 A 中的溶解度曲线（A_{cm} 线）　对于 $0.77\% < w_C \leqslant 2.11\%$ 的铁碳合金来说，由单一 A 继续冷却到此线时，达到了该温度下 C 在 A

中的最大溶解度，再冷却时，多余的 C 就以渗碳体形式从 A 中析出。这种从 A 中析出的渗碳体称为二次渗碳体，用 $Fe_3C_{Ⅱ}$ 表示，它分布在 A 晶界上。显微镜下观察时，$Fe_3C_{Ⅱ}$ 呈网状，故也称网状 $Fe_3C_{Ⅱ}$。ES 线也叫二次渗碳体析出线。此线以下至 727℃ 以上为 A 和 $Fe_3C_{Ⅱ}$ 共存区。

（9）PSK 线——共析线（A_1 线）　对于 $w_C=0.77\%$ 的铁碳合金来说，由单一 A 继续冷却到此线时到达 S 点。而 S 点既是 GS 线上的一点，说明具有从 A 中析出 F 的能力；又是 ES 线上的一点，又具有从 A 中析出 Fe_3C 的能力。于是，一片 F、一片 Fe_3C，片层相间共同析出，这就是 P。这种由一种固相同时转变成另外两种固相的过程，称为共析转变（也称共析反应）。铁碳合金共析转变可写作：

$$A_{0.77} \xrightleftharpoons{727℃} P_{0.77}\ (F_{0.0218}+Fe_3C_{6.69})$$

故称 PSK 线为共析线。它是一条水平线，温度为 727℃。在这条线以下就没有组织转变了。所以，$w_C=0.77\%$ 的铁碳合金室温下的组织是 P。

对于 $0.0218\%<w_C<0.77\%$ 的铁碳合金来说，如图 1－24 中Ⅰ成分。由单一 A 冷却下来，首先遇到 GS 线，就会从 A 中析出 F。由于 F 中碳含量很小，当从 A 中析出 F 时，Fe 原子从 A 中跑出来的相对多些，就会使剩余 A 的碳含量增大。温度越低，F 析出越多，剩余 A 的碳含量越高。A 的碳含量是沿着 GS 线向 S 点成分变化的。当温度降到 PSK 线时，剩余 A 的碳含量正好变成 S 点成分。于是，具有 S 点成分和 S 点温度的 A 发生共析转变生成 P。而先析出的 F 在低温下能稳定存在，不参加转变，保留下来，所以 PSK 线以下的组织为 P 和 F 共存区。

对于 $0.77\%<w_C\leqslant 2.11\%$ 的铁碳合金来说，如图中Ⅲ成分。由单一 A 冷却下来，首先遇到 ES 线，就会从 A 中析出 $Fe_3C_{Ⅱ}$。由于 $Fe_3C_{Ⅱ}$ 碳含量很高，当从 A 中析出 $Fe_3C_{Ⅱ}$ 时，Fe 原子从 A 中跑出来的相对少些，C 原子跑出来的相对多些，就会使剩余 A 的碳含量降低。温度越低，$Fe_3C_{Ⅱ}$ 析出越多，剩余 A 的碳含量越少。A 的碳含量是沿着 ES 线向 S 点成分变化的。当温度降到 PSK 线时，剩余 A 的碳含量正好变成 S 点成分。于是，具有 S 点成分和 S 点温度的 A 发生共析转变生成 P。而先析出的 $Fe_3C_{Ⅱ}$ 在低温下能稳定存在，不参加转变，保留下来，所以 PSK 线以下是 P 和 $Fe_3C_{Ⅱ}$ 共存区。由于 $Fe_3C_{Ⅱ}$ 是以网状形式在 A 晶界上析出的，当 A 转变为 P 时，$Fe_3C_{Ⅱ}$ 并未转变，故 $Fe_3C_{Ⅱ}$ 仍包围着 P 晶粒。渗碳体是硬而脆的组织，这个网的存在，使本来具有良好力学性能的 P 不能充分发挥作用，使合金的性能变差。因此，生产中要通过热处理等方法消除网状的 $Fe_3C_{Ⅱ}$。

（10）CD 线——一次渗碳体结晶开始线　对于 $4.3\%<w_C<6.69\%$ 的铁碳合金来说，由高温液态冷却到这条线对应的温度时，就会从液体金属中结晶出渗

碳体。这种从液体金属中直接结晶出的渗碳体称为一次渗碳体，用 Fe_3C_I 表示。所以，此线以下的 C－D－F－C 区域是 L 和 Fe_3C_I 共存区。

（11）ECF 线——共晶线　对于 $w_C=4.3\%$ 的铁碳合金来说，由高温液态冷却到此线时到达 C 点。而 C 点既是 AC 线上的一点，说明具有直接结晶出 A 的能力；又是 CD 线上的一点，具有直接结晶出渗碳体的能力。于是，奥氏体和渗碳体共同结晶出来，这就是莱氏体（Ld）。这是一种由一液相同时结晶成两个固相的转变过程，即为共晶转变（也称共晶反应）。铁碳合金共晶转变可写为：

$$L_{4.3} \xrightarrow{1148^\circ C} Ld_{4.3}\ (A_{2.11}+Fe_3C_{6.69})$$

这条线又称为共晶线，它是一条水平线，温度 1148°C。在这条线以下至 727°C 以上区间，碳含量 w_C 为 4.3% 的合金为 Ld 组织。继续冷却到 PSK 线时，其内部组织中的 A 共析转变为 P，Ld 变为低温莱氏体 L′d。所以，$w_C=4.3\%$ 的铁碳合金室温下是 L′d 组织。

对于 $2.11\%<w_C<4.3\%$ 的铁碳合金来说，如图中Ⅳ成分。由高温液态冷却下来，首先遇到 AC 线，就会从液体合金中结晶出 A。由于刚结晶出的 A 碳含量较低，当 A 结晶出来时，Fe 原子结晶出的相对多些，使剩余液体中的碳含量增加。温度越低，A 结晶出的越多，剩余液体中的碳含量越高。液体的碳含量沿 AC 线向 C 点成分变化。当温度降到 ECF 线时，剩余液体的碳含量正好变成 C 点成分。于是，具有 C 点成分和 C 点温度的液体发生共晶转变生成 Ld。而先结晶出的 A 不参加转变，保留下来。但在 ECF 线温度，先结晶出的 A 达到碳的最大溶解度。温度再降低，多余的碳以 Fe_3C_{II} 形式从 A 中析出。所以，ECF 线以下至 727°C 以上区间为 A、Fe_3C_{II} 及 Ld 共存区。随着温度再降低，从先结晶出的 A 中析出的 Fe_3C_{II} 越来越多，而其碳含量则越来越低。当温度降到 PSK 线时，A 转变成 P；Fe_3C_{II} 在低温下能稳定存在，不参加转变，保留下来；而 Ld 发生内部组织的转变，变成为 L′d。故室温下为 P、Fe_3C_{II} 和 L′d 共存区。

对 $4.3\%<w_C<6.69\%$ 的铁碳合金来说，由高温液态冷却下来首先遇到 CD 线，就会从液体合金中结晶出 Fe_3C_I。由于 Fe_3C_I 含碳量 w_C 为 6.69%，当它结晶出来时，使剩余液体中的碳含量降低。温度越低，结晶出的 Fe_3C_I 越多，剩余液体的碳含量越少。剩余液体的成分沿 CD 线向 C 点成分变化。当温度降到 ECF 线时，剩余液体的碳含量 w_C 正好变为 4.3%。这种具有 C 点成分和 C 点温度的液态合金发生共晶转变生成 Ld；先结晶出的 Fe_3C_I 不参加转变，保留下来。所以，ECF 线以下至 727°C 以上区间为 Ld 和 Fe_3C_I 共存区。当温度继续降低到 PSK 线时，Ld 变为 L′d，而 Fe_3C_I 仍保持不变，所以室温组织为 L′d 和 Fe_3C_I 共存区。

由上述可知，铁碳合金相图中的这几条线把相图分成了几个区域，称为相区。相区与相区内的组织不一样。对每一个相区来说，不论温度或成分怎么变，只要在这个相区内，其组织种类就不会变，但相的成分和相对量可能变化。

熟记铁碳合金相图的关键是掌握三个重点：

第一要首先确定出单相区和两相区：液相线以上为液相区；靠着纯铁成分垂线的封闭区域是以铁为基的两个单相固溶体，上面为 γ 固溶体（A），下面为 α 固溶体（F）；而相图的右端 $w_C=6.69\%$ 的成分垂线是渗碳体的单相区。两个单相区之间必为由这两个相组成的两相区。

第二个重点是弄清由 GS 线和 ES 线组成的 A 共析转变的“漏斗”。即对 $w_C>0.0218\%$ 且不等于 0.77% 的 A，都将先析出另外一种组织（F 或 Fe_3C_{II}），而使剩余 A 的成分向 $w_C=0.77\%$ 变化，最终具有 S 点成分和 S 点温度的 A 转变为 P。

第三个重点是弄清由 AC 线和 CD 线组成的 L 共晶转变的“漏斗”。即对于 $2.11\%<w_C<6.69\%$ 且不等于 4.3% 的 L，都将先结晶出另外一种组织（A 或 Fe_3C_I），而使剩余 L 的成分向 $w_C=4.3\%$ 变化，最终具有 C 点成分和 C 点温度的 L 转变为 Ld。Ld 继续冷却到 PSK 线时，内部组织发生变化，转变为 L′d。

3. 典型铁碳合金的组织转变过程及其显微组织

（1）$w_C=0.6\%$ 的合金　图 1-24 中的Ⅰ是该合金的成分垂线。当温度在 t_1 以上时，该合金全部为液体。缓冷至稍低于 t_1 温度时，开始从液体中结晶出 A。温度越低，结晶出的 A 越多。当温度降至 t_2 温度时，所有的液体全部结晶为 A。在 $t_2 \sim t_3$ 温度区间内，为单相 A 的缓慢冷却。冷到 t_3 温度，开始从 A 中析出 F。在 $t_3 \sim t_4$ 温度区间内，随着温度降低，从 A 中析出的 F 数量不断增多。A 的碳含量从 $w_C 0.6\%$ 沿着 GS 线向 S 点方向变化，F 碳含量沿 GP 线变化。温度降到 t_4 时，剩余 A 的碳含量达到 S 点成分，于是发生共析转变形成 P。先析出的 F 保持不变。这样，共析转变结束后的组织为 F+P。在 t_4 点以下直到室温，组织基本没有变化，室温组织仍为 F+P。合金Ⅰ的显微组织中（图 1-25a）白亮色为铁素体，灰暗色为珠光体。整个转变过程如图 1-26 所示。

（2）$w_C=0.77\%$ 的合金　图 1-24 中的Ⅱ是该合金的成分垂线。当温度在 t_1 以上时合金全部为液体。冷至稍低于 t_1 温度时，开始从液体中结晶出 A，直到 t_2 温度结晶完毕，全部结晶为 A。$t_2 \sim t_3$ 温度为单相 A 的缓慢冷却区。当温度降至 t_3 时，A 发生共析转变形成 P。直至室温，其组织基本没有变化。合金Ⅱ的显微组织如图 1-25b 所示。整个转变过程如图 1-27 所示。

（3）$w_C=1.2\%$ 的合金　图 1-24 中的Ⅲ是该合金的成分垂线。t_1 温度以上时合金处于液态。冷至稍低于 t_1 温度时，开始从液体中结晶出 A，直到 t_2 温度结晶完毕形成单一 A。$t_2 \sim t_3$ 温度为单相 A 的缓慢冷却区。冷至 t_3 温度，开始从 A 中析出网状 Fe_3C_{II}，它分布在 A 的晶界上。在 $t_3 \sim t_4$ 温度区间内，随着温度的降低，析出的 Fe_3C_{II} 逐渐增多，A 数量逐渐减少，A 成分沿着 ES 线变化。当温度降至 t_4 时，剩余 A 的碳含量达到 S 点成分，于是发生共析转变形成 P，先析出的 Fe_3C_{II} 保持不变。t_4 以下直至室温，该合金的组织为 P + 网状 Fe_3C_{II}。其显微组织中（图 1－28a）白亮色为网状 Fe_3C_{II}，黑白相间的灰暗部分为珠光体。整个转变过程如图 1－29 所示。

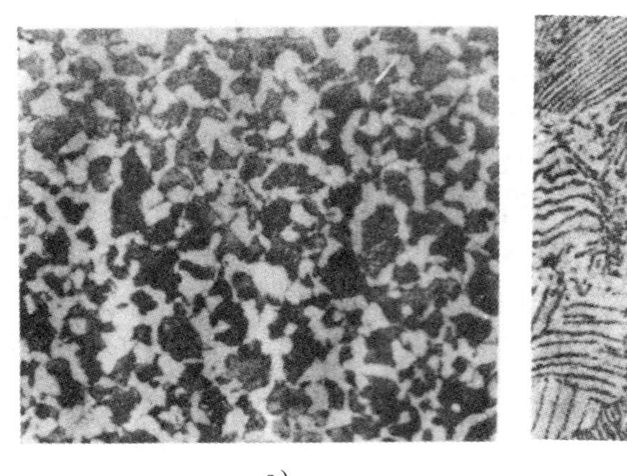

a）

b）

图 1－25 铁碳合金的显微组织

a）合金Ⅰ的室温组织 b）合金Ⅱ的室温组织

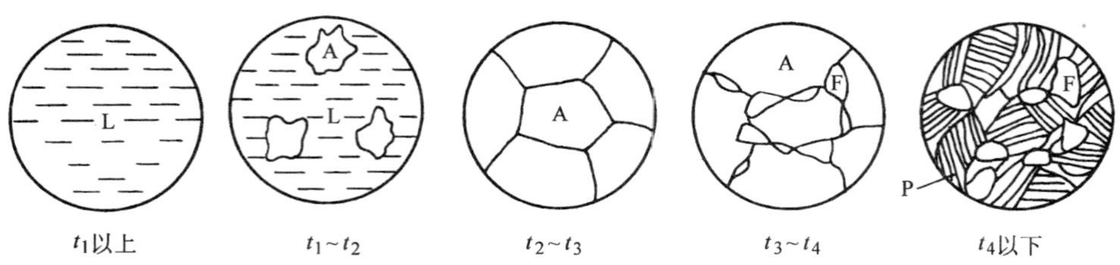

图 1－26 合金Ⅰ的组织转变过程示意图

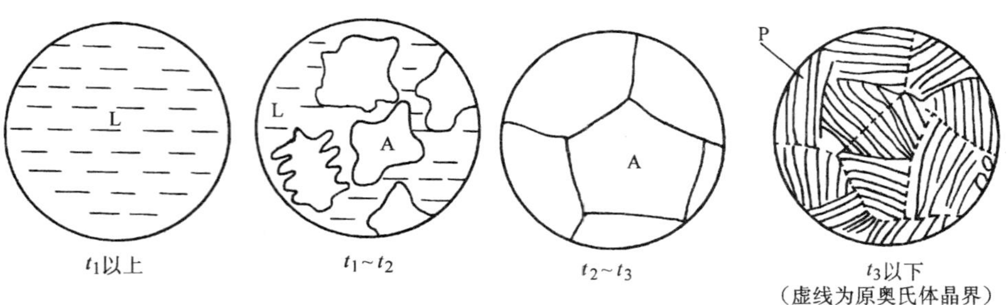

图 1－27 合金Ⅱ的组织转变过程示意图

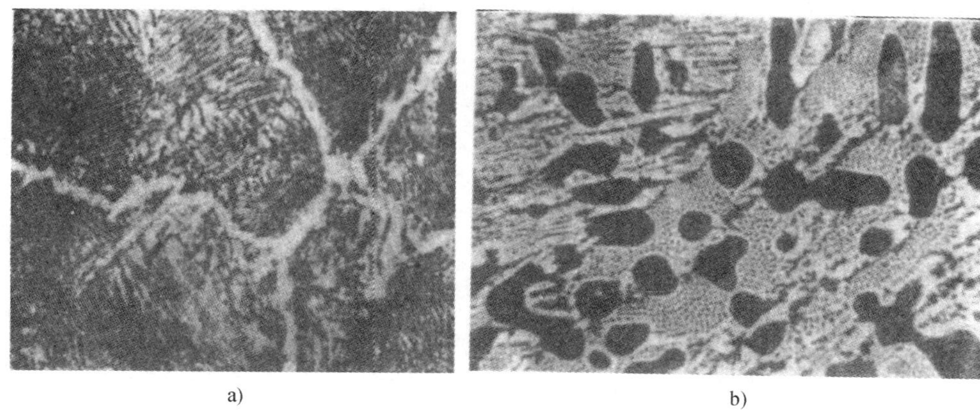

图 1－28　铁碳合金的显微组织

a）合金Ⅲ的室温组织　b）合金Ⅳ的室温组织

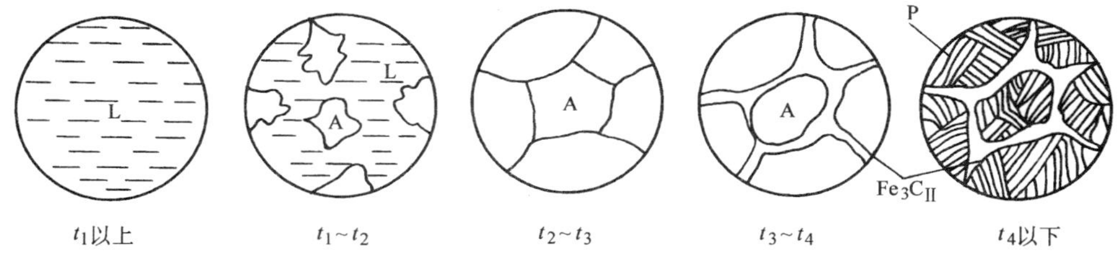

图 1－29　合金Ⅲ的组织转变过程示意图

（4）w_C＝3.0％的合金　图 1－24 中的Ⅳ是该合金的成分垂线。t_1 温度以上为液体。冷至稍低于 t_1 温度时开始从液体中结晶出 A。在 $t_1 \sim t_2$ 温度区间内，随温度的降低 A 量不断增多，液体减少，液体的成分沿 AC 线变化，A 的成分沿 AE 线变化。当冷至 t_2 温度时，剩余液体的成分达到 C 点成分，发生共晶转变形成 Ld，而先结晶出的 A 碳含量 w_C 达到 2.11％，不参加共晶转变，保留下来。在 $t_2 \sim t_3$ 温度区间，随着温度的降低，A 的碳含量沿 ES 线向 S 点变化，并不断析出 Fe_3C_{II}。当温度降到 t_3 时，A 的碳含量正好降到 S 点成分，于是发生共析转变形成 P；先析出的 Fe_3C_{II} 不参加转变保留下来；Ld 发生内部组织的转变，形成 L′d。从 t_3 温度降至室温，组织不再变化。所以，室温下的组织为 P＋Fe_3C_{II}＋L′d。合金Ⅳ的显微组织中（图 1－28b），黑色树枝状为珠光体，其余为低温莱氏体（Fe_3C_{II} 与共晶中的 Fe_3C 连在一起，难以分辨）。整个转变过程如图 1－30 所示。

三、铁碳合金分类

由简化的铁碳合金相图（图 1－24）可知，成分不同、室温组织也不同。根据室温组织的不同，可把铁碳合金分为三大类：

1. 工业纯铁（$w_C \leqslant 0.0218\%$）

工业纯铁的室温组织为 F（忽略了极少量的 $Fe_3C_{Ⅲ}$），力学性能与其组织中晶粒大小有密切关系。在其他条件不变时，晶粒越细强度越高。工业纯铁的力学性能大致为：$\sigma_b = 180 \sim 230$MPa；$\sigma_{0.2} = 100 \sim 170$MPa；$\delta = 30\% \sim 50\%$；$\psi = 70\% \sim 80\%$；$A_K = 128 \sim 160$J；硬度为 50～80HBS。上述指标说明，工业纯铁的塑性、韧性较好，强度较低，一般很少用它来制造机械零件。

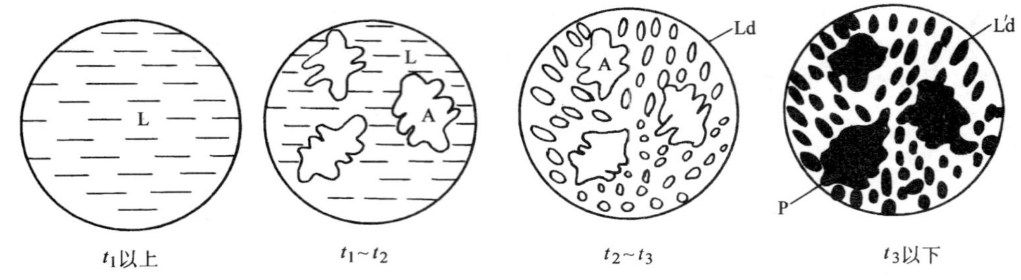

图 1－30 合金Ⅳ的组织转变过程示意图

2. 钢（$0.0218\% < w_C \leqslant 2.11\%$）

根据钢的碳含量及室温组织的不同，又可把钢分为三类；共析钢（$w_C = 0.77\%$，室温组织为 P）；亚共析钢（$0.0218\% < w_C < 0.77\%$，室温组织为 F＋P）；过共析钢（$0.77\% < w_C \leqslant 2.11\%$，室温组织为 $P + Fe_3C_{Ⅱ}$）。

钢的室温组织中都含有 P，力学性能较好。当加热到一定温度时，可形成单一 A，便于塑性成形。

3. 白口铸铁（$w_C > 2.11\%$）

根据白口铸铁的碳含量及室温组织的不同，又可把白口铸铁分为三类：共晶白口铸铁（$w_C = 4.3\%$，室温组织为 L′d）；亚共晶白口铸铁（$2.11\% < w_C < 4.3\%$，室温组织为 $P + Fe_3C_{Ⅱ} + L'd$）；过共晶白口铸铁（$w_C > 4.3\%$，室温组织为 $L'd + Fe_3C_{Ⅰ}$）。

白口铸铁的室温组织中都含有 L′d，硬而脆，不能塑性成形，其断口为白亮色，故叫白口铸铁。

四、碳含量对铁碳合金组织和性能的影响

铁碳合金两相区内的组织组成物相对量，可运用杠杆定律进行计算。例如，$w_C = 0.6\%$的亚共析钢，室温下铁素体 F 和珠光体 P 的相对量为：

$$F \times (0.6 - 0) = (100\% - F) \times (0.77 - 0.6)$$

$$F = \frac{0.77 - 0.6}{0.77} \times 100\% = 22.1\%$$

$$P = 100\% - 22.1\% = 77.9\%$$

再例如，$w_C = 1.0\%$的过共析钢中Fe_3C_{II}和珠光体的相对量为：

$$Fe_3C_{II} \times (6.69 - 1.0) = (100\% - Fe_3C_{II}) \times (1.0 - 0.77)$$

$$Fe_3C_{II} = \frac{1.0 - 0.77}{6.69 - 0.77} \times 100\% = 3.9\%$$

$$P = 100\% - 3.9\% = 96.1\%$$

根据计算得出铁碳合金的成分与组织之间的关系如图 1－31 所示。

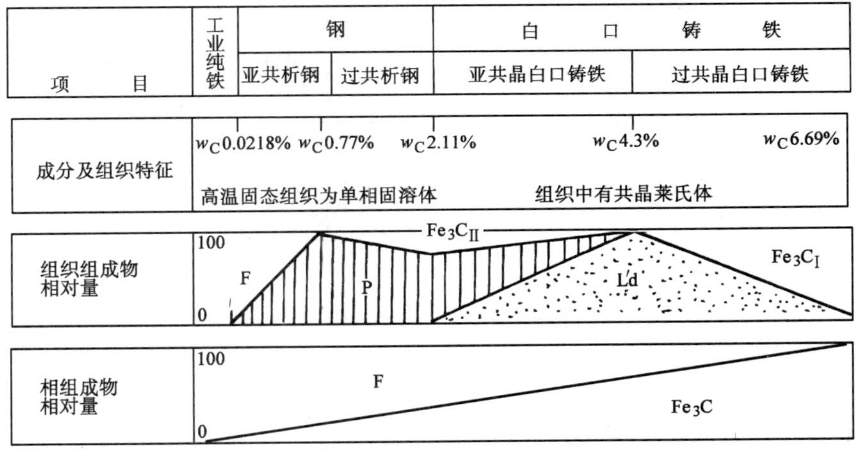

图 1－31 铁碳合金的成分与组织的关系

由上述分析和计算可以看出，铁碳合金随碳含量的增加，不仅组织中的渗碳体的相对量增加，并且渗碳体的形态和分布也发生变化。在铁碳合金中，渗碳体是强化相，当它与铁素体构成片状珠光体时，使珠光体具有较高的强度和硬度。因此，在合金的组织中珠光体的相对量越大，其强度和硬度越高。但是，当渗碳体明显地以网状形态分布在珠光体晶界上，尤其是作为基体或以长条状分布在莱氏体基体上时，使铁碳合金的强度、塑性和韧性大幅度下降，这就是高碳钢和白口铸铁脆性高的根本原因。

图 1－32 表示碳含量对碳钢力学性能的影响。当 $w_C < 1.0\%$时，随碳含量增加，钢的强度和硬度不断增加，而塑性、韧性不断降低；当 $w_C \geqslant 1.0\%$时，因出现明显的网状 Fe_3C_{II}，而导致钢的硬度仍不断升高，强度反而下降。

五、铁碳合金相图的应用

铁碳合金相图除可以作为选材的主要依据外，还是制订热加工工艺的依据。

在铸造生产中，铁碳合金相图可以作为选择铸造合金成分和浇注温度的依据。共晶成分的合金与其他成分的合金相比，结晶温度最低，且结晶温度区间小，其铸造性能较好，易获得组织致密的铸件。所以，在铸造生产中尽量选择共晶成分或近共晶成分的合金作为铸造合金。另外，为了保证铸造合金在浇注过程中具有足够的流动性，一般把浇注温度定在液相线以上100℃左右。

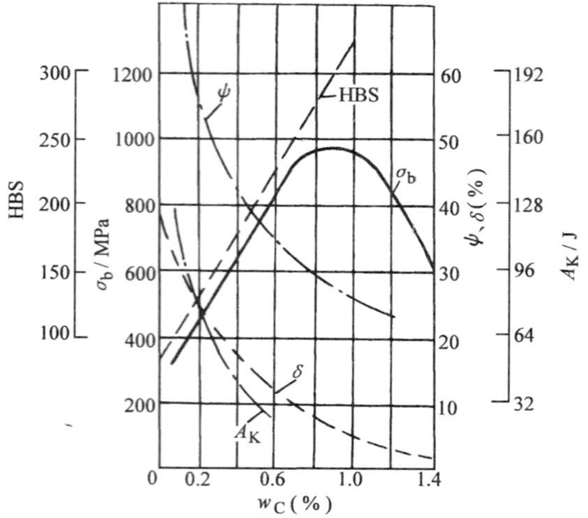

图 1－32 碳含量对钢力学性能的影响

把钢加热到单一奥氏体状态时，塑性好，变形抗力小，便于塑性成形，因此，钢材的锻造多在奥氏体状态下进行。由此可见，铁碳合金相图可作为制定钢的锻造温度范围的依据。

在焊接过程中，焊件的焊缝区及近缝区均受到不同程度的加热和冷却，使其组织和性能产生某些变化，而铁碳合金相图可作为研究这些变化的理论依据。

铁碳合金相图也是制订各种热处理加热温度的依据。

复习思考题

1. 什么叫塑性变形？什么叫弹性变形？

2. $\sigma_{0.2}$的含意是什么？为什么低碳钢不用此指标？

3. 抗拉强度与硬度之间有没有一定的关系？为什么？

4. a_K代表什么指标？为什么a_K不直接用于设计计算？

5. 某低碳钢拉伸试样，直径为10mm，标距为50mm，屈服时拉力为18840N，断裂时的最大拉力为35320N，拉断后将试样接起来，标距之间的长度为73mm，断口处截面直径为6.7mm。问该低碳钢的σ_s、σ_b、δ、ψ各是多少？其硬度大约是多少？

6. 已知Cu的原子直径为2.56Å，求Cu的晶格常数，并计算$1mm^3$Cu中的原子个数。

7. 金属的晶粒大小对其力学性能有何影响？如何控制液态金属的结晶过程以获得细小晶粒？

8. 一块质量一定的纯铁，发生$\alpha-Fe\xrightarrow{912℃}\gamma-Fe$时，其体积如何变化？

9. 解释下列名词：合金、组元、相、组织、相图、固溶体、金属化合物、铁素体、奥氏体、渗碳体、珠光体、莱氏体、Fe_3C_I、Fe_3C_{II}、Fe_3C_{III}、亚共析钢、共析钢、过共析钢。

10. 据简化的铁碳合金相图，描绘 $w_C = 0.77\%$、$w_C = 1.5\%$、$w_C = 3.5\%$、$w_C = 4.3\%$ 的铁碳合金从高温液态缓冷至室温时的组织转变过程。

11. 根据简化的铁碳合金相图计算：

(1) 室温下，$w_C = 0.45\%$ 的亚共析钢中珠光体和铁素体各占多少？

(2) 室温下，共析钢中铁素体和渗碳体各占多少？

(3) 铁碳合金中，Fe_3C_{II} 和 Fe_3C_{III} 的最大百分含量是多少？

12. 从某仓库找出一根积压的碳钢棒料，经金相分析后发现其组织为珠光体＋铁素体，其中铁素体占 80%，问此钢材的碳含量大约是多少？

13. 某退火碳钢进行金相分析，发现其组织为铁素体＋粒状渗碳体，其中粒状渗碳体占 18%，问此钢的碳含量大约是多少？

第二章　钢的热处理

钢的热处理就是将钢在固态下加热到一定的温度，经过保温，然后以适当的速度冷却，从而改善钢的内部组织，得到所需性能的工艺方法。

热处理的工艺过程通常用温度－时间曲线来表示，称为热处理工艺曲线（图2－1）。

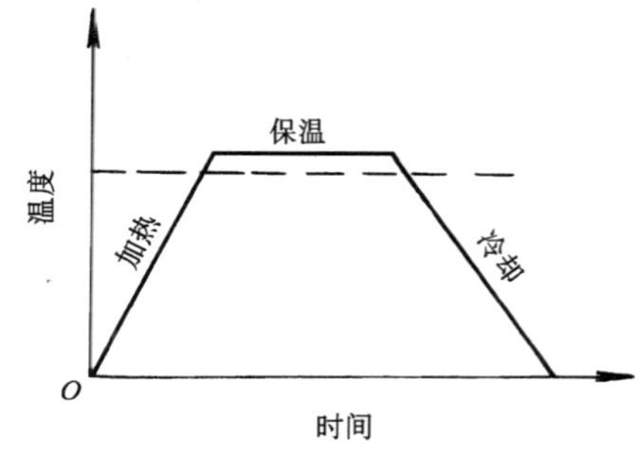

图2－1　钢的热处理工艺曲线示意图

根据热处理在零件加工中的作用不同可分为预先热处理和最终热处理。若热处理作为机械零件切削加工的一个中间工序，以消除材料内部缺陷，改善工艺性能，或为以后的切削加工或热处理做组织和性能准备，这类热处理称为预先热处理（或中间热处理），如改善锻、轧、铸毛坯组织的退火、正火。若为获得零件最终使用性能的热处理，称为最终热处理，如使零件获得良好的综合力学性能的淬火加高温回火。

热处理不同于其他加工工序，它不改变工件的形状和尺寸，只改变其组织和性能，它是保证工件内在质量的重要工序。

热处理按其工艺和方法的不同，大致可以分为以下几种。

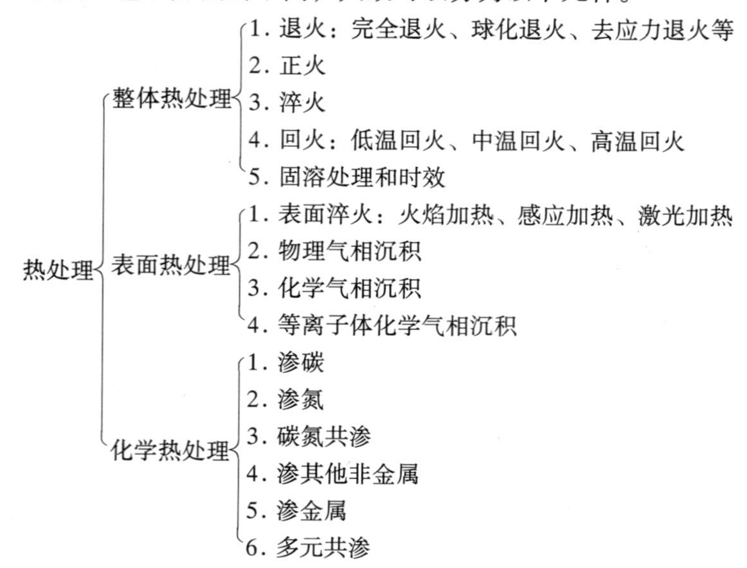

第一节　热处理基本原理

热处理之所以能使钢的性能发生很大变化，主要是由于在热处理过程（加热、保温和冷却过程）中，钢的内部组织发生了变化所致。

一、钢在加热时的转变

钢件热处理时，首先要加热到临界点以上，使室温组织转变为均匀的奥氏体。这一过程称为钢的奥氏体化。

1．奥氏体的形成

奥氏体化的过程也是通过形核及长大的机制来实现的。形核和长大的过程是依靠铁原子和碳原子的扩散来实现的，属于扩散型相变。以共析钢为例，其转变过程如图 2－2 所示，可分为如下四个步骤。

（1）奥氏体晶核的形成（图 2－2a）　珠光体是铁素体和渗碳体片层相间的组织，且奥氏体的含碳量介于铁素体与渗碳体之间，所以在珠光体中的铁素体与渗碳体交界面上具有奥氏体形成的成分条件；又因为交界面上原子排列不规则，某部位可能正好具有奥氏体形核的结构条件；此外，交界面上晶格畸变、能量高，又具有奥氏体形核的能量条件。因此，总是在铁素体与渗碳体的界面上形成奥氏体的晶核。这个过程称为奥氏体形核。

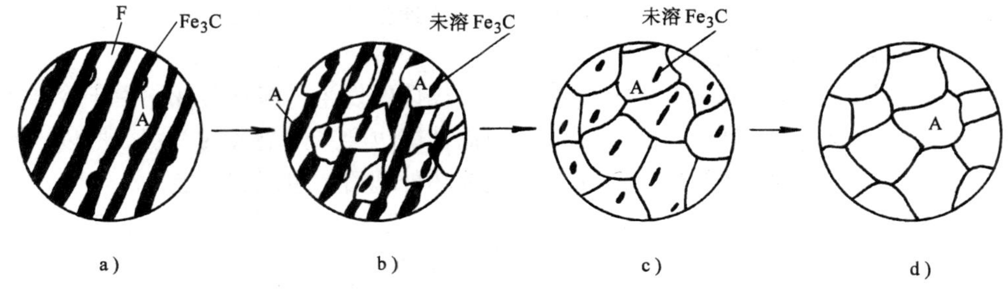

图 2－2　共析钢中奥氏体形成过程示意图

（2）奥氏体晶核的长大（图 2－2b）　奥氏体晶核形成以后，它一方面与渗碳体相接；另一方面与铁素体相接。与铁素体相接处的奥氏体含碳量较低，而与渗碳体相接处的奥氏体含碳量较高，在奥氏体中出现了碳浓度梯度，从而引起了碳在奥氏体内部从高浓度向低浓度的扩散。随着碳的扩散，造成了奥氏体与铁素体相接处碳浓度增高，而奥氏体与渗碳体相接处碳浓度降低，这就推动了铁素体向奥氏体的转变和渗碳体的溶解，以恢复原来的碳浓度梯度。这个过程的反复循环，就形成了奥氏体晶核的长大，直至铁素体转变终了为止。

（3）残余渗碳体的溶解（图 2－2c）　当铁素体全部转变为奥氏体后，还会有部分渗碳体没有溶解，这部分渗碳体称为残余渗碳体。随着时间的延长，残余渗碳体会不断溶解，直至全部消失。

(4) 奥氏体成分的均匀化（图 2－2d） 当残余渗碳体全部溶解后，奥氏体中的碳浓度仍是不均匀的，在原来渗碳体处含碳量较高，在原来铁素体处含碳量较低。延长保温时间，通过碳原子的扩散，可使奥氏体的含碳量趋于均匀一致。

亚共析钢加热到 Ac_1 温度时，珠光体转变成奥氏体，但铁素体不会全部转变成奥氏体，只有加热到 Ac_3 温度时才能形成单一奥氏体。同样的道理，对过共析钢需要加热到 Ac_{cm}线以上，才能形成单一的奥氏体。

2. 奥氏体晶粒的长大（粗化）

随着奥氏体化加热温度的升高和保温时间的延长，奥氏体晶粒就会不断长大。尤其是奥氏体化温度的影响更为显著。另外，奥氏体晶界上的未溶碳化物会阻碍奥氏体晶粒的长大；除 Mn、P 外，其他合金元素溶入奥氏体，皆会阻碍奥氏体晶粒的长大。

表示晶粒大小的尺度称为晶粒度。奥氏体晶粒度是钢材及其加热质量评定指标之一。

粗大的奥氏体晶粒，在随后冷却转变后仍然得到粗大的晶粒组织，使钢的力学性能和工艺性能变差，如冲击韧度降低、淬火时容易开裂、塑性成形时易产生裂纹等。所以，人们总是希望得到细晶粒的组织。为了控制奥氏体晶粒的粗化，需要合理地选择加热温度和保温时间，合理选择被处理件的材质等。

二、钢在冷却时的转变

奥氏体化的钢，在随后的冷却过程中奥氏体要发生分解和转变。由于冷却条件不同，转变产物的组织结构也不同，因而性能也会产生显著的差别。所以，冷却过程是热处理的关键工序，它决定着钢在热处理后的组织和性能。

钢由奥氏体状态冷至室温，有两种冷却方式：一种是将奥氏体迅速冷却到 A_1 以下某一温度，恒温停留一段时间，在这段保温时间内发生组织转变，然后再冷却下来，这种方式称为等温冷却方式；另一种是将奥氏体以某种冷却速度连续冷却，在冷却过程中发生组织转变，如随炉冷却、空气中冷却、油中冷却、水中冷却等，这种方式称为连续冷却。

1. 过冷奥氏体的等温转变

奥氏体冷却到 A_1 温度以下而又尚未转变时是处于一种不稳定的过冷状态，称为过冷奥氏体。过冷奥氏体在等温冷却条件下的转变称为过冷奥氏体的等温转变。由于过冷温度和等温时间不同，过冷奥氏体的等温转变过程及转变产物也不相同。

(1) 过冷奥氏体等温转变图（C 曲线）的建立 表示过冷奥氏体的不同等温冷却温度、等温时间与转变过程及产物之间关系的曲线，称为过冷奥氏体等温转变图。由于该曲线大都有“C”字形状，所以常简称为C曲线。

图2－3为共析钢的C曲线。

由C曲线可以看出，过冷奥氏体开始转变前有一段停留时间，这是过冷奥氏体转变的准备阶段，称为孕育期。孕育期随过冷度的不同而不同，孕育期最短的部位称为C曲线的“鼻部”，其对应的温度俗称为“鼻温”。在鼻温处孕育期最短，过冷奥氏体开始转变的速度最快。

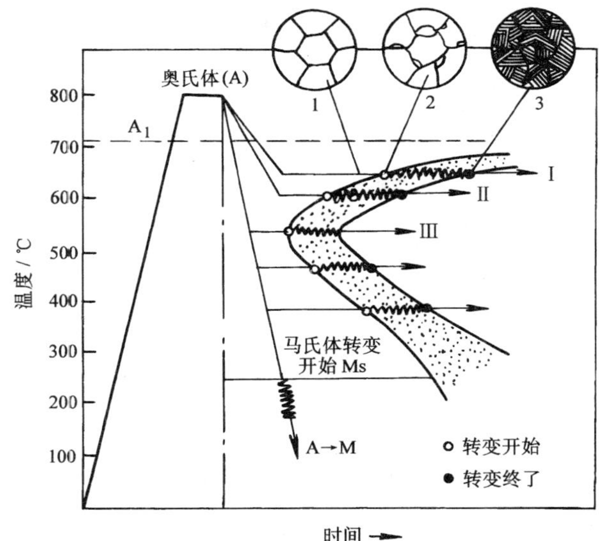

图2－3　共析钢的C曲线

（2）过冷奥氏体等温转变产物　以共析钢为例，过冷奥氏体的等温转变，按得到的产物组织的不同可分为三种类型：珠光体型转变、贝氏体型转变和马氏体型转变。

1）珠光体型转变。过冷奥氏体在A_1以下至550°C温度范围内的某一温度保温，发生等温转变，其产物称为珠光体型组织。由于转变温度不同，原子扩散能力不同，形成的片层厚度也不同，这类组织可细分为珠光体、索氏体和托氏体。

珠光体是过冷奥氏体在A_1～650°C范围内的某一温度保温，发生等温转变（图2－3，Ⅰ）得珠光体（$F+Fe_3C$）。因为过冷度较小，片层粗大，以P表示，其强度、硬度较低。

索氏体是过冷奥氏体在650～600°C范围内的某一温度保温，发生等温转变（图2－3，Ⅱ）仍得（$F+Fe_3C$）。因为过冷度较大，片层较细小，为“较细的珠光体”，称为索氏体，用S表示，其强度、硬度高于珠光体。

托氏体是过冷奥氏体在600～550°C范围内的某一温度保温，发生等温转变（图2－3，Ⅲ），仍得（$F+Fe_3C$）的两相混合物组织。因为过冷度更大，片层非常细小，为“极细的珠光体”，称为托氏体，用T表示，其强度、硬度高于索氏体。

共析钢珠光体型组织的特征及硬度见表2－1。

2）贝氏体型转变。贝氏体转变是过冷奥氏体在“鼻温”至Ms点（550～230°C）范围内进行的转变。

表 2-1 共析钢珠光体型组织的特征及硬度

组织名称	形成温度/°C	片层间距/μm	硬度
珠光体(P)	A_1～650	>0.4	170～230HBS
索氏体(S)	650～600	0.4～0.2	25～35HRC
托氏体(T)	600～550	<0.2	35～40HRC

根据转变温度不同，可将贝氏体分为上、下两种贝氏体。

过冷奥氏体在 550～350°C 温度范围内等温转变为羽毛状的上贝氏体（图 2-4a），用 $B_上$ 表示。电子显微镜研究表明，上贝氏体是由许多平行排列的铁素体条以及条之间不连续的短杆状渗碳体所组成。由于 $B_上$ 中铁素体条粗大，塑性变形抗力较低；同时渗碳体分布在铁素体之间，易于引起断裂，所以 $B_上$ 强度低，塑性、韧性差。

过冷奥氏体在 350～230°C 温度范围内等温转变为针片状的下贝氏体（图 2-4b），用 $B_下$ 表示。光学显微镜下观察，下贝氏体呈黑针状或竹叶状。在电子显微镜下可以看到，针片状铁素体内成行分布着微细的碳化物。$B_下$ 中铁素体细小，分布均匀，铁素体内碳的过饱和度大，位错密度高，碳化物细小弥散分布，所以具有较高的强度和韧性，即有较好的综合力学性能。

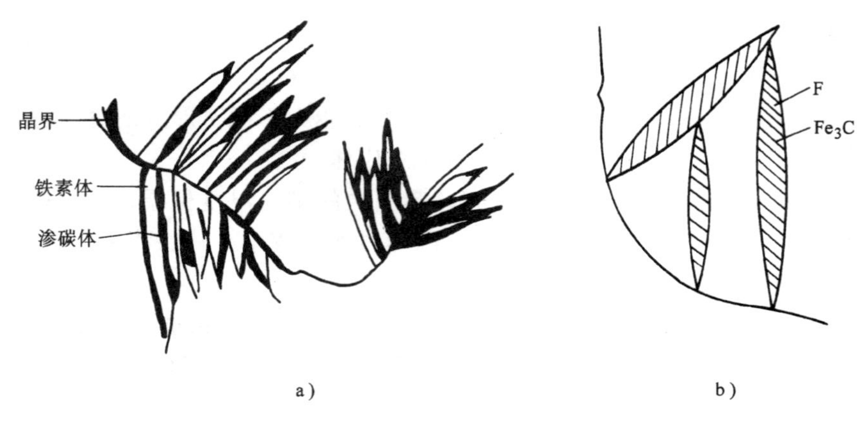

图 2-4 贝氏体结构示意图

a) $B_上$ b) $B_下$

贝氏体型组织是过冷奥氏体在中温区分解形成的铁素体与渗碳体两相混合物，转变时必须进行碳的重新分布和铁的晶格重构。但由于温度较低，碳原子仅能作短距离扩散而铁原子不扩散，因此贝氏体转变属半扩散型转变。

3）马氏体型转变。奥氏体以极大的冷却速度过冷到 Ms 点以下发生的转变称为马氏体型转变。由于转变温度较低，碳原子已不能扩散，只发生铁的晶格重构，由面心立方晶格变成体心立方晶格，形成了碳在 α－Fe 中的过饱和固溶体，称为马氏体。马氏体的含碳量与原来奥氏体中的碳含量相同，使 α－Fe 的碳浓度大大地过饱和，造成了 α－Fe 的体心立方晶格严重畸变。马氏体的含碳量越高，晶格畸变越严重，硬度也越高，内应力也越大。

马氏体组织形态多种多样。但研究结果表明，钢中马氏体有两种基本形态：板条状马氏体和片状马氏体（图 2－5）。

a)

b)

图 2－5 马氏体组织形态

a）板条状马氏体 b）片状马氏体

马氏体的形态主要取决于奥氏体中的碳含量。$w_C<0.2\%$时，基本上形成板条状马氏体（又称低碳马氏体）；$w_C>1.0\%$时，基本上形成片状马氏体（高碳马氏体）；$0.2\%<w_C<1.0\%$时，形成二者的混合组织。

高强度、高硬度是马氏体性能的主要特点。马氏体的硬度主要取决于马氏体的含碳量，通常情况是随着碳含量的增加而升高。但当 $w_C>0.6\%$时，其硬度增加趋于平缓，这是由于残余奥氏体量逐渐增多所致。

马氏体高强度、高硬度的主要原因是由于过饱和碳原子引起的晶格畸变，即固溶强化。此外，马氏体在转变过程中产生的大量晶体缺陷（如位错、孪晶等）和引起的组织细化，以及碳以弥散碳化物形式析出，都对钢的强化有不同程度的贡献。

马氏体的塑性和韧性主要取决于碳的饱和程度与亚结构。板条状马氏体比片状马氏体塑性和韧性要好得多。主要原因：一是碳在板条状马氏体中过饱和程度小，晶格畸变小，残余应力小；二是板条状马氏体亚结构为位错，而片状马氏体亚结构主要是孪晶。

马氏体转变的主要特点首先是无扩散性，是非扩散性转变。这是由于相变是在相当低的温度下进行所致，并且转变速度极快，在这样的条件下，铁原子和碳原子的扩散都不能进行。因而转变过程中没有成分变化，马氏体含碳量和原来的奥氏体的相同。其次，马氏体转变是在 Ms～Mf 的温度范围内进行的，其转变量随温度的下降而增加，一旦温度停止下降，转变立即中止。可见马氏体的转变量只是温度的函数，与在 Ms～Mf 温度范围内的停留时间无关。另外，多数钢的 Mf 点在室温以下，因此冷却到室温时仍会保留相当数量未转变的奥氏体，这称之为残余（留）奥氏体。奥氏体的含碳量越高，Ms、Mf 就越低，残余奥氏体量就越多。

2. 过冷奥氏体在连续冷却过程中的转变

在生产实践中，大多数是将奥氏体化的毛坯或零件置于冷却介质（空气、水、油等）中，使其连续冷却，即过冷奥氏体是在连续冷却过程中转变的。连续冷却过程要先后通过各个转变温度区，在一个钢件内可能先后发生几种转变，得到几种转变产物的复合不均匀组织。因冷却速度不同，可能发生的转变也不同，各种转变组织的相对量也不同，得到的组织和性能也就各不相同了。

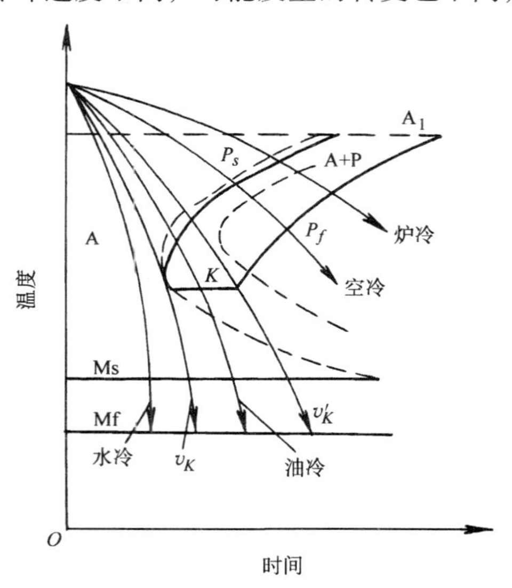

图 2－6 共析钢连续冷却曲线图

连续冷却转变图（CCT 曲线）也是通过实验测定出来的。共析钢的 CCT 曲线如图 2－6 所示：

由图可见，过冷奥氏体连续冷却转变图与等温转变图（图中虚线部分）相似，只是它稍滞后一些，并且没有贝氏体转变区。图中 P_s 线表示过冷奥氏体向珠光体型组织转变的开始线；P_f 线表示过冷奥氏体向珠光体型组织转变的终了线；K 线表示过冷奥氏体向珠光体型组织转变的中止线，即冷却曲线碰到 K 线，过冷奥氏体就不再发生珠光体型转变，而一直保留到 Ms 以下才转变为马氏体。v_K 称为上临界冷却速度，它是全部得到马氏体组织的最小冷却速度。v_K' 称为下临界冷却速度，它是全部得到珠光体型组织的最大冷却速度。以 $v_K'\sim v_K$ 之间的速度冷却时，将得到珠光体型组织和马氏体组织的混合物。

钢的C曲线和CCT曲线反映了过冷奥氏体在冷却时组织转变的规律。它对于正确制定钢的热处理工艺、分析热处理后的组织和性能、合理选择钢材都具有重要的指导意义。

第二节　钢的整体热处理

钢的整体热处理包括钢的退火、正火、淬火、回火、调质、稳定化处理、固溶处理等工艺，以下介绍最常用的热处理工艺。

一、钢的退火

退火是将钢加热到一定温度并保温一定时间后，缓慢冷却，以获得达到或接近平衡状态组织的热处理工艺。根据目的和工艺特点的不同，退火可分为完全退火、等温退火、球化退火、均匀化退火、去应力退火等。

1. 完全退火

将钢加热到 Ac_3 以上 30～50°C，保温后随炉缓冷（或埋在砂中或石灰中冷却）至 500°C 以下，再在空气中冷却到室温的工艺过程。完全退火主要用于亚共析成分的各种碳钢和合金钢的铸件、锻件及热轧型材，有时也用于焊接结构件。其目的是细化晶粒、均匀组织、降低硬度、提高塑性和韧性、消除内应力、改善切削加工性能。亚共析钢经完全退火后得到的组织是铁素体和珠光体。

2. 等温退火

将钢加热到 Ac_3 以上，保温后快冷至珠光体转变温度范围内作等温停留，过冷奥氏体全部转变为珠光体后出炉空冷的工艺过程。其作用和完全退火相同，只是这种工艺比完全退火时间短，提高了生产效率并能更好的控制组织和性能。

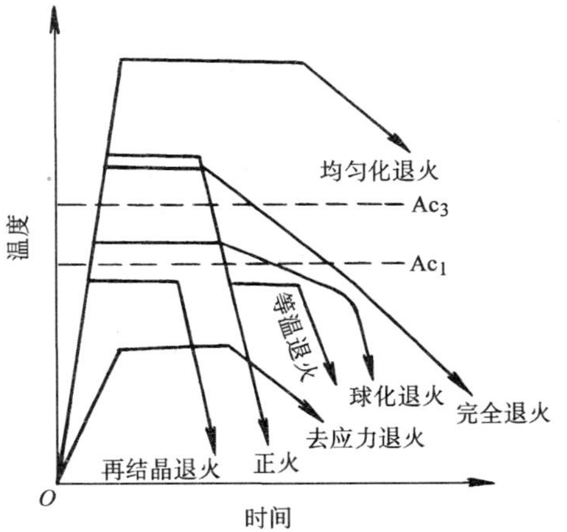

图 2－7　碳钢各种退火工艺

3. 球化退火

把钢加热到 Ac_1 以上 20～30°C，保温后快速冷至 Ar_1 以下 20°C 左右等温一定时间，然后随炉冷至 600°C 以下，出炉空冷。这种球化退火工艺称为等温球化退火。还有一种普通球化退火如图 2－7 所示，它的工艺特点是将钢加热到 Ac_1 以上 20～30°C 保温后，以极缓慢的冷却速度降温至 600°C 以下出炉空冷。这种工艺周期长，生产率低，故一般多选用等温球化退火。球化退火主要用于共析和过共析成分的碳钢及合金工具钢。其目的是降低硬度，均匀组织，改善切削性能，为淬火作组织准备。球化退火后，钢中的碳化物呈球状（粒状），即获得粒状珠光体。

4. 均匀化退火

将铸锭或铸件加热到 Ac_3 以上或 Ac_{cm}以上 150～300°C 长时间保温，然后冷却的热处理工艺。主要用于消除铸锭或铸件在凝固过程中的枝晶偏析等化学成分不均匀现象。

5. 去应力退火

去应力退火属低温退火。它是将钢加热到 Ac_1 以下某一温度（一般为 500～650°C），保温后缓冷至室温的热处理工艺。其目的是消除铸件、锻件、焊接件等的残余内应力，稳定工件尺寸，防止变形和开裂。在去应力退火过程中无组织的变化。

二、钢的正火

将钢加热至 Ac_3 或 Ac_{cm}以上 30～50°C，保温一定时间出炉空冷的热处理工艺称为正火。正火的冷却速度大于退火，所以可获得较细的珠光体或索氏体，因而正火后强度、硬度较高。正火后，亚共析钢中的自由铁素体减少；过共析钢中的网状 Fe_3C_{II} 消失。低碳钢正火，可提高硬度，降低塑性，克服粘刀现象，改善切削加工性；高碳钢正火，可消除网状 Fe_3C_{II}，为球化退火作组织准备；对中碳钢铸件、锻件可用正火来消除过热组织，细化晶粒，并为淬火作好组织准备。对性能要求不高的零件，可用正火作为最终热处理。

常用的退火和正火的加热温度范围如图 2－8 所示。

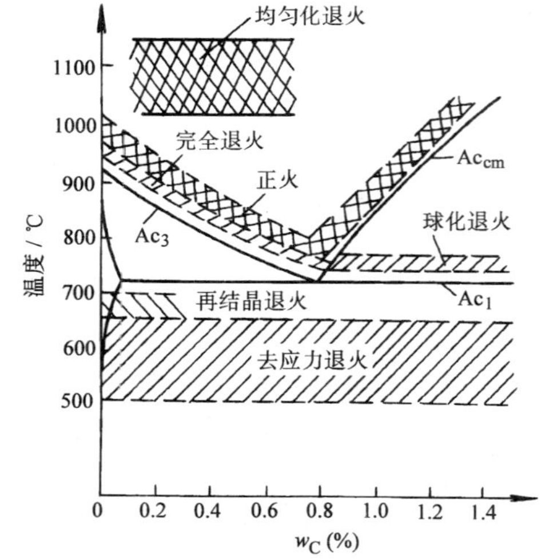

图 2－8 各种退火和正火的加热温度范围

三、钢的淬火

将钢加热到 Ac_3 或 Ac_1 以上 30～50°C，保温一定时间后，快速冷却（$>v_K$）以获得马氏体组织的工艺方法称为淬火。其目的是提高钢的硬度和耐磨性，并与回火相配合获得所需要的力学性能。

1. 淬火加热温度

淬火加热温度的选择应以得到细小而均匀的奥氏体晶粒为原则，以便冷却后获得细小的马氏体组织。碳钢的淬火温度可利用铁碳合金相图来选择（图 2－9）。

亚共析钢的淬火加热温度一般选为 $Ac_3+30\sim50^{\circ}C$。如果温度过高，则在淬火组织中将获得粗大马氏体组织，同时会引起钢件较严重的变形，如果温度过低，在淬火组织中将出现铁素体，造成淬火后的钢硬度不足，硬度不均出现软点，强度不高。

过共析钢的淬火加热温度一般选为 $Ac_1+30\sim50^{\circ}C$。如果温度过高，会引起奥氏体晶粒过分长大，淬火后的马氏体晶粒粗大，使钢的脆性增大，增加变形和开裂的危险。另外，还会因渗碳体溶解过多，淬火后残余奥氏体量增大，反而降低其硬度和耐磨性。当钢的原始组织中具有网状 Fe_3C_{II} 时，淬火后网状 Fe_3C_{II} 形态不变。这同样会降低韧性，增大开裂倾向。因此，这些钢淬火前必须先经正火或球化退火，以消除网状 Fe_3C_{II}。

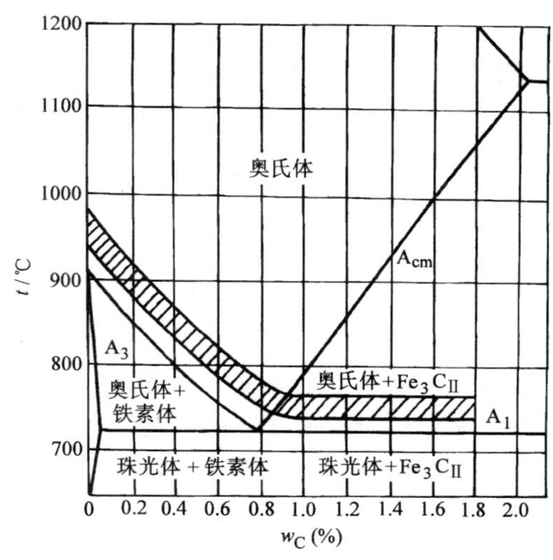

图 2－9 碳钢的淬火温度

2. 淬火介质

常用的淬火介质是水和油。水在 650～550°C 区间冷却能力较大，但在 200～300°C 区间冷却能力仍较大，对减少变形开裂不利，主要用于形状简单、截面较大的碳钢零件的淬火。油在低温区冷却能力合适，但在高温冷却能力很低，一般用作合金钢的淬火介质。

为了减少零件淬火时的变形，盐浴也常用作淬火介质，主要用于分级淬火和等温淬火。

3. 淬火方法

为保证获得所需的淬火组织，又要防止变形和开裂，必须采用已有的淬火介质再配以各种冷却方法才能解决。生产上常用的淬火方法有以下几种：

(1) 单介质淬火　将奥氏体化后的钢件放进水或油等淬火介质中连续冷却至室温的操作方法称为单介质淬火（图 2－10）。如碳钢件水冷、合金钢件油冷、厚大碳钢件的盐水冷却等。这种方法操作简单，容易实现机械化、自动化。但单

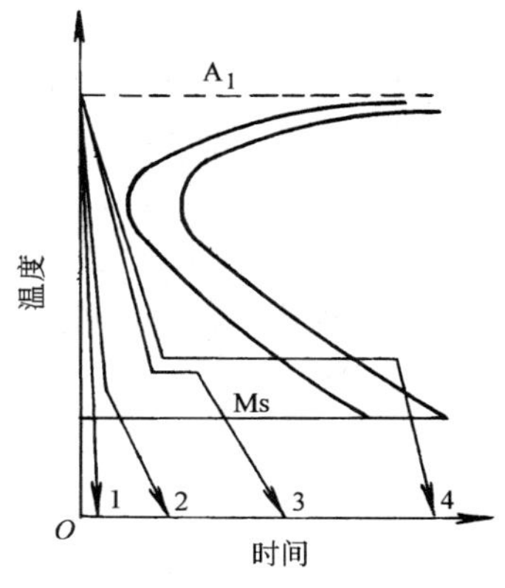

图 2－10 不同淬火方法示意图
1—单介质淬火 2—双介质淬火
3—分级淬火 4—等温淬火

独采用水冷易产生变形和开裂；单独采用油冷易产生硬度不足和硬度不均等缺陷。

(2) 双介质淬火 将奥氏体化后的钢件先放进水中冷却，冷到300～200℃时再迅速移到油中（甚至放到空气中）冷却的操作方法，称为双介质淬火（图2－10），也叫水淬油冷。这种方法既可淬硬，又可避免变形和开裂。但该法难以掌握，若从水中取出过早，会出现珠光体型转变；过晚又可能在水中发生马氏体转变。这种方法适合于形状复杂的碳钢件淬火。

(3) 分级淬火 将奥氏体化后的钢件放进稍高于Ms点温度的盐浴槽中停留2～5min，然后取出在空气中冷却的操作方法，称为分级淬火（图2－10）。短时间的停留可使零件内外温度均匀，使随后的马氏体转变同时进行，以减少组织应力。这种方法产生的应力小，可以避免钢件的变形和开裂。但因盐浴的冷却能力有限，故该法只适用于形状复杂、尺寸较小的零件。

(4) 等温淬火 将奥氏体化后的钢件放进稍高于Ms点温度的盐浴中，保温足够时间，使过冷奥氏体转变为$B_{下}$，然后取出空冷的操作方法称为等温淬火（图2－10）。$B_{下}$硬度较高，韧性较好，变形又小，故该法适用于形状复杂、尺寸精度要求高且要求较高强度和韧性配合的零件和工具的处理。

(5) 冷处理 许多钢的Mf点低于室温，一般淬火后，室温下的淬火组织中存在较多的残余奥氏体。残余奥氏体是不稳定组织，在长时间使用和存放过程中还要发生组织变化，引起零件尺寸变化，这对精密轴承、油泵油嘴件等都是不允许的。因此，就需要把这些件继续冷到Mf点以下进行冷处理，使残余奥氏体都转变为马氏体，以提高钢件的硬度和耐磨性，并稳定钢件的尺寸。冷处理需要专门设备，成本高，故只适用于精密零件和工具的处理。

四、钢的回火

将淬火后的钢重新加热到Ac_1以下的某一温度保温，然后冷却（一般空冷）到室温的工艺方法称为回火。其目的是消除淬火产生的内应力，稳定工件尺寸，降低脆性，改善切削加工性，获得所需的强度、硬度、塑性和韧性。

1. 淬火钢在回火时的转变

一般淬火钢的室温组织是由马氏体和少量残余奥氏体组成的，二者均是不稳定组织。

加热到100～200℃时马氏体发生分解，马氏体中过饱和的部分碳原子扩散出来，形成ε－碳化物。由于马氏体过饱和程度降低，晶格畸变减小，内应力减小。

加热到200～300℃时，原子扩散能力增强，马氏体进一步分解，减小了对残余奥氏体的压力，使残余奥氏体转变为下贝氏体。虽然马氏体分解会降低钢的硬度，但由于软的残余奥氏体转变为较硬的下贝氏体，所以钢的硬度并不显著降低，而内应力却有进一步的减少。

加热到 300～400℃ 时，马氏体继续分解，过饱和的碳从 α 固溶体中析出，而 ε－碳化物逐渐转变为极细的颗粒状的 Fe_3C。这些因素导致内应力大大降低，硬度也下降。

加热到 400℃ 以上时，渗碳体颗粒聚集长大，并逐渐球化。α 固溶体变为规则排列的体心立方晶体结构，内应力基本消除，硬度进一步减小。

综上所述，随着回火加热温度的升高，马氏体和残余奥氏体及内应力都在发生变化，从而引起其力学性能的变化。力学性能变化的总趋势是，随着回火温度升高，钢的硬度、强度下降，而塑性、韧性上升。

2. 回火工艺

根据回火温度的不同，通常将回火工艺分为如下三种：

(1) 低温回火　回火温度在 150～250℃ 之间，保温后在空气中冷却，在此温度范围内主要是马氏体的分解，形成过饱和程度较小的 α 固溶体和 ε－碳化物的混合组织，称为回火马氏体（图 2－11），用 $M_{回}$ 表示。

这种回火的目的是减小淬火应力和脆性，提高塑性和韧性，并保持高的硬度（58～64HRC）和耐磨性。主要用于高碳工具钢与合金工具钢所制造且要求高硬度和高耐磨性的量具、刃具、模具以及滚动轴承、渗碳零件等的处理。

图 2－11　回火马氏体

(2) 中温回火　回火温度在 350～500℃ 之间，保温后空冷。在此温度范围内马氏体分解，使过饱和的碳形成极细颗粒状渗碳体，并弥散分布在铁素体基体上，这种组织称为回火托氏体（图 2－12），用 $T_{回}$ 表示。它具有较高的弹性极限和屈服点，又有一定的韧性和中等硬度（35～45HRC），主要用于弹簧、锻模等的处理。

(3) 高温回火　回火温度在 500～650℃ 之间，保温后空冷。在此温度范围内，马氏体分解析出的过饱和的碳，形成较细的颗粒状渗碳体，并均匀分布在铁素体基体上，这种组织体称为回火索氏体（图 2－13），用 $S_{回}$ 表示。它具有良好的综合力学性能（硬度为 200～350HBS）。一般把淬火后再高温回火的热处理统称为“调质处理”，主要适用于中碳钢和中碳合金钢制造的齿轮、曲轴、连杆等受力较复杂件的热处理。

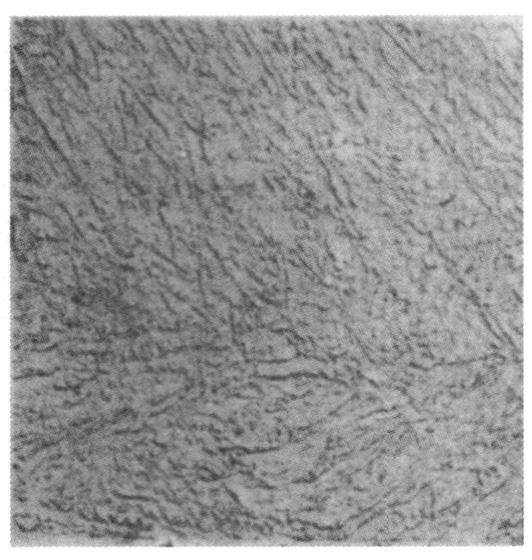

图 2－12　回火托氏体

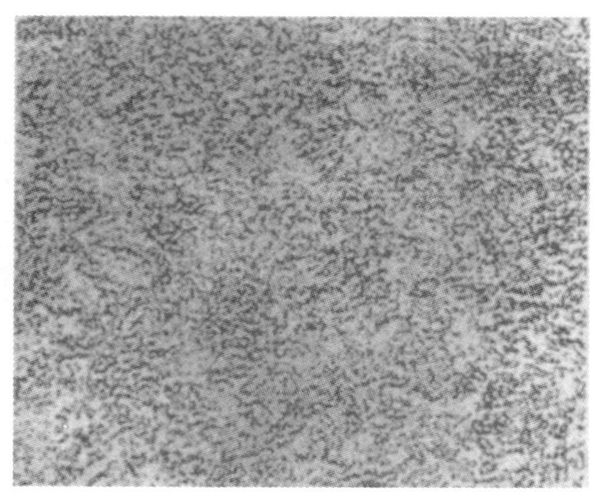

图 2－13　回火索氏体

第三节　钢的表面热处理与化学热处理

一、表面淬火

表面淬火是对零件表面进行快速加热到淬火温度，而心部来不及被加热的情况下立即冷却，使表面得到高硬度的淬火组织，而心部仍保持原来组织的一种热处理方法。根据加热方式不同，表面淬火的方法很多，如感应加热表面淬火、火焰加热表面淬火、电接触加热表面淬火、激光加热表面淬火、电子束加热表面淬火等，其中感应加热表面淬火和火焰加热表面淬火应用最为广泛。

1. 感应加热表面淬火

如图2－14所示，将工件放入铜管制成的感应圈内，在感应圈中通入一定频率的交变电流，则工件上便产生频率相同、方向相反的感应电流，即涡流。涡流在零件上分布是不均匀的，越靠近表面，电流密度越大。这种现象称为集肤效应。由于钢本身具有一定电阻，因而集中于零件表层的电流使表层迅速加热，在几秒钟内可使温度升到800～1000°C，而心部温度仍接近室温。当表层温度上升到淬火加热温度时，立即喷水冷却，使表层获得马氏体。

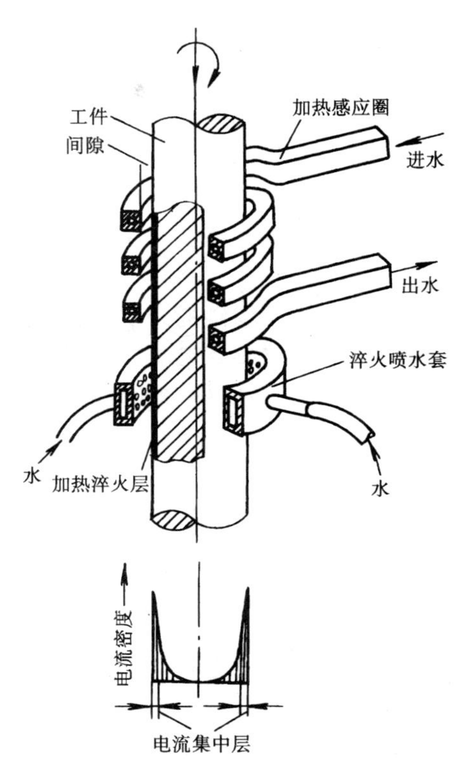

图2－14　感应加热表面淬火示意图

根据通入感应圈的交流电频率不同，感应加热表面淬火可分为三类：高频淬火、中频淬火、工频淬火。

由于感应加热表面淬火的加热速度快，奥氏体晶粒来不及长大，淬火后可得晶粒细小的隐晶马氏体，这使表层硬度比普通淬火表层硬度高2～3HRC；同时韧性和耐磨性也有较大提高。另外，由于加热速度快，零件表面不易氧化、脱碳，且工件变形小，淬硬层深度易于控制，容易实现自动化，适于大批量生产。

2. 火焰加热表面淬火

火焰加热表面淬火是利用氧－乙炔或氧－煤气火焰直接喷射到工件表面上，使工件表面迅速被加热到淬火温度，随后喷水冷却的热处理工艺。如图2－15所示。火焰加热淬硬层深一般为2～6mm。这种方法的优点是设备简单、使用方便，可进行局部淬火。缺点是淬硬层深度不易控制，质量不够稳定，易产生过热和硬度不均，生产率低。该工艺适合于单件、小批生产

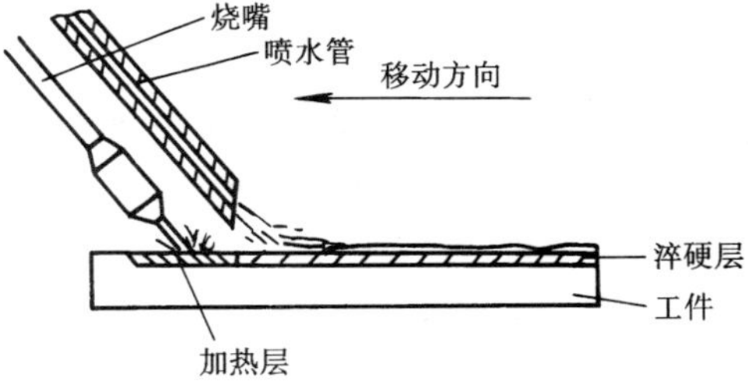

图2－15　火焰加热表面淬火示意图

或大型零件的局部淬火。

二、化学热处理

化学热处理是将零件放入一定的活性介质中，经加热、保温，使介质中的活性原子渗入零件表层中，从而改变表层的化学成分、组织和性能的工艺方法。由于它改变了钢件的表层成分和组织，故有效地提高了表层性能，并使钢获得一些新性能。

能渗入钢中的元素有很多种，如：碳、氮、硼、铬、硫、硅、铝等。因此，化学热处理可分为渗碳、渗氮、碳氮共渗、渗硼等。目前生产上应用最广的是渗碳、渗氮和碳氮共渗。

1. 渗碳

将钢件放入渗碳的介质中加热并保温足够的时间，使活性碳原子渗入零件表层的工艺称为渗碳。渗碳后的钢件，配以随后的淬火和低温回火后，表层可得到细小片状回火马氏体和少量渗碳体组织，具有高的硬度、耐磨性和抗疲劳性能，而心部具有一定的强度和良好的韧性。根据渗碳介质的状态不同，渗碳可分为气体渗碳、固体渗碳和液体渗碳。生产中最常用的是气体渗碳。

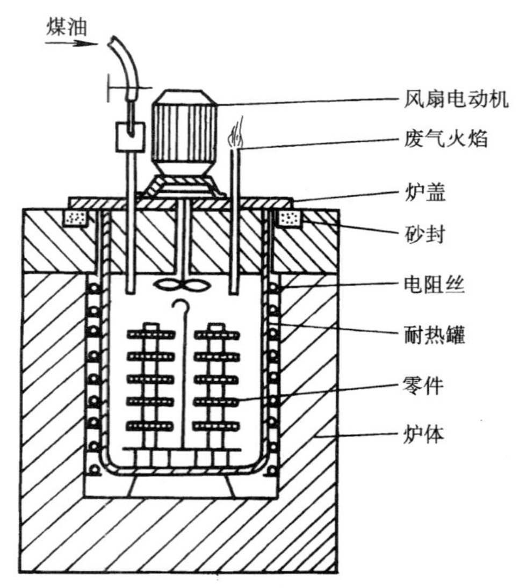

图 2－16　气体渗碳示意图

气体渗碳是将零件放入密封的炉罐中加热到完全奥氏体化温度，并通入渗碳介质使工件渗碳（图 2－16）。常用的渗碳介质有煤气、液化石油气、天然气等，另外还可以滴入液态的碳氢化合物，如煤油、甲醇等。这些介质在炉中分解出活性碳原子，被钢件吸附并向内部扩散形成一定厚度的渗碳层。气体渗碳的渗碳速度快，渗碳质量好、劳动条件好，在生产上得到广泛应用。

2. 渗氮

渗氮俗称氮化，是向零件表面渗入氮原子的工艺过程。其目的是提高零件表面的硬度、耐磨性、抗疲劳强度、热硬性和耐蚀性等。常用的渗氮工艺有气体渗氮和离子渗氮。

气体渗氮是将氨气通入加热至渗氮温度（500～570°C）的密封渗氮罐中，高温下氨气分解出活性氮原子，被工件表面吸附并向内扩散，形成氮化层。零件渗氮后，表层具有高硬度和高耐磨性，较好的疲劳强度和耐蚀性。

离子渗氮是将零件置于充有氨气或氮、氢混合物的真空炉中，零件作为阴极，炉壁作为阳极，并在阴极与阳极之间加上800～1000V的直流电压。在高压电场作用下，零件周围的氨气电离为氮和氢的正离子和电子，氮的正离子在电场的作用下高速冲击零件表面，使零件表面温度升至500～700°C，并渗入工件表面，形成氮化层。

离子渗氮优点是渗氮速度快，零件变形小，不易形成连续的脆化层。但设备复杂，成本高，只适用于中小型精密零件的渗氮处理。

与渗碳相比，渗氮温度低且渗氮后不再进行热处理，所以工件变形小。为提高渗氮工件的心部强韧性，需要在渗氮前对工件进行调质处理。

渗氮的最大缺点是工艺时间长，且成本高，渗氮层薄而脆。

3. 碳氮共渗

使碳、氮原子同时渗入钢件表层的化学热处理方法称为碳氮共渗，又称为氰化。一般是将零件放入密闭的炉中加热并通入氨气，同时滴入煤油。氨气中分解出的活性氮原子和煤油分解出来的活性碳原子，同时被钢表面吸附并扩散，形成化合物层。碳氮共渗若在高温下进行，以渗碳为主；若在较低温温度下进行，则以渗氮为主，则称氮碳共渗。目前，中温气体碳氮共渗和低温气体碳氮共渗（或称气体氮碳共渗）应用较为广泛。前者主要以渗碳为主，用于提高构件的硬度、耐磨性和抗疲劳性；而后者以渗氮为主，主要用于提高工具、模具的表面硬度、耐磨性和抗咬合性。

第四节　热处理新技术简介

一、激光热处理

1. 激光淬火

将高能密度的激光束照射到工件表面上，使工件的表面迅速升温，形成奥氏体，然后移开激光束。由于工件基本处于冷态，热量从工件表面向内部传导散发而使表面迅速冷却，实现自冷淬火。

激光淬火具有以下特点

1）激光淬火的硬度比普通淬火提高15%～20%；同时，耐磨性也大幅度提高。

2）生产率高。激光淬火加热速度（10^4～10^6 °C/s）和冷却速度（10^6～10^8 °C/s)极快，工艺周期只需0.1s。

3）热处理工件变形小，对长形工件、薄壁工件而言，此优点尤为突出。

4）工件的自冷淬火，避免了水、油等淬火介质，有利于防止环境污染。

5）对工件非常小的局部，如深沟、槽或孔等特殊部位，只要利用适当的光学装置，将激光照射到位，均可实现激光淬火。

6）劳动条件好，且工艺过程易实现计算机控制的生产自动化。

2. 激光熔凝

激光熔凝也称激光熔化淬火。将激光束加热工件表面至熔化到一定深度，自冷使熔层凝固，获得细小均匀的组织和良好的力学性能。

熔化区的组织是树枝晶的马氏体和残余奥氏体＋树枝间的片层状低温莱氏体（马氏体、残余奥氏体、L′d）。激光熔凝处理显著地提高了工件的耐磨性和使用寿命。其原因是：高硬度的变态莱氏体的形成，消除了表层的石墨，细化了显微组织。同时由于熔层薄、作用区小，对表面粗糙度和工件尺寸影响不大，一般可以不再进行后续磨削即可直接使用。

二、电子束热处理

使高速、高能的电子束流轰击被处理工件的表面，把电子的动能转化为热能，从而使工件表面急热急冷而达到强化的目的。电子束像激光一样可以对金属材料的局部进行自冷淬火、表面熔覆和合金化等改性处理，所得硬化层组织性能也与相应的激光工艺类似。所不同的是，电子束功率要比激光大一个数量级，最高可达 10^9W/cm^2，其能量也比激光更易被基材金属吸收，能量利用率非常高。另外，由于在真空中进行，所以避免了氧化、渗氮的不利影响，可获得更好的表面质量和组织。

三、真空热处理

真空热处理是近代真空技术与热处理工艺相结合的产物，具有无氧化、无脱碳、表面光亮、变形小、无污染、节能、适用范围广等优点，是发展很快的热处理新技术。

常见的真空热处理工艺，有真空退火、真空油（气）淬火、真空渗碳、真空渗氮、真空回火、真空烧结、真空清洗、真空喷涂等工艺。

四、复合热处理

复合热处理就是将两种或更多的热处理工艺复合，或者是将热处理和其他加工工艺复合，以此使零件获得单一热处理方法难以达到的性能。

常用的复合热处理大多与表面热处理有关，大致可以分为以下几类：

（1）一般热处理与表面热处理的复合热处理技术　如整体淬火与渗氮处理，等温淬火与渗氮处理等。

（2）表面热处理相互复合的热处理技术　如渗氮与高频淬火等。

（3）化学热处理与涂层相复合　例如渗氮和 PVD 相复合。

（4）电镀与热处理相复合　例如电镀热处理、锌浴淬火等。

采用复合热处理的方法，可使工件获得理想的优异性能，同时可以尽量节约能源，降低成本，提高生产效率。

复习思考题

1. 一批直径为 5mm 的共析钢制成的销子，采用什么热处理方法可以得到下列组织：(1) 珠光体；(2) 托氏体+索氏体；(3) 下贝氏体；(4) 回火索氏体；(5) 马氏体+残余奥氏体

2. 试述共析钢奥氏体形成的几个阶段，分析亚共析钢和过共析钢奥氏体形成的主要特点。

3. 说明共析钢 C 曲线各个区、各条线的物理意义，在曲线上标注出各类转变产物的组织名称及其符号和性能。指出影响 C 曲线形状和位置的主要因素。

4. 试述马氏体转变的特点。定性说明两种主要类型马氏体的组织形态和性能差异。

5. 试比较索氏体与回火索氏体、托氏体与回火托氏体、马氏体与回火马氏体，在形成条件、金相组织形态与性能上的主要区别。

6. 正火和退火的主要区别是什么？生产中应如何选择正火和退火？

7. 简述淬火方法及其适用范围。

8. 甲、乙两厂同时生产一种 45 钢零件，硬度要求为 220～250HBS。甲厂采用正火处理，乙厂采用调质处理，都达到硬度要求。试分析甲、乙两厂产品组织和性能的差异，并说明采用哪种处理工艺更合理。

第三章　机械工程材料

工程材料按行业可分为机械工程材料、土建工程材料、电工材料等；按化学成分可分为金属材料、无机非金属材料、高分子材料、复合材料等；按用途可分为结构材料、功能材料等。本章主要论述机械工程材料，其中金属材料目前仍占主导地位。

一般情况下把金属材料分为两类：黑色金属材料和有色金属材料。通常把铁和碳元素为主要化学成分的合金称为黑色金属材料，把其余金属如 Mg、Al、Cu、Sn 等及其合金统称为有色金属材料。

第一节　工业用钢

一、钢的分类

国家标准 GB/T 13304—1991《钢分类》规定，钢的分类可以“按化学成分分类”，也可以“按主要质量等级和主要性能及用途特性分类”。

1．按化学成分分类

根据各种合金元素规定含量界限值，将钢分为非合金钢、低合金钢、合金钢三大类。

如果在低合金钢中同时存在 Cr、Ni、Mo、Cu 四种元素中的两种或两种以上时，应同时考虑这此元素的规定含量总和。对于 Nb、Ti、V、Zr 四种元素，也适用于以上原则。

2．按主要质量等级分类

按冶金质量不同，分为普通质量钢、优质质量钢和特殊质量钢。

通常将钢按化学成分和冶金质量分类如下：

- 钢
  - 非合金钢
    - 普通质量非合金钢（主要包括：GB/T 700—1988 中的 A、B 级钢：碳素钢筋钢等）
    - 优质非合金钢（主要包括：GB/T 700—1988 中的 C、D 级钢；GB/T 699—1999 中的部分条钢等）
    - 特殊质量非合金钢（主要包括：部分优质碳素结构钢、兵器用钢等）
  - 低合金
    - 普通质量低合金钢（主要包括：一般用途低合金钢、低合金钢筋钢、铁道用低合金轻轨钢等）
    - 优质低合金钢（主要包括：锅炉和压力容器用钢、造船、汽车桥梁等专业用低合金钢等）
    - 特殊质量低合金钢（主要包括：核用低合金钢、船舰、兵器专用特殊合金钢等）
  - 合金钢
    - 优质合金钢（主要包括：一般工程结构用合金钢、地质钻探用合金钢等）
    - 特殊质量合金钢（主要包括：部分合金结构钢、合金弹簧钢、高速工具钢等）

二、杂质元素和合金元素在钢中的作用

1. 常存杂质元素在钢中的作用

在实际使用的钢中，总是或多或少地含有一些在冶炼时难以清除的杂质元素，这些元素称为常存杂质元素，主要有 Si、Mn、S、P 等。

（1）硅和锰　Si 和 Mn 是随脱氧剂进入并残留在钢中的。

在非合金钢中，$w_{si}<0.37\%$、$w_{Mn}=0.25\%\sim0.8\%$，仅作为常存杂质元素存在，对碳钢的力学性能影响不大。

在合金钢中，Si 和 Mn 作为合金元素加入到钢中时，能提高钢的力学性能，这部分内容将在以下介绍。

（2）硫和磷　S 和 P 是随炼钢的原料进入并残留在钢中的。

Fe 在液态时能溶解大量 S，但在固态时几乎不溶。因此，残 S 量较高的钢液在凝固时 S 几乎全部以 FeS（熔点 1190℃）的形式析出。这些 FeS 又可与 Fe 形成低熔点（985℃）共晶（FeS + Fe）存在于奥氏体晶界上。将这样的钢加热到 1000～1200℃进行塑性成形加工时，会由于（FeS + Fe）共晶体和 FeS 的熔化，导致钢沿晶界开裂，这种现象称为钢的“热脆”。

Fe 在液态和固态下都能溶解 P。钢中残存的 P 在固态时全部溶入铁素体中，虽然可以提高铁素体的强度，但是，却使其塑性和冲击韧度急剧下降。当 $w_p=0.3\%$时，钢室温下的冲击韧度值下降至近于零。这种现象称为钢的“冷脆”。

由以上可见，S 和 P 作为杂质元素时对钢是有害元素，含量应越少越好。因此，衡量钢质量的最主要标志是 S 和 P 的含量。

然而，S 和 P 在某些情况下却是有益的合金元素。例如，在钢中加入一定量的 P、S 和 Mn，形成易切钢，可大大改善钢的切削加工性能，适合于在自动机床上加工一些标准件，如螺栓、螺母等。

（3）氢和氮　钢在冶炼过程中一般均与空气接触，总要或多或少地吸收一些气体，如 H_2、N_2 和 O_2 等。高温时，钢液溶解的气体量较多，随着温度的下降，钢液溶解气体的能力急剧下降。这样，多余的气体就会从钢液中逸出，来不及逸出的就会留在钢中，使钢变脆。

来不及逸出的氢以分子状态存在于钢组织中的缺陷处，在局部可造成数千个大气压的巨大压力。当这个压力超过钢的强度极限时，就会使钢在该处产生发裂。发裂在钢的横断面表现为细长的发丝状裂纹，在钢的纵断面上呈圆形或椭圆形银白色的斑点，故称为白点。白点使钢变脆的现象称为“氢脆”。有白点的钢在使用过程中可能会突然断裂，这对高速运转的动力机械来说是十分危险的。

来不及逸出的氮会过饱和地溶解于钢中，放置一段较长的时间后，将以氮化物形式析出。它们将使钢变脆的现象称为氮的时效，这对要求塑性较高的钢，如低碳钢特别不利。

在钢中残留的氧是以 MnO、SiO_2、Al_2O_3 等非金属夹杂物的形式存在，它们会使钢的塑性、冲击韧度和疲劳强度下降。

由于以上原因，不少钢种都对钢中氢、氮及非金属夹杂物的含量和分布作出严格限制。

2. 合金元素在钢中的作用

为了提高钢的性能，在炼钢时有意识地向钢中加入一些合金元素，这样获得的钢称为合金钢。在合金钢中经常加入的合金元素有：Mn、Si、Cr、Ni、Mo、V、Ti、Zr、Co、B、RE 等。这些合金元素在钢中产生的作用是非常复杂的，下面仅从三个方面扼要阐述。

（1）合金元素对钢的基本相的影响　碳钢的基本相为铁素体和渗碳体，合金钢中合金元素的主要存在形式是溶入铁素体或渗碳体，或形成新相——特殊碳化物。

1）溶入、强化铁素体。大多数合金元素都能溶入铁素体，引起铁素体晶格畸变，产生固溶强化作用，是铁素体的强度、硬度升高，塑性、韧性下降。如图 3－1。各合金元素对铁素体性能影响的大小是不同的，这与该元素的原子半径及晶体结构等有关。一般地说，与 Fe 的原子半径及晶体结构差别越大的元素对铁素体的影响越明显。如 Si（金刚石型）、Mn（复杂立方晶格）比体心立方晶格的 W、Mo 的影响要明显。

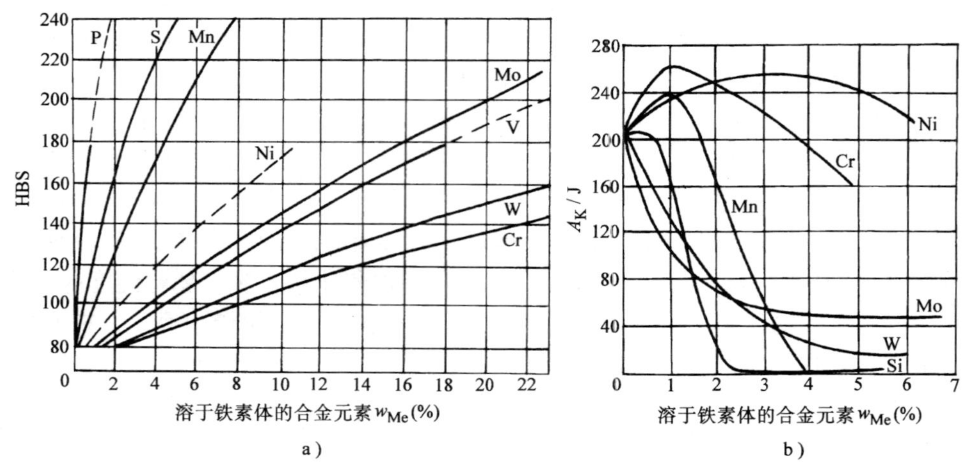

图 3－1　合金元素对退火状态铁素体性能的影响

a）对硬度的影响　b）对冲击韧度的影响

各合金元素对铁素体韧性的影响，总的趋势是随着合金元素的增加而韧性下降。但当合金元素的含量较少时，如 $w_{Mn}<1.5\%$、$w_{Cr}<2\%$ 或 $w_{Ni}<5\%$ 时，铁素体的韧性非但不下降，还略有提高；$w_{Si}<1\%$ 时，对其影响不大。为此，合

金钢中对各合金元素的含量都有一定限度，即在保证提高铁素体强度的前提下尽量不降低其韧性为限度。

2）溶于渗碳体或形成特殊碳化物。在合金元素中，凡不与碳化合的元素如Si、Ni、Cu、Al、Co等，称为非碳化物形成元素；另一些在元素周期表中位于Fe左方的过渡族元素，都能与碳形成化合物，如Ti、Zr、Nb、V、W、Mo、Cr、Mn等，称为碳化物形成元素，它们与碳的亲合力依次由强渐弱。它们能与碳形成以下三类化合物：

①Mn、Cr、Mo、W等元素置换Fe_3C中的Fe原子，形成的（Fe、Me）C型合金渗碳体。

②Mn、Cr、Mo、W等元素与碳形成的$Cr_{23}C_6$、Mn_3C等复杂结构的特殊碳化物。

③Ti、Zr、Nb、V等元素与碳形成的TiC、VC等简单结构的特殊碳化物。

以上三类碳化物都比渗碳体稳定性高，熔点和硬度也更高，作为合金钢的强化相，使合金的强度、硬度和耐磨性提高，而塑性和冲击韧度下降。但当对钢进行适当的热处理后使碳化物呈细小颗粒状均匀分布时，不仅钢的强度、硬度上升，而且冲击韧度也不会下降。

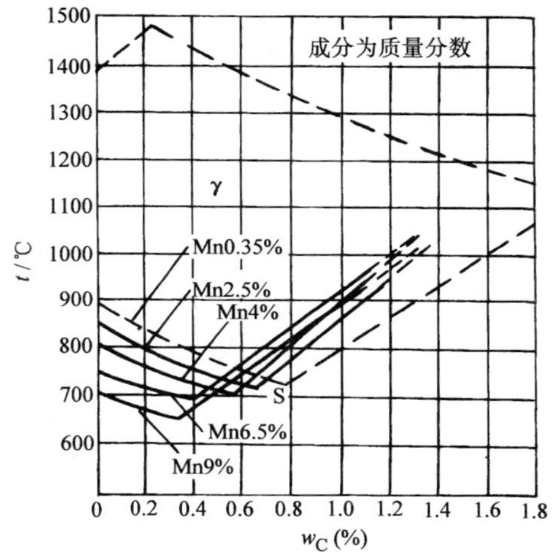

图3-2 Mn对$Fe-Fe_3C$相图的影响

（2）合金元素对$Fe-Fe_3C$相图的影响

1）合金元素对奥氏体相区的影响。Mn、Ni、Co、Cu等元素使$Fe-Fe_3C$相图中的A_1、A_3和A_{cm}线下降，从而使奥氏体区扩大，如图3-2所示。当钢中加入较多量的这类元素时，甚至可使A_1、A_3和A_{cm}线降至室温以下，从而获得在室温下只有单相奥氏体的奥氏体钢，如w_{Ni}为9%的18-8型不锈钢。

Cr、Mo、W、V、Ti、St等元素能使$Fe-Fe_3C$相图的A_1、A_3和A_{cm}线上升，使奥氏体区的范围缩小，如图3-3所示。当钢中含有一定量的这类元素时，甚至使奥氏体消失，获得在室温下

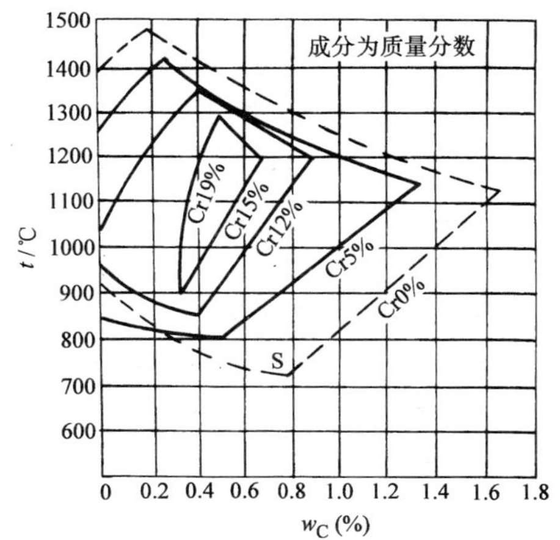

图3-3 Cr对$Fe-Fe_3C$相图的影响

只有单相铁素体组织的铁素体钢，如 w_{Cr}为 17%的 Cr17 型铬不锈钢。

2）合金元素对 S、E 点的影响。合金元素均使 Fe－Fe_3C 相图的 S 点和 E 点向左移动，这也能改变钢的室温组织。如 w_W 为 18%的高速工具钢，虽然含碳量 w_C 仅有 0.7%～0.8%，但在其铸态组织中就已出现莱氏体，称为莱氏体钢。

（3）合金元素对钢的热处理的影响

1）对奥氏体化及奥氏体晶粒长大的影响。除 Mn 和 P 外，几乎所有的合金元素都不同程度地阻碍奥氏体晶粒的长大，其中尤以 Ti、Zr、Nb、V 等强碳化物形成元素作用强烈。非碳化物形成元素 Al 能提高奥氏体晶粒的粗化温度，因此，合金钢热处理后易得到细晶粒组织。

2）淬透性的影响。除 Co 以外，所有的合金元素溶入奥氏体后都能增大其稳定性，延长孕育期，使 C 曲线右移，将导致临界冷却速度 v_K 减小，淬透性提高。

3）回火时组织转变的影响。合金元素对钢的回火过程的主要影响是：提高回火稳定性，产生二次硬化及回火脆性。

三、常用非合金钢

1．碳素结构钢

碳素结构钢的化学成分为：$w_C=0.09\%\sim0.33\%$、$w_{Mn}=0.37\%\sim0.65\%$、$w_{Si}\leqslant0.30\%$、$w_S\leqslant0.035\%\sim0.050\%$、$w_P\leqslant0.035\%\sim0.045\%$。

碳素结构钢的牌号是由代表屈服点的字母、屈服点数值、质量等级符号、脱氧方法等四个部分按顺序组成的。例如 Q235－A·F，其中，Q 为“屈”字的汉语拼音首位字母；235 为钢的屈服点值，单位 MPa；A 为质量等级，碳素结构钢按冶金质量等级分为 A、B、C、D 四个等级，自 A 至 D 质量等级依次升高；F 为沸腾钢。碳素结构钢按脱氧方法分为沸腾钢、半镇静钢、镇静钢和特殊镇静钢四类，分别以 F、b、Z、TZ 表示，牌号中 Z 和 TZ 予以省略。

GB/T 700—1988 规定，碳素结构钢有 5 个牌号。表 3－1 分别列出了碳素结构钢牌号、化学成分和力学性能。

碳素结构钢的含碳量低，塑性好，焊接性能好，且价格低廉，是建筑及工程用非合金钢。用于制造一般工程结构及普通机械零件。通常轧制成钢板、钢带和各种型材（圆钢、方钢、工字钢、钢筋等）。一般不经过热处理，在热轧状态下使用。

碳素结构钢的用途举例：Q195、Q215 钢通常轧制成薄板、钢筋等供应，可用于制作铆钉、螺钉、地脚螺栓及轻负荷的冲压零件和焊接结构件等；Q235、Q255 钢可用作螺栓、螺母、拉杆、销子、吊钩和不太重要的机械零件，以及建筑结构中的螺纹钢、工字钢、槽钢、钢筋等；Q235 中的 C、D 级钢作为重要焊接结构用；Q275 钢可部分代替 25～35 优质碳素结构钢使用。按钢分类新标准，该类钢 A、B 级及 Q195、Q275 钢，一般无特殊要求时是属普通质量非合金钢，其余是优质非合金钢。

表 3-1 碳素结构钢牌号、化学成分和力学性能(摘自 GB/T 700—1988)

牌号	等级	化学成分 w_{Me}②(%)					脱氧方法	拉伸试验													冲击试验	
		C	Mn	Si	S	P		屈服点 σ_s/MPa						抗拉强度 σ_b/MPa	伸长率 δ_5(%)						温度 t/°C	V形冲击吸收功(纵向) A_{KV}/J
								钢材厚度(或直径 mm)							钢材厚度(或直径 mm)							
				不大于				≤16	>16~40	>40~60	>60~100	>100~150	>150		≤16	>16~40	>40~60	>60~100	>100~150	>150		
								不小于							不小于							不小于
Q195		0.06~0.12	0.25~0.50	0.30	0.050	0.045	F,b,Z	(195)	(185)					315~390	32	32						
Q215	A	0.09~0.15	0.25~0.55	0.30	0.050	0.045	F,b,Z	215	205	195	185	175	165	335~410	31	30	29	28	27	26		
	B				0.045																20	27
Q235①	A	0.14~0.22	0.30~0.65	0.30	0.050	0.045	F,b,Z	235	225	215	205	195	185	375~460	26	25	24	23	22	21		
	B	0.12~0.20	0.30~0.70		0.045																20	27
	C	≤0.18	0.35~0.80		0.040	0.040															0	
	D	≤0.17			0.035	0.035	TZ														−20	
Q255	A	0.18~0.28	0.40~0.70	0.30	0.050	0.045	Z	255	245	235	225	215	205	410~510	24	23	22	21	20	19		
	B				0.045																20	27
Q275		0.28~0.38	0.50~0.80	0.35	0.050	0.045	Z	275	265	255	245	235	225	490~610	20	19	18	17	16	15		

① Q235—A.B级沸腾钢锰的质量分数上限为0.60%。
② w_{Me}表示合金元素的质量分数。

2. 优质碳素结构钢

优质碳素结构钢的化学成分为：$w_C = 0.05\% \sim 0.75\%$、$w_{Si} = 0.03\% \sim 0.37\%$、$w_{Mn} = 0.25\% \sim 1.20\%$、$w_{S、P} \leqslant 0.035\%$。

优质碳素结构钢采用两位阿拉伯数字（以平均万分之几计表示其碳的质量分数）或阿拉伯数字和元素符号组合成牌号。

1）沸腾钢和半镇静钢，在牌号尾部分别加符号“F”和“b”。例如：平均 w_C 为 0.08% 的沸腾钢，其牌号表示为“08F”；平均 w_C 为 0.10% 的半镇静钢，其牌号表示为“10b”。

2）镇静钢（w_S、w_P 分别 $\leqslant 0.035\%$）一般不标符号。例如：平均 w_C 为 0.45% 的镇静钢，其牌号表示为“45”。

3）较高含锰量的优质碳素结构钢，在表示平均含碳量的阿拉伯数字后加锰元素符号。例如：平均 w_C 为 0.50%，w_{Mn} 为 0.70%～1.00% 的钢，其牌号表示为“50Mn”。

GB/T 699—1999 规定，优质碳素结构钢有 31 个牌号，其牌号、化学成分、力学性能和推荐热处理见表 3-2。

优质碳素结构钢是用于制造重要机械结构零件的非合金结构钢，一般是经过热处理以后使用，以充分发挥其性能潜力。

优质碳素钢应用举例：08F、10F 和 15F 是沸腾钢，通常被轧制成薄板、钢带或冷拉钢丝，用来制作冷冲压件，如汽车、仪器、仪表的外壳及容器等。10～25 钢常用于冲压件、焊接件、强度要求不高的零件及渗碳件，例如机罩、焊接容器、小轴、法兰盘、螺钉、螺母、垫圈及渗碳凸轮、齿轮等；30～55 钢调质后可获得良好的综合力学性能，主要用于受力较大的机械零件，如曲轴、连杆、齿轮、机床主轴等；60 以上的钢具有较高的强度、硬度和弹性，但焊接性、切削加工性差，主要用作各种弹簧、高强度钢丝、机车轮缘、低速车轮及其他耐磨件。

3. 碳素工具钢

这类钢的 $w_C = 0.65\% \sim 1.35\%$，该钢的含碳量范围可保证淬火后有足够高的硬度。虽然该类钢淬火后硬度相近，但随着碳含量的增加，未溶渗碳体增多，使钢耐磨性增加，而韧性下降。

碳素工具钢牌号用“T”+数字表示。T 为碳字的汉语拼音字头，数字表示平均碳含量（以千分之几计）。例如：平均碳含量 w_C 为 0.80% 的碳素工具钢，其牌号表示为“T8”。

对于较高锰含量的碳素工具钢，在工具钢符号“T”和阿拉伯数字后加锰元素符号。例如：平均 w_C 为 0.80%、w_{Mn} 为 0.40%～0.60% 的碳素工具钢，其牌号为“T8Mn”。

表 3-2　优质碳素结构钢的牌号化学成分及力学性能(GB/T 699—1988)

牌号	化学成分 w_{Me}(%)					力学性能						
	C	Si	Mn	P	S	σ_s/MPa	σ_b/MPa	δ(%)	ψ(%)	a_K/J·cm^{-2}	硬度 HBS≤	
								不小于			热轧钢	退火钢
05F	≤0.06	≤0.03	≤0.04	≤0.035	≤0.040	—	—	—	—	—	—	—
08F	0.05~0.11	≤0.03	0.25~0.50	≤0.040	≤0.040	180	300	35	60	—	131	—
08	0.05~0.12	0.17~0.37	0.35~0.65	≤0.035	≤0.040	200	330	33	60	—	131	—
10F	0.07~0.14	≤0.07	0.25~0.50	≤0.040	≤0.040	190	320	33	55	—	137	—
10	0.07~0.14	0.17~0.37	0.35~0.65	≤0.035	≤0.040	210	340	31	55	—	137	—
15F	0.12~0.19	≤0.07	0.25~0.50	≤0.040	≤0.040	210	360	29	55	—	143	—
15	0.12~0.19	0.17~0.37	0.35~0.65	≤0.040	≤0.040	230	380	27	55	—	143	—
20F	0.17~0.24	≤0.07	0.25~0.50	≤0.040	≤0.040	230	390	27	55	—	156	—
20	0.17~0.24	0.17~0.37	0.35~0.65	≤0.040	≤0.040	250	420	25	55	—	156	—
25	0.22~0.30	0.17~0.37	0.50~0.80	≤0.040	≤0.040	280	460	23	50	90	170	—
30	0.27~0.35	0.17~0.37	0.50~0.80	≤0.040	≤0.040	300	500	21	50	80	179	—
35	0.32~0.40	0.17~0.37	0.50~0.80	≤0.040	≤0.040	320	540	20	45	70	187	—
40	0.37~0.45	0.17~0.37	0.50~0.80	≤0.040	≤0.040	340	580	19	45	60	217	187
45	0.42~0.50	0.17~0.37	0.50~0.80	≤0.040	≤0.040	360	610	16	40	50	241	197
50	0.47~0.55	0.17~0.37	0.50~0.80	≤0.040	≤0.040	380	640	14	40	40	241	207
55	0.52~0.60	0.17~0.37	0.50~0.80	≤0.040	≤0.040	390	660	13	35	—	255	217

（续）

牌号	化学成分 w_{Me}(%)					力学性能						
	C	Si	Mn	P	S	σ_s/MPa	σ_b/MPa	δ(%)	ψ(%)	a_K/J·cm^{-2}	硬度 HBS≤	
								不小于			热轧钢	退火钢
60	0.57～0.65	0.17～0.37	0.50～0.80	≤0.040	≤0.040	410	690	12	35	—	255	229
65	0.62～0.70	0.17～0.37	0.50～0.80	≤0.040	≤0.040	420	710	10	30	—	255	229
70	0.67～0.75	0.17～0.37	0.50～0.80	≤0.040	≤0.040	430	730	9	30	—	269	229
75	0.72～0.80	0.17～0.37	0.50～0.80	≤0.040	≤0.040	900	1100	7	20	—	285	241
80	0.77～0.85	0.17～0.37	0.50～0.80	≤0.040	≤0.040	950	1100	6	30	—	285	241
85	0.82～0.90	0.17～0.37	0.50～0.80	≤0.040	≤0.040	1000	1150	6	30	—	302	255
15Mn	0.12～0.19	0.17～0.37	0.70～1.00	≤0.040	≤0.040	250	420	26	55	—	163	
20Mn	0.17～0.24	0.17～0.37	0.70～1.00	≤0.040	≤0.040	280	460	24	50	—	197	
25Mn	0.22～0.30	0.17～0.37	0.70～1.00	≤0.040	≤0.040	300	500	22	50	90	207	
30Mn	0.27～0.35	0.17～0.37	0.70～1.00	≤0.040	≤0.040	320	550	20	45	80	217	187
35Mn	0.32～0.40	0.17～0.37	0.70～1.00	≤0.040	≤0.040	340	570	18	45	70	229	197
40Mn	0.37～0.45	0.17～0.37	0.70～1.00	≤0.040	≤0.040	360	600	17	45	60	229	207
45Mn	0.42～0.50	0.17～0.37	0.70～1.00	≤0.040	≤0.040	380	630	15	40	50	241	217
50Mn	0.48～0.56	0.17～0.37	0.70～1.00	≤0.040	≤0.040	400	660	13	40	40	255	217
60Mn	0.57～0.65	0.17～0.37	0.70～1.00	≤0.040	≤0.040	420	710	11	35	—	269	229
65Mn	0.62～0.70	0.17～0.37	0.90～1.20	≤0.040	≤0.040	440	750	9	30	—	285	229
70Mn	0.67～0.75	0.17～0.37	0.90～1.20	≤0.040	≤0.040	460	800	8	30	—	285	229

对于高级优质碳素工具钢，在牌号尾部加“A”，例如“T10A”。

GB/T 3278—2001 规定了其牌号、化学成分，见表 3－3。

表 3－3 常用碳素工具钢的牌号、化学成分和用途

<table>
<tr><th rowspan="3">牌号</th><th colspan="3">化学成分 w_{Me}(%)</th><th colspan="3">硬 度</th><th rowspan="3">用 途 举 例</th></tr>
<tr><th rowspan="2">C</th><th rowspan="2">Mn</th><th rowspan="2">Si</th><th rowspan="2">退火状态
HBS
不大于</th><th colspan="2">试样淬火</th></tr>
<tr><th>淬火温度/°C
和淬火介质</th><th>HRC
≥</th></tr>
<tr><td>T7</td><td>0.65～0.74</td><td>≤0.40</td><td>≤0.35</td><td>187</td><td>800～820 水</td><td>62</td><td>用于承受振动、冲击、硬度适中有较好韧性的工具，如凿子、冲头、木工工具、大锤等</td></tr>
<tr><td>T8</td><td>0.75～0.84</td><td>≤0.40</td><td>≤0.35</td><td>187</td><td>780～800 水</td><td>62</td><td>有较高硬度和耐磨性的工具，如冲头木工工具、剪切金属用剪刀等</td></tr>
<tr><td>T8Mn</td><td>0.80～0.90</td><td>0.40～
0.60</td><td>≤0.35</td><td>187</td><td>780～800 水</td><td>62</td><td>与 T8 钢相似，但淬透性高，可制造截面较大的工具</td></tr>
<tr><td>T9</td><td>0.85～0.94</td><td>≤0.40</td><td>≤0.35</td><td>192</td><td>760～780 水</td><td>62</td><td>一定硬度和韧性的工具，如冲模、冲头、凿岩石用凿子</td></tr>
<tr><td>T10</td><td>0.95～1.04</td><td>≤0.40</td><td>≤0.35</td><td>197</td><td>760～780 水</td><td>62</td><td rowspan="2">耐磨性要求较高，不受剧烈振动，具有一定韧性及锋利刃口的各种工具，如刨刀、车刀钻头、丝锥、手锯锯条、拉丝模、冷冲模等</td></tr>
<tr><td>T11</td><td>1.05～1.14</td><td>≤0.40</td><td>≤0.35</td><td>207</td><td>760～780 水</td><td>62</td></tr>
<tr><td>T12</td><td>1.15～1.24</td><td>≤0.40</td><td>≤0.35</td><td>207</td><td>760～780 水</td><td>62</td><td>不受冲击、高硬度的各种工具，如丝锥、锉刀、刮刀、绞刀、板牙、量具等</td></tr>
<tr><td>T13</td><td>1.25～1.35</td><td>≤0.40</td><td>≤0.35</td><td>217</td><td>760～780 水</td><td>62</td><td>不受振动、要求极高硬度的各种工具，如剃刀、刻字刀等</td></tr>
</table>

碳素工具钢一般要经过球化退火的预先热处理和淬火＋低温回火的最终热处理，最终得到组织为回火马氏体＋粒状渗碳体＋少量残余奥氏体。

碳素工具钢生产成本较低，加工性能良好，可用于制做低速、手动刀具及常温下使用的工具、模具、量具等。

四、常用低合金钢

常用低合金钢主要是低合金高强度结构钢，其碳含量较低（$w_C<0.20\%$），合金元素含量较少，其主加元素为 Mn，辅加元素为 Nb、Ti、V、RE。合金元素 Mn 的主要作用是固溶强化铁素体，通过降低奥氏体分解温度来细化铁素体晶

粒，使珠光体片变细；消除晶界上的粗大片状碳化物。因此，Mn 能提高钢的强度和韧性。少量的 Nb、Ti、V 在钢中形成细碳化物，会阻碍钢热轧时奥氏体晶粒的长大，有利于获得细小的铁素体晶粒；另外，热轧时部分元素固溶在奥氏体内，冷却时弥散析出，能起到一定的析出沉淀作用，从而提高钢的强度和韧性。此外，少量的 Cu、P 可提高钢抗腐蚀能力；加入少量 RE，可以脱硫、去气、净化钢材、改善韧性和工艺性能。

1994 年，我国对低合金高强度结构钢标准进行了一次修订，并对其牌号、质量等级作了新的规定。低合金高强度结构钢的牌号表示方法与碳素结构钢基本相同，只是对于专用结构钢一般采用代表钢屈服点的符号“Q”、屈服点数值和代表产品用途的符号等表示，例如：压力容器用钢牌号表示为“Q345R”；焊接气瓶用钢号表示为“Q295HP”；耐候钢其牌号表示为 Q340NH。

新标准牌号、力学性能以及新、旧标准对比等，见表 3－4（GB/T 1591—1994）、表 3－5。

表 3－4 低合金高强度结构钢的力学性能

牌号	质量等级	厚度 t(直径)/mm				σ_b/MPa	δ_5 (%)	冲击吸收功 A_{KV}(纵向)/J				180°弯曲试验 d=弯心直径 a=试样厚度 钢材厚度(直径)/mm	
		<16	16≤t<35	35≤t<50	50≤t<100			+20°C	0°C	−20°C	−40°C		
		≥/MPa					≥					<16	16~100
Q295	A	295	275	255	235	390~570	23					$d=2a$	$d=3a$
	B	295	275	255	235	390~570	23	34				$d=2a$	$d=3a$
Q345	A	345	325	295	275	470~630	21					$d=2a$	$d=3a$
	B	345	325	295	275	470~630	21	34				$d=2a$	$d=3a$
	C	345	325	295	275	470~630	22		34			$d=2a$	$d=3a$
	D	345	325	295	275	470~630	22			34		$d=2a$	$d=3a$
	E	345	325	295	275	470~630	22				27	$d=2a$	$d=3a$
Q390	A	390	370	350	330	490~650	19					$d=2a$	$d=3a$
	B	390	370	350	330	490~650	19	34				$d=2a$	$d=3a$
	C	390	370	350	330	490~650	20		34			$d=2a$	$d=3a$
	D	390	370	350	330	490~650	20			34		$d=2a$	$d=3a$
	E	390	370	350	330	490~650	20				27	$d=2a$	$d=3a$
Q420	A	420	400	380	360	520~680	18					$d=2a$	$d=3a$
	B	420	400	380	360	520~680	18	34				$d=2a$	$d=3a$
	C	420	400	380	360	520~680	19		34			$d=2a$	$d=3a$
	D	420	400	380	360	520~680	19			34		$d=2a$	$d=3a$
	E	420	400	380	360	520~680	19				27	$d=2a$	$d=3a$
Q460	C	460	440	420	400	550~720	17		34			$d=2a$	$d=3a$
	D	460	440	420	400	550~720	17			34		$d=2a$	$d=3a$
	E	460	440	420	400	550~720	17				27	$d=2a$	$d=3a$

表 3-5　新旧低合金高强度结构钢标准牌号对照及用途举例

新标准	旧标准	用途举例
Q295	09MnV　9MnNb 09Mn2　12Mn	车辆的冲压件、冷弯型钢、螺旋焊管、拖拉机轮圈、低压锅炉气包、中低压化工容器、输油管道、储油罐、油船等
Q345	12MnV　14MnNb　16Mn 18Nb　16MnRE	船舶、铁路车辆、桥梁、管道、锅炉、压力容器、石油储罐、起重及矿山机械、电站设备厂房钢架等
Q390	15MnTi　16MnNb 10MnPNbRE　15MnV	中高压锅炉汽包、中高压石油化工容器、大型船舶、桥梁、车辆、起重机及其他大型焊接结构件等
Q420	15MnVN　14MnVTiRE	大型船舶、桥梁、电站设备、起重机械、机车车辆、中压或高压锅炉及容器及其大型焊接结构件等
Q460		可淬火加回火后用于大型挖掘机、起重运输机械、钻井平台等

低合金高强度结构钢一般具有高强度、高韧性和良好的焊接性能和冷成形性能。此外，一些大型的构件，还需要有较高的抗腐蚀能力。

低合金高强度结构钢一般在热轧空冷状态下使用，不需要进行专门的热处理。当特殊需要时，如为了改善焊接接头性能，可进行一次正火处理。

这类材料一般用来制造桥梁、船舶、锅炉、车辆、输油输气管道、大型钢结构等。于普通碳素结构钢相比，屈服强度提高 25%～100%，质量减轻 30%，使用更可靠、耐久。

五、常用合金结构钢

1. 合金渗碳钢

合金渗碳钢中 w_C=0.10%～0.25%，低碳含量保证了淬火后零件心部有足够的塑性、韧性。主要合金元素是铬，还可加入镍、锰、硼、钨、钼、钒、钛等元素。其中，铬、镍、锰、硼的主要作用是提高淬透性，使大尺寸零件的心部淬、回火后有较高的强度和韧性；少量的钨、钼、钒、钛能形成细小、难溶的碳化物，以阻止渗碳过程中高温、常时间保温条件下晶粒长大。在零件表层形成的合金碳化物还可提高渗碳层的耐磨性。

合金渗碳钢牌号采用数字＋元素符号＋数字表示。前面数字表示平均碳含量(以万分之几计)，元素符号表示所含合金元素，其后数字表示合金元素的平均百分含量，平均含量小于 1.50%时，牌号中仅标明元素，不标明含量。常用合金渗碳钢的牌号有 20Cr、20MnV、20CrMnTi、18Cr2Ni4WA 等。

合金渗碳钢的热处理一般是渗碳后直接淬火或渗碳后二次淬火＋低温回火。热处理使表层获得高碳回火马氏体加碳化物，硬度一般为 58～64HRC；而心部组织，则视钢的淬透性高低及零件尺寸的大小而定，可得到低碳回火马氏体或珠光体+铁素体组织。

合金渗碳钢用于承受强烈冲击载荷和摩擦磨损的机械零件。20CrMnTi 是应用最广的合金渗碳钢，用于制造汽车拖拉机的变速齿轮、轴等零件。

2. 合金调质钢

合金调质钢中 $w_C=0.25\%\sim0.5\%$。碳含量过低，不易淬硬。回火后强度不足；碳含量过高则韧性不够。其主要合金元素为 Mn、Cr、Si、Ni，辅加元素为 V、Mo、Ti、W。合金的主要作用是提高淬透性（Mn、Cr、Si、Ni），降低第二类回火脆性倾向（Mo、W），细化奥氏体晶粒（V、Ti），提高钢的回火稳定性。

合金调质钢牌号与合金渗碳钢牌号表示方法相同。常用合金调质钢的牌号有 40Cr、40MnB、40MnVB、30CrMnSi、40CrMnMo、40CrNiMoA 等。

调质钢的最终热处理采用淬火+高温回火，得到回火索氏体组织，保证在足够强度下有良好的塑性。

合金调质钢用于制造在重荷载作用下同时又受冲击作用的一些重要零件，要求零件具有高强度、高韧性相结合的良好综合力学性能。同时还要求表面有良好的耐磨性，比如轴类零件等。

3. 合金弹簧钢

弹簧按结构形态分为螺旋弹簧钢和板簧，可通过弹性变形储存能量，以达到消振、缓冲或驱动的作用。弹簧钢是用于制造弹簧等弹性元件的钢种，因此弹簧钢要有高的弹性极限和屈强比，还应具有足够的疲劳强度和韧性，才能承受交变载荷和冲击载荷的作用。

弹簧钢碳含量高于调质钢，一般为 $w_C=0.45\%\sim0.7\%$。合金元素主要有锰、硅、铬等，主要作用是提高弹簧钢的淬透性，并提高弹性极限。锰能增加淬透性，但也使钢的过热和回火脆性的倾向加大；硅使弹性极限提高的效果很突出，但也使钢加热时易表面脱碳；弹簧钢中还可以加入钨、钼、钒等，它们可以减少硅锰弹簧钢脱碳和过热的倾向，同时可进一步提高钢的弹性极限、耐热性和耐回火性。

合金弹簧钢的牌号表示方法与合金渗碳钢相同。常用合金弹簧钢的牌号有 55Si2Mn、60Si2CrA、50CrVA、30W4Cr2VA 等。

合金弹簧钢热处理一般是淬火和中温回火，所得回火托氏体组织弹性极限和屈服强度高。

合金弹簧钢主要用于各种弹簧。例如 55Si2Mn 广泛用于汽车、拖拉机上的减振弹簧、螺旋弹簧和气缸安全阀弹簧等。

六、特殊性能钢

特殊性能钢是指具有某些特殊的物理、化学、力学性能，用于特殊工作条件或环境的钢。工程中常用特殊性能钢有不锈钢、耐磨钢、耐热钢等。

1. 不锈钢

对不锈钢性能的要求，最重要的是耐蚀性能，还要有良好的力学性能，良好的加工工艺性能和焊接工艺性能等。

不锈钢的碳含量（$w_C = 0.08\% \sim 0.95\%$）比较低，其主加元素为 Cr、Ni，辅加元素为 Ti、Nb、Mo、Cu、Mn、N。

不锈钢按化学成分可分为铬不锈钢和铬镍不锈钢两大类；按使用状态下用的组织类型可分为马氏体不锈钢、铁素体不锈钢、奥氏体不锈钢、奥氏体－铁素体双相不锈钢和沉淀硬化不锈钢等类型。

不锈钢是用于石油、化工、国防和精密机械工业的重要金属材料。铁素体型及马氏体型不锈钢一般属于铬不锈钢，靠钝化起保护作用，所以只在氧化性介质中，如大气、海水、蒸汽等中才具有高的耐腐蚀性。奥氏体型不锈钢的强度、硬度低，无磁性，塑性、韧性及耐腐蚀性均较前二种好，其焊接性也较好，适合于制作化学工业用的耐酸、碱的容器、输送管道、设备的衬里和零件，抗磁仪表零件及医疗器械等。

常用不锈钢的牌号有 1Cr13、2Cr13、3Cr13、4Cr13、9Cr18MoV（马氏体类）；Cr17、Cr17Ti、Cr17Mo2Ti、Cr25Ti、Cr28（铁素体类）；0Cr18Ni9、1Cr18Ni9、1Cr18Ni9Ti 等（奥氏体类）。

2. 耐热钢

耐热钢是指在高温下具有高的热化学稳定性和热强性的特殊钢，主要用于热工动力机械（燃气轮机、锅炉、内燃机）、化工机械、石油装置和加热炉等高温条件下工作的构件。耐热钢按性能和用途可分为抗氧化钢和热强钢两类；若按使用状态下的组织，可分为奥氏体型、铁素体型、珠光体型、马氏体型等多种类型钢。

3. 耐磨钢

耐磨钢主要用于运转过程中承受严重磨损和强烈冲击的零件，如坦克履带、铁路道岔、挖掘机铲齿等。这类钢必须具有表面硬度高、耐磨，心部韧性、强度高的特点。

此类钢特点是高碳（$w_C = 0.9\% \sim 1.5\%$）、高锰（$w_{Mn} = 11\% \sim 14\%$）。高碳是为了保证钢的耐磨性和强度，但过高的碳会在高温下析出碳化物，引起韧性下降。高锰的目的是为了与碳配合来保证完全获得奥氏体组织，提高钢的加工硬化速率。另外，加入一定量的硅是为了改善钢的流动性，起到固溶强化的作用，并提高钢的加工硬化能力。

由于机械加工困难，所以它基本上都是铸造生产。常用牌号为 ZGMn13，也称高锰钢。

高锰钢都采用水韧处理，得到组织为单一奥氏体。单相奥氏体组织韧性、塑性很好。开始投入使用时硬度很低，耐磨性差；当工作中受到强烈的挤压、撞击、摩擦时，钢件表面迅速产生剧烈的加工硬化，同时伴随奥氏体向马氏体的转变以及ε碳化物沿滑移面析出，从而使钢的表面硬度提高到50HRC以上，获得耐磨层，而心部仍保持原来的组织和高韧性状态。

第二节 铸 铁

铸铁是以Fe、C和Si为主要合金元素的复杂多元合金，是现代工业中应用最多的铸造材料。按质量计算，汽车、拖拉机中铸铁零件约占50%～70%，机床中约占60%～90%。常见的机床床身、底座、工作台等零件，多用铸铁制成。

一、铸铁的分类

在铸铁中，碳有两种主要存在形式：一种是化合态渗碳体（Fe_3C）；另一种是游离态石墨。铸铁按照碳的存在形式分为以下三类：

（1）灰铸铁 碳主要以石墨形式存在，断口呈灰色。工业上所有应用的铸铁几乎都属于这类铸铁。

灰铸铁按石墨的形态不同（图3－4），又可分为以下四种：

1）普通灰铸铁。石墨呈片状。

2）蠕墨铸铁。大部分石墨呈蠕虫状。

3）可锻铸铁。石墨呈团絮状。

4）球墨铸铁。石墨大部或全部呈球状。

普通灰铸铁，用量较大，也简称为灰铸铁；后三种铸铁，可统称高强度灰铸铁。

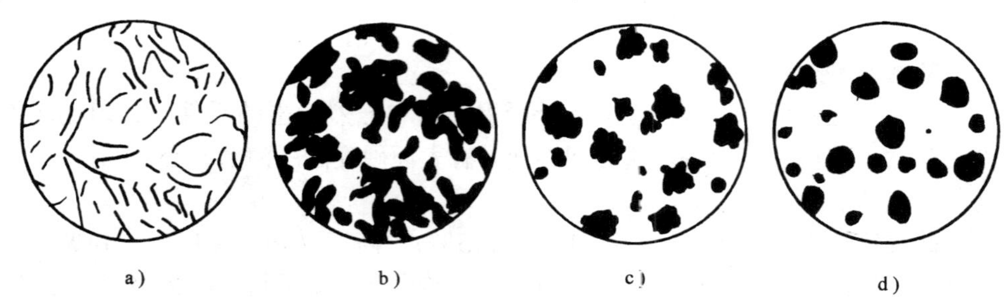

图3－4 灰铸铁的石墨形态示意图

a）片状石墨 b）蠕虫状石墨 c）团絮状石墨 d）球状石墨

（2）白口铸铁 碳主要以渗碳体形式存在，断口呈白亮色。这类铸铁硬度高、脆性大、难以切削加工，只适于制造少数要求硬度高、耐磨的零件，如轧辊、犁铧等。

（3）麻口铸铁 碳一部分以渗碳体形式存在，另一部分以石墨形式存在，断口呈灰白相间色。这类铸铁无实用价值。

此外，有时向铸铁中加入一定量的 Cr、Mn、Si、Cu、Ti、V、Mo、Al、Ni、P 等合金元素，构成具有某些特殊性能的合金铸铁。这些特殊性能铸铁按用途可分为耐热铸铁、耐蚀铸铁和耐磨铸铁等。

二、常用铸铁

1. 灰铸铁

这里灰铸铁是指碳主要以片状石墨形式存在的铸铁，断口是灰色，即是指前面所列的普通灰铸铁。

（1）灰铸铁的显微组织、力学性能和用途 石墨呈片状是灰铸铁显微组织的特征。按基体组织不同，灰铸铁可分为三类：铁素体灰铸铁、铁素体＋珠光体灰铸铁和珠光体灰铸铁，如图 3－5 所示。

与其他所有的金属材料一样，灰铸铁的力学性能也与它的组织特征密切相关。由于灰铸铁的基体组织与钢相同，故可以把灰铸铁组织看作：钢的基体＋片状石墨。

由于石墨的存在，灰铸铁的抗拉强度、塑性、韧性都比钢低得多。一是因为石墨是软而脆的，其强度小于 20MPa，塑性几乎为零，可以把铸铁看成是含有大量孔洞和裂缝的钢。石墨的存在，减小了金属基体的有效面积，这种作用称为石墨的缩减作用；二是因为石墨割断了金属基体的连续性。片状石墨尖锐的端部，使基体产生了无数的切口，在铸铁承载时很容易在切口处产生应力集中，这种作用称为石墨的切割作用。由于石墨的这两种作用，使基体在较小外力作用下其内部就能产生很大的应力和应力集中，从而使基体的抗拉强度一般仅能利用 30％～50％，塑性和冲击韧度几乎全部损失，只有抗压强度损失不大。也就是说，石墨的存在，使灰铸铁基体的力学性能发生了质的变化，由韧性材料的钢，变成了脆性材料。

虽然石墨的存在给灰铸铁力学性能带来了不利影响，但同时也赋于灰铸铁一些其他材料所不及的使用性能。大量的石墨割裂了基体的同时，也阻碍了振动的传播，使灰铸铁具有了良好的减振性；另外，也减少了其他缺口（如铸件上的孔洞、非金属夹杂和加工刀痕等）对力学性能影响的敏感性。在半干摩擦时，石墨本身就是很好的润滑剂，在润滑摩擦时，石墨脱落留下的大量显微凹坑可作为储油的场所，使灰铸铁在两种条件下都具有很好的耐磨性。

综上所述，决定灰铸铁力学性能的主要因素不是基体，而是石墨。石墨对灰铸铁力学性能影响的大小主要取决于石墨的形态，即石墨的形状、大小及分布。因此，提高灰铸铁力学性能的主要途径是改变石墨的形态。即通过各种生产工艺，使铸铁中的石墨由片状变成为蠕虫状、团絮状或球状，或者减少石墨的数量，使之均匀分布等，以便尽量减小石墨对基体的缩减和切割作用（尤其是切割作用），使基体的力学性能得以充分发挥。然后，在此基础上再通过合金化和热处理等手段改变基体的组织，铸铁的力学性能可进一步提高。普通铸铁之外的高强度灰铸铁就是在这样的思想指导下研制出来的。

灰铸铁被广泛用来制作各种主要承受压应力，并要求减振性、耐磨性好以及缺口敏感性低的机械零件，如机床床身、机架、结构复杂的箱体、导轨和缸体等。

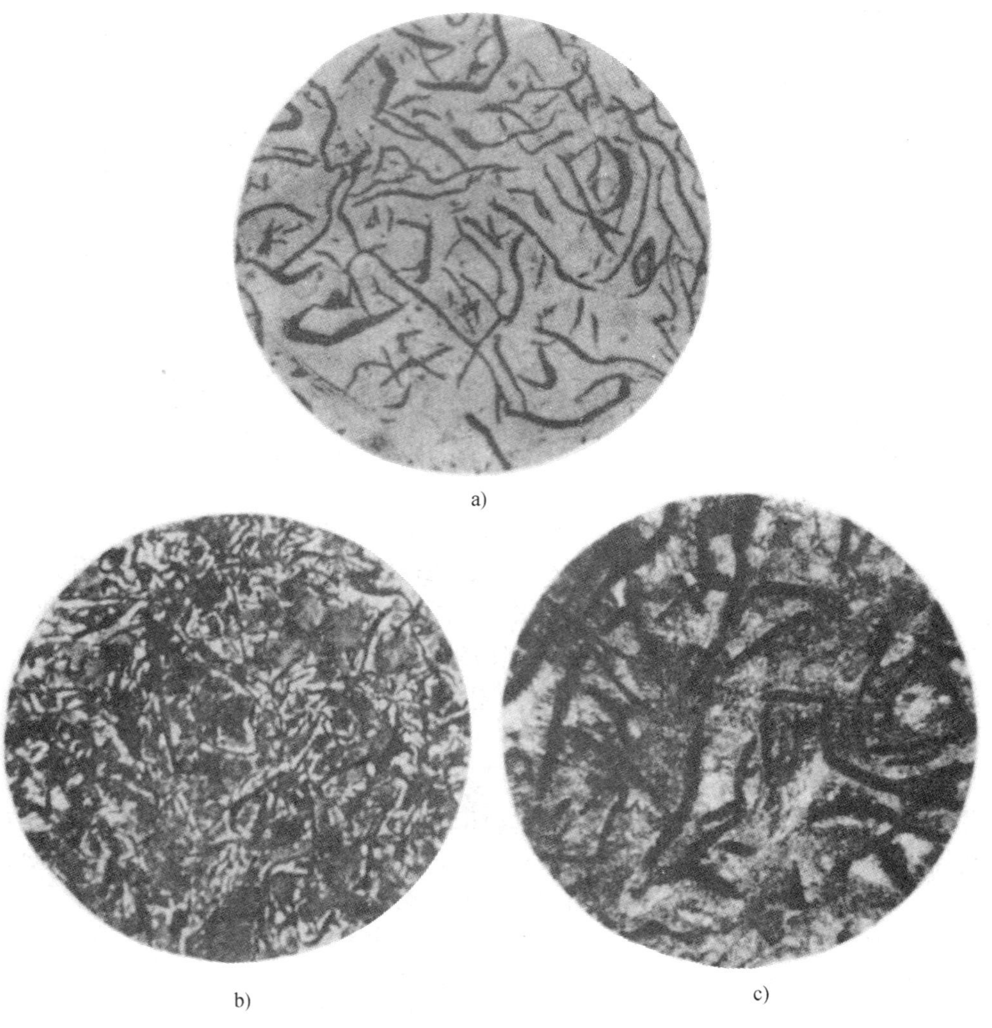

a)

b)

c)

图 3－5 不同基体的灰铸铁显微组织

a）铁素体灰铸铁 b）铁素体＋珠光体灰铸铁 c）珠光体灰铸铁

(2) 灰铸铁的牌号及用途 灰铸铁牌号的表示方法为：HT + 数字。“HT”是灰铸铁的代号，数字表示该铸铁的最低抗拉强度（MPa）。如 HT200，表示最低抗拉强度为 200MPa 的灰铸铁。

GB/T 9439—1988 规定，灰铸铁共有 6 个牌号。灰铸铁的牌号、抗拉强度及应用举例见表 3-6。这里应该注意的是，灰铸铁的抗拉强度与铸件的壁厚有关，同一牌号的灰铸铁件，不同壁厚处会得到不同的抗拉强度。在设计铸件、选择铸铁牌号时，必须考虑壁厚的影响。例如，壁厚为 40mm，要求抗拉强度为 200MPa 的铸件，选择的灰铸铁牌号应为 HT250，而不是 HT200。这是因为 HT200 在壁厚为 40mm 时抗拉强度仅为 160MPa，不能满足使用要求。

表 3-6 灰铸铁牌号、力学性能和用途

铸铁类别	牌号	铸件壁厚/mm	力学性能		用途举例
			σ_b/MPa	HBS	
铁素体灰铸体	HT100	2.5～10	≥130	110～166	实用于负荷小、对摩擦、磨损无特殊要求的零件，如盖、外罩、油盘、手轮、支架、底板、重锤等
		10～20	≥100	93～140	
		20～30	≥90	87～131	
		30～50	≥80	82～122	
铁素体-珠光体灰铸体	HT150	2.5～10	≥175	137～205	适于承受中等应力的零件，如普通机床上的支柱、底座、齿轮箱、刀架、床身、轴承座、工作面、带轮等
		10～20	≥145	119～179	
		20～30	≥130	110～166	
		30～50	≥120	105～157	
珠光体灰铸铁	HT200	2.5～10	≥220	157～236	承受较大负荷的重要件，如汽车、拖拉机的气缸体、气缸盖、刹车轮等
		10～20	≥195	148～222	
		20～30	≥170	134～200	
		30～50	≥160	129～192	
	HT250	4.0～10	≥270	175～262	联轴器盘；油缸、阀体、泵体；圆周速度 12～20m/s 的带轮；化工容器、泵壳等
		10～20	≥240	164～247	
		20～30	≥220	157～236	
		30～50	≥200	150～225	
孕育铸铁	HT300	10～20	≥290	182～272	实用于承受高负荷，要求耐磨和高气密性重要件，如剪床、压力机等重型机床的床身机座、机架及受力较大的齿轮、凸轮、衬套，大型发动机的气缸体、缸套、气缸盖油缸泵体、阀体等
		20～30	≥250	168～251	
		30～50	≥230	161～241	
	HT350	10～20	≥340	199～298	
		20～30	≥290	182～272	
		30～50	≥260	171～257	

(3) 灰铸铁的热处理 由于灰铸铁热处理只能改变其基体组织，而不能改变其石墨的形态，因此热处理效果不大，一般只进行退火和表面淬火处理。

1）消除应力退火。铸件在冷却过程中，因各部分冷却速度不同，常会产生很大的内应力。内应力不仅在冷却过程中会引起铸件的变形或开裂，而且在切削加工之后还会使铸件因内应力失去平衡而再次变形，丧失其加工精度。所以，凡是大型、结构复杂或精度要求高的铸件，在机械加工之前都必须进行一次去应力退火，有时甚至在粗加工之后还要再一次退火。退火的加热温度为500～600℃，保温3～5h，然后缓慢冷却。

2）改善切削加工性的退火。由于冷却速度较快，铸件的表层及一些薄壁处常会出现白口，致使切削加工难以进行。此时，必须把铸件加热到850～900℃的温度，保温2～5h，然后随炉缓慢冷却至400～500℃，再置于空气中冷却，使铸件组织中的自由渗碳体在保温时分解为奥氏体+石墨，以达到降低硬度、改善切削加工性的目的。

3）表面淬火。为了提高铸件的某些表面的硬度和耐磨性，如机床导轨表面、气缸套内表面等，可使用表面淬火处理。最常用的有高（中）频感应表面淬火及接触电阻加热表面淬火。

2．可锻铸铁

可锻铸铁又称玛钢，是将白口铸铁通过石墨化或氧化脱碳处理，改变其金相组织或成分而获得的具有高韧性的铸铁。可锻铸铁按热处理工艺和显微组织不同分为如下两大类：

（1）黑心可锻铸铁与珠光体可锻铸铁　这是白口铸铁在中性气氛中石墨化退火，使渗碳体分解为铁素体或珠光体和团絮状石墨后得到的铸铁。它们的显微组织分别为：铁素体+团絮状石墨和珠光体+团絮状石墨，如图3-6所示。黑心可锻铸铁（铁素体基体）的正常断口呈黑线状，并因表层脱碳而带有灰色的外圈而得名。我国目前生产的可锻铸铁件全部为这类铸铁件。

黑心可锻铸铁的牌号表示方法为：KTH+数字+数字。其中“KTH”表示黑心可锻铸铁；第一组数字表示该铸铁的最低抗拉强度（MPa）；第二组数字表示最小伸长率（%）。如KTH300—06，表示最低抗拉强度为300MPa，最小伸长率为6%的黑心可锻铸铁。

珠光体可锻铸铁的牌号表示方法为：KTZ+数字+数字。其中，“KTZ”表示珠光体可锻铸铁；数字的含义同黑心可锻铸铁。

（2）白心可锻铸铁　这是白口铸铁在氧化性气氛中退火，而获得的几乎全部脱碳的可锻铸铁。显微组织为：基体（铁素体或铁素体+珠光体、或珠光体）+少量的退火碳（也可能有时不存在）。这类可锻铸铁目前在我国较少采用。

白心可锻铸铁的牌号表示方法为：KTB+数字+数字。其中“KTB”表示白心可锻铸铁；数字的含义同黑心可锻铸铁。如KTB350—04，表示最低抗拉强度为350MPa，最小伸长率为4%的白心可锻铸铁。

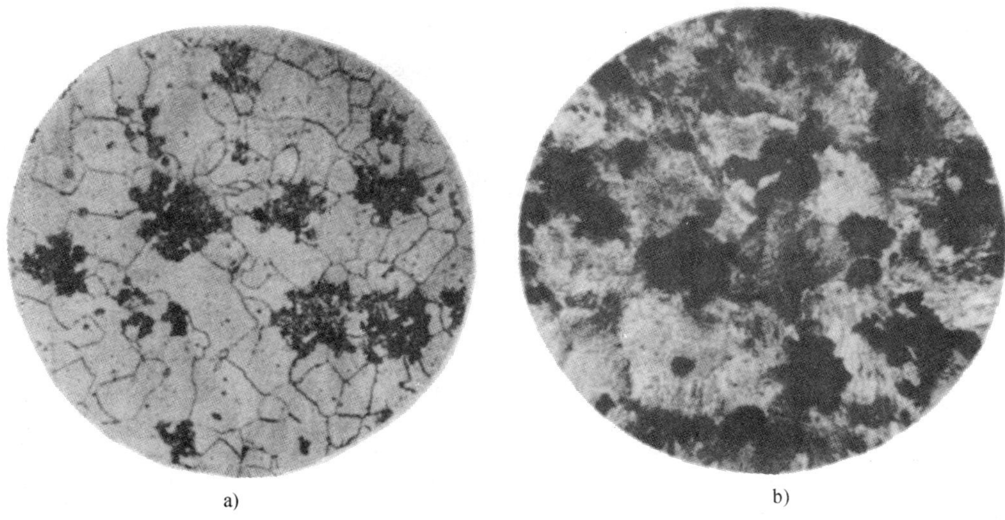

图 3-6　可锻铸铁的显微组织
a）黑心可锻铸铁×100　b）珠光体可锻铸铁×320

可锻铸铁除强度高于灰铸铁外，突出的性能特点是冲击韧度和耐腐蚀性好，适于制造形状复杂、承受冲击的薄壁铸件及在潮湿空气、炉气和水等介质中工作的零件，如管接头、阀门等。GB/T 9440—1988 规定，可锻铸铁共有 12 个牌号，其牌号、类型、力学性能和用途见表 3-7。

表 3-7　可锻铸铁牌号、力学性能和用途

类　型	牌　　号	试样直径 d/mm	$\sigma_b \geqslant$ MPa	$\sigma_{0.2} \geqslant$ MPa	$\delta(\%) \geqslant$ $(L_0=3d)$	HBS	用　　途
黑心可锻铸铁	KTH300—06	12 或 15	300		6	不大于 150	管道配件、中低压阀门等
	KTH330—08		330		8		农机上的犁刀、犁柱、车轮壳，机床用的扳手以及钢丝绳轧头等
	KTH350—10		350	200	10		汽车、拖拉机上的前后轮壳、差速机壳、转向节壳、制动器等
	KTH370—12		370		12		
珠光体可锻铸体	KTZ450—06		450	270	6	150～220	曲轴、凸轮轴、连杆、齿轮、摇臂、活塞环、轴承、犁刀、耙片、闸、万向接头、棘轮、扳手、传动链条、矿车轮等
	KTZ550—04		550	340	4	180～250	
	KTZ650—02		650	430	2	210～260	
	KTZ700—02		700	530	2	240～290	

（续）

类　型	牌　　号	试样直径 d/mm	$\sigma_b \geqslant$	$\sigma_{0.2} \geqslant$	$\delta(\%) \geqslant$ $(L_0=3d)$	HBS	用　　途
			MPa				
白心可锻铸体	KTB350—04	9 12 15	340 350 360		5 4 3	≥230	适用于制作厚度在 15mm 以下的薄壁铸件和焊接后不需进行热处理的零件
	KTB380—12	9 12 15	320 380 400	170 200 210	13 12 8	≥200	
	KTB400—05	9 12 15	360 400 420	200 220 230	8 5 4	≥220	
	KTB450—07	9 12 15	400 450 480	230 260 280	10 7 4	≥220	

3．球墨铸铁

球墨铸铁是铁液经过球化处理（而不是在凝固后经过热处理），使石墨大部分或全部呈球状，有时少量为团絮状的铸铁。图 3－7 为球墨铸铁的显微组织。

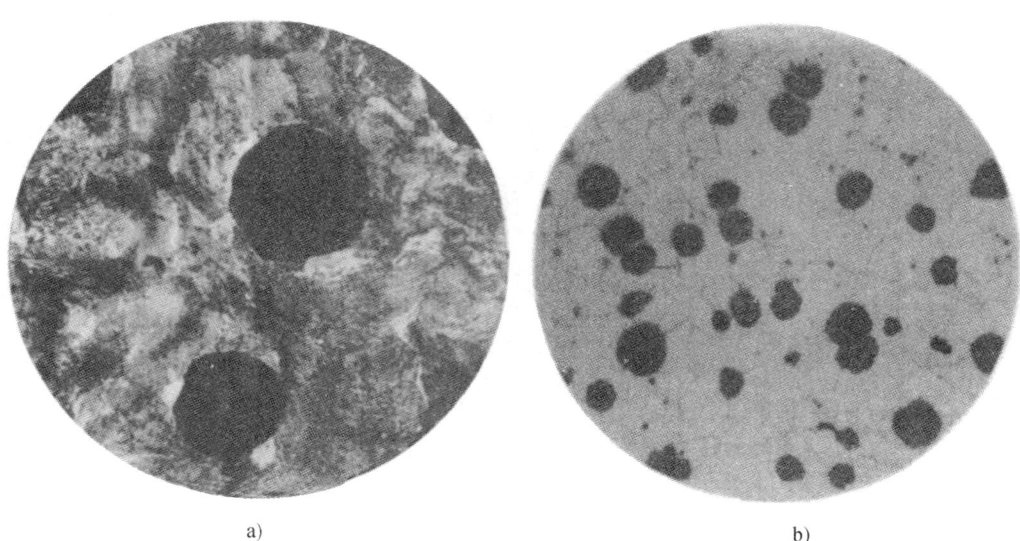

a)　　　　b)

图 3－7　球墨铸铁显微组织

a）珠光体球墨铸铁×100　b）铁素体球墨铸铁×500

由于球状石墨对基体的缩减和切割作用弱，尤其是切割作用很小，使基体的强度利用率可达70%～90%，所以球墨铸铁的强度、塑性和韧性不仅远远超过了灰铸铁，而且在强度、硬度上还与碳钢相近。同时由于组织中石墨的存在，使其同样具有灰铸铁的一系列优点，如良好的减振性、耐磨性及低的缺口敏感性等。如此优良的性能，使它在许多场合成功地代替了可锻铸铁、铸钢和锻钢，成为产量仅次于灰铸铁的主要铸造合金。

球墨铸铁的牌号表示方法为：QT + 数字 + 数字。其中“QT”表示球墨铸铁；第一组数字表示该铸铁的最低抗拉强度（MPa）；第二组数字表示最小伸长率（%）。如QT500—7，表示最低抗拉强度为500MPa，最小伸长率为7%的球墨铸铁。GB/T 1348—1988规定，球墨铸铁共有8个牌号，每个牌号的力学性能及应用举例，见表3－8。

表3－8　球墨铸铁牌号、力学性能及应用

牌号	力学性能				基体组织类型	用途举例
	σ_b /MPa	$\sigma_{0.2}$ /MPa	δ (%)	HBS		
	不小于					
QT400—18	400	250	18	130～180	铁素体	承受冲击、振动的零件如汽车、拖拉机轮毂、差速器壳、拨叉、农机具零件、中低压阀门、上下水及输气管道、压缩机高低压气缸、电机机壳、齿轮箱、飞轮壳等
QT400—15	400	250	15	130～180	铁素体	
QT450—10	450	310	10	160～210	铁素体	
QT500—7	500	320	7	170～230	铁素体 + 珠光体	机器座架、传动轴飞轮、电动机架、内燃机的机油泵齿轮、铁路机车车轴瓦等
QT600—3	600	370	3	190～270	珠光体 + 铁素体	载荷大、受力复杂的零件，如汽车、拖拉机曲轴、连杆、凸轮轴，部分磨床、铣床、车床的主轴、机床蜗杆、蜗轮，轧钢机轧辊，大齿轮，汽缸体，桥式起重机大小滚轮等
QT700—2	700	420	2	225～305	珠光体	
QT800—2	800	480	2	245～335	珠光体或回火组织	
QT900—2	900	600	2	280～360	贝氏体或回火马氏体	高强度齿轮，如汽车后桥螺旋锥齿轮，大减速器齿轮，内燃机曲轴、凸轮轴等

球墨铸铁主要适合制作一些强度要求较高、形状复杂、难以机械加工成形的不太小的零件，如小型柴油机的曲轴、连杆、凸轮轴等。

球墨铸铁也有很多不足之处：弹性、塑性等性能不如钢，铸造质量不很稳定，可靠性不够等，使其不能完全代替铸钢和锻钢；不适于铸造小而薄壁的复杂件，使其不能完全代替可锻铸铁。

由于球墨铸铁基体的力学性能能够得以充分地发挥，所以通过热处理来改变其基体组织，就能有效地改善其力学性能。球墨铸铁的热处理种类大致与钢相同，主要有退火、正火、调质和等温淬火等。

4．蠕墨铸铁

蠕墨铸铁是大部分石墨为蠕虫状的灰铸铁，是 20 世纪 60 年代出现的新型铸造合金。蠕虫状石墨的特征是：石墨片短而厚，长度与厚度之比为 2～10（片状石墨时大于 50)，且头部较圆，呈蠕虫状。这样的石墨特征使蠕墨铸铁的力学性能高于普通灰铸铁，且具有高的热导率，开始用来代替高牌号灰铸铁，制作各种要求强度、硬度较好和热导率较高的铸件，如重型机床床身、箱体及内燃机的气缸盖、活塞环和气缸套等。

常用蠕墨铸铁的牌号有 RuT420、RuT380、RuT340、RuT300、RuT260。

三、特殊性能铸铁

特殊性能铸铁一般是指具有耐磨、耐热和耐腐蚀等特殊性能的铸铁。这些铸铁大多是加入了 Si、Mn、P、Al、Cr、Mo、W、Cu、V、B、Ti、RE 等合金元素的合金铸铁。

常见的特殊性能铸铁主要有耐磨铸铁、耐蚀铸铁和耐热铸铁。

第三节　有色金属材料

工业上把铁及其合金称为黑色金属材料，而把其余金属材料及其合金称为有色金属材料。与钢铁相比，有色金属冶炼复杂、耗能大、成本高，因此产量低、价格高。但是，由于有色金属具有许多特殊的物理、化学性能，所以成为现代工业中不可缺少的材料。目前，在工业生产中使用最多的是铝及其合金、铜及其合金等。

一、铝及铝合金

1．工业纯铝

铝在地球上的储藏量在金属元素中居首位，它的应用范围仅次于钢铁，居第二位。铝是银白色金属，它的性能特点如下：

1）铝属于轻金属，密度为 2.72g/cm^3，约为铜的 1/3，熔点为 660°C。

2）纯铝具有优良的导电、导热性，其导电性仅次于银和铜。

3）纯铝在大气中与氧化合形成一层薄而致密的 Al_2O_3 氧化膜，使金属表面与大气隔开。因此铝在大气中有很好的抗蚀性。但其保护膜为两性氧化物，故不耐酸、碱、盐的腐蚀。

4）铝结晶后具有面心立方晶格，因此具有很高的塑性，$\delta=45\%$，$\psi=80\%$，可进行各种塑性加工。

5）铝的导电性、塑性和耐磨性随着杂质含量的增加而下降。

2. 铝合金

纯铝的强度很低，$\sigma_b=80\sim100\text{MPa}$，只有经过强化后才能用做构件。强化的途径可经过冷变形或合金化两种方式。

合金化是向铝中加入 Mg、Cu、Si、Sn、Zn、Mn 等合金元素，改变其组织和性能，从而使强度得到提高。若再经过冷塑性变形或热处理，还可以进一步提高其强度。

铝合金的熔点大多在 600℃ 以下，密度为 $2.7\sim2.8\text{g/cm}^3$，有足够的强度，较好的塑性，优良的低温韧性和耐蚀性，而且还可通过热处理方法强化。铝合金因为具有质量轻、强度高等优良性能，因此被广泛应用于航空航天工业；同时，还用于制造汽车、拖拉机、内燃机的各种零件，如活塞、散热器等。

铝合金分为变形铝合金和铸造铝合金两大类。

（1）变形铝合金　变形铝合金分为两类：一类在固态下加热或冷却均无相变发生，因而属于不能经热处理强化的铝合金，其强化的方法是冷变形，如冷轧、压延等工艺；另一类在加热或冷却时会发生相变，因此属于可通过热处理强化铝合金。这类铝合金不但可以变形强化，还能够采用的热处理方法进一步强化，通常采用淬火与时效硬化。

铝合金经淬火（固溶处理）后形成过饱和固溶体，其晶格畸变并不严重，因此铝合金在淬火状态下强度硬度提高不多，仍具有良好的塑性。但这种淬后形成过饱和的固溶体在室温下极不稳定，放置一段时间或加热到一定温度后时效时，合金的强度、硬度皆显著提高，这种现象称为“时效硬化”。在室温下进行时效称为自然时效；加热到 100～200℃ 所进行的时效称为人工时效。

对于铝合金的强化途径冷变形和时效强化，前者在提高强度的同时，塑性下降；而后者则强度提高而塑性不降低。

（2）铸造铝合金　铸造铝合金含有较多的合金元素，一般合金的 w_{Me}可达 8%～25%，它具有良好的铸造性能和足够的强度。它可以通过变质处理的方法来提高铝合金的强度和塑性；也可以通过淬火和时效处理使其强度和塑性得到提高。

铸造铝合金按成分不同，可分为 Al－Si、Al－Cu、Al－Mg、Al－Zn 系四类。

二、铜及其合金

1. 纯铜

纯铜的外观呈紫红色，故俗称紫铜。晶体结构是面心立方晶格，纯铜的熔点是 1083℃，密度是 8.96g/cm^3。纯铜是一种导磁性材料，同时具有很好的导电性、导热性及抗大气和淡水腐蚀性能。纯铜中常见的杂质有 Pb、Bi、S、P 等。它在固态下为面心立方晶格，且在固态下不存在相变，因此，只能通过加工硬化和合金化予以强化。纯铜通过冷塑变形其强度和硬度可大大提高，但塑性和抗蚀性却大为降低，因此欲使铜具有较优良的综合力学性能，合金化是最理想的途径之一。

纯铜在退火状态下其强度较低，一般不作结构材料使用，主要适用于制造电线、电缆、电刷、铜管、散热器、冷凝器等。

2. 铜合金

由于纯铜的强度低，为满足制作结构件的要求，对纯铜进行合金化，加入一些如 Zn、Al、Sn、Ni 等合金元素。这些合金在铜中的固溶度均大于 9.4%，可产生明显的固溶强化效果，得到强度、塑性均较好的合金。

根据化学成分的不同，铜合金分为黄铜、白铜和青铜。黄铜是铜和锌为主的合金；白铜是铜和镍为主的合金；早期的青铜是铜与锡的合金，现代工业则把除锌和镍以外的其他元素为主要合金元素的铜合金统称为青铜。

(1) 黄铜　黄铜是铜与锌的合金。黄铜具有良好的力学性能和变形能力，而且密度较纯铜小，价格低，因而是工业上应用最多的铜合金。黄铜分为普通黄铜和特殊黄铜。普通黄铜是 Cu－Zn 二元合金。特殊黄铜是在 Cu－Zn 二元合金的基础上再加入 Al、Sn、Pb、Si、Mn、Ni 等一些其他元素的多元铜合金。

1) 普通黄铜。普通黄铜的代号以“黄”字的汉语拼音字头“H”加上数字表示，数字代表铜的质量分数；例如 H62，表示铜的含量 w_{Cu}为 62%，其余为含锌量。

普通黄铜力学性能与锌的含量有关。当 $w_{Zn}<32\%$时，其性能和纯铜相似，具有很高的塑性和良好的抗蚀性；当 $w_{Zn}=32\%\sim47\%$时，在低温下很脆，但在高温下具有良好的塑性；当 $w_{Zn}>47\%$时，强度和硬度很低，工业上无应用价值。

普通黄铜可以用来制造散热器、管材、板材，还可以用来制造汽车、拖拉机上的零件。例如 H68、H70，塑性好，适于冲压成形状复杂的工件，是制造弹壳的最好材料。H62、H59，适宜热变形成形，通常是以棒材供应。

2) 特殊黄铜。特殊黄铜按加入的元素不同，分为铅黄铜、铝黄铜、硅黄铜、锰黄铜等；按其生产方法不同，可分为塑性成形黄铜和铸造黄铜两种。塑性成形黄铜加入的合金元素较少，塑性好，有足够的变形能力，可用来制造齿轮、蜗轮、汽车、拖拉机及船舶上的许多零件；铸造黄铜中则加入了较多的合金元素，使其具有较高的强度和较好的铸造性能。

(2) 青铜　青铜是铜合金中综合性能最好的合金，因该类合金最早使用的 Cu－Sn 合金呈青黑色而得名。现代工业把除黄铜和白铜以外的铜合金统称为青铜，故种类比较多，常见的有锡青铜、铅青铜、硅青铜、铍青铜、钛青铜等。

1）锡青铜。锡青铜是人类历史上应用最早的一种合金，随含锡量不同所形成的组织不同，其力学性能也不同。

当 $w_{Sn}<5\%$，锡固溶于铜形成 α 固溶体，塑性好，但强度低，适合于冷塑性变形加工。随锡含量的增加，则组织中会出现 β 固溶体，强度有所提高，但塑性较差，适于热塑性变形。当 $w_{Sn}>10\%$，则出现了硬脆的 δ 相，使塑性大为降低，不宜塑性成形，只能进行铸造生产。

锡青铜的结晶间隔比黄铜大，流动性差，偏析倾向大，易形成缩松，致密性差，不宜作密封件。但锡青铜的铸造收缩小，适于制作形状复杂的、壁厚较大的铸件。锡青铜对大气、海水、无机盐有较高的抗蚀性，适于制造轴承、衬套及化工机械等。

2）铝青铜。铝青铜是以 Cu－Al 为基的合金。这种合金的强度、耐蚀性、耐磨性均较优良，尤其是 $w_{Al}=10\%$ 左右时其强度可达到 600MPa，但塑性较差。因此铝青铜适于铸造生产，如铸造蜗轮、衬套等。$w_{Al}=5\%\sim7\%$ 时，塑性最好，适于冷塑性变形。铝青铜的最大特点是价格便宜，有良好的铸造性、耐蚀性等，并可通过淬火和回火强化。

3）铍青铜。铍青铜是含 $w_{Bi}=1.7\%\sim2.5\%$ 的铜合金。因为铍在铜中的固溶度随温度下降而急剧降低，所以铍青铜可以通过淬火和时效的方法进行强化。其强度可高达 $\sigma_b=1200\sim1500$MPa，硬度可达 350～400HBS，远超过其他铜合金。同时还具有良好的弹性、导电性、导热性，特别是具有较高的弹性极限和疲劳极限。因此，它适于制作弹簧、电接触器以及钟表零件等，还可以制作耐磨、耐蚀零件，航海罗盘仪中的零件及防爆工具等。但是铍青铜的生产工艺复杂，价格昂贵，因而又限制了它的应用。

（3）白铜　白铜是 Cu－Ni 合金，一般 $w_{Ni}<50\%$。铜与镍可以任意比例互溶，故白铜合金的组织呈单相，所以白铜不能热处理强化。其强化方式主要是固溶强化和加工硬化。

白铜根据化学成分的不同，可分为普通白铜和特殊白铜。Cu－Ni 二元合金称为普通白铜；特殊白铜是在普通白铜的基础上加入了其他合金元素的铜镍合金。

普通白铜在各种腐蚀介质中具有较高的化学稳定性，例如海水、有机酸和各种盐溶液等；另外，还具有优良的冷、热加工性能。普通白铜主要用于制造在海水或蒸汽等环境中工作的精密仪器、仪表零件、冷凝器和热交换器等。

特殊白铜主要有锌白铜和锰白铜。锰白铜具有电阻高和电阻温度系数小的特点，是制造低温热电偶、热电偶补偿导线及变阻器和加热器的理想材料。

三、滑动轴承合金

在滑动轴承中制作轴瓦及其内衬的合金称为“滑动轴承合金”。

1. 对滑动轴承合金性能的要求

1）在轴承工作温度下，要有良好的力学性能，即有一定的硬度、抗压强度以承受轴的压力，并使轴不致于过早地磨损。同时要有足够的塑性和冲击韧度，以抵抗轴的冲击和振动，使轴承不致开裂而损坏。

2）要有良好的磨合性，要求轴颈和轴承在工作后的不长时间内就能良好配合。

3）滑动轴承合金应具有低的摩擦因数和良好的导热性。

4）滑动轴承合金应具有耐蚀性和小的膨胀系数。要求轴瓦能抵抗润滑油的侵蚀。

5）要求滑动轴承合金具有良好的工艺性能、易加工性等。

2. 滑动轴承合金的牌号和基本组织

常用的滑动轴承合金有锡基、铅基、铝基、铜基合金等。其中低熔点的铝基、铅基轴承合金又称为巴氏合金。

轴承合金的牌号由“Z”＋基本元素符号＋主加元素符号＋主加元素含量＋辅加元素含量组成。其中“Z”为“铸”字第一个汉语拼音字母，表示“铸造”的意思。例如 ZSnSb11Cu6，表示主加元素锑的成分为 $w_{Sb}=11\%$，辅加元素铜的成分为 $w_{Cu}=6\%$，余量为锡。

轴承合金既要求有较高的强度，又要求有较好的耐磨性，这就要求合金组织中应有两类不同的组织同时存在，才能满足这两个要求。目前常用的轴承合金的金相组织有两种基本类型：

（1）在软的基体上分布有少量均匀硬质点　当轴在轴承中运转时，轴承合金软的基体被磨损而凹陷，形成许多细小的沟道；硬质点则支承轴运转，从而减少了轴与轴瓦的接触面积，有利于保持润滑油膜的良好润滑条件。但这种组织难以承受高负荷。属于这种类型组织的轴承合金有锡基和铅基轴承合金。

（2）在硬的基体上均匀分布着数量较多的软质点　在使用过程中，由于软质点被磨损构成油路，形成连续的油膜，保持良好的润滑条件。这类轴承合金适用于高速运转、高负荷的轴承，这是因为较硬的基体可以提高单位面积上所能承受的压力，但其磨合性较差。属于这类的轴承合金有铜基轴承合金等。

常见的轴承合金有锡基轴承合金（锡基巴氏合金）、铅基轴承合金（铅基巴氏合金）、铜基轴承合金、铝基轴承合金。

四、粉末冶金材料

将金属粉末与金属或非金属粉末（或纤维）混合，经过成型、烧结等过程制成的零件或材料的工艺方法称为“粉末冶金”。

1. 粉末冶金工艺简介

粉末冶金工艺过程包括粉料制备、压制成型、烧结等工序。现以铁基粉末冶金为例简述其工艺过程：

制取铁粉⟶混合料（铁粉＋石墨＋硬脂酸锌和机油等）⟶压制成型⟶烧结⟶后处理⟶成品。

为了获得必要的强度而在铁粉中加入石墨或再加入合金元素，另外还需要再加入少量硬脂酸锌和机油作为压制成型的润滑剂，并按一定比例制成混合料。混合料在巨大压力作用下，粉状颗粒间产生机械咬合作用，而相互结合为具有一定机械强度的制品。但此时强度并不高，还必须进行高温下的烧结。烧结是在保护气氛下加热的，由于提高了金属的塑性，增加了颗粒间的接触表面，并消除了吸附气体及杂质，因而使粉末颗粒结合得更紧密；在此基础上再通过原子的扩散和再结晶，以及晶粒长大等过程，就得到了金相组织与钢铁金相组织相类似的铁基粉末冶金制品。

2. 粉末冶金的应用

粉末冶金用得最多、历史上最长的是用来制作各种衬套和轴套，近年来有发展到用粉末冶金法制造一些其他的机械零件，如齿轮、凸轮、含油轴承、摩擦片等。粉末冶金制作含油轴承不但材料的耐磨性良好，而且材料中的孔隙能储存润滑油，故可以代替滚动轴承和青铜轴瓦。

用粉末冶金法还可以制作一些具有特殊成分而有特殊性能的制品，这是粉末冶金受到重视的另一个原因。如硬质合金、难熔金属及其合金、金属陶瓷、无偏析高速钢、磁性材料、耐热材料等，都可以采用粉末冶金法制取。

3. 硬质合金

硬质合金是将一些难熔的化合物粉末和粘结剂混合，加压成型，再经烧结而成的一种粉末冶金材料。

由于切削速度的不断提高，以及大量高硬度或高韧性材料的切削加工，不少刀具的刃部工作温度已超过700°C，一般高速工具钢很难胜任，而需要采用热硬性更高的硬质合金。硬质合金种类很多，目前常用的有金属陶瓷硬质合金和钢结硬质合金。

（1）金属陶瓷硬质合金　金属陶瓷硬质合金是将一些难熔的金属碳化物粉末（如WC、TiC等）和粘结剂（如Co、Ni等）混合，加压成型烧结而成，因其制法与陶瓷烧结相似而得名。碳化物是硬质合金的骨架，起坚硬而耐磨的作用，Co和Ni仅起粘结作用，使合金具有一定的韧性。硬质合金在室温下的硬度很高，可达69～81HBS，热硬性好，可达1000°C左右；耐磨性优良，使用硬质合金刀具，切削速度可比高速工具钢刀具提高4～7倍，寿命可提高5～8倍。由于其硬度太高、性脆而不能进行机械加工，因而硬质合金经常是先压成一定规格的刀片，镶焊在刀体上使用。

金属陶瓷硬质合金可分为三类：钨钴类合金、钨钛钴类合金和万能硬质合金。

(2) 钢结硬质合金　它属于一种新型的工具材料，其性能介于硬质合金与合金工具钢之间。这种合金是以 TiC、WC、Cr_3C、VC 为硬质相，以铁粉加少量的合金元素为粘结剂，用一般的粉末冶金法制造。它具有钢材的加工性，经退火后可进行机械加工，也可进行锻造和焊接；经淬火与回火后，具有相当于硬质合金的高硬度和好的耐磨性。它适用于制造各种形状复杂的刀具，如麻花钻、铣刀等，也可以用作在高温下工作的模具和耐磨零件。

第四节　非金属材料与复合材料

非金属材料是指除金属材料以外的其他一切材料。这类材料种类繁多，发展迅速，在各个工业领域中应用广泛。在机械制造领域中的非金属材料主要有高分子材料（塑料、橡胶、合成纤维、胶粘剂、涂料及液晶等）、陶瓷材料（陶瓷器、玻璃、水泥、耐火材料等），其中工程塑料和工程陶瓷在工程结构中占有重要的位置。另外，非金属材料和其他材料组成的复合材料在机械制造领域中的应用也得到迅速发展。

一、高分子材料

高分子材料包括有机高分子材料和无机高分子材料两大类。有机高分子材料又分为合成的和天然的两种。工程中使用的有机高分子材料主要是人工合成的高分子聚合物，即高聚物。

1. 工程塑料

(1) 塑料的组成　塑料是以树脂为主要组分，再加入各种添加剂制成的。

1) 树脂是塑料的主要组分。它胶粘着塑料中的其他一切组成部分，并使其具有成型性能。对塑料的性能起着决定性作用，故绝大多数塑料是以树脂的名称命名的。

2) 添加剂是为改善塑料的使用性能或成型工艺性能而加入的其他的辅助组分，包括填料、增塑剂、固化剂、稳定剂、润滑剂、着色剂等。

(2) 塑料的分类

1) 按树脂的热性能特性分类

①热塑性塑料：这类塑料为线型结构分子链，加热时会软化、熔融，冷却时会凝固、变硬，此过程可以反复进行。典型的品种有聚乙烯、聚氯乙烯、聚丙烯、聚苯乙烯、聚团胺（尼龙）、有机玻璃（聚甲基丙烯酸甲酯）等。这类塑料强度较高，成型工艺性能良好，可反复成型、再生使用；但耐热性与刚性较差。

②热固性塑料：这类塑料为密网型结构分子链，其形成是固化反应的结果。具有线型结构的合成树脂，初加热时软化、熔融，进一步加热、加压或加入固化

剂，通过共价交联而固化。固化后再加热，则不再软化、熔融。品种有酚醛塑料、氨基塑料、环氧树脂、不饱和聚酯树脂、有机硅树脂等构成的塑料。这类塑料具有较高的耐热性与刚性；但脆性大，不能反复成型与再生使用。

2）按塑料的应用范围分类

①通用塑料：指产量大、价格低、用途广的塑料。主要有聚乙烯、聚氯乙烯、聚苯乙烯、聚丙烯、酚醛塑料等几大品种，它们占塑料总产量的3/4以上，广泛用于工业、农业和日常生活。

②工程塑料：指作为结构材料在机械设备和工程结构中使用的塑料，其力学性能较高，耐热、耐蚀性也较好，是当前发展迅速的塑料（如聚酞胺、聚碳酸酯、ABS等）。

③特种塑料：指具有某些特殊性能的塑料，如医用塑料、耐高温塑料等。这类塑料产量少，价格贵，只用于特殊需要的场合。

（3）塑料的性能特点　塑料具有很多优点：比强度高、耐蚀性能好、电绝缘性能好、减摩、耐磨性好、有消音吸震性。但是也有一定的缺点：强度低、耐热性低、膨胀系数大，热导率小、蠕变温度低、易老化等。

（4）常用工程塑料的应用　工程塑料广泛应用于制造一般结构件、普通传动零件、摩擦零件、耐蚀零件、电器零件等。

2．合成橡胶

橡胶是以高分子化合物为基础的、具有显著高弹性的材料。它是以生胶为原料加入适量的配合剂而形成的高分子弹性体。

（1）橡胶的组成

1）生胶是橡胶制品的主要组分，其来源可以是天然的，也可以是合成的。生胶在橡胶制备过程中不但起着粘结其他配合剂的作用，而且是决定橡胶制品性能的关键因素。使用的生胶种类不同，则橡胶制品的性能亦不同。

2）配合剂是为了提高和改善橡胶制品的各种性能而加入的物质，主要有硫化剂、硫化促进剂、防老剂、软化剂、填充剂、发泡剂及着色剂等。

（2）橡胶的分类　按原料来源橡胶可分为天然橡胶和合成橡胶两大类；按应用范围又可分为通用橡胶与特种橡胶两类。天然橡胶是橡树上流出的乳胶经加工而制成的；合成橡胶是通过人工合成制得的，具有与天然橡胶相近性能的一类高分子材料。通用橡胶是指用于制造轮胎、工业用品、日常用品的量大面广的橡胶；特种橡胶是指用于制造在特殊条件（高温、低温、酸、碱、油、辐射等）下使用的零部件的橡胶。

（3）橡胶的性能特点　橡胶是在室温下处于高弹态的高分子材料，最大的特性是高弹性，其弹性模量很低，只有1～10MPa；弹性变形量很大，可达100%～1000%；具有优良的伸缩性和积贮能量的能力。此外，还有良好的耐磨性，隔音性、阻尼性和绝缘性，一定的强度和硬度。

（4）常用橡胶材料及应用　橡胶按原料来源分为天然橡胶和合成橡胶。合成橡胶主要有顺丁橡胶、丁苯橡胶、丁基橡胶等，与天然橡胶一样，广泛用于制造轮胎、胶带、胶管等。

3. 合成纤维

凡能保持长度比本身直径大100倍的均匀条状或丝状的高分子材料，均称纤维。它可分为天然纤维和化学纤维。化学纤维又可分为人造纤维和合成纤维。人造纤维是用自然界的纤维加工制成，如叫“人造丝”、“人造绵”的粘胶纤维和硝化纤维、醋酸纤维等；合成纤维是以石油、煤、天然气为原料制成的，它发展很快，产量最多的有如下六大品种（占90%）：

（1）涤纶　又叫的确良，具有高强度、耐磨、耐蚀，易洗快干等优点，是很好的衣料纤维。

（2）尼龙　在我国又称绵纶，其强度大、耐磨性好、弹性好，主要缺点是耐光性差。

（3）腈纶　在国外叫奥纶、开米司纶，它柔软、轻盈、保暖，有人造羊毛之称。

（4）维纶　维纶的原料易得，成本低，性能与棉花相似且强度高；缺点是弹性较差，织物易皱。

（5）丙纶　是后起之秀，发展快，纤维以轻、牢、耐磨著称；缺点是可染性差，且晒易老化。

（6）氯纶　难燃、保暖、耐晒、耐磨，弹性也好，由于染色性差，热收缩大，限制了它的应用。

二、陶瓷材料

陶瓷是由金属和非金属元素组成的无机化合物材料，是陶器与瓷器的总称。它是一种既古老而又现代的工程材料。陶瓷性能硬而脆，比金属材料和工程塑料更能抵抗高温和环境的作用，已成为现代工程材料的三大支柱之一，在现代宇航、国防等高科技领域得到越来越广泛的应用。

1. 陶瓷的分类

（1）陶瓷种类繁多，性能各异，大致可分为普通陶瓷和特种陶瓷两大类。

1）普通陶瓷（传统陶瓷）。是以天然硅酸盐矿物为原料（粘土、长石、石英），经过原料加工、成型、烧结而成，因此这种陶瓷又叫硅酸盐陶瓷。除陶、瓷器以外，玻璃、水泥、石灰、砖瓦、搪瓷、耐火材料都属于陶瓷材料。

2）特种陶瓷（先进陶瓷）。是采用纯度较高的人工合成化合物（如Al_2O_3、ZrO_2、SIC、SiN_4、BN），经配料、成型、烧结而制得。它们具有各种特殊力学、物理、化学性能。

（2）按性能和应用的不同，陶瓷也可分为工程陶瓷和功能陶瓷。

1）工程陶瓷。在工程结构上使用的陶瓷。现代工程陶瓷主要在高温下使用，故也称高温结构陶瓷。这些陶瓷具有在高温下优越的力学、物理和化学性能，在某些科技场合和工作环境往往是唯一可用的材料。工程陶瓷有许多种，目前应用广泛和有发展前途的有氧化铝、氮化硅、碳化硅和增韧氧化物等材料。

2）功能陶瓷。利用陶瓷特有的物理性能可制造出种类繁多用途各异的陶瓷，例如导电陶瓷、半导体陶瓷、压电陶瓷、绝缘陶瓷、磁性陶瓷、光学陶瓷（光导纤维、激光材料等），以及利用某些精密陶瓷对声、光、电、热、磁、力、湿度、射线及各种气氛等信息显示的敏感特性而制得的各种陶瓷传感器材料。

2．陶瓷的性能特点

（1）力学性能　与金属材料相比较，大多数陶瓷的硬度高，弹性模量大，脆性大，几乎没有塑性，抗拉强度低，抗压强度高。

（2）热性能　陶瓷材料熔点高，抗蠕变能力强，热硬性可达 1000°C；但热膨胀系数和热导率小，承受温度快速变化的能力差，在温度剧变时会开裂。

（3）化学性能　陶瓷的化学性能中最突出的特点是化学稳定性很高，有良好的抗氧化能力，在强腐蚀介质、高温共同作用下有良好的抗蚀性能。

（4）其他物理性能　大多数陶瓷是电绝缘体，功能陶瓷材料具有光、电、磁、声等特殊性能。

三、复合材料

1．概念

所谓复合材料，是指由两种或两种以上不同性质的材料，通过不同的工艺方法人工合成的，各组分间有明显界面且性能优于各组成材料的多相材料。

2．分类

（1）按照基体材料分

1）非金属基复合材料。它又可分为：无机非金属基复合材料，如陶瓷基、水泥基复合材料等；有机非金属材料基复合材料，如塑料基、橡胶基复合材料。

2）金属基复合材料。如铝基、铜基、镍基、钛基复合材料等。

（2）按照增强材料分

1）纤维增强复合材料。如纤维增强塑料、纤维增强橡胶、纤维增强陶瓷、纤维增强金属等。

2）粒子增强复合材料。如金属陶瓷、烧结弥散硬化合金等。

3）叠层复合材料。如双层金属复合材料（巴氏合金－钢轴承材料）、三层复合材料（钢－铜－塑料复合无油滑动轴承材料）。

3．复合强化原理

复合强化原理是由组成材料的种类、性能、比例、形态不同，复合方法不同而异，同时得到不同的强化效果，例如粒子复合强化、纤维复合强化、叠层复合强化等。不论强化原理如何，复合材料组成材料之间都要形成界面结构，在外力作用下，这种界面结构会产生其组成材料内部没有的、全新的力学行为，例如裂纹扩展到达界面时方向的折转、纤维在基体中断裂后的拔出等。正是这种全新的力学行为使复合材料具备了新的特性。

4. 性能特点

（1）比模量高、比强度大　其实质是单位质量所提供的变形抗力和承载能力大，这对要求自重小、运转速度高的结构零件很重要。复合材料都具有较高的比强度和比模量，尤其是碳纤维－环氧树脂复合材料，其比强度比钢高 7 倍，比模量比钢大 3 倍。

（2）良好的抗疲劳性能　由于纤维增强复合材料特别是纤维－树脂复合材料对缺口应力集中敏感性小，而且纤维和基体界面能够阻止疲劳裂纹扩展和改变裂纹扩展方向，因此复合材料有较高的疲劳极限。实验表明，碳纤维增强复合材料的疲劳强度可达抗拉强度的 70%～80%，而金属材料的疲劳强度只有其抗拉强度的 40%～50%。

（3）良好的破断安全性　纤维增强复合材料中有大量独立的纤维，平均每平方厘米面积上有几千到几万根，当少数纤维断裂后载荷就会重新分配到其他未破断的纤维上，使构件不致发生突然破坏，故破断安全性好。

（4）优良的高温性能　大多数增强纤维在高温下仍保持高的强度，用其增强金属和树脂时能显著提高高温性能。例如铝合金在 400°C 时弹性模量大幅度下降于接近零，强度也显著降低，而用碳纤维增强后，在此温度下弹性模量基本保持不变。

（5）减振性良好　复合材料的比模量高，其自振频率也高。这样，可以避免构件在工作状态下产生共振，而且纤维与基体界面能吸收振动能量。即使产生了振动也会很快地衰减下来，所以纤维增强复合材料具有很好的减振性能。例如用尺寸和形状相同而材料不同的梁进行振动试验时，金属材料制作的梁停止振动的时间为 9s，而碳纤维增强复合材料制作的梁只需 2.5s。

第五节　其他新材料简介

一、功能材料

1. 功能材料的概念

所谓功能材料是指具有特殊的电、磁、光、热、声、力、化学性能和生物性能及其转化的功能，用以实现对信息和能量的感受、计测、显示控制和转化为主要目的的非结构性高新材料。

2．功能材料的特点

（1）多功能化 功能材料往往具有多种功能：如 NiTi 合金，既具有形状记忆功能，又具有结构材料的超弹性性能。

（2）材料形态的多样性 功能材料的形态多种多样，同一成分的材料形态不同时常会呈现出不同的功能。如 Al_2O_3 陶瓷材料，拉成单晶时为人造宝石；烧结成多晶时常用作集成电路基板材料、透光陶瓷等；

（3）材料与元件一体化 结构材料常以结构形式为最终产品，并对其本身进行性能评价；而功能材料则以元件形式为最终产品，并对元件的特性与功能进行评价，材料的研究开发与元器件的研制也常常同步进行，即材料元件一体化。

（4）制造与应用的高技术性，性能与质量的高精密性及高稳定性 为了赋予材料与元件的特定性能，需要严格控制材料成分（如高纯度或超高纯度要求、微量元素或特种添加剂含量等）和内部结构及表面质量，这往往需进行特殊制备与处理工艺；元器件的性能常常要求稳定性很高。因此，功能材料大多是知识密集、技术密集、附加值高的高技术材料。

3．常用功能材料

常用功能材料有电功能材料、磁功能材料、热功能材料、光功能材料等。

二、纳米材料

1．概述

纳米（nanometer）是一个长度单位，单位符号为 nm。$1nm=10^{-3}\mu m=10^{-6}mm=10^{-9}m$。纳米技术是 20 世纪 80 年代末诞生并蓬勃发展的一种高新技术。它的内容是在纳米尺寸范围内认识和改造自然，通过直接操纵和安排原子、分子而创造新物质。它的出现标志着人类改造自然的能力已延伸到原子、分子水平，标志着人类科学技术已进入一个新的时代——纳米科技时代。纳米技术是一门多学科交叉的、与基础研究和应用开发紧密联系的高新技术，如纳米生物学、纳米电子学、纳米化学、纳米材料学和纳米机械学等新学科。纳米不仅是一个空间尺度上的概念，而且又是一种新的思维方式，即生产过程越来越细，以至于在纳米尺度上直接由原子分子的排布制造具有特定功能的产品。

纳米材料分为两个层次，即纳米超微粒子与纳米固体材料。纳米超微粒子，指的是粒子尺寸为 1～100nm 的超微粒子：纳米固体材料，指的是由纳米超微粒子制成的固体材料。通常，人们把组成相或结构控制在 100nm 以下长度尺寸的材料称为纳米材料。纳米超微粒子是介于原子、分子与块体材料之间的尚未被人们充分认识的新领域。纳米材料是纳米科技的重要组成部分。

纳米材料和技术，主要研究纳米超微粒子的制备、结构和特性；同时也研究纳米固体材料和纳米组装材料。

2．纳米材料的性能特点

（1）表面效应　表面效应是指纳米超微粒子的表面原子数与总原子数之比随着纳米粒子尺寸的减小而大幅度地增加（当直径小于 100nm 时，其表面原子数激增，超微粒子的比表面积总和可达 $100m^2/g$），粒子的表面能及表面张力也随着增加，从而引起纳米粒子性质的变化。

表面效应的具体表现：

1）超微粒子表面活性很高，刚刚制备出的纳米金属超微粒子如果不经过钝化处理在空气中会自燃。

2）纳米粒子具有很强的表面吸附特性。

（2）小尺寸效应　当超微粒子尺寸不断减小，在一定条件下会引起材料宏观物理、化学性质上的变化，称为小尺寸效应。

（3）量子尺寸效应　量子尺寸效应是指当粒子尺寸下降到某一值时，金属纳米能级附近的电子能由准连续变为离散的现象。即纳米半导体微粒存在不连续的、被占据的最高分子轨道的能级，并且存在未被占据的、最低的分子轨道能级，同时，能系变宽。由此导致纳米微粒的催化电磁、光学、热学和超导等微观特性和宏观性质，与宏观块体材料呈现出显著不同的特点。

（4）纳米固体材料的力学性能　由于大量的晶界间的短距离，与此相联系的固有应力总是存在于纳米材料中。此外，还可能存在与特定的合成方法相关的外来应力。

由于超微粒子制成的固体材料具有很大的界面，界面原子排列相当混乱。原子在外力变形条件下自己容易迁移，因此表现出甚佳的韧性与一定的塑性。例如，由纳米超微粒子制成的纳米陶瓷材料有良好的韧性，称为“摔不碎的陶瓷”。

（5）热学、光学、化学、磁学　纳米材料的尺寸被限制在 100nm 以下，当材料或某些特性引起的机理被限制在小于某些临界长度尺寸空间之内的时候，特性就会改变。

1）特殊的光学性质。金属超微粒对光的发射率很低，一般低于 1%，大约有几纳米就可消光。实际上所有的金属超微粒子均为黑色，尺寸越小，色彩越黑。

2）特殊的磁性。小尺寸超微粒子的磁性比大块材料强许多倍，20nm 的纯铁粒子的矫顽力是大块铁的 1000 倍；但当尺寸再减小时，其矫顽力反而有时下降到零，表现出超顺磁性。

3）特殊的热学性质。足够地减少组成相的尺寸时，由于在限制的原子系统中的各种弹性和热力学参数的变化，平衡相的关系将被改变。固体物质在粗晶粒尺寸时有其固定的熔点，超微化后则熔点降低。

4）特殊的化学特性。气相沉积的原子簇具有高比表面积，再借助于固化组装，可在这些自组装的样品中实现对总的比表面积的控制。

纳米相的样品有高得多的活性。这种大大增强的活性是由于纳米材料独特的并可控特性的综合作用结果。随着纳米粒子尺寸的减少，比表面积明显增大，化学活性也明显增强，当粒子尺寸减小到团簇时，可以看到明显的变化。

3. 纳米材料的应用

纳米固体材料由于其独特的性能，因此具有非常广泛的应用前景，在力学、光学、磁学、电学和医学等方面都具有广泛的用途。

纳米材料的研究是目前材料科学研究中的一个热点。纳米技术从根本上改变了材料的结构，为求解材料科学研究领域中长期未能解决的问题开辟了新途径。同时，纳米技术与材料也将彻底改变人们的生活。

复习思考题

1. 分别含锰、铬、硼的钢为例，说明非合金钢、低合金钢、合金钢的界限是如何规定的？
2. 钢中的杂质元素有哪些？对钢的性能有哪些影响？
3. 合金钢中经常加入的合金元素主要有哪些？怎样分类？它们对钢的影响有哪些？
4. 指出下列材料的类别、牌号的意义、主要性能和用途。
   Q235—A、08F、45、T8、Q345、20Cr、40Cr、20CrMnTi、2Cr13、W18Cr4V、HT100、QT600—3、KTH370—12
5. 化学成分和冷却速度对铸铁石墨化有何影响？阻碍石墨化的元素主要有哪些？
6. 灰铸铁、球墨铸铁、蠕墨铸铁、可锻铸铁在组织上的根本区别是什么？
7. 为什么一般机器的支架、机床床身常用灰铸铁制造？
8. 铝合金分为几类？各类铝合金各有哪些强化方法？
9. 黄铜属于什么合金？普通黄铜与特殊黄铜有什么不同？
10. 轴承合金必须具备哪些特性？其组织有何特点？常用滑动轴承合金有哪些？
11. 什么叫热固性塑料？什么叫热塑性塑料？
12. 何谓陶瓷？其组织有哪几个相组成？它们对陶瓷性能有何影响？
13. 何谓复合材料？有哪些性能特点？

第四章　表 面 处 理

第一节　表面处理基础知识

一、表面处理概述

机械设备零部件表面的主要失效形式是磨损和腐蚀，其导致的经济损失十分惊人。据不完全统计，世界能源的 1/3 消耗于摩擦，机械零件 80% 失效原因是磨损，每年由于腐蚀造成的直接经济损失约占国民经济总值的 1%～4%。

表面处理技术就是通过各种工艺手段，赋予表面不同于基体材料的组织结构、化学组成，因而具有不同于基体材料的特殊性能，诸如高硬度、高疲劳强度、高耐磨耐蚀性、抗高温氧化性及绝缘、导电、抗辐射等。

表面处理技术在近几十年来得到了迅猛发展，一是新工艺方法的出现；二是传统的表面处理技术工艺被革新。这些新技术在工业上的应用，不但能大幅度地提高工件的质量和性能，成倍地延长使用寿命，而且它们大多在技术上成熟、工艺上简单、经济上可行，能够取得事半功倍的效果。因此，研究和发展表面处理技术，对于提高产品的使用寿命和可靠性，对于改善机械设备的性能和质量，增强产品的市场竞争力，对于节约材料、节约能源、提高经济效益等都具有十分重要的意义。

二、表面处理的作用

表面处理的作用是多种多样的，但其最主要的作用是提高金属工件的耐蚀性、耐磨性及获得电、磁、光等功能特性表层。

（1）腐蚀保护性　表面处理可以提高金属材料的耐大气、海洋大气、天然水及某些酸碱盐的腐蚀作用。例如若在钢构件上喷涂一层 Zn85Al15 合金，可使构件在海水中耐腐蚀 20～40 年。

（2）抗磨性　包括抗磨料磨损、粘着磨损、疲劳磨损、腐蚀磨损、冲蚀磨损等。例如若在刀具表面镀一层 TiC，TiN 或 Al_2O_3 薄膜，成为防止钢屑粘结的表面薄层，从而提高刀具寿命 3～6 倍。

（3）电性能　电性能包括绝缘性、导电性等。

（4）耐热性　包括抗高温氧化、热疲劳等性能。

（5）光学特性　包括反光性、光选择吸收性、吸光性等。

（6）电磁特性　包括磁性、半导体、电磁屏蔽性等。

（7）密封性

（8）装饰性　包括染色性、光泽性等。

（9）其他表面特性　诸如耐疲劳性、保油性、焊接性等。

表面处理技术的应用，使基体材料表面具有原来没有的性能，这就大幅度地拓宽了材料的应用领域，充分发挥了材料的潜力。其具体表现在：

1）可用一般的材料代替稀有的、昂贵的材料制造机器零件，而不降低甚至超过机件的质量。

2）可以把两种或两种以上的材料复合各取其长，解决单一材料解决不了的问题。

3）延长在苛刻条件下服役机件的寿命。

4）大幅度提高现有机件的寿命，减少材料和能源的消耗，降低产品的成本。

5）赋予材料特殊的物理、化学性能，有助于某些尖端技术的开发。

6）可成功地修复磨损、腐蚀的零件

三、表面处理的分类

表面处理的种类很多，有多种分类方法。

1. 按工艺特点分

（1）电镀　包括合金电镀、复合电镀、电刷镀、非晶态电镀、非金属电镀等。

（2）涂装　包括特殊用途及特殊类型的新涂料及新的涂装工艺。

（3）堆焊　包括埋弧焊、振动电弧堆焊、CO_2 气体保护焊、等离子堆焊等。

（4）热喷涂　包括火焰丝材喷涂、火焰粉末喷涂、电弧喷涂、等离子喷涂及爆炸喷涂等。

（5）热渗镀　分固体渗、液体渗、气体渗和等离子渗。其中液体渗中包含一种覆层和渗镀结合在一起的技术，称为热浸镀。热浸镀只用于低熔点金属或合金。

（6）化学转化膜　包括阳极氧化、化学氧化、磷酸盐膜、铬酸盐膜和草酸盐膜等。

（7）金属着色　包括电化学着色、化学着色及染料染色。

（8）气相沉积　分化学气相沉积和物理气相沉积。

（9）三束改性　包括离子束技术、电子束技术和激光束技术。

2. 按学科特点分

（1）表面合金化技术　包括喷焊、堆焊、离子注入、激光熔敷、热渗镀等。

（2）表面覆层与覆膜技术　包括热喷涂、电镀、化学转化处理、化学镀、气相沉积、涂装、堆焊、金属着色、热浸镀等。

（3）表面组织转化技术　包括激光、电子束热处理技术，以及喷丸、滚压等表面加工硬化技术。

必须指出，许多金属表面处理技术往往都不同程度地包含有上述两个或三个方面，例如热浸镀技术、堆焊技术、喷焊技术等，所得的表面从表层看是覆层，但覆层与基体的界面处是典型的冶金及合金化问题，当然也伴有组织的变化。

本章主要介绍热喷涂、气相沉积、化学转化膜技术、电镀、电刷镀、热浸镀、化学镀和涂料及涂装技术等内容。

第二节 热 喷 涂

一、热喷涂概述

热喷涂是利用专用设备把固体材料加热到熔化或半熔化状态，并加速喷射到基体表面上，从而形成一种特制薄层以提高基体的表面性能。

热喷涂技术是涉及多学科，诸如金属学、陶瓷学、高分子学、表面物理学、表面化学、流体力学、传热学、等离子物理学及计算机等学科的交叉边缘科学。有人甚至预测，该项技术将会发展成为一门像铸、锻、焊一样的独立应用科学技术。

热喷涂所用热源主要有：气体燃烧火焰、电弧、电热热源、爆炸热源和激光热源。热喷涂材料种类很多，几乎所有的金属、合金、陶瓷都可以作为喷涂材料；塑料、尼龙等有机高分子材料也可以作为喷涂材料，可以制成各种成分和性能的涂层。包括金属、陶瓷、玻璃、石膏、木材、布、纸等几乎所有固体材料，都可以进行热喷涂处理。

在热喷涂过程中，喷涂材料大致经过加热熔化、熔滴的雾化、粒子的飞行、撞击基体、冷却凝固形成涂层等几个阶段。

热喷涂作为材料表面防护、强化及表面改性手段，具有如下优点：

1）可使基体保持较低温度，从而保证基体不变形、不弱化。

2）基体尺寸不受限制，既可进行大型构件的大面积喷涂，也可进行工件的局部喷涂；既可喷涂零件，也可对制成后的结构进行喷涂。

3）喷涂厚度可以控制，从几十微米到几毫米，可以根据要求选择。

4）工作效率高，制取同样厚度的涂层所需时间比电镀短得多。

5）可赋予普通材料以特殊的表面性能，使其具有耐磨、耐蚀、耐高温、耐氧化、隔热、导电、绝缘、密封、减磨、耐辐射、发射电子等不同性能，达到节约贵重金属，提高产品质量和降低生产成本，满足多种工程和尖端技术的需求。

目前该技术还正在发展中，还有许多问题需要解决。这些问题主要有：结合力较低、孔隙率较高、均匀性较差等。因此有许多表面问题还不能用该技术去解决。

二、热喷涂方法

热喷涂方法较多，诸如火焰喷涂、等离子喷涂、电弧喷涂等，下面仅简单介绍火焰喷涂。

利用气体火焰放出的热进行的热喷涂称为火焰喷涂。火焰喷涂的历史最为悠久，由于其投资少，操作简单，至今仍在广泛应用。

一般来说，凡是在2700℃以下的温度区内不升华、能熔化的任何物质都可用火焰喷涂形成涂层。但在实际中，考虑到热量的传递需要时间，熔点超过2500℃的材料就很难用这类火焰进行喷涂，因有些物质在高温下剧烈氧化，即使形成涂层，实用性也不大。

按照喷涂材料的形状可分为线材喷涂和粉末喷涂。

1. 线材喷涂

线材喷涂的原理如图4－1所示，线材的加热熔化和雾化是通过火焰喷枪实现的。喷枪经过气阀分别引入乙炔、氧气和压缩空气，其中乙炔和氧气混合后在喷嘴出口处产生燃烧火焰，线材由驱动机构中的送丝滚轮通过喷嘴中心孔送到火焰中被加热熔化。进入喷枪的压缩空气又可称为雾化气，使熔化态的喷涂材料从线材端部脱落并雾化成细微的颗粒。在火焰和气流的共同推动下，这些微粒喷射到基体表面形成涂层。

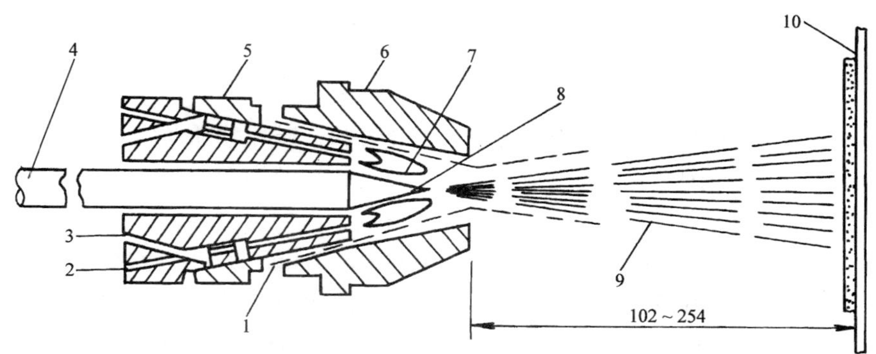

图4－1 线材火焰喷涂原理示意图

1—压缩空气入口 2—燃气(C_2H_4) 3—氧气 4—线材 5—气体喷嘴 6—空气帽 7—燃烧气体 8—熔融材料 9—喷涂束流 10—基体

在火焰喷涂中，喷枪的结构、火焰的大小和种类，压缩气体的种类、流速、压力、线材的种类、直径大小、进给速度等都会影响涂层质量。不过在现代装置中，这些参数均可得到控制，从而获得质量较好的涂层。

线材喷涂的涂层为明显的层状结构，涂层中含有明显的气孔和氧化物夹渣。

线材喷涂主要用于以下几个场合：在大型钢铁构件上喷涂铝和锌，以制备防护涂层；机械零件上喷涂合适材料，以获耐腐蚀涂层、耐磨损涂层和耐高温氧化涂层。

2. 粉末喷涂

粉末喷涂与线材喷涂不同之处是喷涂材料不是线材而是粉末，且一般不用压缩空气，粉末火焰喷涂原理见图 4－2 所示。粉末装在料斗内，工作时以少量气体运载粉末进入喷枪内部的气流中，火焰使粉末熔化并喷射到基体表面。

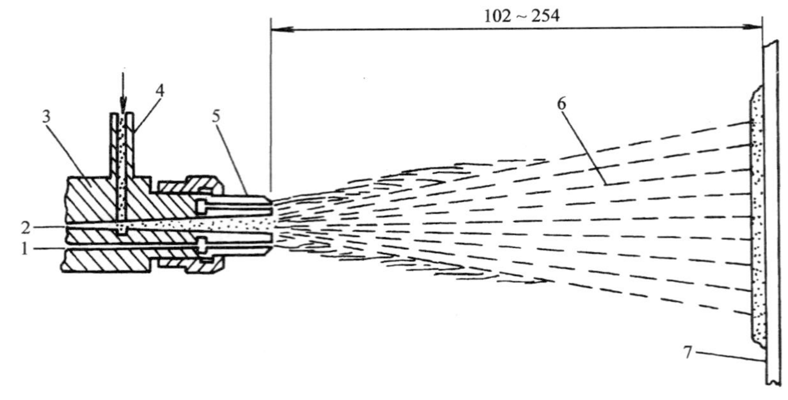

图 4－2 粉末火焰喷涂原理示意图

1—氧气 2—燃料气 3—喷枪 4—粉末料斗 5—喷嘴 6—束流 7—基体

粉末材料可以是纯金属粉、合金粉、复合粉、碳化物粉、陶瓷粉、金属陶瓷粉等。粉末喷涂中用得最多的是“自熔”合金粉，其中含有起助熔作用和减少氧化作用的硼和硅。将自熔合金涂层加热到熔点，涂层会重熔，重熔的涂层相当致密，与基体可成为冶金结合，能得到的硬度达 50HRC 以上。重熔温度一般要高于 1040℃，可采用多种加热方式进行重熔，诸如火焰、电感应、电炉或激光等。

通常的粉末喷枪，由于喷出的颗粒速度较小，火焰温度较低，因此涂层的粘结强度及涂层本身的综合强度都比较低，且比其他喷涂方法得到的气孔率都高。

粉末喷涂主要用于机械零件、化工容器和辊筒表面制备耐蚀和耐磨涂层。

第三节 气相沉积

气相沉积也称干镀，近年来发展十分迅速，经济效益极为显著，最突出的例子是氮化钛镀层在高速钢和硬质合金刀具上的应用，能够提高刀具寿命几倍至几十倍，被誉为“刀具革命”。

气相沉积按机理划分为物理气相沉积和化学气相沉积，前者通称为 PVD

(Physical Vapor Deposition)，后者通称为 CVD (Chemical Vapor Deposition)。

一、物理气相沉积 (PVD)

物理气相沉积是利用蒸发或溅射等物理形式，把材料从靶源移走，然后通过真空或半真空空间使这些携带能量的蒸发粒子沉积到基体或零件的表面，以形成膜层。

物理气相沉积法主要有真空蒸镀、阴极溅射和离子镀等。

1. 真空蒸镀

在真空中使金属、合金或化合物蒸发，然后凝结在基体表面上的方法叫真空蒸镀法。目前真空蒸镀的方法和设备已有多种，不仅用于电气、电子设备，还广泛用于无公害的表面处理。

真空蒸镀的原理如图 4－3 所示，将被沉积的材料（蒸镀材料）置于装有加热系统的坩埚中，被镀工件（基体）置于蒸发源前面。当真空度达到 0.13Pa 时，加热坩埚使蒸镀材料蒸发，所产生的蒸气以凝聚形式沉积在被镀工件表面，形成一层薄膜。

真空蒸镀的镀膜由气相沉积，均匀性好；在真空条件下形成，纯净性好；成膜过程简单，工艺可精确控制。

真空蒸镀主要用于光学透镜的反射膜及装饰用的金膜，银膜。

2. 阴极溅射

阴极溅射是利用高速正离子轰击某一靶材（阴极），使靶材表面原子以一定能量逸出，然后在工件表面沉积的过程。

阴极溅射系统如图 4－4 所示。靶是一平板，由欲沉积的材料组成，一般将它与电源负极相连。溅射所需的离子常用低压工作气体放电来产生。在 1～3kV 的直流电压下，$1.33 \sim 1.33 \times 10^{-1}$Pa 的氩气形成辉光放电，从而产生大量的离子与低速电子。离子轰击阴极，产生热蒸发和弹射，阴极（靶）放出原子以一定速度飞向工件形成薄膜。

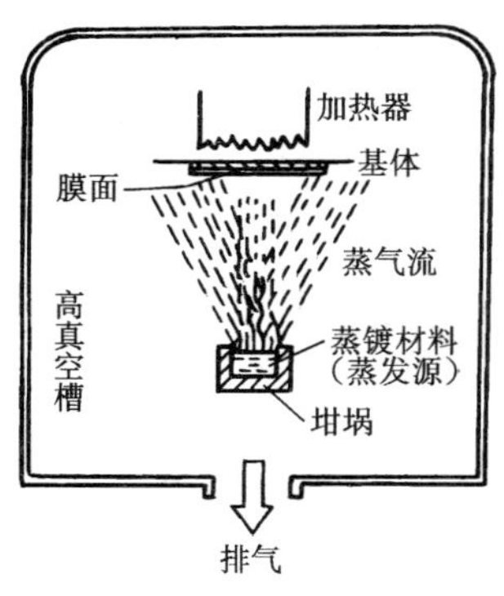

图 4－3　真空蒸镀原理示意图

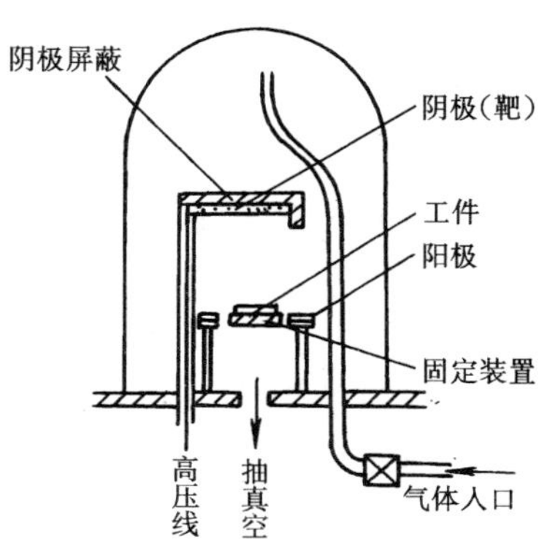

图 4－4　阴极溅射原理示意图

阴极溅射与真空蒸镀相比具有以下特点：

1）薄膜的结合力高。

2）容易获得高熔点物质的膜。

3）可以在较大面积上得到均匀的薄膜。

4）容易控制膜的组成。

5）可以长时间地连续运转。

6）有良好的再现性。

7）几乎可以制造一切物质的薄膜。

3. 离子镀

离子镀借助于一种惰性气体的辉光放电使欲镀金属或合金蒸发离子化，在带负电荷的基体（工件）上形成镀膜。

离子镀的原理如图 4－5 所示。离子镀包括镀膜材料的受热、蒸发、沉积等过程。镀前对工作室抽真空，然后充入压力为 $1.33 \sim 1.33 \times 10^{-1}$Pa 氩气。当接通高压（500～2000V）电源后，在蒸发源（灯丝）与工件之间产生气体放电，由于工件接在放电的阴极，便有离子轰击工件表面，对工件做溅射清洗。当经一段时间后，加热蒸发源使镀膜材料原子进入放电形成的等离子区，其中一部分被电离并在电场的作用下以很高的能量射到工件表面上，可以打入工件约几纳米的深度，从而大大提高涂层的结合力。而未经电离的镀膜材料原子直接在工件上沉积成膜。

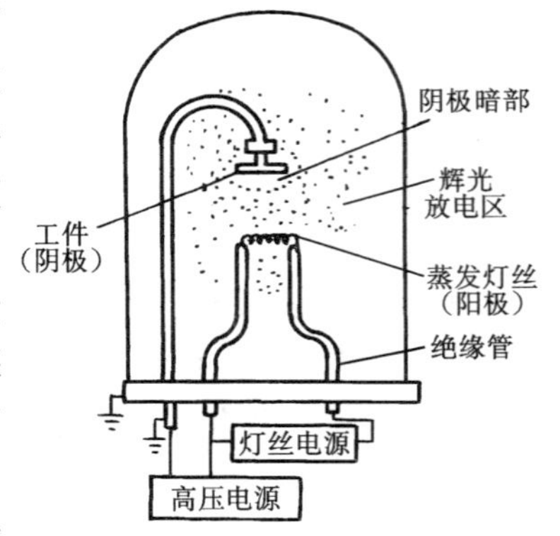

图 4－5　离子镀原理示意图

离子镀膜具有粘着力强、均匀性好、取材范围广且能互相搭配，以及整个工艺过程没有污染等特点。采用不同的镀膜材料、不同的放电气体及不同的工艺参数，能获得与表面附着力强的耐磨镀层、表面致密的耐蚀镀层、润滑镀层、各种颜色装饰镀层以及电子学、光学、能源科学等所需的特殊功能镀层。

二、化学气相沉积（CVD）

化学气相沉积是利用气态物质在一固体表面进行化学反应，而在该固体表面上生成固态沉积物的过程。化学气相沉积包括三个过程：产生挥发性运载化合物；把挥发性化合物运到沉积区：发生化学沉积反应生成固态产物。

目前常见的化学气相沉积反应有：热分解反应、化学合成反应和化学传输反应等几种基本类型。

1. 热分解反应

最简单的沉积反应就是化合物的热分解反应。热分解反应一般在简单的单温区炉中，在真空或惰性气体保护下加热基体至所需温度后，导入反应物气体使之发生热分解，最后在基体上沉积出固相涂层。

热分解反应法已应用于制备金属、半导体和绝缘体等各种材料。目前用于热分解反应的化合物主要有：氢化物、金属有机物、氢化物和金属有机化合物体系和其他气态络合物或复合物等。

（1）氢化物　氢化物 H－H 键的离解能、键能都比较小，所以热分解温度低，唯一的副产物是没有腐蚀作用的氢气。

（2）金属有机物　金属的烷基化合物，其 M－C 键能一般小于 C－C 键能，可广泛用于沉积高附着性的金属膜和氧化物膜。

（3）氢化物和金属有机物体系　利用这类热解体系可在各种半导体或绝缘基体上制备化合物半导体膜。

（4）其他气态络合物和复合物　这一类化合物中的羰基化合物和羰基氯化物多用于贵金属（铂族）和其他过渡族金属的沉积。

2. 化学合成反应

绝大多数沉积过程都涉及到两种或多种气态反应物在一个基体上相互反应，这些反应称为化学合成反应。用氢气还原卤化物来沉积各种金属和半导体，以及选用合适的氢化物、卤化物或金属有机化合物来沉积绝缘膜等都是化学合成反应。

与上述热分解法相比，化学合成反应应用更为广泛。因为可用于热分解沉积的化合物并不多，而任意一种无机材料原则上都可以通过合适的反应合成出来。除了制备各种单晶薄膜外，化学合成反应还可以用来制备多晶态和非晶态的沉积层，如二氧化硅、氧化铝、氮化硅、硼硅玻璃及各种金属氧化物、氮化物和其他元素间的化合物等。其中氮化硅用于晶体管和集成电路的钝化处理，可阻挡 Na^+ 和 K^+ 等离子的穿透；而沉积在模具上的 TiN 可显著提高使用寿命。

3. 化学传输反应

把所要沉积的物质作为源物质，借助于适当气体介质与之反应而形成一种气态化合物，这种气态化合物迁移到与源区温度不同的沉积区，再发生逆向反应，使得源物质重新沉积出来，这样的反应过程称为化学传输反应。

化学气相沉积是制备各种形态的无机新材料，特别是制备各种无机薄膜材料的重要手段。这些无机新材料由于其特殊的功能已在复合材料、微电子学工艺、半导体光电技术、太阳能利用、光纤通信、超导技术和保护涂层等许多新技术领域得到了广泛应用。

第四节　化学转化膜技术

化学转化膜技术是通过化学或电化学手段，使金属表面形成稳定的化合物膜层的技术。它同金属上其他的覆盖层不一样，它的生成必须有基体金属的直接参与。也就是说，它是处在表面的基体金属直接同选定介质中的阴离子反应，使之形成自身转化的产物。由此可见，化学转化膜的形成，实际上可以看作是受控金属的金属腐蚀过程。它主要包括：氧化膜或发蓝技术、磷酸盐膜技术、铬酸盐膜技术、草酸盐膜技术、阳极氧化膜技术等。

化学转化膜技术的一般原理是：使某种金属与某种特定的腐蚀液相接触，在一定条件下两者发生化学反应，由于浓差极化作用和阴、阳极极化作用等，在金属表面形成一层附着力良好的、难溶的腐蚀生成物膜层。

几乎所有工业中常用的金属，都可以在选定的介质中通过转化处理取得不同应用目的化学转化膜。形成化学转化膜的方法有电化学法和化学法。化学转化膜的施工方法主要有浸渍法、喷淋法、刷镀法和滚镀法等。

化学转化膜广泛应用于金属与金属面相互摩擦的部位，如磷酸盐膜具有很小的摩擦因数和良好的吸油能力，从化学和机械两方面保护基体。在进行拉深加工时，金属表面的磷酸盐膜可以减小拉深力，延长膜具寿命，减少拉深次数。磷酸盐膜层还是电的不良导体，所以很早就用它作为硅钢板的绝缘层。当化学转化膜用在金属制品的防护上时，往往要同其他防护层（例如油漆涂层）联合组成多元的防护系统。

第五节　电镀、电刷镀、热浸镀和化学镀

一、电镀

电镀是金属电沉积技术之一，是通过电解方法在固体表面获得金属沉积层的过程。其目的在于改变固体材料的表面特性，如改善外观，提高耐蚀、抗磨损、减磨性能，或制取特定成分和性能的金属覆层，提供特殊的电、磁、光、热等表面特性和其他物理性能等。

电镀原理如图 4－6 所示。电渡槽中有两个电极，一般工件作为阴极，接到电源负极上；与电源正极连接的金属反应物作为阳极。电源接通后便在两极建立起电场。在电场作用下，阳极失去电子，如镀镍时阳极的主要反应是镍原子失去电子变成镍离子进入溶液并向阴极迁移。在与负极连接的工件上电子非常充分，金属离子在此得到电子变成金属原子沉积在工件表面。所以在电镀槽中

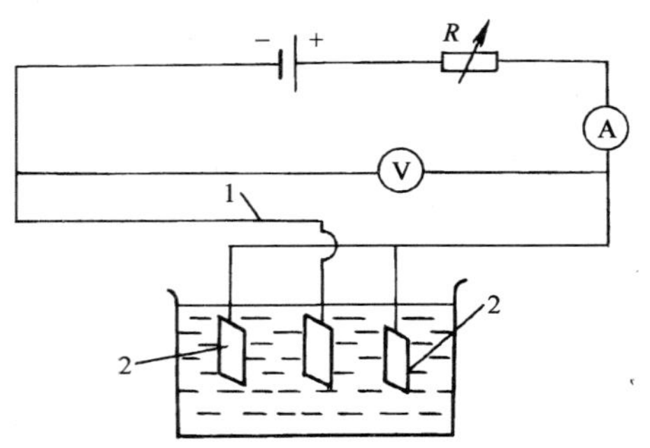

图 4－6　电镀原理示意图

1—工件（阴极）　2—金属反应物（阳极）

进行的反应实质是氧化－还原反应，但它和一般氧化－还原反应有区别，这类氧化－还原反应是在组成电极的金属与溶液的界面上进行的。

常用的单金属电镀主要有镀锌、镀铜、镀镍、镀铬、镀锡和镀镉等。它不仅可作为钢铁机件的防腐，还具有装饰功能和改善焊接性的特性。

二、电刷镀

电刷镀是电镀的一种特殊方式，不用渡槽，只需在不断供应电解液的条件下，用一只镀笔在工作表面上进行擦拭，从而获得电镀层。

电刷镀也是金属电沉积的过程，基本原理同电镀，如图 4－7 所示。直流电源的正极与刷镀笔连接，负极通过导线和工件连接。当接通电源时，在工件表面发生电沉积。由于电刷镀没有渡槽，两极间的距离很短，所以常规电镀的溶液不适合作电刷镀溶液。电刷镀溶液中的金属离子的浓度要比常规电镀高得多，因此需配置特殊的溶液。

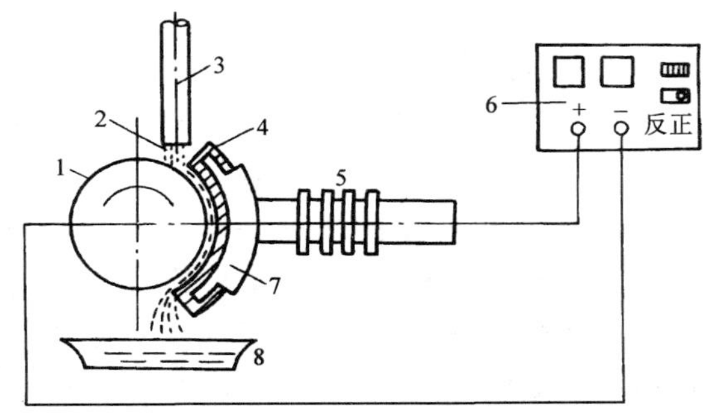

图 4－7　电刷镀原理示意图

1—工件（阴极）　2—刷镀液　3—注液管　4—包套　5—刷镀笔　6—电源　7—阳极　8—拾液盘

电刷镀设备简单，操作容易，镀层结合牢固，经济效益显著。目前，电刷镀主要用于机械设备的维修，如滚动轴承和轴颈的修理，孔类零件的修理，平面、键槽的修理等。

三、热浸镀

热浸镀是将一种基体金属浸在熔融状态的另一种低熔点金属中，在其表面形成一层金属保护膜的方法。钢铁是最广泛使用的基体材料，铸铁及铜等金属材料也有采用热浸镀工艺的。镀层金属主要有锌、锡、铝、铅等金属及其合金。其中，热浸镀锌、铝的钢材，广泛应用于国民经济的各个部门。

根据热浸镀前处理方法的不同，热浸镀分为溶剂法和保护气体还原法两大类：

1. 溶剂法热浸镀

溶剂法是最常见的热浸镀方法。在热浸镀前，在清洁的金属表面涂一层助镀剂，防止钢铁腐蚀。浸入镀液后，助镀剂能迅速分解，并起到清除金属表面的氧化物、降低熔融金属表面张力的作用，以提高镀层质量。

2. 保护气体还原法热浸镀

它是将待镀的钢材先通过煤气或天然气直接加热的微氧化炉，将钢材表面残余的油污、乳化液等烧掉，同时钢材表面被氧化，生成蓝色的氧化薄膜。然后进入通有保护性气氛的还原炉，把钢材表面的氧化皮还原为适合热浸镀的活性海绵状铁，并使钢铁继续加热，进行再结晶退火。接着在保护性气氛中，钢材被冷却到适当的温度后进入镀锅进行热浸镀。该工艺主要用于钢带热浸镀锌、铝和钢管热浸镀锌等现代化的大生产。

四、化学镀

化学镀的沉积过程不是通过界面上固液两相金属原子和离子的交换，而是液相离子通过液相中的还原剂在金属或其他材料表面上的还原沉积。

化学镀必须要有催化剂。基体往往可以作为催化剂。但当基体被完全覆盖之后，要想使沉积过程继续进行下去，其催化剂只能是沉积金属本身，所以化学镀可以说是一种沉积金属的、可控制的、自催化的化学反应过程。化学镀膜厚与时间成正比，理论上认为可以产生很厚的沉积层。到目前为止，只发现 Ni、Co、Pd、Cu、Ag、Au 及其中一种或多种合金具有化学沉积过程中的自催化效应，这些金属和合金还可以夹入一些本来不能直接依靠自身催化而沉积的金属和非金属元素，甚至可以夹带各种分散态的金属和非金属颗粒而形成复合镀层。

化学镀的关键是还原剂的选择和应用。最常用的还原剂是次磷酸盐和甲醛，近年来又逐渐采用硼氢化物以及氨基硼烷类及其衍生物等作为还原剂，以便室温操作和改变镀层性能。从本质上讲，化学镀是一个无外加电场的电化学过程。

化学镀作为一种新的工艺技术，可较好地解决一些用电镀不能解决的问题，例如，化学镀 Ni－P 镀层具有优良的耐磨性和耐蚀性，被广泛用于压力泵、纺织机零件、气缸、阀门、刀具、磨损件的修复；含有金刚石颗粒的复合化学镀层，可用于各种工具、玻璃或强化塑料成形模具、耐磨件、防腐板、纺织零件；$Ni-P-Cr_3C_2$ 复合镀可用于热锻模和冷压模。

第六节　涂料及涂装方法

涂料以前通称为“油漆”，但现在所应用的许多涂料已远远超出了“漆”的范畴。涂料的施工称为涂装，同其他许多科学技术一样，涂料的研究和涂装技术近几十年来得到了迅速发展，在国民经济各部门得到了非常广泛的应用。

一、涂料

涂料是一种有机混合物，用以保护和装饰物体的表面免受外界（大气、盐雾、酸物或化学品）侵蚀；掩盖表面的缺陷（凹凸不平、斑疤或色疤等）；美化物体，赋予各种丰富的色彩，改善外观。

1. 涂料的组成

涂料一般由成膜物质，颜料和辅料组成。

（1）成膜物质　成膜物质在涂料组成中是形成漆膜的主要物质，是决定涂料性能的主要因素。它包括油料和树脂两大类。用油做成膜物质的涂料叫油性涂料；用树脂做成膜物质的涂料叫树脂涂料。树脂可分为天然树脂和人造树脂。用油和一些天然树脂合成做成膜物质的涂料，称为油基涂料。

长期以来，使用干性油为主的油性防锈涂料广泛应用在钢结构件上。涂料常用的油是桐油，亚麻油、梓油、豆油、蓖麻油等。但油性涂料在硬度、光泽、耐水、耐酸碱等方面远不能满足要求，合成树脂的出现才使得涂料的应用得到了发展。

（2）颜料　颜料的作用不仅仅是着色，还可起到防锈和填充作用。代表性的颜料有红丹、氧化亚铅、碱性铬酸铅、钡酸锌、偏硼酸钡等。

（3）辅料　辅料的主要作用是改善涂料的工艺性及涂膜的物理、化学和力学性能。辅料包括两大类：一类是溶剂，诸如石油溶剂、煤焦溶剂、酯类、醇类、酮类、醇醚类等；另一类是各种功能剂，诸如增韧剂、润湿剂、触变剂、稳定剂、悬浮剂、催化剂、固化剂等。

2．涂料的分类

除上述的油性涂料、树脂涂料、油基涂料的分类外，我国涂料产品主要有18大类超过数千种，对这些涂料的命名分类亦有过各种方式，例如按有无颜色可分为色漆和清漆；按用途可分为汽车漆、船舶漆、木器漆等；按使用目的可分为耐酸漆、防锈漆、绝缘漆等；按施工方法可分为喷漆、烘漆等；按其作用可分为底漆、面漆、罩光漆等。

二、涂装技术

1．一般涂装方法简介

（1）刷涂法　是一种简单的操作方法，除了分散性不好的挥发性涂料外，几乎所有的涂料都可以使用，但生产率低，劳动强度大，装饰性能差。

（2）浸涂法　即将被涂工件全部浸入涂料槽中。它适合于小型的五金零件、管件、管架、薄片以及结构比较复杂的器件或电气绝缘材料等。

（3）淋涂法　工件在输送带上移动，送入涂料的喷淋区，涂料经过喷嘴喷淋到工件上，然后送入烘干区烘干。该法涂层均匀，节约涂料。喷淋法要求涂料在较长时间内与空气接触不易氧化结皮干燥，因此要求加入一定量的润湿剂、抗氧化剂和消泡剂等。

（4）压缩空气喷涂　即在0.2～0.5MPa的干净空气压力下，涂料从$\phi 2$～3mm枪口喷出、雾化并涂覆工件。该法使用方便，适于快干的挥发性硝基漆及过氯乙烯漆等；但喷失较多，涂料的利用率低。

2．新型涂装方法

（1）静电涂装法　是以接地的被涂工件为阳极，涂料雾化器作为阴极，接上高压电，在两电极间形成高压静电场，在阴极产生放电，并进一步雾化。带电漆滴受静电场的作用，沿电力线方向被吸引在被涂工件上。

（2）电泳涂装法　电泳涂装是与电镀相类似的一种新涂装法。目前，采用的电泳涂料大都属于阳极电泳型的，即水溶性涂料。一般是将固体含量为8%～15%的稀溶液放于槽中，将被涂工件浸入其中，接到直流电源的阳极上，槽中放置多个阴极，通以电压为30～150V的直流电，溶液中的主要成膜物质和颜料就会泳向阳极工件并附在其上，生成一层有憎水性的涂膜。

电泳涂装的优点是涂装时间短，涂膜比较均匀；缺点是在涂膜烘烤时，必须进行预热来蒸发掉涂膜中的水分。

（3）粉末静电喷涂法　粉末静电喷涂法的原理如图4－8所示。粉末涂料由供粉槽借空气流送入喷枪，喷枪前端加有高压静电发生器产生的高压电，使枪口附近的空气发生电离，于是在喷枪与工件之间便发生了放电现象，粉末从喷嘴喷出之后成为带负电荷的微粒，在电场作用下被吸附到带正电的工件上，结果得到厚度均匀的涂层。然后，将工件加热到使粉末熔融，在工件上形成一层具有一定光泽的均匀涂层，达到保护表面和装饰的目的。

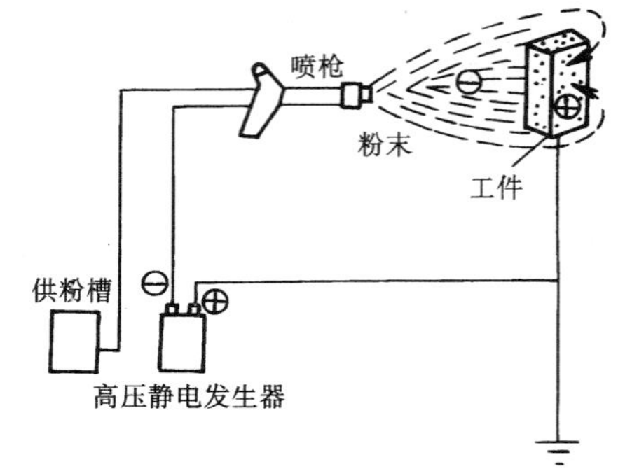

图4－8　粉末静电喷涂原理示意图

粉末静电喷涂具有不用溶剂，加工周期短，涂层一次可达几十微米到一百微米以上，附着力好，涂层耐酸、碱、盐的腐蚀能力强，所用树脂品种范围广，材料利用率高等特点。

复习思考题

1. 什么是表面处理技术？它的主要作用是什么？
2. 热喷涂的主要优点有哪些？
3. 什么叫物理气相沉积？主要有哪些方法？
4. 化学气相沉积主要应用在哪些领域？
5. 化学转化膜的主要用途有哪些？
6. 电镀的主要目的是什么？
7. 涂料的组成和作用有哪些？

第五章　铸　　造

将熔融的金属液浇注入铸型内，待冷却凝固后获得所需形状和性能的毛坯或零件的工艺过程称为铸造。用铸造方法制成的毛坯或零件称为铸件。铸造工艺过程主要包括：金属熔炼、铸型制造、浇注凝固和落砂清理等。铸件的材质有碳素钢、合金钢、铸铁、铸造有色合金等。按照铸型特点，一般将铸造工艺分为两类，即砂型铸造和特种铸造。每一类又可分为若干种方法，如图 5－1 所示。

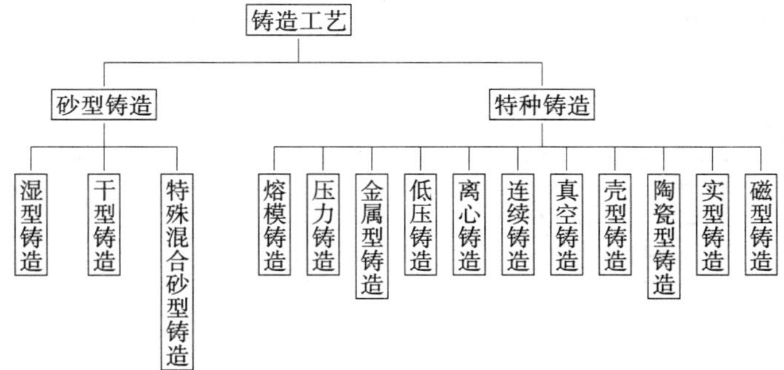

图 5－1　铸造工艺分类

与其他金属加工方法相比，铸造具有如下优点：

1）原材料来源广。

2）生产成本低。

3）铸件形状与零件接近，尺寸不受限制。

因此，铸造在机器制造业中应用极其广泛，现代各种类型的机器设备中铸件所占的比重很大。据统计，在一般设备中，铸件重量占机械设备总重量的 50%～90%；一辆汽车中铸件重量占 40%～60%；一台拖拉机中铸件重量约占 70% 以上；而一台机床中铸件重量占 70%～85%。

但铸造生产目前还存在着若干问题，如铸件内部组织粗大，常有缩松、气孔等铸造缺陷，导致铸件力学性能不如锻件高。铸造工序多，而且一些工艺过程还难以做到精确控制，使得铸件质量不够稳定，废品率高。因此，对一些承受动载荷的重要零件尚不能完全用铸件作毛坯。此外，在砂型铸造中，特别是在单件、小批量生产时，铸件的表面质量不高，工人的劳动条件较差。

近年来，由于精密铸造的迅速发展，铸件的表面质量有了很大的提高，精度最高可达 IT11，表面粗糙度可达 $R_a0.2\mu m$，成为无切屑加工的重要方法之一。

同时，铸件的力学性能得到显著提高，适用范围也在日益扩大。目前我国已建立起相当多的现代化的铸造厂，使劳动生产率大大提高，劳动条件得到了明显改善。

第一节 砂型铸造

砂型铸造是指铸型由砂型和砂芯组成，而砂型和砂芯是用砂子和粘结剂为基本材料制成的。砂型铸造在铸造生产中占有很重要的地位，所生产的铸件约占80%～90%。砂型铸造工艺过程如图5－2所示。

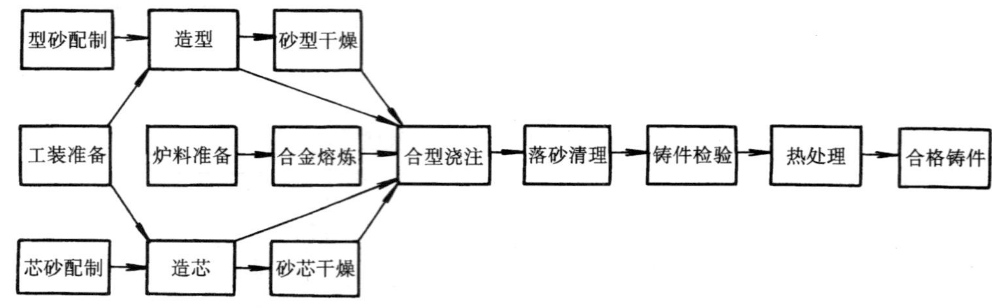

图5－2 砂型铸造工艺流程图

一、造型材料

用来制造砂型和砂芯的材料统称为造型材料。铸件的缺陷，如砂眼、夹砂、气孔、裂纹等均与造型材料有关。造型材料的消耗量很大，一般生产一吨合格铸件，约需3～4吨型（芯）砂。另外，新造型材料的出现，也会引起造型、造芯工艺过程的变革。因此，研究和合理选用造型材料，对改革工艺过程、提高铸件质量以及降低成本具有重要意义。

1. 型（芯）砂的性能对铸件质量的影响

型砂和芯砂是由原砂（含 SiO_2）、粘结剂（包括粘土、水玻璃和特殊粘结剂等）和其他附加物按一定比例配合，经过混合制成符合造型、造芯要求的混合料。作为造型材料的型（芯）砂应具备以下性能。

（1）透气性 型砂能让气体透过而逸出铸型的能力称为透气性。

浇注前，型腔中充满气体；浇注后，在液体金属的热作用下，砂型和砂芯中会产生大量气体，液体金属内也会析出一些气体，如型（芯）砂透气性差，部分气体留在金属液内不能排出，凝固后铸件便会出现气孔。

型（芯）砂的砂粒粗大、均匀、且为圆形，粘土量少，型（芯）砂捣得不过分紧实，均可使砂粒间空隙增多，增加其透气性。型砂水分过高或过低，透气性都下降，含水量过低时没有完全润湿的粘土粉堵塞了砂粒间的孔隙，含水量大时，粘土膏体积增加，减少了砂粒间孔隙，故透气性亦低。

（2）强度　在外力作用下型砂达到破坏时单位面积上所承受的力称为型砂强度。可分为湿强度、干强度、热强度等。这种性能对保证铸型的制造、搬运以及在金属液冲击和静压力下不变形和不毁坏是十分必要的。型砂强度不够时，会造成塌箱、冲砂和砂眼等。

型砂的强度随粘土含量、捣砂紧实度的增加而增加。砂的粒度越细，强度越高。型砂的含水量对强度也有很大影响，一般含水量为6%～8%时强度较高。

（3）耐火度　耐火度是指型砂抵抗高温热作用的性能。耐火度主要取决于砂子的矿物组成和化学成分。型砂的耐火度与砂粒的大小和形状也有一定的关系。砂粒越大、越圆整，耐火度越高。

型砂耐火性不足时，砂粒粘在铸件表面上形成一层硬皮，难清除干净，造成切削加工困难，严重时可使铸件报废。

为了防止耐火度不足而引起粘砂现象，可在型砂中混入一定量的煤粉或在型腔和砂芯表面涂刷一层石墨涂料，以便产生还原性气体防止粘砂。

（4）发气性　发气性是指型砂被加热时析出气体的能力，一般用发气量来衡量。

型砂的发气性应尽可能低，粘土砂的发气性除了与砂和粘土中的杂质有关外，更取决于其中的水分以及煤粉等附加物。因此，在保证型砂主要性能的同时应尽可能降低其中的水分，并不使煤粉等附加物过量。当使用有机粘结剂时，发气量急剧增加。此外，发气量还与浇注温度有关，浇注温度越高，发气量越大。

（5）退让性　金属在凝固后冷却的过程中产生收缩，此时铸型中的有关部分应当相应地变形、退让，以不阻碍铸件的收缩。型砂的这种性能称为退让性。

退让性差时，铸件收缩会受到砂型或砂芯阻碍而产生内应力，造成铸件变形或裂纹。为了提高退让性，可将退让性差的粘结剂如粘土，改为退让性好的粘结剂如油和树脂。也可以在干型的型砂中加入一些附加物，如草末、木屑等，使砂粒间隙增大。

此外，还有一些型砂的性能与各铸造工序直接有关，主要影响生产率和劳动强度，同时也影响着铸件质量，例如溃散性、流动性、可塑性、不粘模性、保存性、抗吸湿性和回用性等。

2. 型（芯）砂的分类、成分和应用

按照粘结剂的不同，型（芯）砂可分为如下几类：

（1）粘土砂　粘土砂是由砂、粘土、水及附加物（煤粉、木屑等）按一定比例混合而成。它通过混砂机混制后，在砂粒表面均匀地包上一层粘土薄膜，起粘结砂子的作用，使型（芯）砂符合一定性能要求。

粘土砂不受铸件大小、质量、尺寸和批量的限制，用途很广，铸铁、铸钢、铜、铝合金等铸件都可用。它既适用于手工造型，也可以用于机器造型。粘土砂按浇注时的烘干程度可分为湿型和干型两大类，相应引伸出湿型铸造、干型铸造。

1）湿型铸造。指利用混制好的型砂造型后在湿态下浇注金属液进行铸造生产。目前中、小铸件大多采用湿型铸造的方法。

湿型铸造法的主要优点是生产率高，生产周期短，便于组织流水生产；砂型无需烘干，节约燃料、设备和车间生产面积；砂型不经烘烤，不易发生变形，铸件的精度高；落砂性好，砂箱寿命长；铸件冷却速度快，组织致密等。但采用湿型铸造，铸件较易产生砂眼、气孔、粘砂、胀砂、夹砂等缺陷。因此，湿型铸造必须对型砂进行较严格的控制，保证型砂有必要的性能和保持性能的稳定。

随着铸造科学技术的发展，对金属与铸型相互作用原理的理解更加深刻；对型砂质量的控制更为有效；加上现代化砂处理设备使型砂质量得到了一定保证；先进的造型机械使型砂紧实均匀，起模平稳，铸型的质量较高，促进了湿型铸造方法应用范围的扩大。例如在汽车、拖拉机、柴油机等工业中，质量在300～500kg的薄壁铸铁件，现都已成功地采用湿型铸造。

2）干型铸造。将整个铸型经烘干后进行浇注金属液的铸造生产。

干型铸造主要靠涂料保证铸件表面质量，对原砂化学成分和耐火度要求不很高。砂型全面烘干后，由于提高了强度和透气性，减小了发气量，对于预防砂眼、胀砂和气孔等缺陷比较有利。但相对来说，退让性和溃散性则更差，而且由于散热慢，造成某些铸件晶粒粗大，特别是由于进窑烘干的操作恶化了劳动条件和环境卫生。

干型铸造主要用于浇注中、大型铸件。型砂和砂型的质量都比较容易控制，但铸件尺寸精度较差，砂型需要专门的烘干设备，生产周期较长，因此在许多方面干型铸造正逐渐被自硬砂型所代替。

（2）水玻璃砂　水玻璃砂是以水玻璃为粘结剂的一种型砂，多用于铸钢件和大型铸铁件。

水玻璃砂造型或造芯后，需经过硬化才能合型浇注。目前生产中广泛采用CO_2化学方法硬化，通常吹入CO_2气1～3min即可硬化。它与粘土砂相比较，具有硬化快、强度高、型（芯）尺寸精确、便于组织流水生产等优点。水玻璃砂的最大缺点是：溃散性差，砂型浇注后冷却到室温时，难以将型砂从铸件上清理下来；旧砂回用性差，必须增添旧砂再生设备。

目前，改善水玻璃砂溃散性的主要途径有：

1）采取适当措施尽可能减少水玻璃的加入量。

2）应用非钠水玻璃。

3）加入溃散剂。

4）水玻璃改性。如在水玻璃中加入淀粉等合成一种复合粘结剂。

（3）油砂、合脂砂及树脂砂 生产中有不少砂芯外形复杂、断面细薄，与高温金属的接触面积大，同时还要形成不加工的铸件内腔。对于这类砂芯，以粘土为粘结剂的芯砂往往在流动性、干强度、防粘砂性、溃散性以及型芯的存储期等方面不能满足要求，不得不采用特殊粘结剂。

1）油砂及合脂砂。油砂是用植物油（如桐油、亚麻油等）作粘结剂的砂。

植物油属于有机憎水类粘结剂，在性能上与粘土、水玻璃有很大区别。因为油砂经200～250°C烘干后强度高，而且不吸湿返潮。浇注高温金属液后，由于粘结剂燃烧导致砂的强度降低，所以退让性和溃散性很好。同时油料燃烧产生的还原性气氛使铸件不易粘砂，内腔光洁；但发气量大，需特别注意排气。油砂中油的加入量为1%～3%。尽管油砂性能优良，但油料价格较贵重，应节约使用。在目前生产中，常用合脂代替油来作粘结剂。实践证明，合脂砂性能与油砂性能相近。合脂是制皂工业的副产品，来源丰富，价格低廉，因此，在生产上得到迅速推广。

2）树脂砂。以合成树脂作粘结剂混制的型（芯）砂，称为树脂砂。树脂砂通过固化剂的加入或加热，使砂粒粘结在一起。树脂砂的优点是：不需烘干，强度比油砂高，砂芯表面光洁，尺寸精确，退让性和出砂性好，易于实现机械化和自动化。主要缺点是在造芯（型）及浇注时会产生刺激性的甲醛、苯酚、氨等气体，造成环境污染。

合成树脂粘结剂的开发和应用，给铸造生产工艺带来了一场重大变革，摒弃了铸造厂以往造芯（型）必须起模后在进炉硬化的旧工艺，使砂芯的成型和硬化直接在芯盒内（或模板上）靠已加热的芯盒或通过热气流（通称热法）或在室温下（通称冷法）完成，既提高了砂芯尺寸精度，简化了造芯工艺，减少了能耗，降低了对熟练工人的需求，既提高了生产效率，又提高了铸件质量（重点在尺寸精度和表面光洁度），使砂型铸造朝着近无余量铸件的铸造工艺迈进了一大步。

二、造型方法选用

砂型铸造的造型方法可分为手工造型和机器造型两大类。

1．各种手工造型方法的特点和应用

手工造型是传统的造型方法，紧实型砂、起模、修理、下芯、合型等一系列过程都由手工进行，其操作灵活、适应性强、生产准备工作简单；但生产率低，铸件质量很大程度上取决于工人技术水平，且工人的劳动强度大。目前手工造型主要用于单件、小批量，新产品试制的铸件生产。

在实际生产中，由于铸件结构复杂程度、形状、生产数量及生产条件不同，可采用各种不同手工造型方法。合理地选择造型方法，对于获得合格铸件，减少

制模样和造型工作量、降低成本都是非常重要的。

2. 机器造型及其工艺特点

机器造型是将造型过程中的填砂、紧实、起模等基本操作改为机械化。与手工造型相比，它具有生产率高、铸件质量高、铸件质量不受工人情绪与技术水平影响，同时便于组织自动化流水线生产，大大减轻了工人劳动强度等优点。但机器造型的设备和工艺装备费用高、生产准备周期长，因此适用于成批、大量生产。

（1）紧实型砂方法　机器造型大多数以压缩空气和液压传动为动力来紧实型砂。最基本方法有：震压、抛砂、高压、挤压紧实等。

1）震压紧实。震压紧实方法常在造型机上进行，如图 5－3 所示。当工作台上的砂箱填满型砂，首先进气口向震击缸内通入压缩空气，压缩空气经震实气路 1 进入震实活塞 3 底部，使震击活塞 3 带动工作台 4 和砂箱 5 上升；继而活塞底部上升到打开排气口时，压缩空气经排气口排出，工作台自由下落，工作台和压实活塞 2 上缘发生撞击 。周而复始，经若干次震击，型砂在惯性力作用下得到初步紧实，然后向压实气缸 8 内通入压缩空气，使砂箱 5 上升，在压头 7 的作用下型砂又被压实，最后使压实缸排气，工作台带砂箱下降，完成了全部紧实型砂过程。这种造型机紧实型砂效果好，广泛用于制造中、小型铸件，生产率高；但噪声大，劳动强度高。

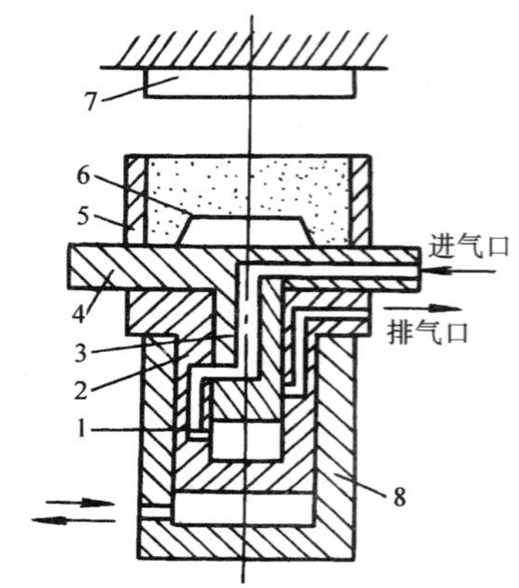

图 5－3　震压紧实原理图

1—震实气路　2—压实活塞　3—震实活塞　4—工作台　5—砂箱　6—模板　7—压头　8—压实气缸

2）抛砂紧实。在大、中型铸件的造型或制造大型砂芯时，常采用抛砂机进行紧实，如图 5－4 所示。它是利用电动机驱动高速旋转的叶片 1，连续地将传送带运来的型砂在机头内被初步紧实，并形成砂团 5，再高速地抛入砂箱中，同时完成填砂和紧实两个工序，所以生产率高，紧实度均匀。

3）高压紧实。在造型机上以砂型表面上单位面积所受压力超过 0.7MPa 的压力进行紧实型砂，即为高压紧实。高压紧实，可以获得高紧实度砂型，使之获得的铸件表面光洁，尺寸精度较高。这类造型机生产率较高，一般都同造型自动线配套使用。

最常用的高压造型机是高压微震多触头式造型机，如图 5－5 所示。每个触头的工作液压缸 7 可以是连通，也可以是分别控制的，以适应不同形状、凸凹悬殊的模样，使整个砂型得到均匀紧实度。

4）挤压紧实。挤压紧实被广泛地应用于垂直分型无箱射挤压造型机上，适应于大批量生产可锻铸铁和灰铸铁件上。

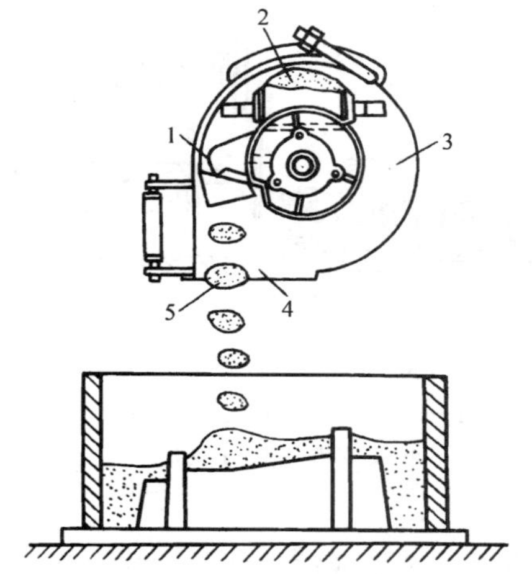

图 5－4　抛砂紧实示意图

1—叶片　2—型砂入口　3—抛砂机机头外壳　4—团砂出口　5—被紧实的砂团

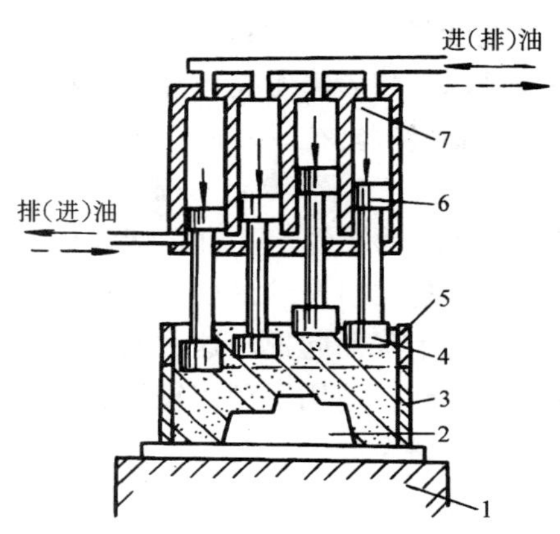

图 5－5　多触头高压紧实示意图

1—工作台　2—模样　3—砂箱　4—触头　5—填砂框　6—活塞　7—液压缸

（2）起模方法　除抛砂机外，造型机大都装有起模机构，其动力也多应用压缩空气或液压。起模机构有顶箱、漏模和翻转起模三种形式。

图 5－6a 所示为顶箱起模示意图。型砂紧实后开动顶箱机构使顶杆 5 上升，顶杆穿过模底板 6 的通孔，顶起砂箱 4，完成起模操作。这种起模机构简单，但易掉砂，因此只适用于型腔形状简单、高度较小的铸型。

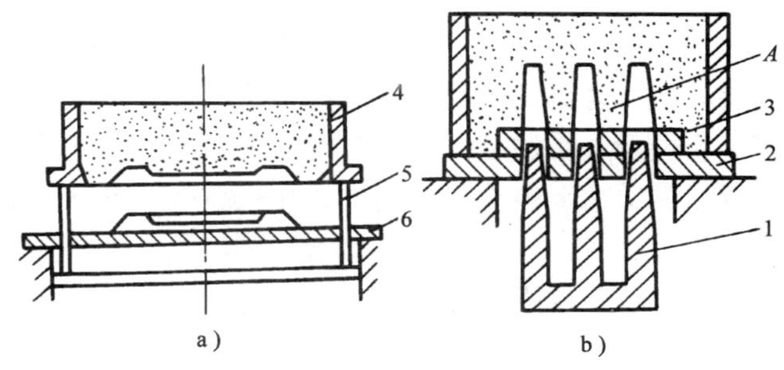

图 5－6　顶箱起模和漏模起模示意图

1—模样　2—漏模板　3—砂型　4—砂箱　5—顶杆　6—模底板

图5－6b所示为漏模起模示意图，由模样1、漏模板2和砂型3组成。起模过程中，漏模板2可托住砂型中 A 处部分的型砂，以防止起模时掉砂。漏模起模装置常用于半机械化的生产且形状复杂的铸件。

图5－7所示为翻转起模示意图。型砂紧实后，砂箱夹持器（图中未画出）将砂箱1夹持在模底板上，在翻转气缸推动下砂箱随同模底板、模样和翻转台一起翻转180°。然后承受台5上升，接住砂箱后，夹持器打开。最后，砂箱随同承受台下降而起模。这种起模方法不易掉砂，适用于型腔较深、形状复杂的铸型。

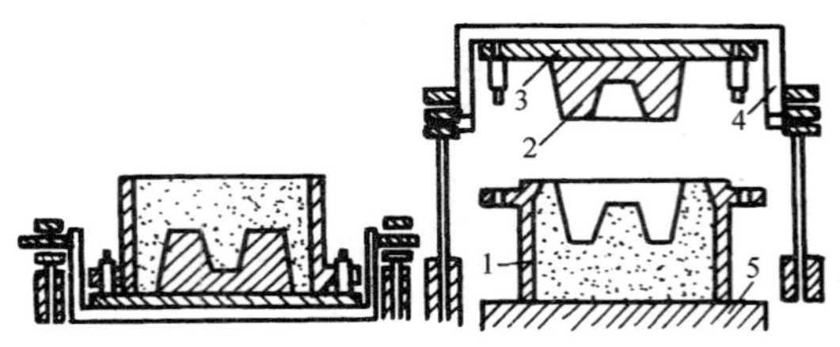

图5－7　翻转起模示意图
1—砂箱　2—模样　3—模底板
4—翻转台　5—承受台

3. 造芯

砂芯的作用是形成铸件内腔，有时亦可用砂芯形成铸件外形上妨碍起模的凸台和凹槽等。

（1）对砂芯的技术要求　砂芯在铸型中工作条件恶劣，除了对芯砂有较高的性能要求外，还必须在砂芯中采取必要措施，来进一步改善砂芯的性能。

1）在砂芯上开通气孔和气道。这些孔、道必须相互连通，并通到芯头的端部，以利气体排出。因此在造芯时应在芯头端部向砂芯中部扎排气孔。当砂芯形状复杂难以用气孔针扎出排气孔时，可在砂芯中埋置蜡线，以便在砂芯烘干时蜡线熔化或燃烧而形成通气孔道。

2）在砂芯里放置芯骨。为了提高砂芯的强度和刚度，在砂芯中加入芯骨。大砂芯骨多用铸铁制造，小砂芯骨多用铁丝制造。芯骨形状和结构应考虑便于从铸件中取出。

3）上涂料及烘干。为了提高铸件内腔表面的光洁，砂芯表面要刷涂料。铸铁件砂芯多用石墨涂料；铸钢则用石英粉涂料。

砂芯一般都必须烘干，目的是提高砂芯的强度和减少发气量。砂芯烘干一般是在烘干炉内进行，烘干粘土砂砂芯温度在250～350°C，烘干油砂芯温度在200～220°C。

（2）砂芯的制造　砂芯可用手工制造，也可用机器制造；有的用芯盒造芯，也有用车、刮板造芯。

造芯方法的选择，决定于砂芯的结构、尺寸和生产批量。在大批量生产中广泛应用机器造芯。常用的机器造芯机有震实造芯机、射芯机；制造大砂芯可用抛砂机。在单件、小批生产中，多用手工造芯。

第二节 特种铸造

虽然砂型铸造具有适应性广、生产准备简单等优点。但具有所生产的铸件尺寸精度较低、表面粗糙、内部质量较差，生产过程较复杂，不易实现机械化，工人劳动强度大等缺点。

人们在砂型铸造的基础上，通过改变铸型的材料、浇注方法、液态金属充填铸型的形式或铸件凝固的条件等，又创造了许多其他的铸造方法。通常把这些有别于砂型铸造的其他铸造方法统称为“特种铸造”。常见的特种铸造方法有：熔模铸造、金属型铸造、低压铸造、压力铸造、离心铸造、陶瓷型铸造、连续铸造、真空铸造、挤压铸造、磁型铸造等。每一种方法在铸造某些相应特点的铸件时，都能在提高铸件质量、提高劳动生产率、降低生产成本和改善劳动条件等方面表现出一定的优越性。因而，近年来，特种铸造在我国发展特别迅速，在铸造生产中占有相当重要的地位。

一、熔模铸造

熔模铸造又称“失蜡铸造”。它是在蜡模表面包以造型材料，待其硬化，再将其中的蜡模熔去，从而获得无分型面铸型的铸造方法。

1. 熔模铸造工艺过程

熔模铸造的工艺过程如图 5-8 所示。

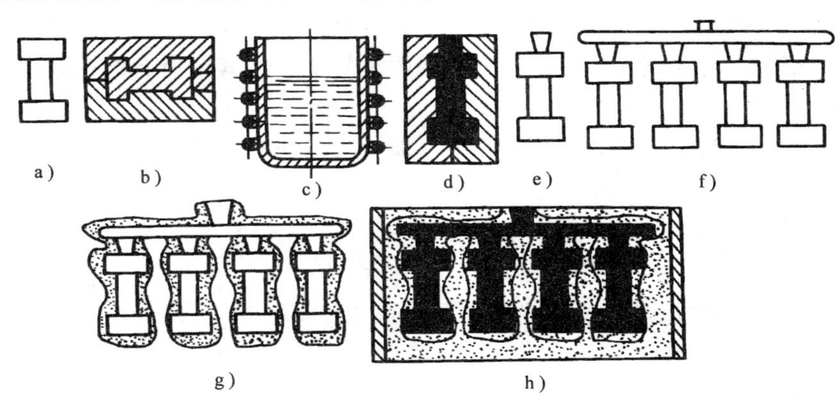

图 5-8 熔模铸造的工艺过程

a) 母模 b) 压型 c) 熔蜡 d) 压蜡 e) 单个蜡模 f) 组合蜡模
g) 结壳、脱蜡 h) 填砂、焙烧、浇注

(1) 母模 母模（图 5-8a）是铸件的基本模样，多用钢或黄铜经机械加工制成。它的形状与铸件相同，但尺寸比铸件稍大，因为必须加上蜡料和铸造合金

的收缩量，才能获得合格的铸件。

（2）压型　压型是用来制作蜡模的铸型。压型根据制作方法不同可分为两类：

1）易熔合金压型。它是利用母模作模样，用易熔合金（Sn、Pb、Bi 合金）直接浇注出来的（图 5－8b），一般用于精度要求不高的铸件。

2）钢或铝合金压型。它用钢或铝合金经机械加工制成，主要用于大批量生产或高精度铸件的生产。

此外，在单件生产时，还可用石膏制作压型。

（3）蜡模的制作　制作蜡模的材料有两类：

1）低温模料。一般由 50％石蜡＋50％硬酯酸配制而成。

2）中温模料。多以松香为主要成分，用来生产精度较高的铸件。

将熔好的模料（图 5－8c）挤入压型中（图 5－8d），待其冷凝后取出，修去毛刺，即得单个蜡模（图 5－8e）。为提高劳动生产率，还须将多个蜡件粘合到一个蜡质的浇注系统上，制成蜡模组（图 5－8f）。

（4）铸型的制造

1）制壳。先将蜡模浸挂一层涂料，再向其表面撒一层硅砂，然后将其放入硬化剂（通常为氯化铵溶液）中使涂层硬化。如此反复 3～7 次，直到结成 5～10mm 厚硬的型壳为止。

2）脱蜡。将型壳浸入 90℃ 左右的水中（或放在高压釜中，通入 2～5 大气压蒸汽），使蜡熔化而脱出，型壳则形成了铸型空腔（图 5－8g）。

3）焙烧。将铸型在 900℃ 左右的温度下焙烧，使其中所含的残余挥发物得到进一步排除。

4）浇注。为了提高液态金属的填充能力，防止浇不足缺陷，常在焙烧后趁热（600～700℃）进行浇注（图 5－8h）。

2．熔模铸造的特点及适用范围

与砂型铸造相比，熔模铸造具有如下特点：

（1）铸件的精度高且表面光洁　其精度可达 IT14～IT11，表面粗糙度可达 R_a12.5～1.6μm，可大大减小机械加工余量或不进行机械加工，显著提高金属材料的利用率，减少机械加工费用。

（2）能够铸造各种铸造合金铸件　从铜、铝等有色合金到各种合金钢均可铸造，尤其适用于那些高熔点及难以切削加工合金的铸造，如耐热合金、不锈钢等。

（3）熔模铸造件的形状可比较复杂　铸件上可铸出的最小孔径为 0.5mm，铸件的最小壁厚为 0.3mm。有时可将由几个零件组合而成的部件，通过改变设计由熔模铸造整体铸出，节省了机械加工工时和金属材料的消耗。

（4）铸件的质量不宜太大　铸件一般不超过 25kg。

熔模铸造工艺过程较复杂且不易控制，使用和消耗的材料较贵，因而适用于生产形状复杂、精度要求较高或难以进行机械加工的小型零件，如涡轮发动机叶片和叶轮、高速工具钢切削刀具等。

二、金属型铸造

将液态金属浇入金属铸型，从而获得铸件的铸造方法称为金属型铸造。由于金属型可以重复使用多次，所以又称为永久型铸造。

1. 金属铸型的构造特点

金属铸型有多种形式，如垂直分型式、水平分型式和复合分型式等，其中垂直分型式使用方便，应用最广（图 5－9）。铸件内腔可用金属型芯或砂芯获得。金属型经常用于有色金属铸件；若铸件内腔复杂可用组合型芯（图 5－10），浇注凝固后，可先取中间型芯 3，后取两侧型芯 4。

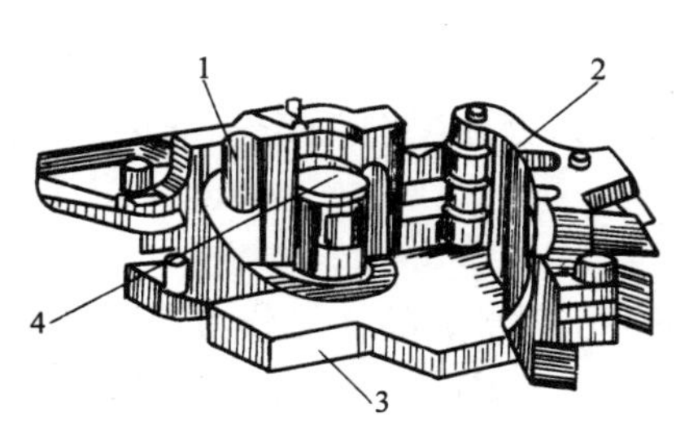

图 5－9　铸造铝活塞的金属铸型

1—固定半模　2—活动半型

3—底板　4—铸件

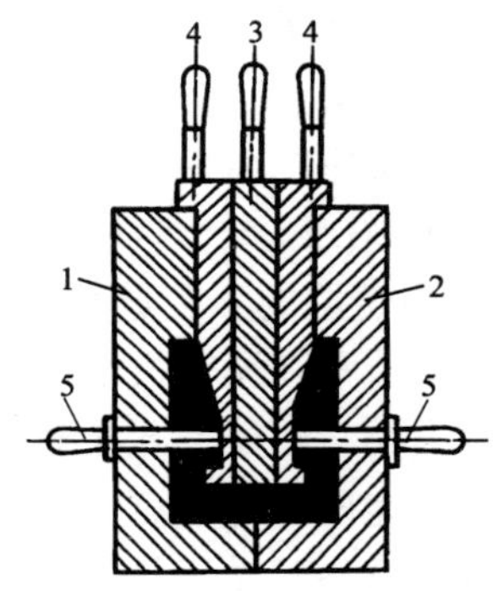

图 5－10　活塞的组合型芯

1、2—金属型　3—中间型芯

4—两侧型芯　5—圆孔型芯

金属铸型多由灰铸铁制造，有时在工作条件恶劣时可用 45 钢制造。金属铸型的最大特点之一是无透气性。为了排出浇注时型腔内部的气体，金属铸型的分型面上开有通气槽和排气孔。为了使铸件能在高温下从金属铸型内取出，大部分金属铸型设有铸件顶出机构。

2. 金属型铸造的特点及应用范围

与砂型铸造相比，金属型铸造具有如下特点：

（1）实现了“一型多铸”　即一个铸型可以多次浇注，从而节约了大量工时和型砂，提高了劳动生产率，改善了劳动条件。

（2）铸件的力学性能高　如铝合金铸件，金属型铸件比砂型铸件的抗拉强度可平均提高 10%～20%，同时耐蚀性和硬度也显著提高。这是由于金属型铸件的冷却速度较快，组织比较致密所致。

（3）铸件的精度较高　铸件精度可达 IT16～IT12，表面粗糙度可达 R_a12.5～6.3μm，故可少加工或不加工，提高了金属材料的利用率，减少了机械加工费用。

（4）金属型铸造的局限性　由于金属铸型的制造成本高、周期长；铸型透气性差、无退让性，易使铸件产生冷隔、浇不足、裂纹等铸造缺陷；受铸型的限制，金属型铸造合金的熔点不能太高，质量也不能太大；金属型铸造必须采用机械化和自动化装置，否则，劳动条件反而更加恶劣。因此，金属型铸造的适用范围受到了很大限制。

金属型铸造主要适用于大批量生产有色合金铸件，如飞机、汽车、拖拉机、内燃机、摩托车的铝活塞、气缸体、缸盖、油泵壳体，以及铜合金轴瓦、轴套等。

三、压力铸造

在高压作用下，使液态或半液态金属以较高的速度填充铸型的型腔，并在压力作用下凝固而获得铸件的方法称为压力铸造。高压和高速充型是压力铸造的两大特点，它常用的压射压力从几到几十 MPa，充型速度约为 5～50m/s，充型时间约为 0.1～0.2s。

1. 压力铸造的工艺过程

压力铸造是在压铸机上进行的。压铸机按压射部分的特征分为热压室式和冷压室式两大类。热压室式压铸机上装有贮存液态金属的坩埚，压室浸在液态金属中，因此只能压铸低熔点合金，应用较少。目前广泛应用的是冷压室式压铸机，金属的熔炼设备不在压铸机上。卧式冷压室式压铸机的工作过程如图 5－11 所示。

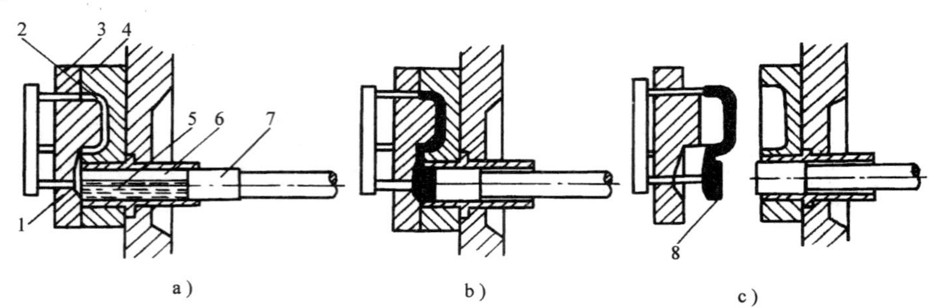

图 5－11　卧式冷压室式压铸机的压铸过程示意图

1—浇道　2—型腔　3—动型　4—定型　5—液态金属　6—压室　7—压射冲头　8—余料

压铸所用铸型称为压型，由耐热钢制成。压型与垂直分型的金属铸型相似，一半固定在压铸机上，称为定型；另一半可水平移动，称为动型。合型时，首先动型与定型以很大的合型压力合型，常用合型压力为 0.5～15MPa，随后将液体金属注入压室（图 5－11a）；然后压射冲头向前推进，将金属液压入型腔，并使金属液在高压下凝固（图 5－11b）；开型后，铸件和余料一起被顶杆顶出（图 5－11c）。

2. 压力铸造的特点及应用范围

与砂型铸造相比，压力铸造具有如下优点：

（1）铸件的尺寸精度高　一般精度可达到 IT13～IT11，表面粗糙度可达 $R_a 0.8 \sim 0.2\mu m$，一般可不经机械加工而直接使用。

（2）铸件的强度和表面硬度高　因为液态金属是在压力下结晶，冷却速度又较快，所以压铸件的组织致密、晶粒较细，其抗拉强度比砂型铸件提高 25%～30%；但伸长率有所下降。表 5－1 为铝硅合金采用不同铸造方法时的力学性能比较。

表 5－1　铝硅合金采用不同铸造方法时的力学性能比较

铸造方法	σ_b/MPa	δ（%）	HBS
压力铸造	2～2.5	1～2	84
金属型铸造	1.8～2.5	2～6	65
砂型铸造	1.2～1.9	4～7	60

（3）可压铸形状复杂的薄壁铸件　如铝合金压铸件的最小壁厚可为 0.5mm；最小铸出孔直径可为 0.7mm。

（4）压铸件中可嵌铸其他材料（如钢、铁、铜合金、钻石等）　这样，可以节省贵重材料和机械加工工时。有时利用嵌铸就可以代替部件的装配过程（图 5－12）。

（5）生产效率高　一般班产 600～700 件。

压力铸造是实现少、无切屑加工的有效方法，但也存在着若干不足之处，主要有：

1）设备投资大，制作压型的成本高。

2）压铸高熔点合金（钢、铸铁等）时，压型的寿命低，因而限制了压铸的应用范围。

3）由于液态金属高速充型，液流会带进大量空气，最后以气孔的形式留在压铸件中。因此，压铸件不能进行大余量的机械加工，以免气孔暴露，削弱铸件的使用性能。

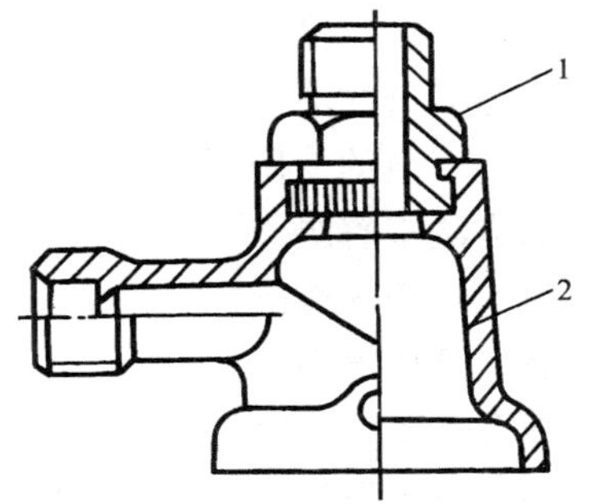

图 5－12　嵌铸件
1—嵌件　2—压铸合金

4）压铸件也不能进行热处理，因为

在高温时，气孔内气体膨胀会使铸件表面鼓包。

压力铸造是目前应用较广泛的一种铸造方法。主要适用于生产熔点较低的锌、铝、镁及铜合金铸件，用来生产发动机气缸体、气缸盖、变速箱体、发动机罩、仪表和照相机壳体及支架、管接头等。

四、离心铸造

将液态金属浇入高速旋转的铸型中，使金属液在离心力的作用下填充铸型并凝固成形的铸造方法称为离心铸造。

离心铸造是在离心铸造机上进行的。根据铸型旋转轴在空间的位置，离心铸造机可分为立式离心铸造机和卧式离心铸造机两类。

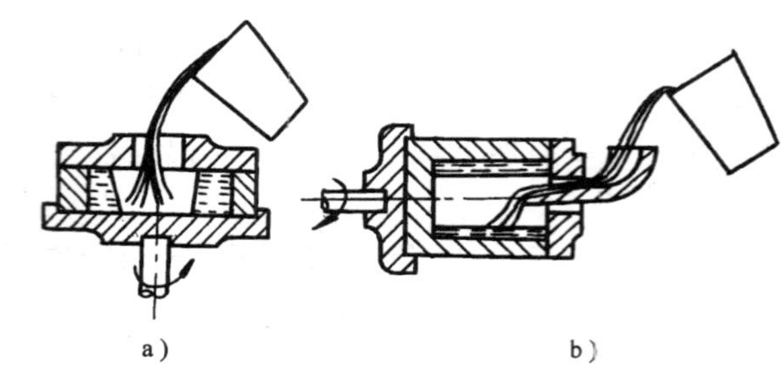

图 5－13 离心铸造示意图
a）立式 b）卧式

立式离心铸造机上的铸型是绕垂直轴旋转的（图 5－13a），主要用来生产高度小于直径的圆环类铸件。卧式离心铸造机的铸型是绕水平轴旋转的（图 5－13b），主要用来生产长度大于直径的套类和管类铸件。

与砂型铸造相比，离心铸造具有如下特点：

（1）工艺过程简单　铸造中空的筒类、管类零件时，省去了型芯、浇注系统和冒口，节约金属和其他原材料。

（2）铸件力学性能高　因为离心铸造使液态金属在离心力作用下充型并凝固，其中密度较小的气体、夹渣等集于铸件内表面，而金属则从外向内呈方向性凝固，因而铸件组织致密，无缩孔、气孔、夹渣等缺陷，力学性能较好。

（3）便于铸造“双金属”铸件　如制造钢套挂衬滑动轴承，既可达到滑动轴承的使用要求，又可节约较贵的滑动轴承合金材料。

离心铸造的不足之处是铸件的内表面质量差，孔的尺寸不易控制，但这并不妨碍一般管道的使用要求。对于内孔待加工的机器零件，则可采用加大内孔加工余量的方法来解决。

目前离心铸造已广泛用于制造铁管、缸套及滑动轴承等。

五、低压铸造

液态金属在一定的压力（一般 0.02～0.06MPa）下自下而上地充填型腔并凝固而获得铸件的方法，称为低压铸造。

低压铸造的工艺过程如图 5－14 所示。向密封的坩埚中通入干燥的压缩空气，使金属液在气体压力的作用下沿升液管上升，平稳地进入型腔。保持坩埚内液面上气体压力，一直到铸件完全凝固为止。然后，解除液面上的气体压力，使升液管中未凝固的金属液流回坩埚中。

与砂型铸造相比，低压铸造具有如下优点：

(1) 适应性强 由于浇注及凝固时的压力可根据铸件特点人为地控制，因而其适应性强，适用于各种铸型（金属型、砂型、树脂壳型、熔模壳型等）。

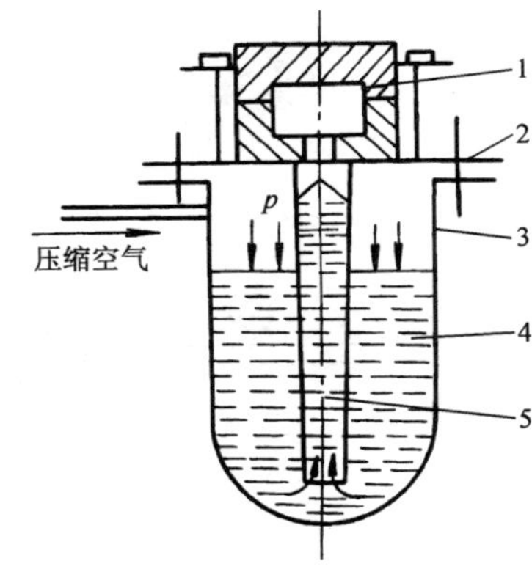

图 5－14 低压铸造原理示意图
1—铸型 2—密封盖 3—坩埚
4—金属液 5—升液管

(2) 铸件的质量好 由于低压铸造采取底注充型，液态金属充型比较平稳，减少了铸件产生气孔和夹渣的可能性。又由于液态金属在压力下充型并凝固，有利于获得轮廓清晰、表面光洁、组织致密的铸件。一般低压铸造铸件比砂型铸件的强度和硬度均提高 10%左右。

(3) 劳动条件较好 设备简单，易于实现机械化和自动化。

由于低压铸造有以上优点，所以在国内外受到广泛的重视。目前，我国主要用来铸造质量要求较高的铝合金、镁合金铸件，如汽油机气缸体、缸盖、带轮 粗纱绽翼等铝铸件，并成功地制出重达 30t 的铜螺旋桨及球墨铸铁曲轴等。

六、陶瓷型铸造

陶瓷型铸造是在砂型铸造的基础上发展起来的一种新工艺。陶瓷铸型是利用质地较纯、热稳定性较高的耐火陶瓷材料作造型材料，与硅酸乙酯水溶液（作粘结剂）混合后制成浆料，经灌浆、结胶、起模、焙烧等工序而制成的，其工艺过程如图 5－15 所示。

陶瓷铸型表面光滑、热稳定性高，能铸出尺寸精确、表面光洁的铸件，甚至像头发丝那样细的纹路也可在铸件上表现出来。因此，陶瓷型铸造又称陶瓷型精密铸造。

陶瓷型铸造设备投资少，生产准备周期短，对铸件的质量大小无限制。但铸型材料的价格昂贵，因而陶瓷型铸造不适于大批量机械化生产。

目前，陶瓷型铸造已成为铸造大型、厚壁、精密铸件的主要方法。它广泛应用于铸造冲模、锻模、压铸型、模板、热芯盒等，还能铸造一些中型精密铸钢件。

七、定向结晶铸造

高温合金铸件在高温下破坏的一般形式是沿垂直于它应力轴方向的晶界破

—

坏。自从定向结晶铸造技术问世后，已能生产出晶界平行于它的应力轴方向的高温铸件（如航空发动机涡轮叶片和导向器叶片等）。

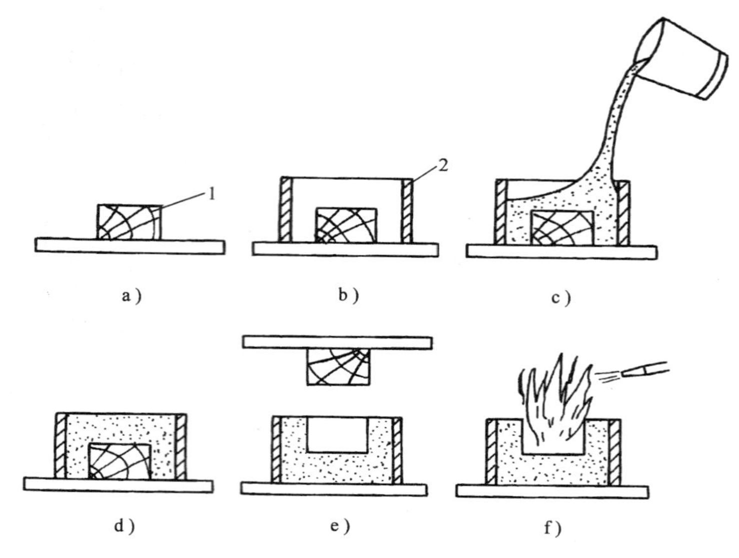

图 5-15　陶瓷浆料造型过程示意图

a）模样　b）准备浆料　c）灌浆　d）结胶　e）起模　f）焙烧

1—模样　2—砂箱

定向结晶铸造原理如图 5-16 所示。浇注之前先将型壳 3 放在感应加热石墨套筒 1 内的水冷铜底板 4 上，先将型壳加热，使其温度高于合金的熔点；然后，向型壳内浇入熔好的金属，通过铜底板下的循环水将铸件结晶时所放出的热量带走。根据铸件晶体生长方向与散热方向相反的规律，晶粒便按垂直于铜底板的方向向上生长，与此同时，自下而上依次切断感应圈 2 的电源，保证铸件内柱状晶的顺利发展。用定向结晶铸造法生产的涡轮叶片及导向器叶片，已在航空发动机上得到应用。在此基础上，近来又进一步制成单晶体叶片，彻底消除了晶界，充分利用单晶体具有各向异性的特点，大幅度提高了铸件在高温下的使用寿命。

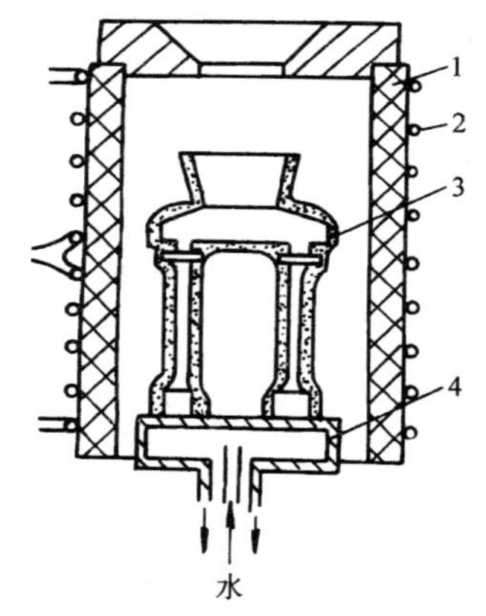

图 5-16　定向结晶铸造原理

1—石墨套筒　2—感应圈

3—型壳　4—水冷铜底板

第三节 合金的铸造性能

铸造用金属材料很少为纯金属，绝大多数为合金。铸造合金除具有必要的力学、物理和化学性能外，还应具有较好的铸造性能。合金的铸造性能是合金在铸造时表现出来的工艺性能，主要包括合金的流动性、收缩性等，这些性能是关系到铸造后能否获得合格铸件的主要因素。

一、液态合金的充型

液态合金填充铸型的过程，简称充型。液态合金充满铸型型腔，获得形状完整、轮廓清晰的铸件的能力，叫做液态合金的充型能力。液态合金充填铸型一般是在纯液态下充满型腔的，也有边充型边结晶的情况。在充型过程中，当液态合金中形成晶粒堵塞充型通道时，流动则停止。如停止流动出现在型腔充满之前，则造成铸件浇不足或冷隔等缺陷。

影响液态合金的充型能力的主要因素如下：

1. 合金的流动性

液态合金本身的流动能力，称为合金的流动性。液态合金具有良好的流动性，不仅易于获得形状复杂，轮廓清晰的薄壁铸件，而且有利于气体和夹杂物在凝固过程中向液面上浮和排除，有利于补缩，从而能有效地防止铸件出现冷隔、浇不足、气孔、夹渣及缩孔等铸造缺陷。因此，合金的流动性是衡量铸造合金的铸造性能优劣的主要标志之一。

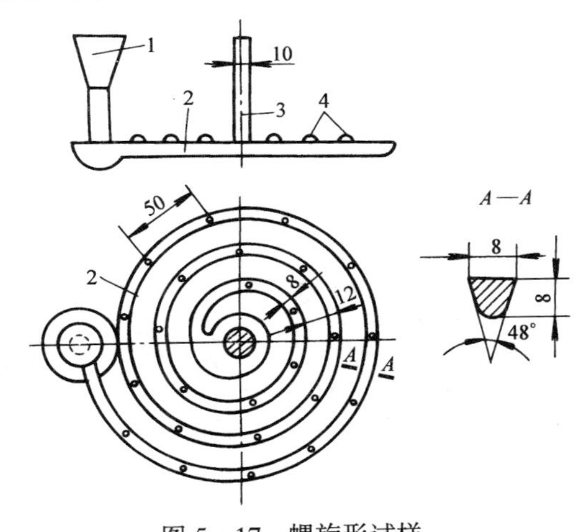

图 5－17　螺旋形试样

1—浇口　2—螺旋形试样　3—冒口

4—计量长度的凸起

合金流动性的大小通常是用浇注流动性试样的方法来测定。它是将不同的液态合金，在相同的浇注温度或相同的过热度条件下浇注成如图 5－17 所示的试样，然后比较各种合金试样的螺旋线长度。螺旋线越长，合金的流动性越好。表 5－2 为常用铸造合金流动性的比较。由此可见，灰铸铁和硅黄铜的流动性最好，铸钢的流动性最差。

影响合金流动性的因素很多，但以化学成分的影响最为明显。接近共晶成分的合金，它的流动性好；远离共晶成分的合金（纯金属除外），结晶温度范围越大，流动性也越差，这是由于结晶温度范围大的合金，其液相线与固相线的温度间隔增大，铸件开始凝固时较早地结晶出晶体，固态晶体在液态金属中存在的时间相对增长，这对液态金属的流动将起阻碍作用。从铁碳相图上看出，常用铸铁的含碳量接近共晶成分，它的结晶温度低，结晶温度范围窄，具有优良的流动性；而铸钢凝固温度高，结晶温度范围宽，其流动性很差。此外，液态金属的粘度、结晶潜热的大小，对合金的流动性均有影响。

表 5－2　常用合金流动性的比较

合　金	造型材料	浇注温度/℃	螺旋线长度/mm
灰铸铁 $w_C+w_{Si}=5.2\%$ $w_C+w_{Si}=4.2\%$	砂型	1300 1300	1000 600
铸钢 $w_C=0.4\%$	砂型	1600 1640	100 200
锡青铜 $w_{Sn}=9\%\sim11\%$ $w_{Zn}=2\%\sim4\%$	砂型	1040	420
硅黄铜 $w_{Si}=1.5\%\sim4.5\%$	砂型	1100	1000
铝合金（硅铝明）	金属型（300℃预热）	680～720	700～800

2. 外界条件

（1）浇注温度　浇注温度高，液体金属的过热度大，保持液态时间增长，同时又降低了液体金属的粘度，这些都使合金的充型能力得到提高。因此，提高金属的浇注温度是防止铸件产生浇不足、冷隔及某些气孔、夹渣等铸造缺陷的主要工艺措施。但浇注温度过高，会使金属的总收缩量增加，吸气增多。因此，浇注温度一般控制在保证合金流动性足够的前提下。通常普通灰铸铁的浇注温度一般控制在 1250～1380℃；铸钢为 1520～1620℃；铝合金为 680～780℃。对于形状复杂或薄壁铸件，浇注温度可取上限或略高一点为宜，以便保证其足够的流动性。

（2）铸型填充条件　在铸型中，凡能增加液态金属流动阻力的因素，如型腔过窄、直浇道过低、浇注系统截面积过小、铸型排气不畅、铸型材料导热性过大等，均使液态合金的充型性变差。

二、合金的收缩

液体合金在凝固和冷却过程中体积和尺寸减少的现象，称为合金的收缩。收缩能使铸件产生缩孔、缩松、裂纹、变形、内应力等缺陷，严重地影响铸件的质量。为了获得形状和尺寸符合技术要求，组织致密的合格铸件，必须对收缩的规律加以研究。

1. 收缩及其影响因素

（1）收缩　合金从浇注温度冷却到室温时总的收缩是由下述三个互相联系的收缩阶段组成的：

1）液态收缩。从浇注温度冷却到凝固开始温度的体积收缩称为液态收缩。液态收缩结果使型腔内金属液面降低。

2）凝固收缩。合金从液相线温度冷却到固相线的体积收缩称为凝固收缩。凝固收缩仍表现为型腔内液面继续下降。

3）固态收缩。合金从固相线温度冷却至室温的收缩称为固态收缩。固态收缩通常表现为铸件外形尺寸的减小，用线收缩率表示。

合金的液态收缩和凝固收缩表现为体积缩小，通常用体收缩率来表示。这两个阶段的体积收缩是铸件产生缩孔和缩松缺陷的主要原因。

合金的固态收缩直接表现在铸件外部尺寸的缩小。固态收缩是铸件产生内应力、裂纹和变形等缺陷的主要原因。

合金种类不同，其收缩率是不同的。在常用铸造合金中铸钢收缩率最大，灰铸铁为最小，这是由于灰铸铁中大部分碳是以石墨状态存在的，石墨比体积大，在结晶过程中析出石墨所产生的体积膨胀，抵消了部分收缩。表 5－3 所示为几种铁碳合金的收缩率。表 5－4 为几种铸造合金的线收缩率。在制作铸件模样时要考虑合金的线收缩率。

表 5－3　几种铁碳合金的收缩率

合金种类	w_C（%）	浇注温度 /°C	液态收缩（%）	凝固收缩（%）	固态收缩（%）	总体积收缩（%）
碳素铸钢	0.35	1610	1.6	3	7.86	12.46
白口铸铁	3.0	1400	2.4	4.2	5.4～6.3	12～12.9
灰铸铁	3.5	1400	3.5	0.1	3.3～4.2	6.9～7.8

表 5－4　几种常用铸造合金的线收缩率

合金种类	灰铸铁	可锻铸铁	球墨铸铁	碳素铸钢	铝合金	铜合金
线收缩率（%）	0.8～1.0	1.2～2.0	0.8～1.3	1.3～2.0	0.8～1.6	1.2～1.4

（2）影响收缩的因素　影响收缩的因素很多，主要有化学成分，浇注温度、铸件结构和铸型条件等。

1）化学成分的影响。碳素铸钢随含碳量增加，凝固收缩增加，而固态收缩略减。灰铸铁中碳是形成石墨化元素，硅是促进石墨化元素，所以碳、硅含量越多，收缩越小。锰和硫是阻碍石墨化元素，铸铁中随着锰、硫的增加，收缩增大。但适当的含锰量，可以与硫结合成 MnS，从而抵消了硫阻碍石墨析出的作用，减少收缩率。

2）浇注温度的影响。浇注温度越高，过热度越大，液态收缩增加。为此，在满足流动性要求的前提下，尽量采用低温浇注来减少液态收缩。

3）铸件结构和铸型条件的影响。铸件在铸型中冷却时不受阻碍的收缩，称自由收缩。反之，在收缩时，受到本身结构上的其他部位的相互制约，以及铸型和型芯对收缩的阻碍，使之不能自由收缩，称为受阻收缩（图 5－18）。因此，在设计模样时，必须根据合金种类、铸件的结构等因素选取适合的收缩率。

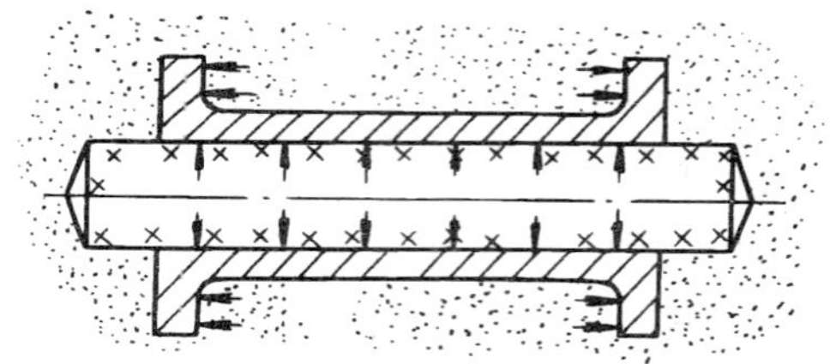

图 5－18 受阻碍收缩的铸件

2. 铸件中的缩孔和缩松

在铸件的凝固过程中，由于合金的液态收缩和凝固收缩，使铸件的最后凝固部位出现孔洞。容积较大而集中的孔洞称为缩孔；细小而分散的孔洞称为缩松。铸件中存在任何形态的孔洞，都会减少铸件的有效受力面积，使其承载能力和气密性等使用性能下降。因此，缩孔和缩松是铸件的重要缺陷之一，必须设法防止。

（1）缩孔 缩孔通常隐藏在铸件上部或最后凝固部位，经机械加工后可暴露出来。有时缩孔产生在铸件的上表面上，呈明显凹坑。缩孔的外形特征：多近于倒锥形，内表面不光滑。

缩孔的形成过程如图 5－19 所示，假定合金在恒温下凝固或凝固温度范围很窄，使合金由表及里逐层凝固。液态金属充填铸型（图 5－19a）以后，由于铸型的吸热及不断向外散热，使靠近型腔表面的金属温度很快就降低到凝固温度，凝固成一层外壳（图 5－19b）。温度继续下降，外壳不断加厚。同时，内部的剩余液体，由于本身的液态收缩和补充凝固层的凝固收缩而体积在减小。如果液态收缩和凝固收缩造成的体积缩减大于外壳的固态收缩造成的体积缩减，在重力的作用下液面就和顶面脱离（图 5－19c）。如此进行下去，外壳不断加厚，液面不断下降，待合金完全凝固，就在铸件中形成了缩孔（图 5－19d）。已经产生缩孔的铸件自凝固终了温度冷却到室温，因固态收缩使外形尺寸缩小（图 5－19e）。

综上所述，铸件产生缩孔的基本原因是合金的液态收缩和凝固收缩，基本条件是铸件的逐层凝固。

（2）缩松 缩松多分布于铸件的轴线区域、厚大部位或浇口附近，它分布面广、难于控制，因而对铸件的力学性能影响很大，是铸件最危险的缺陷之一。

缩松的形成过程如图 5－20 所示。具有较宽凝固温度范围的合金，在铸件的断面内外温差又较小的条件下凝固时，合金液最后会在心部较宽的区域内同时凝固（图5－20a），初生的树枝晶把液体分隔成许多小封闭区（图5－20b）。这些小封闭区液体的收缩得不到外界的补充，就形成了细小、分散的孔洞（图5－20c），称为缩松。

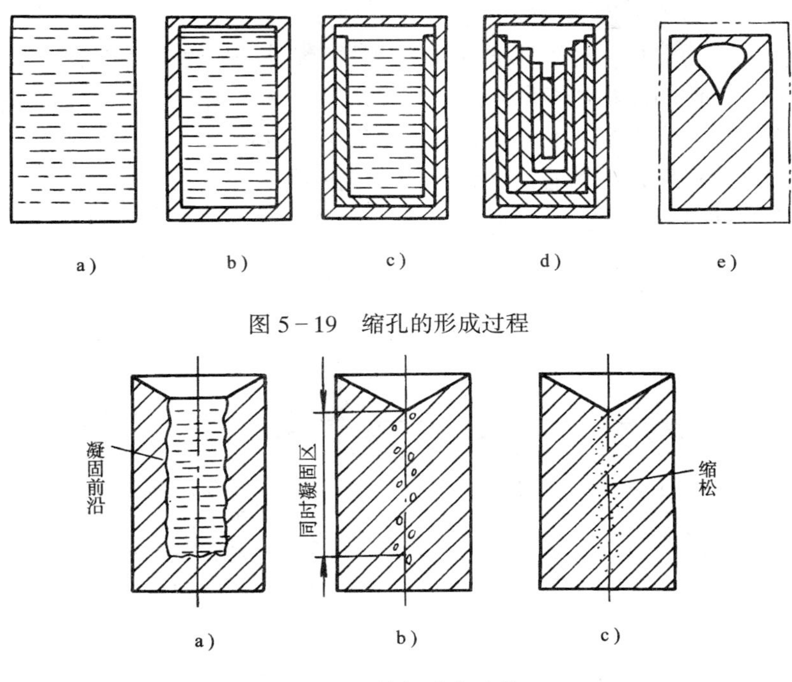

图5－19 缩孔的形成过程

图5－20 缩松形成过程

综上所述，缩松形成的基本原因与缩孔一样，是合金的液态收缩和凝固收缩所致。但形成的条件是铸件在截面上较宽的区域内同时凝固。

由以上的分析可见：

1）金属及共晶成分的合金在恒温下凝固，其铸件通常是逐层凝固，倾向于形成集中缩孔；凝固温度范围宽的合金，其铸件通常在截面上较宽的区域内同时凝固，倾向于形成缩松。缩孔比缩松易于检查和修补，也便于采取工艺措施来防止。因此，从收缩的角度考虑，也应在生产中尽量选择共晶成分或凝固温度范围小的合金作为铸造合金。

2）对于给定成分的铸件，在一定的浇注条件下缩孔和缩松的总容积是一定值。适当地增大铸件的冷却速度可促进缩松向缩孔转化。例如，在砂型铸造中，湿型比干型对铸件的激冷能力强，使铸件的凝固区域变窄，缩松减少，而缩孔体积增加；在金属型铸造中，铸型的激冷能力更大，缩松的体积会显著减小。

3）合金的液态收缩和凝固收缩越大（如铸钢，白口铸铁、铝青铜等），铸件的缩孔体积越大。

4）铸造合金的浇注温度越高，液态收缩越大。

5）缩孔和缩松总是存在于铸件的最后凝固部位，如果铸件设计的壁厚不均匀，在厚壁处易于出现缩孔或缩松（图 5－21a）。

（3）缩孔的防止　对铸件进行补缩是防止缩孔的一种有效方法。在铸造过程中通过控制铸件的冷却速度和顺序，即采用顺序凝固原则，将合金的缩孔引导到最后凝固部位，再以合金液补缩，便能获得组织致密的铸件。在生产中，常在铸件的上部安置冒口，可将缩孔移到冒口中（图 5－21b），冒口是铸件上多余的部分，清理铸件时予以割除。

为了控制铸件的凝固顺序，在铸件上还常安放用铸铁或钢制成的冷铁（图 5－21c），以加快铸件厚大部分的冷却速度。

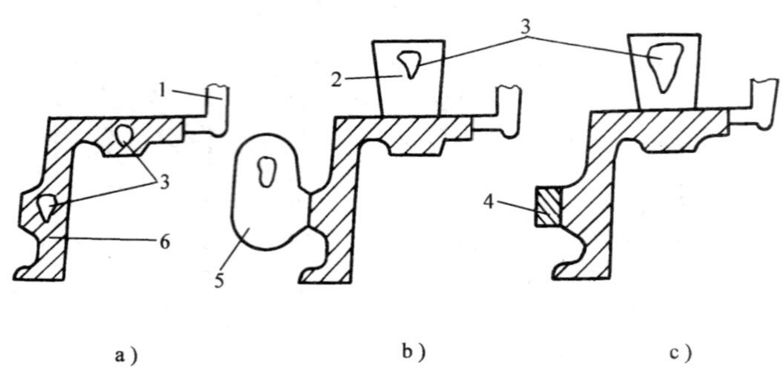

图 5－21　用冒口和冷铁消除缩孔示意图

1—浇注系统　2—顶冒口　3—缩孔　4—冷铁　5—侧冒口　6—铸件

三、铸件的铸造内应力、变形与裂纹

1. 铸造内应力

当铸件的固态收缩受到阻碍时，就会在其内部产生内应力。铸造内应力按其产生的原因主要分为热应力和收缩应力两类。通常收缩应力是临时应力，热应力是残留应力。

铸造内应力对铸件的质量影响甚大，它常使铸件在冷却过程中产生变形或裂纹。有残留应力的铸件，机械加工后由于内应力的不平衡会发生再一次的变形，因而丧失了原有的加工精度，并使其疲劳强度及耐蚀性能下降。因此，应设法尽量减小或消除铸造内应力。

（1）热应力　热应力是铸件在凝固或冷却过程中，不同部位由于不均衡的收缩而引起的应力。

为了分析热应力的形成过程，必须首先了解固态合金自高温冷却到室温时力学状态的变化，即从塑性状态到弹性状态的变化。合金从塑性状态转变为弹性状态的温度称为"临界温度"（$t_{临}$），铁碳合金的 $t_{临}$ 约为 620～650°C。合金的温度在 $t_{临}$ 以上时，处于塑性状态，此时若有应力作用，铸件就会通过产生塑性变形，使应力自行消失；合金的温度在 $t_{临}$ 以下时，处于弹性状态，此时若有应力作用，铸件就会产生弹性变形，但变形后应力仍旧继续保留。

下面以壁厚薄不均的 T 形杆件（图 5－22）为例，来分析热应力的形成过程。

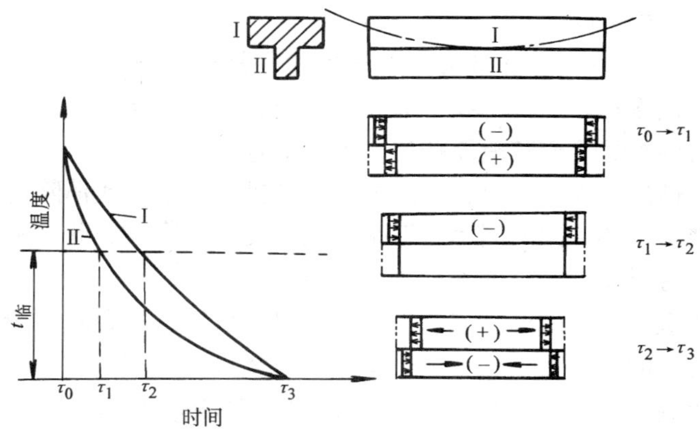

图 5－22　应力的形成过程示意图

T 形杆由厚薄不同的两部分组成。Ⅰ部分较厚，冷却较慢；Ⅱ部分较薄，冷却较快。它们自高温冷却到室温时温度随时间的变化关系用时间－温度曲线表示。根据两部分的状态变化，可分三个阶段来说明热应力的形成过程。

第一阶段（τ_0～τ_1），Ⅰ、Ⅱ的温度均高于 $t_{临}$，均处于塑性状态，但Ⅱ的冷却速度大于Ⅰ。如果两部分都能自由收缩，则Ⅱ的收缩量应大于Ⅰ。然而，两部分是一个整体，只能收缩到同一长度。因而，杆件收缩后的实际长度大于Ⅱ自由收缩后应有的长度，小于Ⅰ自由收缩后应有的长度。杆件产生塑性变形（Ⅱ被拉伸，Ⅰ被压缩），不产生应力。

第二阶段（τ_1～τ_2），Ⅱ的温度降于 $t_{临}$ 以下，进入弹性状态；Ⅰ温度仍高于 $t_{临}$，处于塑性状态。Ⅱ的收缩量大于Ⅰ，使Ⅰ受到压迫。此时，伴随着Ⅱ的收缩，Ⅰ通过塑性变形（被压缩）与Ⅱ保持同一长度，整个杆件仍无应力产生。

第三阶段（τ_2～τ_3），Ⅱ的温度已接近室温，收缩趋于停止；而Ⅰ刚进入弹性状态，在冷却到室温的过程中还要继续收缩，但受到Ⅱ的阻碍。结果，使Ⅱ产生弹性压缩，Ⅰ产生弹性伸长；Ⅱ产生压应力，Ⅰ产生拉应力。这种应力就是热应力。热应力随Ⅰ温度的降低而增大，直至室温。

由以上分析可见，铸件各部分的热应力状态为：铸件的厚壁部分或心部为拉应力（+），薄壁部分或表层为压应力（-）。合金的固态收缩力越大，铸件的壁厚差别越大，热应力越大；采用定向凝固原则进行铸件的工艺设计时，也会使铸件的热应力增大。

（2）收缩应力　铸件的固态收缩时受到铸型、型芯、浇注系统、冒口或箱带等的阻碍而产生的应力，称为收缩应力。一般这种应力是暂时存在的，开型后便可消失。

（3）铸造内应力的防止

1）热应力的防止。防止热应力的根本途径是尽量减少铸件各部分之间的温差，使其均匀地冷却。通常主要采取如下措施：

①设计铸件时尽量使其壁厚均匀，形状对称。

②设计铸件的浇注系统时，应采取一定的措施，减小或消除铸件各个部分之间的温差，使整个铸件同时凝固，即采用同时凝固原则。因此，须将浇口开在铸件的薄壁处，有时还在厚壁处安放冷铁。

③减小铸型与铸件的温度差。例如，预热熔模铸造和金属型铸造的铸型，可有效地减小铸件的热应力。

④适当控制铸件的开型时间。开型过早会增大铸件内外及各部分的温差，使铸件的热应力增大，甚至出现裂纹。

2）收缩应力的防止。改善铸型和型芯的退让性是减小铸件收缩应力的方法。为此，在砂型铸造中，要使铸型具有合适的紧实度，并在型砂中加入适量的木屑及焦炭粉等。为了尽早去除铸件的收缩应力，开型的时间又不宜过迟。

2. 铸件的变形

如前所述，当铸件的残留应力以热应力为主时，铸件中冷却较慢的部分有残留拉应力，冷却较快的部分有残留压应力。处于应力状态的铸件，总是自发地通过一定的变形使自己趋于稳定状态。

有残留应力的铸件，经机械加工后其原有的残留应力会失去平衡，因而导致第二次变形，使零件失去原有的加工精度。因此，凡是重要的、在使用中不允许变形的铸件，都必须在机械加工之前，消除其残留应力。

消除残留应力的方法是时效。时效分为自然时效和人工时效两种。自然时效是将有残留应力的铸件放置在露天场地，经数月及至半年以上，使其内应力慢慢自然消失。人工时效是将铸件进行低温退火，它比自然时效节省时间，故应用广泛。

3. 铸件的裂纹

当铸件内应力超过合金的抗拉强度时，铸件就会产生裂纹。根据产生裂纹的不同温度，裂纹可分为热裂和冷裂两种。

（1）铸件的热裂　热裂是铸件在高温下形成的裂缝，外观形状曲折而不规则，断口的表面呈氧化色。

影响铸件形成热裂的因素很多，其中铸造合金的凝固特点和化学成分对铸件的热裂有明显影响。合金形成晶体骨架，即线收缩开始的温度与凝固结束温度之间的区间越窄，铸件热裂温度范围的绝对收缩量越小，则形成热裂的倾向就越小。如灰铸铁、球墨铸铁凝固温度范围窄，同时伴随着石墨化过程其石墨化膨胀抵消了部分固态收缩，所以，不易形成热裂；反之，白口铸铁和碳钢的凝固温度范围较大，固态收缩也大，所以易形成热裂。

合金中含有较多的低熔点化合物，会增加合金的热裂倾向。如钢中含有较多的硫时，硫形成的低熔点共晶组织会降低钢的高温强度，增加钢的热裂倾向。因此，热裂是铸钢和铝合金铸件中常见的缺陷。

(2) 铸件的冷裂　冷裂是铸件处于弹性状态时，其热应力和收缩应力总值超过合金的抗拉强度而产生的。

冷裂的特征是，外形呈连续直线状或圆滑曲线状，断口干净，具有金属的光泽或呈轻微的氧化色。

冷裂主要出现在铸件受拉应力部位，特别是有应力集中的地方。

合金的成分和熔炼质量对冷裂的影响很大。例如，磷能增加钢中的冷脆性，当钢中含磷量 $w_P>0.1\%$ 时，冲击韧度急剧下降；当灰铸铁含磷量 $w_P>0.5\%$ 时，组织中有大量磷共晶出现，冷裂倾向也明显增大。由于钢脱氧不足产生的氧化夹杂物和其他非金属夹杂物较多时，也增大钢的冷裂倾向。

第四节　砂型铸造工艺设计

砂型铸造生产中，在每种铸件生产之前都应先进行铸造工艺设计，包括：绘制铸造工艺图、铸件图、铸型装配图和编写工艺卡以及其他铸件生产工艺过程的技术文件（即铸造工艺规程）。铸造工艺规程既是生产指导性文件，又是生产准备、管理和铸件验收的依据。因此，铸造工艺设计的好坏，对铸件质量、生产成本和生产率起着重要作用。

一、设计依据

在进行铸造工艺设计前，设计者应掌握生产任务和要求、熟悉工厂和车间的生产条件，这是铸造工艺设计的基本依据。此外，要求设计者有一定生产和设计经验，并具有经济观点和开拓思路，才能完成好设计任务。

1. 生产任务

(1) 铸造零件图样　图样必须清晰无误，有完整的尺寸和各种标记。

(2) 零件的技术要求　对金属材料牌号、金相组织、力学性能要求，铸件尺寸及质量允许偏差及其他特殊性能要求，如是否经水压、气压试验，零件在机器上的工作条件等，在铸造工艺设计时均应给予足够的注意。

（3）产品数量和生产期限　对于大批量的产品，应尽可能采用先进技术。对小批量单件生产，则应考虑使工艺装备尽可能简单，以便缩短周期，获得较大的经济效益。

2. 生产条件

1）了解该厂起重运输设备的吨位和最大起重高度；熔炉的形式、吨位和生产率；造型和造芯机种类、机械化程度；烘干炉和热处理炉的能力；地坑尺寸、厂房高度和大门尺寸等。

2）原材料来源情况和应用情况。

3）工人技术水平和生产经验。

4）模具等工艺装备制造车间加工能力和生产经验。

3. 考虑经济性

对于各种原材料的价格、每吨金属液的成本、各级工种工时费用、设备每小时费用等都应有所了解，以便考虑该项工艺的经济性。

二、设计内容和程序

铸造工艺设计的内容及一般程序见表 5-5。广义地讲，铸造工艺装备设计也属于铸造工艺设计的内容，例如绘制模样图、模板图、砂箱图、芯盒图、压铁图等。

表 5-5　铸造工艺设计的内容和一般程序

项目	内　　容	用途及应用范围	设 计 程 序
铸　造工艺图	在零件图上用规定的红、蓝等各色符号表示出：浇注位置和分型面、加工余量、收缩率、起模斜度、反变形量、浇冒口系统、内铸肋、砂芯形状数量、芯头大小及冷铁等	是制造模样、模板、芯盒等工装，进行生产准备和验收的依据，并适用于各种批量的生产	①产品零件的技术条件和结构工艺性分析 ②选择铸造及造型方法 ③确定浇注位置和分型面 ④选用工艺参数 ⑤设计浇冒口、冷铁和铸肋 ⑥砂芯设计
铸件图	把经过铸造工艺设计后，改变了零件形状、尺寸的地方都反映在铸件图上	是铸件验收和机加工夹具设计的依据，适用于成批、大量生产或重要铸件	在完成铸造工艺图的基础上，画出铸件图
铸　型装配图	表示出浇注位置、砂芯数目、固定和下芯顺序、浇冒口和冷铁布置，砂箱结构和尺寸大小等	是生产准备、合型、检验、工艺调整的依据，适用于成批、大量生产的重要件、单件的重型铸件	通常在完成砂箱设计后画出
铸造工艺卡片	说明造型、造芯、浇注、合型、清理等工艺操作过程及要求	是生产管理的重要依据，根据批量大小填写必要内容	综合整个设计的内容

生产中，铸造工艺文件制订的详细程度，根据产品具体情况而定。一般对大批量生产的定型产品、特殊重要的单件生产的铸件，铸造工艺设计应细致，文件要齐全；对单件、小批生产一般性产品，内容可以简化，最简单的只需一张铸造工艺图。

三、铸造工艺图的绘制

绘制铸造工艺图的步骤是：首先对铸件进行工艺分析；然后确定浇注位置、选定分型面；在此基础上，再确定铸件的主要工艺参数，并进行砂芯及浇注系统、冒口的设计；最后把以上内容标注在零件图上。

1. 浇注位置的选定

铸件的浇注位置是指浇注时铸件在型腔内所处的位置。浇注位置的选定一般是在造型方法确定后进行。为了保证铸件质量，在确定浇注位置前先根据铸件的合金种类、结构和技术要求，找出铸件中要求质量较高的部位（如重要加工面、受力较大部位、承受水与气压部位等）及容易产生缺陷的部位。在确定浇注位置时，应注意以下几点：

（1）铸件的重要加工面或主要工作面应朝下或侧立　这样，避免此处出现气孔、砂眼和缩孔缺陷。图 5－23 所示为车床床身已选定的浇注位置。因为导轨面为铸件的重要工作面，要求致密、均匀，不允许有铸造缺陷，为此，导轨面朝下的浇注位置为最合适。

（2）铸件的厚大部位置于上方或侧立　这样，以便设置冒口补缩，避免缩孔产生。图 5－24 所示为起重机卷筒的法兰部位应置于最上方。

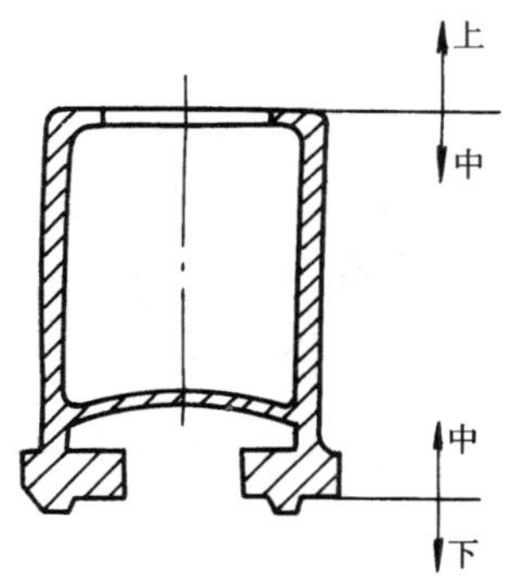

图 5－23　C620 床身的浇注位置

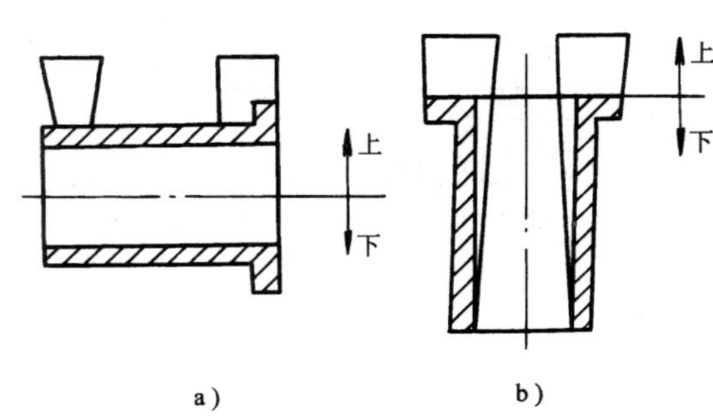

图 5－24　起重机卷筒的浇注位置
a) 不合理　b) 合理

（3）铸件大平面应朝下　因为若大平面朝上，则型腔上表面的面积较大，浇注时受液态金属长时间烘烤，导致型腔开裂，易造成铸件夹砂的缺陷。图 5－25 所示为平板铸件的浇注位置。

（4）铸件的薄壁部分应放在下部或侧面　只有这样，才能避免冷隔、浇不足等缺陷（图 5－26）。

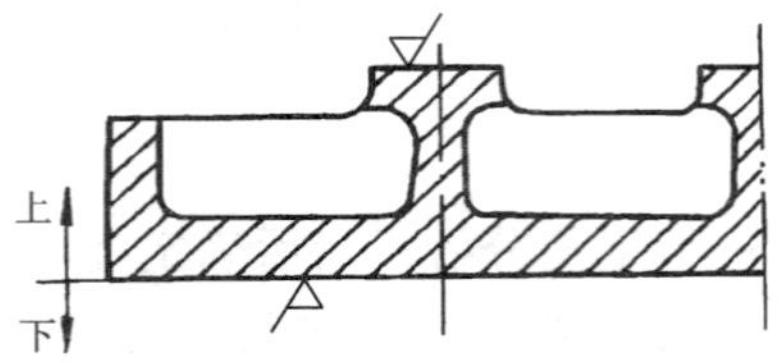

图 5－25　平板铸件的浇注位置方案

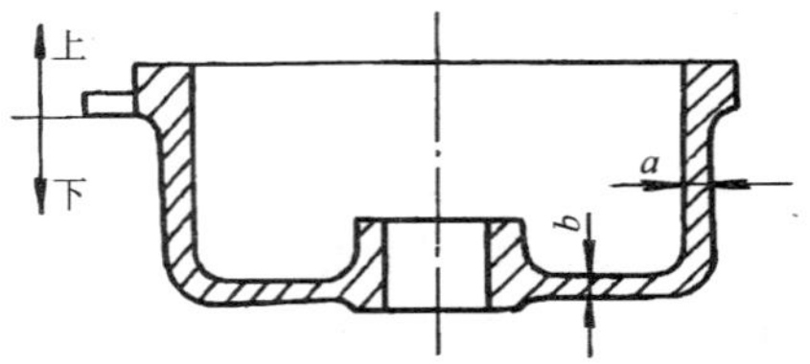

图 5－26　$b<a$ 端盖的浇注位置方案

2. 分型面的选择

分型面就是两个半铸型互相接触的表面，一般在浇注位置确定后选定。选择分型面应注意以下几点：

（1）应使铸型具有的分型面最简单、数目最少，最好是一个分型面　这样不仅保证铸件尺寸精确，而且简化操作。特别是机器造型，只允许有一个分型面。对于不能出砂的部位，应采用砂芯而不宜采用活块造型，更不能采用多箱造型，以便充分发挥机器造型的优势（图 5－27）。

（2）应尽量使铸件全部或大部分置于一个砂箱内　这样宜于保证各部分相对位置。图 5－28 所示为螺钉塞头分型面的选择。使整个铸件置于一个砂箱内，能保证螺纹部分与四方头部分的中心线重合，使铸件不因错型而报废。

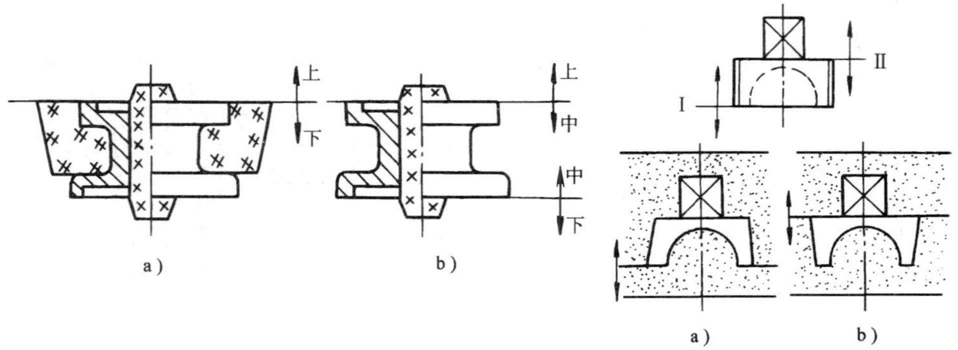

图 5－27　确定分型面数目的实例

a）一个分型面　b）两个分型面

图 5－28　螺钉塞头的两个分型方案

a）合理　b）不合理

（3）应尽量减少砂芯数目，并尽量使铸型及主要砂芯位于下型。

在实际生产中，对于每个具体铸件进行工艺设计时，按照上述原则，有时浇注位置与分型面的选择结果也会相互矛盾。这时，一般遵循的原则是：对于重要的、受力大的、质量要求高的铸件，为了尽量减少铸造缺陷，应优先考虑浇注位置的选择，分型面的位置要与之相适应；对于一般铸件，应优先考虑简化操作，尽量选择最简单的分型方案。

3．砂芯的设计

砂芯的设计包括：砂芯的数量、形状、模样及芯盒的斜度、芯头结构、尺寸及下芯顺序等。芯头是用来在铸型中定位和固定砂芯，同时兼有排气作用。芯头的形状和尺寸是根据芯头固定方式来确定的。

为了便于造芯和从芯盒中取出砂芯，在设计芯盒时必须考虑模样及芯盒斜度。

4．铸造工艺参数

（1）铸件线收缩率　它是以模样长度 $L_{模}$ 与铸件的长度 $L_{铸件}$ 之差除以模样长度的百分比表示，即

$$\varepsilon=\frac{L_{模}-L_{铸件}}{L_{模}}\times 100\%$$

式中　　ε——代表铸件线收缩率；

$L_{模}$、$L_{铸件}$——分别表示同一尺寸在模样与铸件上的长度。

为了保证铸件应有的尺寸，必须把模样放大。合金的线收缩率可查表得到。但铸件的线收缩率大小还受本身结构等因素影响，因此，还应考虑具体情况。

（2）铸件的加工余量　为了保证铸件加工表面尺寸和零件精度，在铸件工艺设计时预先增加在机械加工时切去的金属层厚度，称为加工余量。

（3）起模斜度　为了模样容易从铸型中取出或砂芯自芯盒中脱出，平行于起模方向在模样或芯盒壁上的斜度，称为起模斜度。起模斜度的形式由三种：

1）增加铸件尺寸（图 5－29a）。

2）增加和减少铸件尺寸（图 5－29b）。

3）减少铸件尺寸（图 5－29c）。

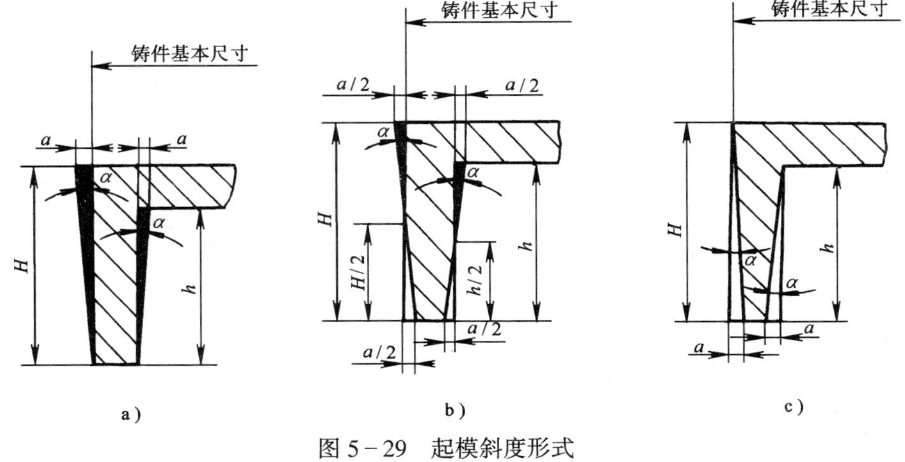

图 5－29　起模斜度形式

起模斜度形式选用原则是：在铸件的加工表面上采用增加尺寸的方法；在铸件不与其他零件配合的非加工表面上，采用增加和减少铸件尺寸的方法；在铸件与其他零件配合的非加工表面上，采用减少或增加和减少铸件尺寸的方法。在特殊情况下，起模斜度应由铸造工艺员与产品设计者商定。起模斜度的形式及其数值应在技术文件中注明。

起模斜度数值，是依造型方式、型砂种类、模样表面特征（内外表面）及高度来选取。

（4）最小铸出孔和槽　铸件上的孔和槽是否铸出，是由合金的种类、生产批量、孔的尺寸等来决定的。对于灰铸铁最小铸出孔的尺寸：大批量生产为 12～15mm；成批生产为 15～30mm；单件小批生产为 30～50mm。

第五节　铸件结构工艺性

不同的铸造方法和不同的铸造合金，对铸件的结构有不同的要求。因此，在设计时不仅要考虑铸件要满足使用要求，而且应充分考虑所使用的铸造工艺和合金的铸造性能特点，并使铸件结构与二者相适应。铸件结构相对于铸造工艺和合金的铸造性能的合理性，称为铸件的结构工艺性。铸件结构工艺性是否良好，对铸件质量、生产成本、生产率都有很大影响。

一、铸造工艺对铸件结构的要求

铸件结构应尽可能使制模样、造型、造芯、合型和清理过程简单化，避免不必要的人力、物力的消耗，防止废品，并为实现机械化创造条件。因此，在进行铸件设计时应考虑下列问题：

1. 铸件外形力求简单

铸件的外形，在满足使用的前提下可在一定范围内变动。因此在设计铸件外形时，应从简化铸造工艺要求出发，使其便于起模，尽量避免三箱、挖砂、活块造型和外部砂芯。

（1）避免外部侧凹　铸件起模方向若有侧凹，必将增加分型数量，这不仅造成造型费工，而且增加了错型的可能，使铸件尺寸加大。图 5－30a 所示的端盖，由于存在法兰凸缘，铸件外部侧凹，造成具有两个分型面，须采用三箱造型，或者增加环形外砂芯，使造型工艺复杂。图 5－30b 所示为

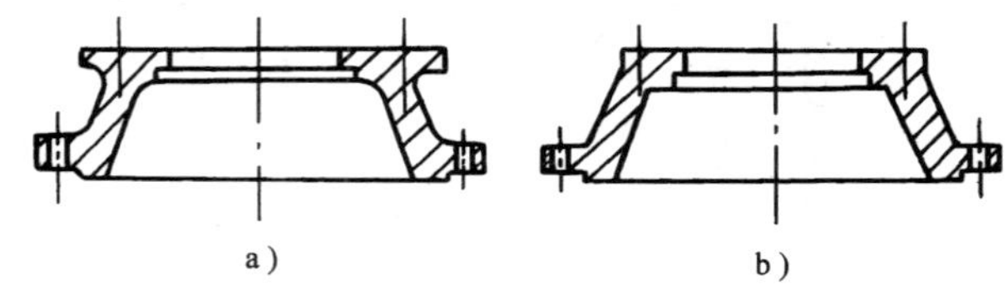

图 5－30　端盖铸件
a）改进前　b）改进后

改进设计后的外形，取消了上部法兰凸缘，使铸件仅有一个分型面，因而便于造型。

(2) 分型面尽量平直 平直的分型面可避免挖砂和假箱造型，同时可减少飞边毛刺，便于清理，因此要尽力避免弯曲分型面。如图5－31a所示的托架，原设计忽略了分型面尽量平直的原则，误将分型面上也加了外圆角，结果只得采用挖砂或假箱造型；按图5－31b改进后，便可采用简易的整箱造型。

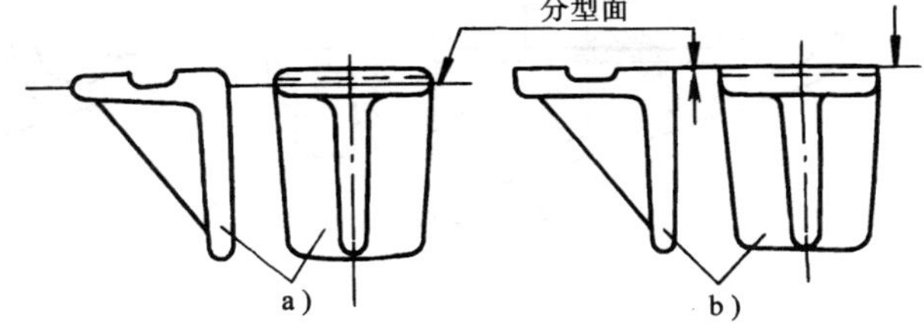

图5－31 托架

a) 错误的 b) 正确的

(3) 凸台、肋条的设计应考虑便于造型 图5－32a、b零件上面的凸台均妨碍起模，必须采用活快或增加砂芯来造型。若这些凸台与分型面的距离较近，则应将凸台延长到分型面（图5－32b、d），以简化造型。

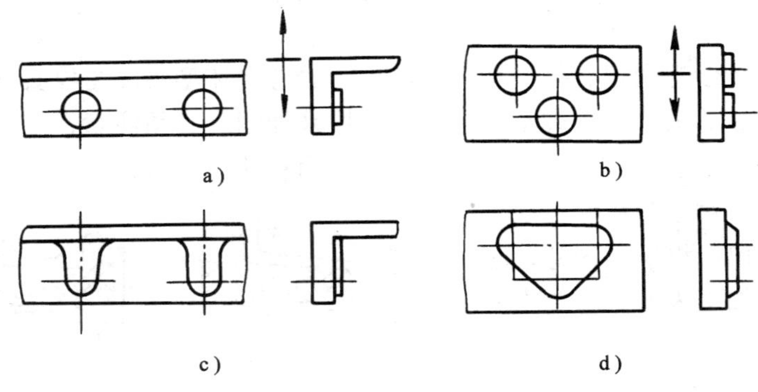

图5－32 凸台的设计

2. 合理设计铸件内腔

良好的铸件内腔设计，即可减少砂芯数量，又有利于砂芯的固定、排气和清理，因而可防止偏芯、气孔等缺陷的产生。

(1) 节省砂芯的设计 在铸件设计中，应尽量减少或避免砂芯，图5－33a所示为一悬臂支架，它是采用中空结构，必须用悬臂芯来形成，这种砂芯必须用芯撑加固，使下芯费工时；当改为图5－33b所示的结构时，省去了砂芯，降低了生产成本。

铸件的内腔也可以利用型腔内的砂垛来形成。图5－34a所示铸件内腔出口处较小，只好用砂芯。图5－34b为改进后的结构，因内腔直径D大于高度H，故可采用砂垛来代替砂芯。

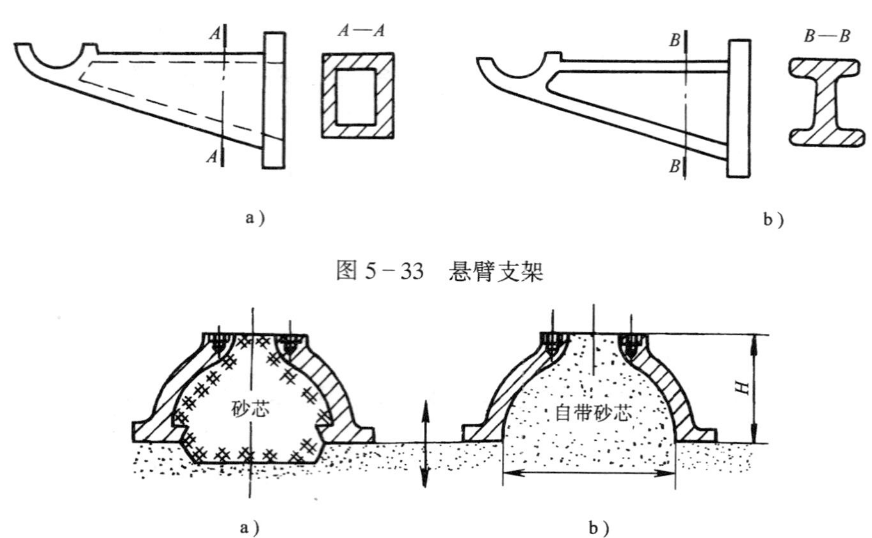

图 5-33 悬臂支架

图 5-34 内腔的两种设计

(2) 便于砂芯固定、排气和铸件清理 砂芯在铸型中的支撑必须牢固。砂芯的固定要依靠芯头，若支撑不足，可用芯撑来加固。必须注意，采用芯撑来加固时必然会增加下芯工作量，而且常因芯撑表面有油污或氧化层，使芯撑处位置周围产生气孔；对于灰铸铁可在芯撑周围产生白口组织。因此，芯撑仅用于不加工表面和不要求耐压的铸件。

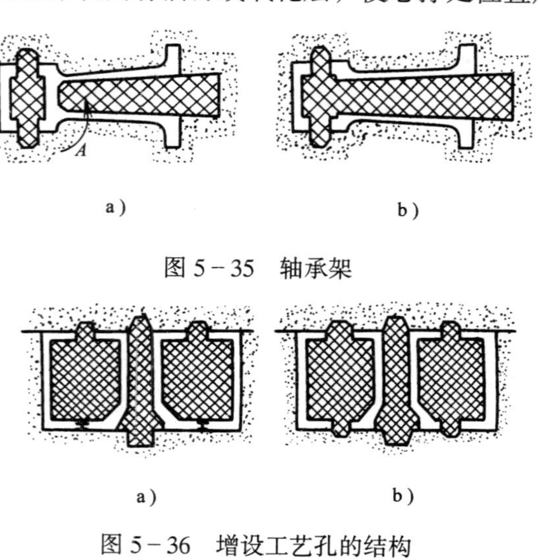

图 5-35 轴承架

图 5-36 增设工艺孔的结构
a）无工艺孔 b）有工艺孔

图 5-35a 所示为一轴承架，其内腔采用两个砂芯，其中较大的砂芯呈悬臂状，需用芯撑加固（图 5-35a 的 *A* 处）；若按图 5-35b改为整体砂芯，则砂芯稳定性大大提高，易于排气。

对于因芯头不足而难以固定的铸件，在不影响使用的前提下可增加芯头数量，为此可设计出适当大小和数量的工艺孔。如图 5-36a 所示铸件，因底面没有芯头，只好用芯撑固定；改为图 5－36b 后，铸件底面上增设两个工艺孔，这样省去了芯撑，也便于排气和清理。如果铸件上不允许有此工艺孔，可以用螺钉或柱塞堵住。

3. 铸件的结构斜度

铸件上垂直于分型面的不加工表面最好有结构斜度，便于起模及用砂垛代替砂芯，使铸件精度高。图 5－37 所示为缝纫机边脚，由于铸件各部分均有 30°左右的结构斜度（见 *A*—*A* 视图），使各沟槽不需下砂芯，起模也方便。

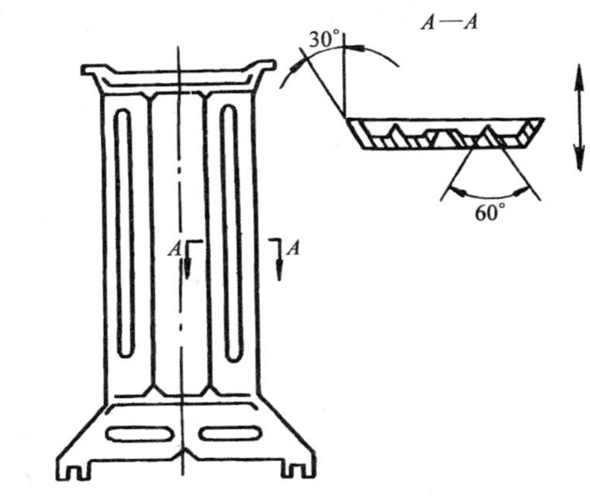

图 5－37 缝纫机边角

铸件结构斜度大小随垂直于分型面的直壁高度不同而异。直壁高度越小，斜度越大。

铸件的结构斜度与起模斜度不能混淆。前者，是直接在零件图上示出；后者，是在绘制铸造工艺图时，在垂直于分型面的表面上增加的斜度。

二、合金铸造性能对铸件结构的要求

铸件的一些主要缺陷，如缩孔、缩松、裂纹、浇不足、冷隔等，有时是由于铸件结构不合理或未能充分考虑合金铸造性能所致。为此，设计铸件时，必须考虑如下几个方面：

1. 合理设计铸件壁厚

每种铸造合金都有其适宜的壁厚，如果选择得当，既能保证铸件的力学性能，又能防止某些铸造缺陷的产生。

由于铸造合金的流动性不同，在相同砂型铸造条件下浇注出的“最小壁厚”也不相同。若设计铸件的壁厚小于该合金能铸出的“最小壁厚”，则易产生浇不足、冷隔等缺陷。铸件的“最小壁厚”主要取决于合金的种类和铸件大小，见表 5－6。

表 5－6 在一般砂型铸造条件下铸件的最小壁厚 (mm)

铸件尺寸	铸钢	灰铸铁	球墨铸铁	可锻铸铁	铝合金	铜合金
<200×200	8	4～6	6	5	3	3～5
200×200～500×500	10～12	6～10	12	8	4	6～8
>500×500	15～20	15～20	—	—	6	—

设计时，还必须考虑厚大截面承载能力。承载能力并非按截面积成比例增加，因为铸件心部冷却速度慢、晶粒粗大，而且易产生缩孔、缩松、偏析等缺

陷，所以不能单靠增加壁厚来提高铸件的承载能力。

为了充分发挥合金的效能，使之既能避免厚大截面，又能保证强度和刚度，应当根据载荷大小和性质选择合理截面形状，如T字形、工字形、槽形和箱形结构，并在脆弱的部位安置加强肋。为了减轻质量，便于砂芯固定、排气和铸件清理，常在壁上开设窗口。

2．铸件壁厚应尽可能均匀

若铸件各部位厚度差别过大，则厚壁处易形成金属积聚的热节，致使壁厚处易产生缩孔、缩松等缺陷。同时，由于铸件各部位冷却速度差别较大，还将形成热应力，使铸件厚薄连接处产生裂纹。铸件壁厚均匀则可避免上述缺陷。必须指出，所谓铸件壁厚均匀性是指铸件各壁冷却速度相近，并非要求所有壁厚完全相同。例如，铸件内壁散热慢，故比外壁薄些。

对于某些难以做到壁厚均匀的铸件，若合金的缩孔倾向大，则应使其结构便于实现定向凝固，以便安装冒口进行补缩。

3．铸件壁的连接

设计铸件壁的连接，应尽力避免金属的积聚和内应力的产生。

（1）铸件的结构圆角　铸件壁件的转角处一般应有圆角，这是由于：①直角连接处会形成金属的积聚，而内壁散热条件差，故易产生缩孔、缩松；②在载荷的作用下，直角连接处的内侧易产生应力集中（图5－38a）；③在合金结晶过程中，由于散热方向所致，将形成垂直于型壁的柱状晶，若采用直角连接，则因柱状晶的方向性，在转角处的对角线上形成了整齐的分界线（图5－39a），在此分界线上集中了许多杂质，使转角处成为铸件的薄弱环节。

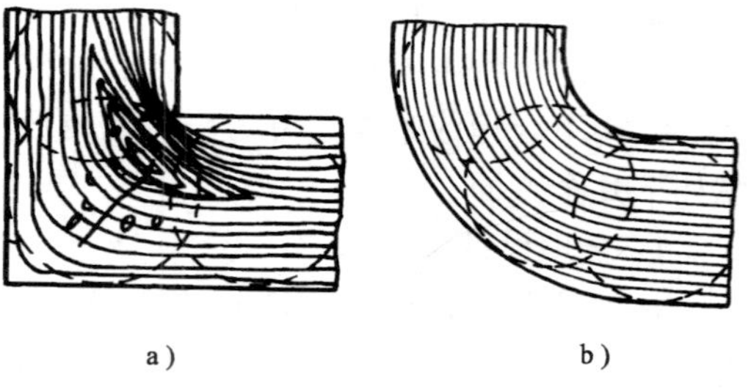

图5－38　不同转角的热节和应力分布
a）直角连接　b）圆角连接

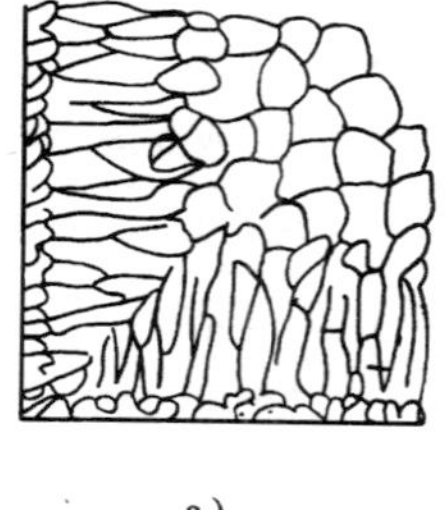

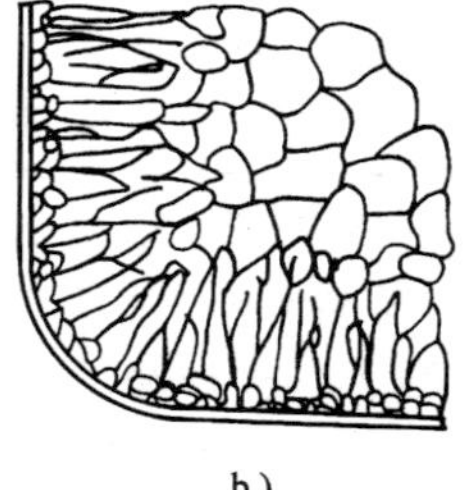

图5－39　金属结晶的方向性
a）直角连接　b）圆角连接

当铸件采用圆角连接时（图5－38b和图5－39b），可以克服上述缺点，提高了转角处的力学性能。此外，铸造圆角还可以美化铸件外形和避免划伤人体；铸造圆角还可防止金属液流将型腔尖角冲毁。因此，铸造圆角是铸件结构基本特征，不容忽视。

（2）避免锐角连接　为减小热节和内应力，应避免铸件壁间的锐角连接。若两壁间的夹角小于 90°，则应考虑采取图 5－40b 所示的过渡形式。

（3）厚壁与薄壁间的连接要逐渐过渡　当铸件各部分的壁厚难以做到均匀一致，甚至有很大差别时，为了减少应力集中，应采用逐渐过渡的方式，防止壁厚突变。

4．防裂肋的应用

为防止热裂，可在铸件易裂处增设防裂肋（图 5－41）。为了使防裂肋能起到应有的防裂效果，肋的方向必须与应力方向一致，而且肋的厚度应为连结壁厚的 1/4～1/3。由于防裂肋很薄，故在冷却过程中迅速冷却，而且有较高的强度，从而增大了壁间的连结力。防裂肋常用于铸钢、铸铝等易热裂合金结构。

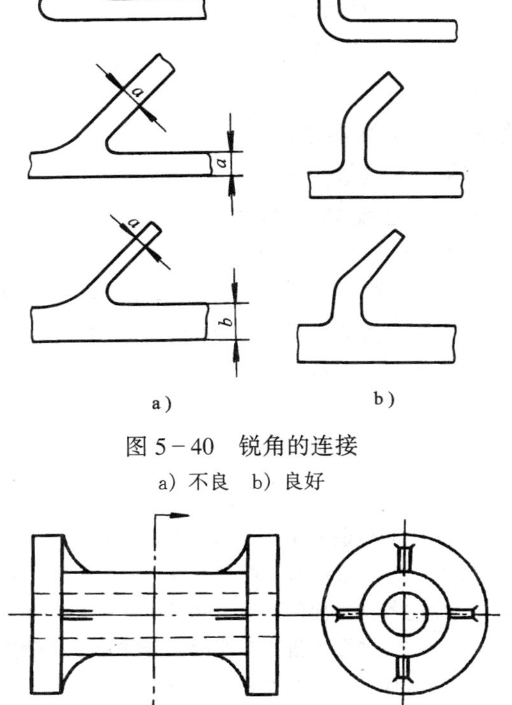

图 5－40　锐角的连接
a）不良　b）良好

图 5－41　防裂肋的应用

5．减缓肋与辐收缩时的阻力

当铸件的收缩受到阻碍，铸件内应力超过合金的抗拉强度时，铸件将产生裂纹。因此，设计铸件肋、辐时，应尽量使其能够得以自由收缩。

图 5－42a 所示为常见的轮形铸件，其轮辐为直线形、偶数，这种轮辐易于制造模样。当采用刮板造型时，等分轮辐造型也较为方便；但是，若是轮缘、轮辐、轮毂相互配置不当，常因收缩不一致，导致内应力过大，使铸件产生裂纹。为防止裂纹，可改用图 5－42b 所示的弯曲轮辐，借轮辐本身的微量变形自行减缓内应力。

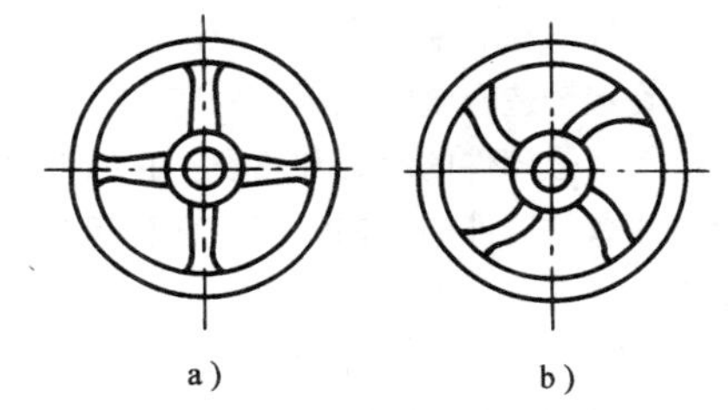

图 5－42　轮辐的设计
a）直线轮辐　b）弯曲轮辐

图 5－43 示出肋的几种布置形

式。图5－43a为交叉接头，这种接头交叉处热节较大，容易产生缩孔、缩松，内应力也难以松弛，故易产生裂纹。图5－43b交错接头和图5－43c环状接头热节小，且可以微量变形缓解内应力，因此抗裂性能好。

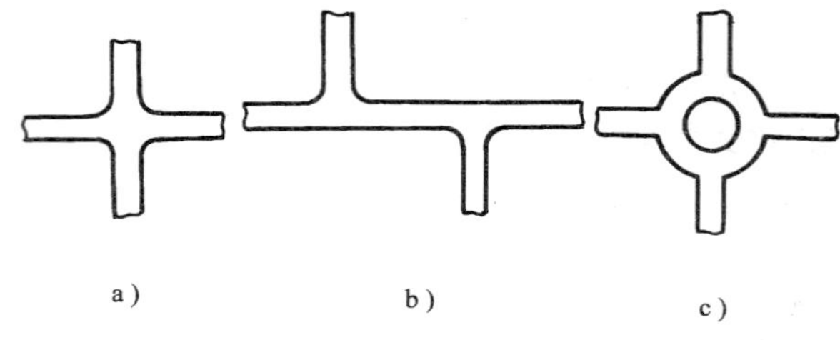

图5－43 肋的几种布置形式
a）交叉接头 b）交错接头 c）环状接头

普通灰铸铁由于其缩孔、缩松、热裂倾向小，所以对铸件壁厚的均匀性、壁间的过渡、轮辐形式等要求均不像铸钢那么严格，但其壁厚对力学性能敏感性大，故以薄壁结构最为适宜；另一方面，也要防止极薄截面，以防止出现硬脆的白口组织。灰铸铁的牌号越高，铸造性能越差，故对铸件结构要求也越高，但孕育铸铁可设计成较厚铸件。

铸钢的铸造性能差，要格外地注意铸钢件的结构工艺性。由于其流动性差、收缩大，因此铸件的壁厚不能过薄，热节也要小，并便于通过顺序凝固来补缩。为防止裂纹，肋与辐的布置要合理。

复习思考题

1. 试说明铸造在机械制造生产中的地位。
2. 型（芯）砂应具有哪些性能？这些性能对铸件质量有哪些影响？
3. 简述各种主要的造型、造芯方法的特点和应用。
4. 下列铸件在大批量生产时，应采用什么铸造方法为宜？

铝活塞	摩托车气缸体
缝纫机头	大模数齿轮铣刀
气缸套	汽轮机叶片
车床床身	铸铁污水管

5. 什么是合金的充型能力？它与合金的流动性有何关系？为什么尽量选择共晶成分或结晶间隔窄的合金作为铸造合金？
6. 铸件缩孔和缩松产生的原因是什么？防止产生缩孔的主要工艺措施有哪些？
7. 确定铸造合金浇注温度的基本原则是什么？
8. 什么是铸件的冷裂和热裂？它们各在什么条件下产生？如何防止？
9. 什么是铸件的结构斜度？它与起模斜度有何不同？图5－44所示铸件结构是否合理？如何改进？
10. 图5－45所示铸件的两种结构有何缺点？该如何改进？
11. 为什么空心球难以铸造？采用什么措施才能铸造出来？试用图表示。
12. 为什么铸件要设计出结构圆角？图5－46所示铸件上哪些圆角不合理？如何改进？

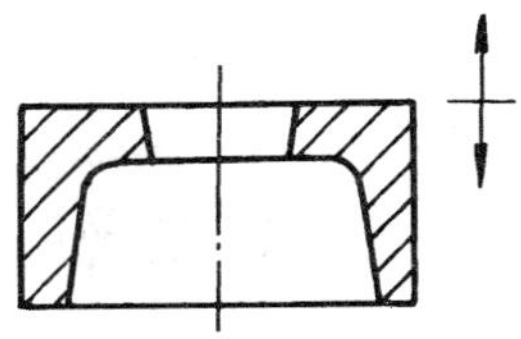

图 5-44 铸件结构

13. 为什么要规定出铸件最小壁厚？灰铸铁件的壁厚过大或局部过薄会出现哪些问题？

14. 用内接圆方法确定图 5-47 所示铸件的热节部位。在保证尺寸 H 的前提下如何使铸件壁厚尽量均匀？

15. 分析图 5-48 所示铸铁砂箱箱带的两种结构各有何优缺点？为什么？

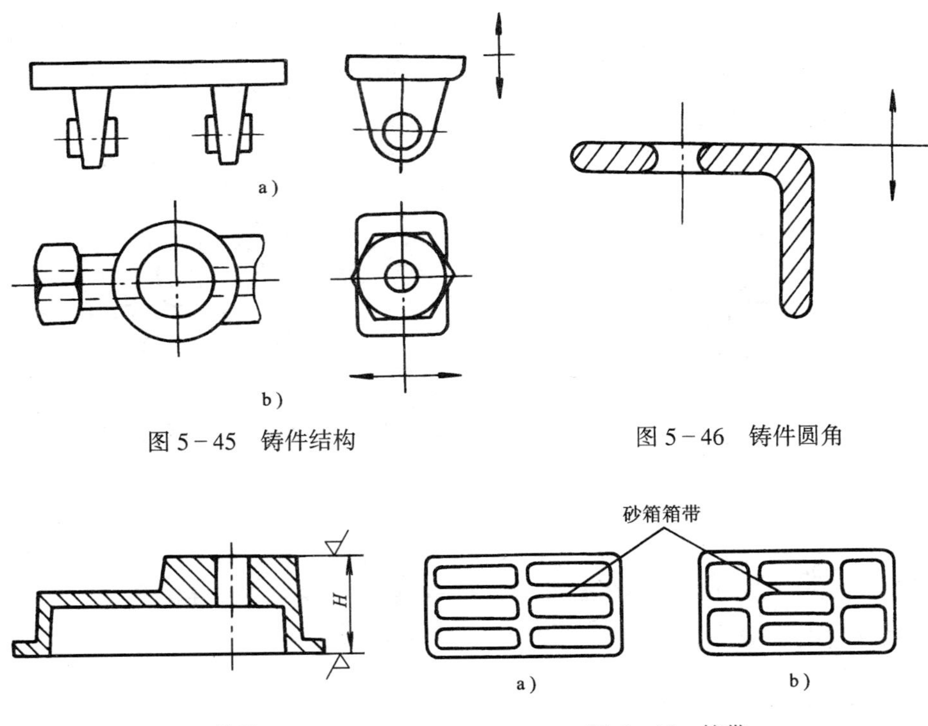

图 5-45 铸件结构

图 5-46 铸件圆角

图 5-47 铸件

图 5-48 箱带

第六章　金属塑性成形

金属塑性成形是在外力作用下使金属坯料产生塑性变形，从而获得具有一定形状、尺寸和力学性能的毛坯或零件的加工方法。各类钢和大多数有色金属及其合金都具有一定塑性，因此它们可以在热态或冷态下进行塑性成形。塑性成形的主要生产方法如下：

1. 轧制

轧制是使金属坯料通过两个旋转轧辊间的特定空间，以获得一定截面形状的塑性成形方法（图 6－1a）。这是由大截面材料变为小截面材料的加工过程。利用轧制方法可生产出型材、板材和管材（图 6－1b）。

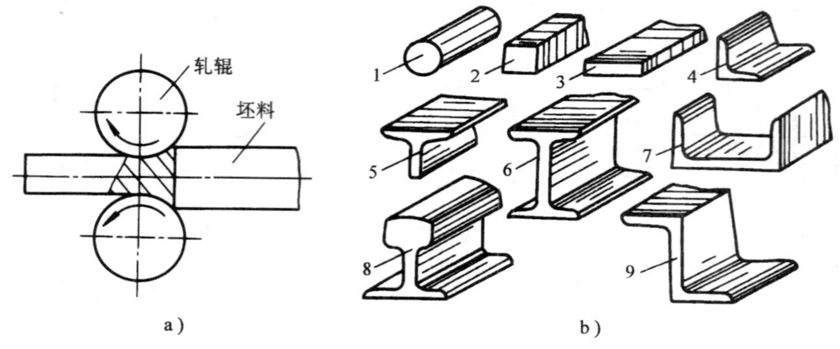

图 6－1　轧制

a）轧制示意图　b）轧制的型钢

1—圆钢　2—方钢　3—扁钢　4—角钢　5—T 字钢　6—工字钢　7—槽钢　8—钢轨　9—Z 字钢

2. 挤压

挤压是将大截面坯料或锭料一端加压，使金属从模孔中挤出，以获得符合模孔截面形状的小截面坯料的塑性成形过程。根据挤压时金属流动方向与凸模运动方向的关系，挤压可分为四种：

（1）正挤压　金属流动方向与凸模运动方向相同（图 6－2a）。

（2）反挤压　金属流动方向与凸模运动方向相反（图 6－2b）。

（3）复合挤压　金属顺凸模运动方向和相反方向同时流动（图 6－2c）。

（4）径向挤压　挤压时金属流动方向与凸模运动方向相垂直（图 6－2d）。

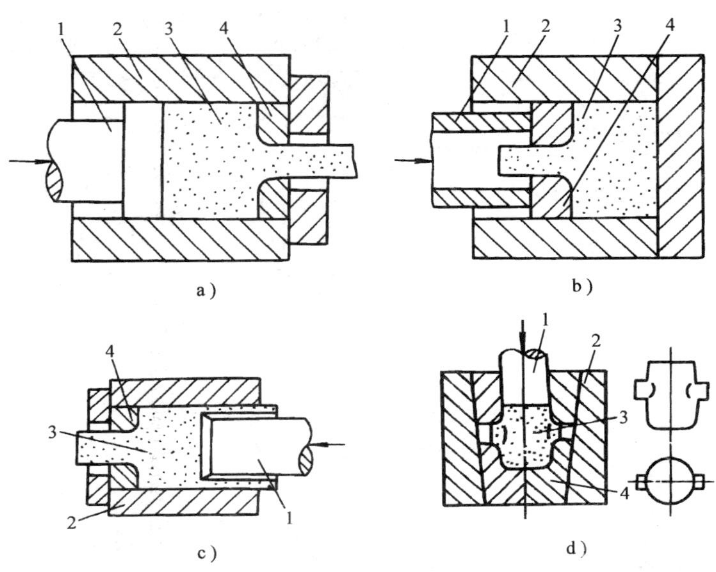

图 6-2 挤压方式
a) 正挤压 b) 反挤压 c) 复合挤压 d) 径向挤压
1—凸模 2—挤压筒 3—坯料 4—挤压模

适合挤压加工的材料主要有低碳钢、有色金属及合金。通过挤压可以得到各种截面形状的型材或零件（图 6-3）。

3. 拉拔

拉拔是将大截面坯料拉过有一定形状的模孔，以获得小截面坯料的塑性成形方法（图 6-4a）。拉拔生产主要用来制造各种细线材、薄壁管及各种特殊几何形状型材（图 6-4b）。低碳钢及多种有色金属及合金都可经拉拔成形。

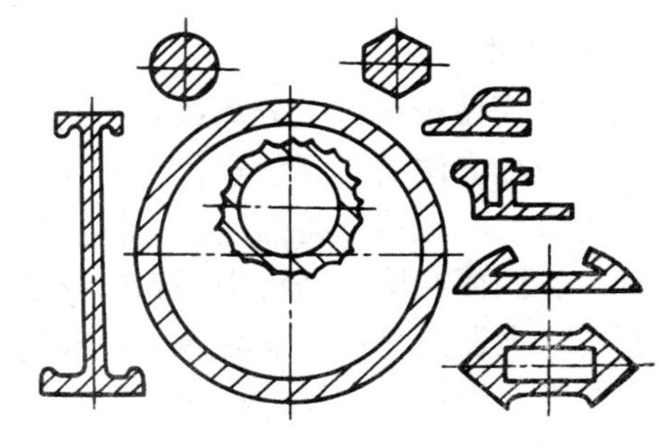

图 6-3 挤压产品截面形状图

4. 自由锻

金属坯料在上、下砥铁间，受冲击力或静压力而产生塑性变形的加工方法（图 6-5a）。

5. 模锻

金属坯料在具有一定形状的锻模模膛内，受冲击力或静压力而产生塑性变形的加工方法（图 6-5b）。

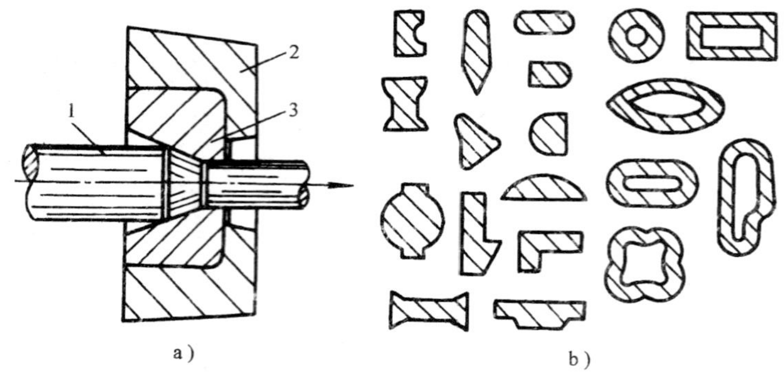

图 6－4 拉拔
a）拉拔示意图 b）拉拔产品截面形状
1—坯料 2—模套 3—模子

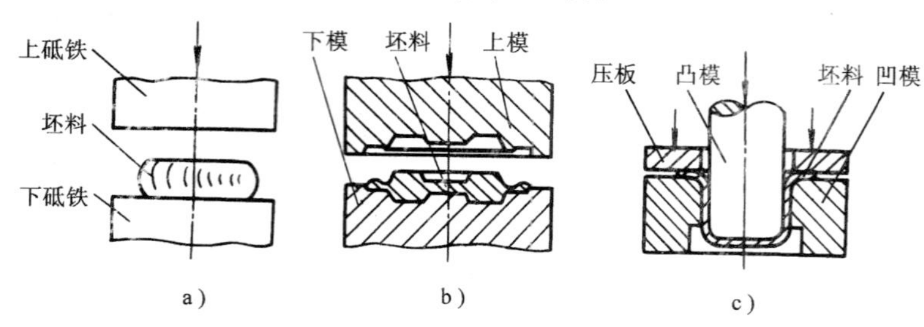

图 6－5 锻造及冲压生产方式示意图
a）自由锻 b）模锻 c）板料冲压

6. 板料冲压

利用冲模使板料产生分离或变形的加工方法（图 6－5c）。

塑性成形方法的主要优点，在于通过金属材料的塑性变形来改善金属的内部组织。此方法不但能获得强度高、性能好的工件，而且具有生产率高、材料消耗少等优点，因而在国民经济中得到广泛的应用。特别像汽车、拖拉机、宇航、船舶、军工、电器及日用工业品等工业部门，塑性成形乃是非常主要的加工方法。

但塑性成形加工与铸造相比，也有其不足之处，对于脆性材料及复杂形状的零件，一般更适于铸造方法生产。

第一节 金属的塑性变形

为了更好地掌握和运用塑性成形工艺方法，必须研究金属塑性变形后组织和性能的变化及其影响因素等内容。

金属在外力作用下会产生内应力。内应力迫使原子离开平衡位置，产生变形，因而导致原子内能升高，而处于高位能的原子，时刻有回到平衡位置的倾向；外力停止作用，原子回到其原始位置，变形消失。金属的这种变形叫弹性变形。

当外力增加到超过该金属的屈服点，若此时外力消失，而变形并不消失，这种变形叫塑性变形。因此时材料不仅发生弹性变形，同时出现了塑性变形，故使金属材料的塑性成形加工成为可能。

一、塑性变形后金属的组织和性能

经过塑性变形的金属，内部组织会发生晶粒沿最大方向伸长，晶格扭曲并产生内应力，晶粒破碎，使得晶体进一步滑移困难，改变了其力学性能。金属经塑性变形后，强度和硬度上升，而塑性和韧性下降的现象称为加工硬化。

加工硬化使得进一步塑性加工变得困难，所以不得不增加中间退火工艺，使其消除硬化；然而，对于不能用热处理强化的金属可通过加工硬化来提高零件的承载能力。

加工硬化是一种不稳定的现象。随着温度的提高，可使原子的热运动加剧而得以晶格扭曲被消除，内应力明显下降，这一过程称为回复（图 6－6c）。一般回复温度 $T_{回}$ 与熔化温度 $T_{熔}$ 关系如下：

$$T_{回}=(0.25\sim0.3)T_{熔}$$

式中　$T_{回}$——金属回复的热力学温度。

回复只能消除部分加工硬化现象。

当加热温度升高到该金属的热力学熔化温度的 0.4 倍左右时，金属原子获得了更多的热能，开始以某些碎晶或杂质为核心生长成新的晶粒，致使金属的加工硬化现象完全消除，这一过程叫做再结晶（图 6－6d）。一般再结晶温度：

$$T_{再}\approx0.4T_{熔}$$

式中　$T_{再}$——金属再结晶的热力学温度。

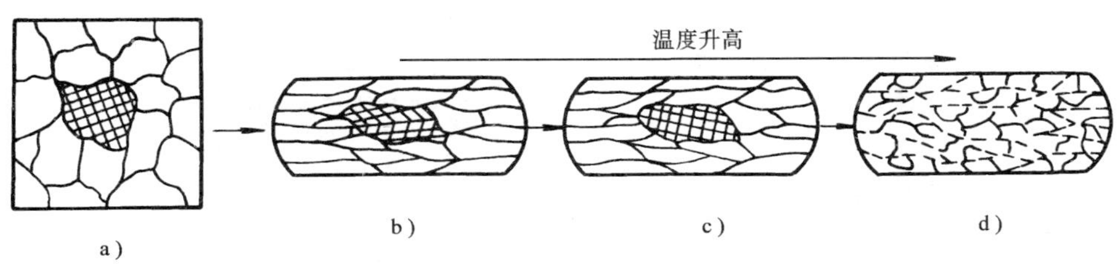

图 6－6　回复和再结晶示意图

a）变形前　b）变形后　c）回复　d）再结晶

在实际生产中，利用加热的方式使加工硬化的金属产生再结晶，以恢复其良好塑性，这种工艺操作被称为再结晶退火。

金属塑性成形加工最原始的坯料是铸锭，其内部组织很不均匀，晶粒较粗大，并存在气孔、缩松、非金属夹杂物等缺陷。将这种铸锭加热进行塑性加工后，由于金属经过塑性变形及再结晶，从而改变了粗大的铸造组织，获得细化的再结晶组织。同时还可以将铸锭中的气孔、缩松等压合在一起，使金属更加致密，其力学性能会有很大提高。

铸锭经塑性变形后，各晶粒沿变形方向伸长，当变形程度很大时，多晶体晶粒显著地沿同一方向拉长。这种被拉长的呈纤维状的晶粒组织，称为纤维组织。

由于纤维组织的形成，使得金属材料出现各向异性。在纵向（平行纤维方向）上塑性和韧性增加：横向（垂直纤维方向上）的数值则降低。纤维组织不能用热处理方法消除，只能用塑性成形工艺使其合理分布，使零件具有较好的力学性能。其原则是：使零件工作时承受正应力的方向尽量与纤维方向重合，切应力方向与纤维方向垂直。最好是纤维的分布与零件的外形轮廓相符合，而不被切断(图 6－7、图 6－8)。

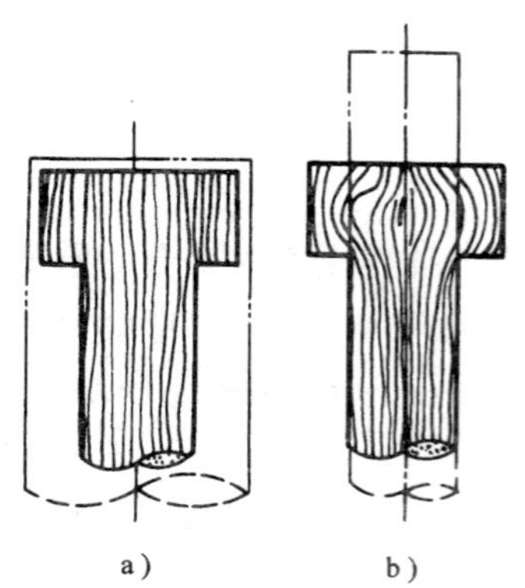

图 6－7 螺钉的纤维组织比较

a）用棒料直接切削成螺钉 b）用局部镦粗方法制成的螺钉毛坯

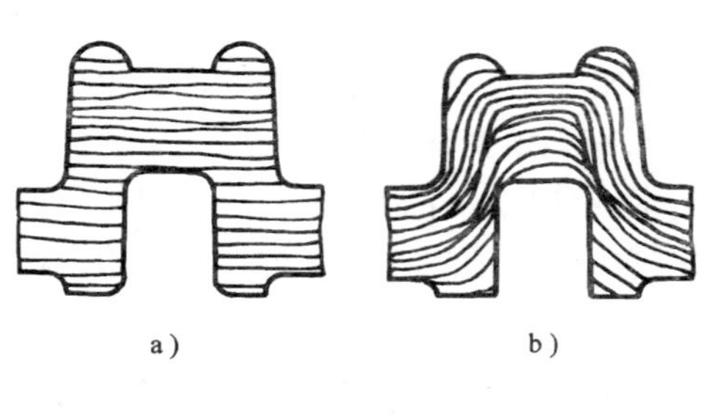

图 6－8 曲轴的纤维组织比较

a）切削加工制成的曲轴 b）用锻造方法制成的曲轴毛坯

二、热变形和冷变形

金属在再结晶温度以上的塑性变形叫热变形。热变形中再结晶软化占优势，完全消除了加工硬化效应，使金属的塑性明显提高，变形抗力明显降低，可用较小的能量获得较大的变形量。热变形工艺在工业生产中广泛应用，如热锻、热轧、热挤压等。

金属在再结晶温度以下的塑性变形叫冷变形。冷变形中位错密度上升，发生加工硬化，使金属的强度、硬度提高，韧性降低。冷变形能使金属获得较高的尺寸精度和表面质量。冷变形工艺在工业生产中应用也很广泛，如板料冲压、冷挤压、冷锻和冷轧等。

三、金属的可锻性

金属材料的可锻性是指其经受塑性成形加工的难易程度，可用金属材料的塑性和变形抗力来衡量。塑性越大、变形抗力越小，则金属的可锻性越好。金属的可锻性，一般取决于金属的本质和塑性成形的条件。

1. 金属的本质

(1) 化学成分　金属的化学成分不同，可锻性不同。纯金属比合金的可锻性好；含合金元素少的比含合金元素多的金属材料可锻性好。如纯铁比碳钢可锻性好；若钢中含易形成碳化物的合金元素（铬、钼、钨、钒等）增加，则可锻性明显下降。

(2) 组织　钢在规定的化学成分内，因其组织不同，塑性和变形抗力亦会有很大的差别。单相组织（纯金属或固溶体）比多相组织塑性好、变形抗力小；钢中碳化物呈弥散分布比呈网状分布的塑性好；晶粒细化组织比具有粗大晶粒的铸造组织塑性更好，可锻性就更好。

2. 变形条件的影响

(1) 变形温度　对于大多数金属，随着温度升高，其塑性增加，变形抗力降低，即可锻性变好。但温度过高，会使金属出现过热、过烧、氧化、脱碳等缺陷，影响锻件质量甚至报废，因此必须严格控制锻造温度。

钢的锻造温度是指开始锻造温度（始锻温度）与结束锻造温度（终锻温度）之间的温度区间。若在锻造温度范围内具有良好的塑性和较低的变形抗力，即能锻出优质锻件。因此，希望锻造温度范围尽可能宽广些，以便减少加热火次，提高锻造生产率。一般来讲，碳钢的锻造温度范围由铁－碳相图便可直接确定（图 6－9)。

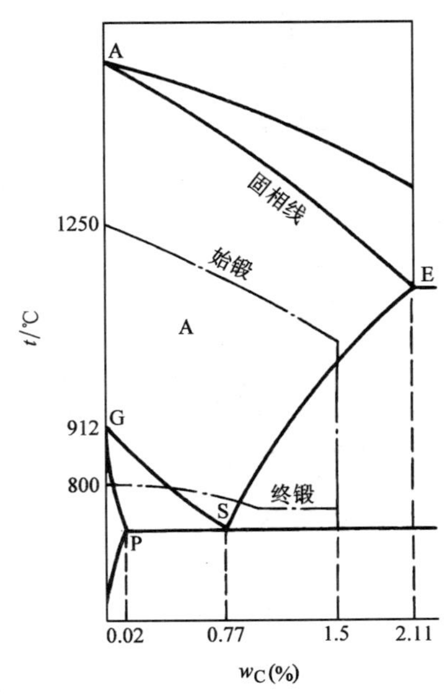

图 6－9　碳钢的锻造温度范围

就碳钢而言，锻造温度在 A_3 或 A_{cm} 线以上，其组织为单一的奥氏体，塑性好，宜于进行锻造。若锻造温度过低，则塑性会明显下降，变形抗力增加，加工硬化现象严重，容易产生锻造裂纹。因此，一般碳钢的始锻温度比 AE 线低 200°C 左右，终锻温度约为 800°C 左右。

（2）变形速度 变形速度是金属材料在单位时间内的变形程度。当变形速度不大时，回复和再结晶来不及消除变形所产生的加工硬化现象。故随着变形速度增大，塑性下降而变形抗力增大，可锻性下降。但是当变形速度提高到相当高的数值以后，由于塑性变形的热效应提高了材料的温度，使回复与再结晶得以充分进行，及时消除了加工硬化现象。因而变形速度越大；金属材料的塑性越好，变形抗力越小，可锻性越好（图 6－10）。

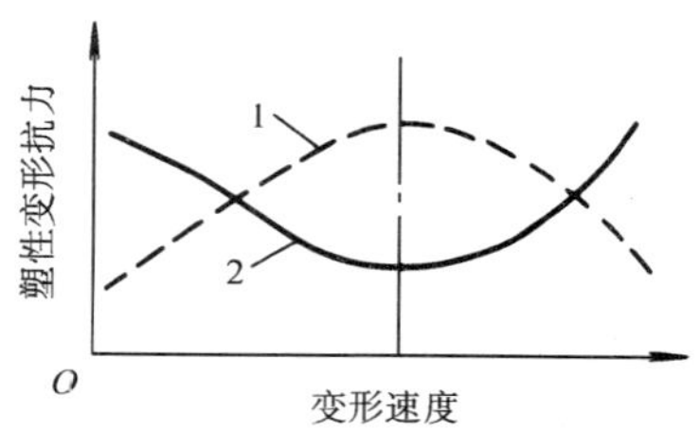

图 6－10 变形速度与塑性及变形抗力关系示意图
1—变形抗力曲线 2—塑性变化曲线

（3）应力状态 金属材料在经受不同的塑性成形方式时，材料内部所呈现的应力状态及大小不同。拉拔时，变形材料呈现两向压应力和一向拉应力（图 6－11）；在挤压过程中，金属呈三向压应力（图 6－12）。

变形过程中，三向应力状态中压应力数目越多，材料的塑性越好；拉应力数目越多，塑性越差。其原因是金属材料内存在着气孔、微裂纹等缺陷，拉应力易使缺陷处产生应力集中而增加破裂的趋向，表现为金属塑性下降；而压应力则有助于恢复晶间联系，压合缺陷，表现为塑性的提高。但压应力将增大金属内摩擦，提高金属的变形抗力。因此，金属呈两向压应力和一向拉应力时，其可锻性较好。

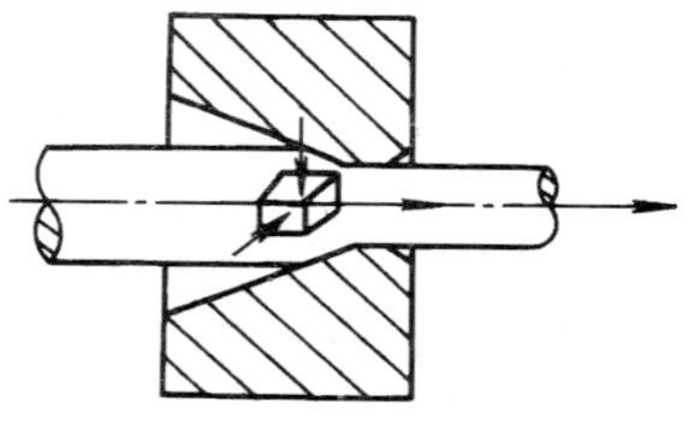
图 6－11 拉拔时的应力状态

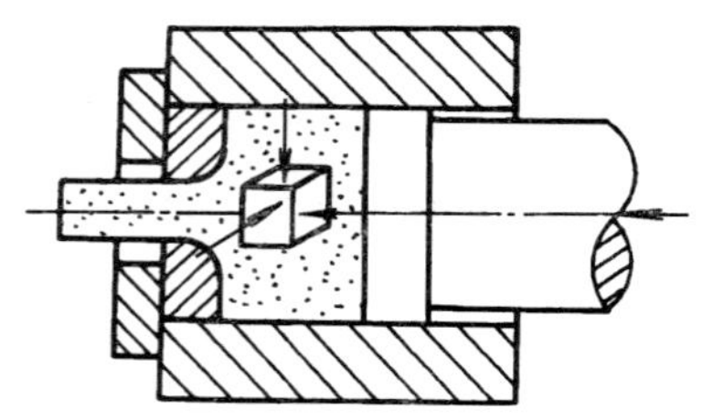
图 6－12 挤压时应力状态

从以上分析得知，化学成分及其组织结构是基本影响因素，一经选材即确定。实际生产中，通常以改变变形条件作为手段，来提高金属材料的可锻性，以利于金属坯料的塑性成形。

第二节　锻造工艺

在工业生产中，受力复杂的重要机器零件，其毛坯多是用锻造工艺方法制造的。按照锻件形状、尺寸、质量及批量等不同，可分别选择自由锻、模锻或胎模锻等工艺。

一、自由锻

自由锻是使坯料在压力作用下产生塑性变形的一种工艺方法。坯料变形时，只有部分表面金属受限制，其余可自由流动。

自由锻所用设备及工具简单，适应性强，锻件质量可从1kg到300t。自由锻是锻造大锻件的唯一方法。这种锻造方法是由人工控制锻件的尺寸和形状，锻造精度低，生产率低，劳动强度大，故自由锻广泛用于单件小批生产。

自由锻有手工锻造和机器锻造之分，现在生产中主要采用机器锻造。根据设备对坯料产生的作用力性质，机器锻造又分为锻锤自由锻和液压机自由锻。锻锤自由锻在生产中主要是用空气锤和蒸汽一空气锤，多半用以锻造中、小型锻件。液压机自由锻在生产中使用的主要是水压机，用于锻造大型锻件。

自由锻工序分为基本工序、辅助工序和修整工序三类(表6－1)。基本工序是用来改变坯料的形状和尺寸以获得锻件的工序。最常用的基本工序为镦粗、拔长和冲孔。为了完成基本工序而进行的预先变形称为辅助工序。用来减少锻件表面缺陷的工序称为修整工序。此类工序变形程度小,一般是在终锻后进行。

1. 自由锻工艺规程的制订

在编制自由锻工艺规程时，必须密切结合生产条件、设备能力和技术水平等实际情况，力求经济上合理，技术上先进，以便能够正确指导生产。自由锻工艺内容包括以下几个主要方面：

（1）锻件图的绘制　锻件图是编制锻造工艺、设计工具、指导生产和验收锻件的主要依据，它是在零件图基础上，考虑了加工余量、锻造公差、余块等绘制而成。

1）余块。为了简化锻件外形，便于锻造而增加的那一部分金属叫余块（图6－13)。锻件的哪些部位需要增加余块？应综合考虑工艺的可行性和金属材料消耗而确定。例如：台阶及凹档的最小锻出长度，法兰的最小锻出宽度，以及最小锻出孔尺寸等，可参考有关资料选定。

2）余量。一般锻件的尺寸精度和表面粗糙度不能达到零件图的要求，锻后需要进行机械加工。为此，锻件表面留有供机械加工用的金属层，叫机械加工余量，简称余量。余量大小取决于零件的技术条件和锻造工艺水平。在锻造技术可行的条件下，应尽量减少余量数值。锻件余量可参照有关资料选取。

表 6－1　自由锻工序及简图

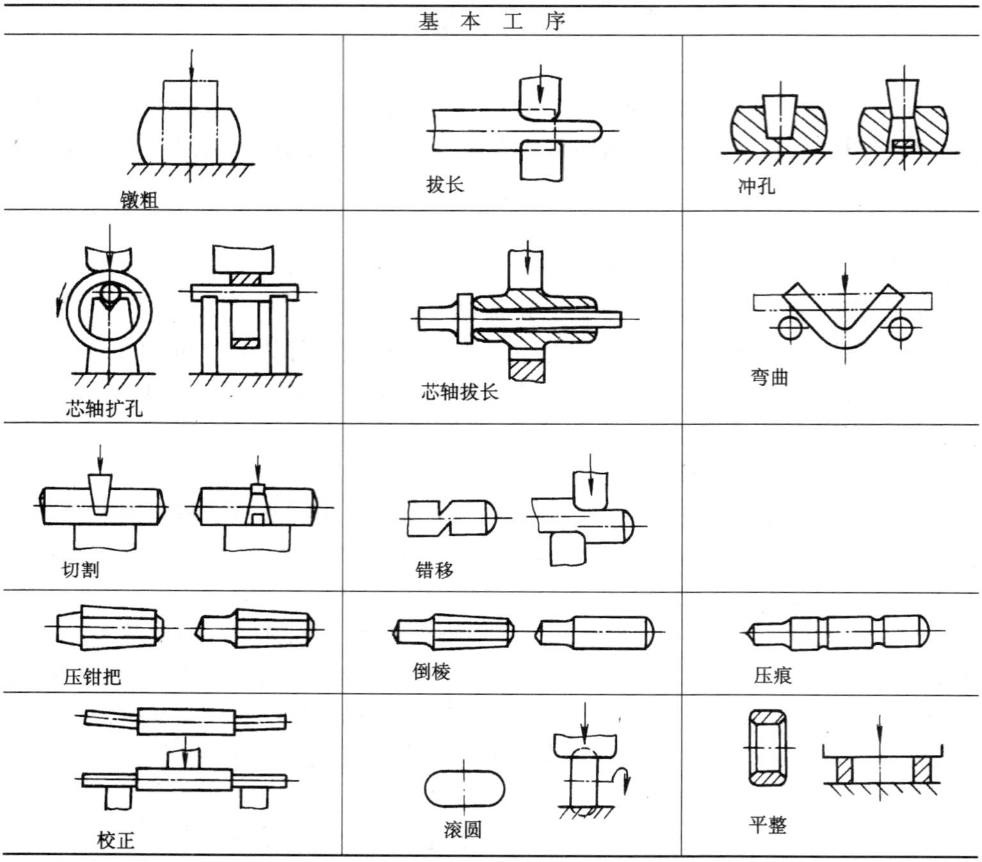

基本工序		
镦粗	拔长	冲孔
芯轴扩孔	芯轴拔长	弯曲
切割	错移	
压钳把	倒棱	压痕
校正	滚圆	平整

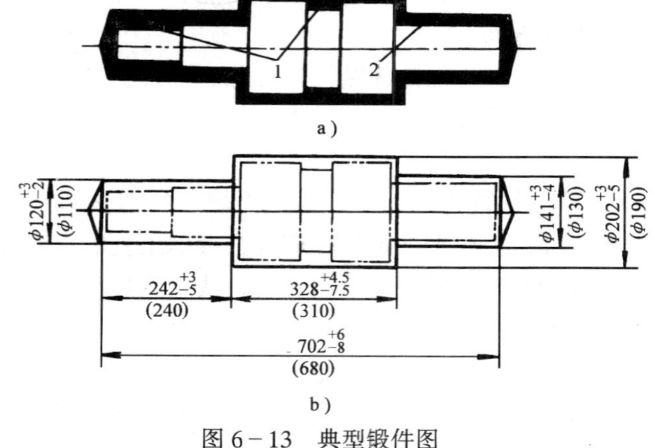

图 6－13　典型锻件图
a）锻件余量及余块　b）锻件图
1—余块　2—余量

3）公差。锻件公差是锻件实际尺寸相对于锻件公称尺寸所允许的变动量。公差值大小是根据锻件形状、尺寸，并考虑到生产的具体情况加以选取。

当余量、公差和余块等确定后，便可绘制锻件图（图 6－13）。锻件图上用双点划线（或细实线）画出零件的简单形状，用粗实线画出锻件形状，锻件的尺寸和公差标注在尺寸线上方，零件图的有关尺寸和公差加括号后标注在尺寸线的下面。

（2）确定坯料的质量和尺寸

1）坯料质量的计算。坯料质量包括锻件质量及锻造过程中的各种损耗之和，即

$$m_{坯} = m_{锻件} + m_{损}$$

式中　$m_{坯}$——坯料质量；

$m_{锻件}$——锻件质量；

$m_{损}$——锻造中金属的各种质量损耗。

$m_{损}$ 包括 $m_{烧}$、$m_{芯}$、$m_{切}$，用钢锭锻造时还要切除 $m_{冒}$ 和锭底部分质量 $m_{底}$。

$m_{烧}$是指火耗损失，其烧损率参照表6－2。$m_{芯}$是指冲孔时坯料中部的料芯质量。$m_{切}$ 是指修切端部的料头质量等。

表 6－2　钢料加热的烧损率

加热方式	烧损率 δ（%）
室式煤炉	2.5～4
油炉	2～3
煤气炉	1.5～2.5
电阻炉	1～1.5
接触感应电加热	<0.5

注：1. 热坯再次加热时烧损率减半。
2. 空心件加热时，烧损率取上限。

2）坯料尺寸计算。坯料尺寸确定应考虑锻压比。

锻压比是锻件在锻造成形时变形程度的一种表示方法，锻压比大小反映了锻造对锻件组织和力学性能的影响。一般规律是，随着锻压比增大，由于内部孔隙被压合、铸态树枝晶粒被打碎、锻件的纵向和横向力学性能得到明显提高。当锻压比超过一定数值后，由于纤维组织的影响，横向力学性能（塑性、韧性）急剧下降，导致锻件出现各向异性。可见，锻压比是影响锻件质量的一个重要因素。锻压比过小，锻件就达不到性能要求；锻压比过大，不但增加了锻造工作量，而且还会引起各向异性。

锻压比计算方法如下：

拔长时锻压比 $B_{拔} = A_0/A$

镦粗时锻压比 $B_{镦} = H_0/H$

式中　H_0、A_0——分别为坯料变形前的高度和横截面积；

H、A——分别为坯料变形后的高度和横截面积。

对于以碳素钢钢锭作为坯料并采用拨长方法锻造的锻件，锻压比一般不小于2.5～3；如果采用轧制型材作坯料，则锻压比可取1.3～1.5。

根据计算所得的坯料质量和截面大小，即可确定坯料长度尺寸或选择适当尺寸的钢锭。

（3）选择自由锻造工序　选择自由锻造工序，主要根据工序特点及锻件形状来确定，见表6－3。

表6－3　自由锻件分类及锻造工序

锻件类别		图　　例	锻造用工序
Ⅰ	实心圆截面光轴及阶梯轴	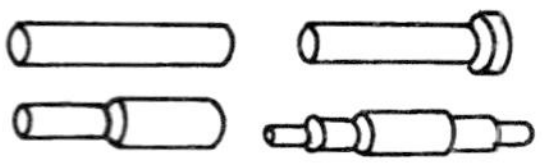	拔长（镦粗及拔长），切割和锻台阶
Ⅱ	实心方截面光杆及阶梯杆	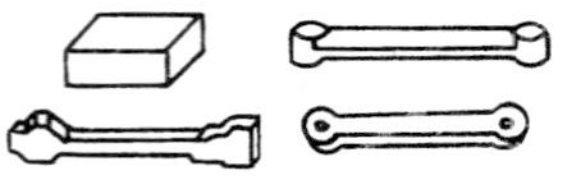	拔长（镦粗及拔长）、切割、锻台阶和冲孔
Ⅲ	单拐及多拐曲轴	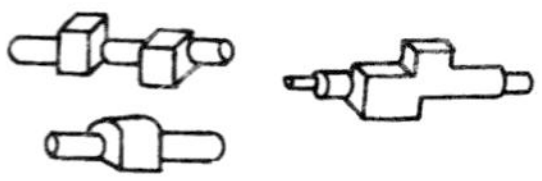	拔长（镦粗及拔长）、错移、锻台阶、切割和扭转
Ⅳ	空心光环及阶梯环		镦粗（拔长及镦粗）、冲孔、在心轴上扩孔
Ⅴ	空心筒		镦粗（拔长及镦粗）、在心轴上拔长
Ⅵ	弯曲件		拔长，弯曲

（4）选择锻造设备　根据锻件的尺寸、形状、材料等条件来选择设备种类及其规格，既保证锻透工件、有较高的生产率，又不浪费动力，并使操作方便。

（5）填写工艺卡　举例见表6－4。

二、模锻

模锻与自由锻相比，有如下优点：

1）生产锻件形状复杂，尺寸精度高，表面光洁。

2）锻件机械加工余量小，因而节省材料，节省工时。

表 6－4　12000kW 发电机转子轴自由锻锻造工艺卡

名　　称	12000kW 转子	锻　压　比	4.85/2.5
类别	2	使用设备	30MN 水压机
钢号	34CrMoA	锻造火次	3
锻件质量	12930kg	锻造温度	1240～800°C
钢锭质量	23000kg	锻后冷却	炉冷
钢锭利用率	56.3%	每锭锻件数	1

锻　件　图

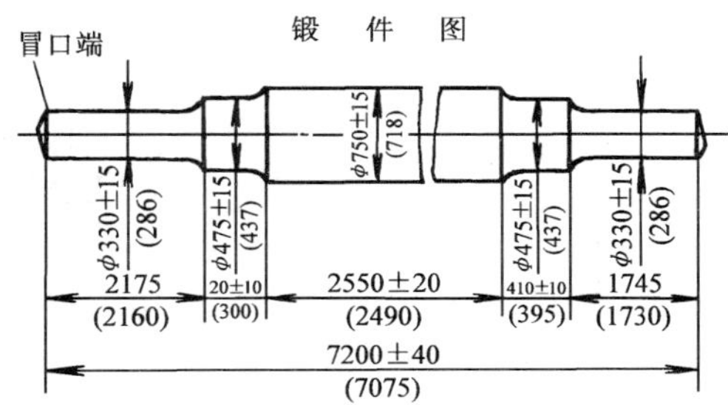

火次	工序说明	工序草图
1	（1）压钳把、倒棱 （2）切去底部	ϕ620　700　150
2	（1）镦粗 （2）拔长（用 600mm 宽砧，大压下量）	ϕ1650　≈980　□960
3	（1）拔长（用 450mm 通用砧） （2）锻成 （3）切去余量 （4）修正、校直	Ⅰ　Ⅱ　Ⅲ　Ⅳ　Ⅴ　ϕ780　≈970　2430　700 冒口端　ϕ330　ϕ475　ϕ750　ϕ475　ϕ330　Ⅰ　Ⅱ　Ⅲ　Ⅳ　Ⅴ　2175　320　2550　410　1745

3）模锻件使纤维分布符合外形结构，完整合理，从而使零件的力学性能提高，延长使用寿命。

4）生产操作简单，易实现机械化和自动化。

5）生产率高。

但模锻也有如下缺点：

1）需要制造锻模，且锻模的设计和制做费用高，生产周期长。

2）由于受设备能力的限制，模锻件质量不宜过大，一般在150kg以下。

模锻件适用于大批和大量生产，例如在汽车制造中，模锻件约占锻件数量的80%。

模锻按所用设备的不同可分为：锤上模锻、压力机上模锻、平锻机模锻、螺旋压力机模锻等，应用最多的是锤上模锻。

1. 锤上模锻

工厂一般采用蒸汽—空气模锻锤（图6-14），另外还有无砧座锤、夹板锤、高速锤等。蒸汽—空气模锻锤与蒸汽—空气自由锻锤基本相同，但是由于对锻件精度要求高，故模锻锤头与导轨的间隙比自由锻锤小，机架3直接与砧座2连接在一起，这样工作时比自由锻锤的刚度大，精度高。模锻锤一般由一名工人操作，操作者除了掌钳外，还同时踩踏板1带动操作系统4来控制锤头行程及打击力的大小。

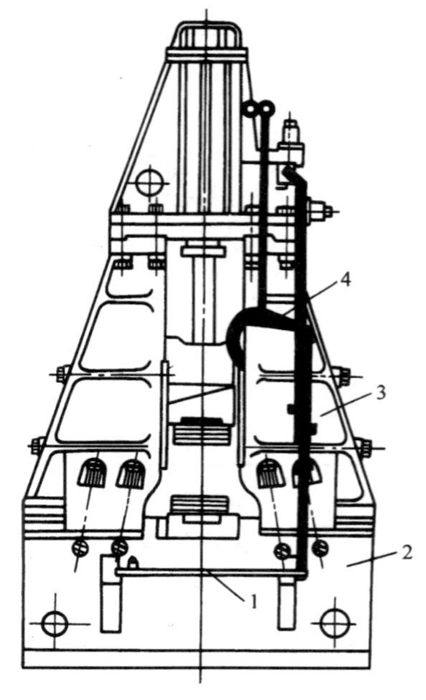

图6-14　蒸汽-空气模锻锤
1—踏板　2—砧座　3—机架
4—操作系统

模锻锤吨位为1～16t，模锻件质量为0.5～150kg。各种吨位模锻锤所能锻制的模锻件质量见表6-5。

表6-5　模锻锤吨位选择的概略数据

模锻锤吨位/kN	5～7.5	10	15	20	30	50	70～100	130
锻件质量/kg	<0.5	0.5～1.5	1.5～5	5～12	12～25	25～40	40～100	>100

（1）锻模结构　锻模一般由两部分组成（图6-15），上模2固定在锤头1上，下模4固定在模垫5上，上下模合拢，内部形成模膛9构成锻件形状。

模膛按其功用不同分为制坯模膛、预锻模膛和终锻模膛（图 6－16）。

1）终锻模膛。终锻模膛是用来完成锻件的最终成形，因此其形状和尺寸应按锻件设计。但一般锻件图为冷锻件图，而锻造完锻件要收缩，故终锻模膛要比锻件图尺寸大一收缩量。另外，在终锻模膛四周有飞边槽（图 6－15）。飞边槽是由飞边桥及飞边仓组成。飞边桥用于增大金属流出模膛的阻力，流经飞边桥的金属如同垫片一样可缓冲上下模的撞击；飞边仓用于容纳从模膛中流出的多余金属。

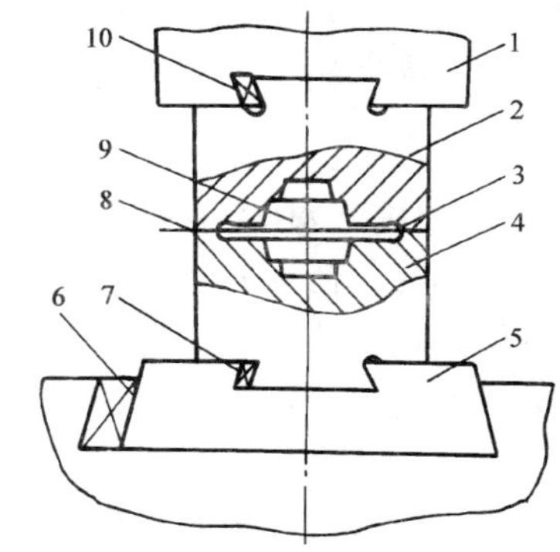

图 6－15　锤上模锻
1—锤头　2—上模　3—飞边槽　4—下模　5—模垫
6、7、10—紧固楔块　8—分模面　9—模膛

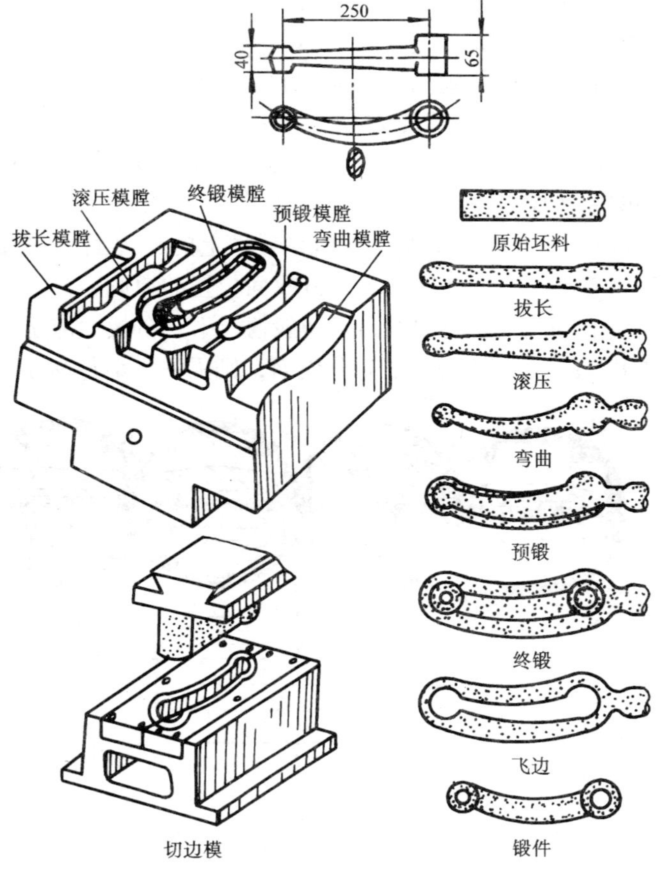

图 6－16　弯曲连杆模锻模膛及其锻造过程

2）预锻模膛。可使金属坯料预先变形而接近锻件几何形状和尺寸，减少终锻变形量，使坯料容易充满终锻模膛，同时减少终锻模膛磨损。预锻模膛没有飞边槽。因此横截面积大。圆角半径比终锻模膛大。预锻模膛只有在形状复杂、生产批量大时才设置。

3）制坯模膛。对于形状复杂的锻件，为使金属合理分配，很好充满模膛，可先经制坯模膛，使坯料逐步接近零件几何形状。制坯模膛包括：

①拔长模膛：使坯料局部横截面积减少，而增加其长度，适于长轴类锻件。

②滚压模膛：使坯料局部横截面积减少，而另一部位横截面积增大的模膛。

③弯曲模膛：使坯料弯曲成一定角度的模膛。

④切断模腔：常在上、下模的角上制成一对刃口，用来切断金属的模膛。

另外，根据模锻件复杂程度可将锻模设计成单膛锻模或多膛锻模。单膛锻模是在一副锻模上只有一个终锻模膛，如齿轮坯模锻件就是通过计算得出的，直接放入单膛锻模中成形。多膛锻模是在一副锻模上具有两个以上模膛的锻模，如弯曲连杆模锻件的锻模即为多膛锻模。

2. 锤上模锻工艺规程的制订

模锻件生产的工艺规程包括：绘制锻件图、坯料尺寸计算、确定模锻工步（模膛设计）和修整工序、选择设备等。

（1）绘制锻件图　模锻件图是设计和制造锻模、计算坯料及检验锻件的依据。绘制锻件图一般应考虑以下几个方面：

1）确定分模面。分模面是上、下模在锻件上的分界面，它直接关系着锻件成形、材料利用率等一系列问题。确定分模面位置的原则：

①要保证模锻件能从模膛中取出。一般情况下，分模面应选在锻件最大尺寸的截面上（图 6－17）。若选 $a-a$ 为分模面，则无法将锻件从模膛中取出。

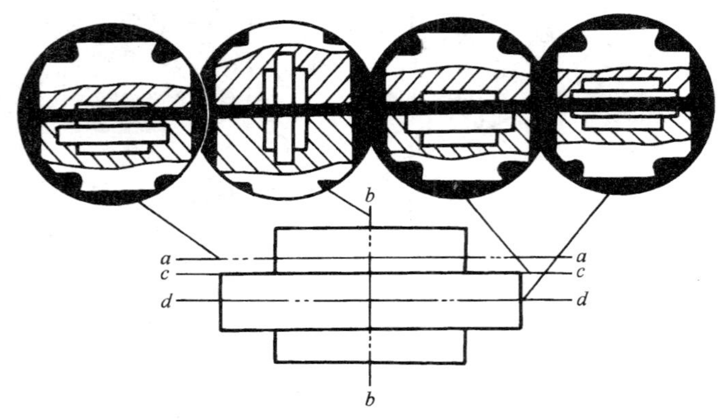

图 6－17　分模面选择比较图

②易于在生产过程中发现错模现象。若以 $c—c$ 为分模面，当出现错模时，就不易被察觉而导致出现废品。

③分模面应选在使模膛深度最浅的位置上，以使锻件易于成形，并使模膛制造方便。若选 $b—b$ 做分模面就不符合这一原则。

④应使锻件上所加敷料最少，这样可节省材料，减少切削工作量。图中 $b—b$ 就不宜做分模面，因其所加余块最多。

⑤最好使分模面为一平面，且上、下模膛深浅一致。以便锻模的制做。

综上分析，以 $d—d$ 面做分模面最为合适。

2）确定机加工余量和锻件公差。在锻件需要进行机械加工的部位应给出加工余量，但比自由锻小得多，一般余量为 1～4mm，公差为 ±0.3～±3mm。具体数值参阅有关资料选取。

3）确定模锻斜度。在锻件平行于锤击方向的表面必须有模锻斜度，以便从模膛中取出锻件（图 6－18）。

4）确定圆角半径。为便于金属在型槽内流动和考虑到锻模强度，锻件上凸出或凹下的部位都不允许呈锐角，应当带有适当圆角（图 6－19）。

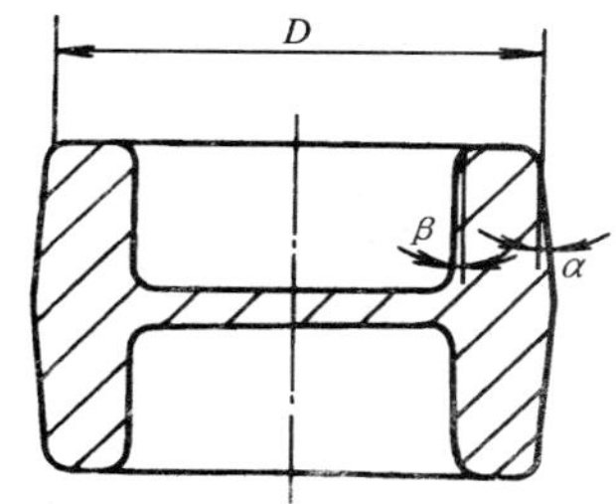

图 6－18　锻件上内外模锻斜度

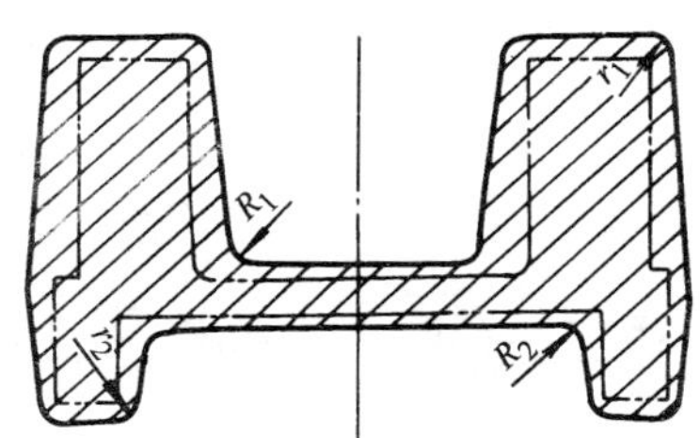

图 6－19　齿轮坯模锻件图

5）冲孔连皮。对于模锻件上直径 $d>30$mm 的孔应锻出，但需留冲孔连皮（图 6－20 中部）。

绘制模锻件图与绘制自由锻件图一样。也是用双点划线表示零件轮廓，用实线画出模锻件轮廓，并注明有关尺寸、及公差（图 6－20）。

（2）确定模锻工步　确定模锻工步主要是依据锻件形状、尺寸来制订。模锻件按其形状大致分为两大类（图 6－21）：一类为长轴类锻件，如曲轴、连杆、阶梯轴、叉形锻件等；另一类为饼块类锻件，如齿轮、法兰盘等。

1）长轴类锻件。此类锻件长度与宽度之比较大，锻造的锤击方向与锻件轴线垂直。

终锻时金属沿高度和宽度方向流动，长度方向流动不明显。长轴类锻件一般经过拔长、滚压、弯曲、预锻、终锻等工步。不同形状零件其工艺过程不同。锻件轴线为曲线时，则需弯曲工步；坯料截面面积大于锻件横截面面积时，选用拔长工步即可：当坯料的截面面积小于锻件最大横截面面积时，则应选用拔长和滚压工步。对于形状复杂的锻件还需预锻工步，最后在终锻模膛中模锻成形。对于小型杆状零件可采用一根料锻几件，然后切断。如锻造弯曲连杆模锻件（图 6－16)，坯料经过拔长、滚压、弯曲等三个工步后，形状接近于锻件，然后经预锻及终锻两个模膛制成带有飞边的锻件，再经切飞边等其他工步后可获得合格锻件。

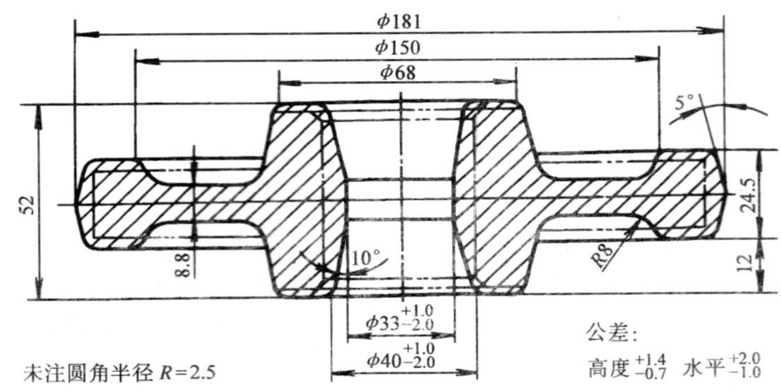

图 6－20 锻件圆角半径

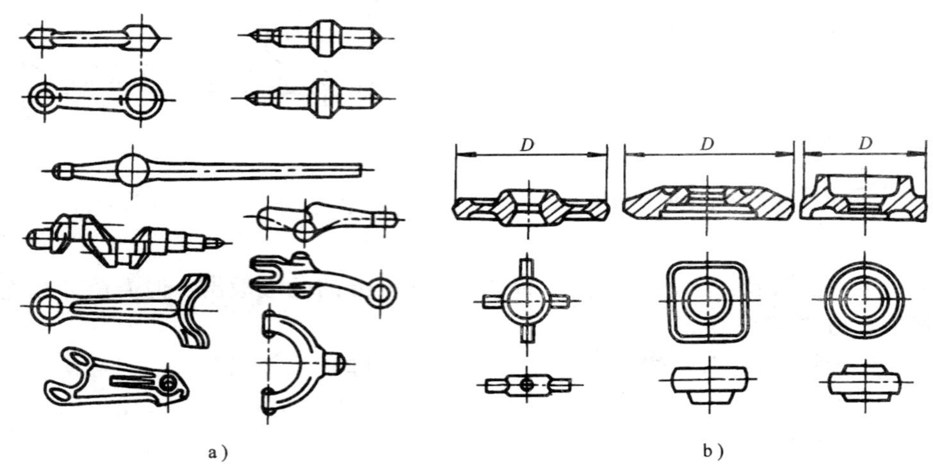

图 6－21 模锻件分类

a）长轴类锻件 b）饼块类锻件

2）饼块类零件。是在分模面上的投影为圆形或长度接近于宽度的锻件。模锻时锻锤打击方向与坯料轴线相一致。终锻时金属沿高度、宽度方向均有流动。因此，饼块类锻件一般是采用镦粗制坯、然后终锻。有些特殊情况也采用拔长、滚压、打扁等工步。

（3）制订修整工序　坯料在锻模内制成锻件后，尚须经过一系列修整工序，以保证和提高锻件质量。修整工序包括以下内容：

1）切边和冲孔。由于模锻件都有飞边，所以必须在压力机上切除飞边。对于带孔零件，锻件上都有冲孔连皮，也需切除。

切边和冲孔可在热态和冷态下进行。对于大锻件，可利用锻后余热直接切除；对于小锻件常用冷切。热切省力，但锻件易变形；冷切锻件表面质量高，但需较大的切断力。

2）校正。对于在工序中引起变形的锻件（一般是复杂锻件）需进行校正。

为了消除锻件的过热组织或加工硬化组织，还需进行热处理工序；另外，还有清理、精压等工序。

三、胎模锻

在自由锻设备上，采用不与上、下砧相连接的活动胎模成形锻件的方法，称为胎模锻。它是介于自由锻与模锻之间的锻造工艺方法。

1. 特点

胎模锻与自由锻相比，可获得形状较为复杂、尺寸较为精确、质量较高的锻件，节约了金属，提高了生产率。与模锻相比，可利用自由锻设备组织生产各类锻件，胎模制造较简便，成本低，工艺操作灵活，可以局部成形，能用小设备锻制较大锻件。但胎模锻件的尺寸精度低于锤上模锻，生产率、模具寿命也不如模锻。胎模锻适用于中、小批生产，一般用于没有锤上模锻设备的工厂。

2. 胎模种类

按其结构特点分为：扣模、弯曲模、套筒模、合模等。

（1）扣模　分为单扣模和双扣模

单扣模：锻造时上平砧起到了上扣模作用，适用于非回转体锻件的不对称制坯或成形（图 6－22a）。

双扣模：由上下扣模组合而成，适用于长杆非回转体的制坯或成形工艺（图 6－22b）。

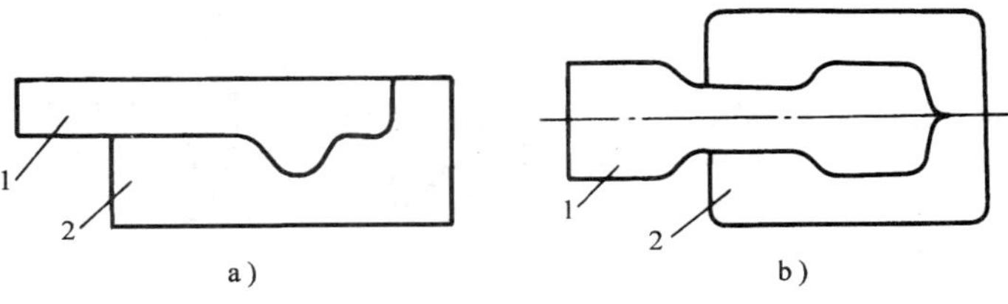

图 6－22　扣模结构简图
a）单扣模　b）双扣模
1—坯料　2—扣模

扣模用来对坯料进行全部或局部变形，锻造时坯料不转动。

(2) 弯曲模　弯曲模由上、下模组成（图 6－23）。在模膛中改变坯料的轴线形状，弯曲时坯料不能翻转。它适用于锻件弯曲成形或为合模制坯。

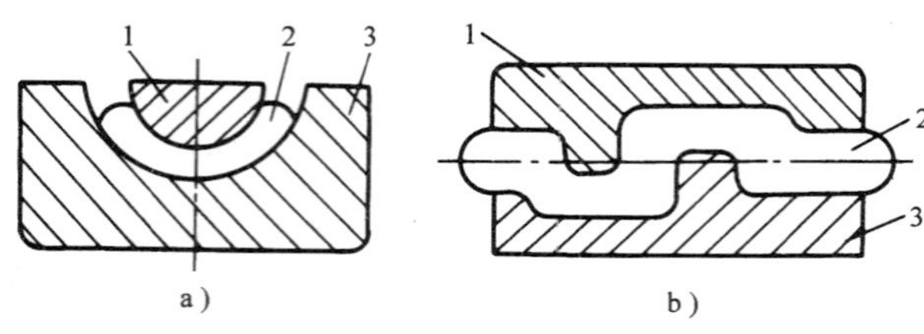

图 6－23　弯曲模结构示意图

a) 制坯弯曲模　b) 成形弯曲模

1—上扣模　2—坯料　3—下扣模

(3) 套筒模　胎模为圆筒形（图 6－24），它适合于生产饼块类锻件，如齿轮、法兰盘等回转体锻件。形状简单的锻件用套筒模即可生产。对于形状复杂锻件，则需在组合筒模内进行，使坯料在两个半模的模膛内成形，锻后先取出两个半模，再取出锻件。

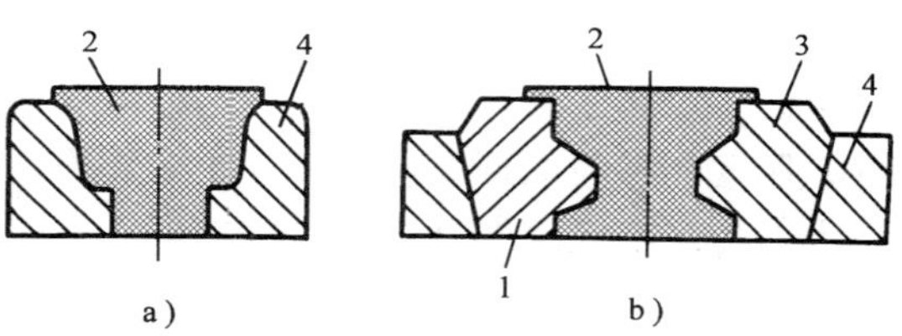

图 6－24　套筒模

a) 筒模　b) 组合筒模

1—左半模　2—坯料　3—右半模　4—套筒模

(4) 合模　通常由上模和下模两部分组成，为了使上、下模吻合并不使锻件产生错移，常用导柱或导锁定位。它适于生产形状复杂的非回转体零件，如连杆及叉类锻件（图 6－25）。

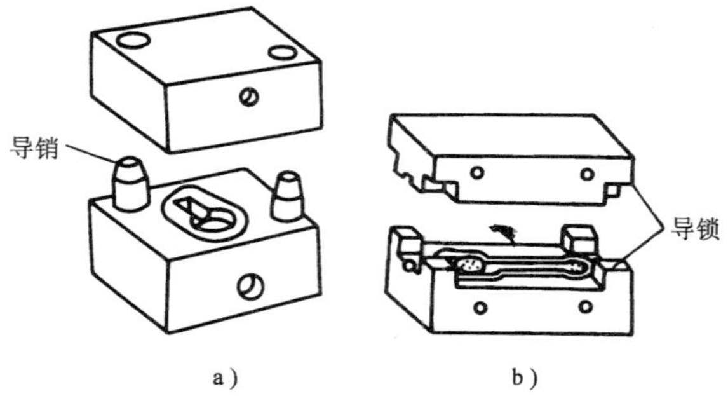

图 6－25　合模

a) 导柱合模　b) 导锁合模

胎模锻是先由自由锻制坯后，再置于胎模中锻造成形。胎模锻件分模面的选取可灵活些，其数量不限于一个，而且在不同工序中可以选取不同的分模面，以便于制造胎模和使锻件成形。图 6－26 为胎模锻造过程。

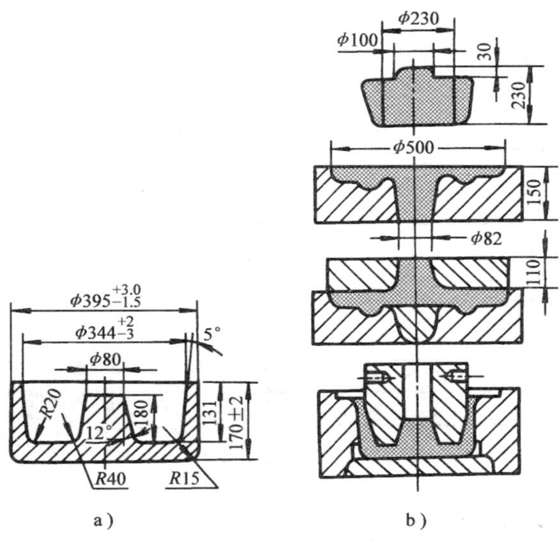

图 6－26　胎膜锻造过程

a）锻件尺寸图　b）锻造过程

第三节　板料冲压

板料冲压是利用冲模使板料产生变形或分离从而获得具有一定形状和尺寸零件的塑性成形加工方法。一般板料冲压是在冷态下进行的，所以又叫冷冲压。冷冲压板料厚度通常不大于 4mm；当板料厚度为 8～10mm 时，则需采用热冲压。

冲压加工材料一般有板料、条料、带料。所用设备为剪床和冲床。剪床完成下料，冲床冲制成品零件。

一、冲压加工特点

（1）可生产形状复杂的零件　具有足够高的精度和较小的表面粗糙度数值，互换性好，强度高，刚性好。

（2）材料利用率高　一般可达 60％～80％。

（3）适应性强　金属及非金属材料均可用冲压方法加工。冲压零件可大可小，小的如仪表零件，大的如汽车纵梁和表面覆盖件等。

（4）生产率高　每分钟可冲压小件数千件，易实现机械化和自动化。

冲压工艺广泛用于工业及民用金属制品，尤其在汽车、拖拉机、电器、仪表及航天等制造行业，冲压件占有相当比例。但冲压工艺所用的模具结构复杂，制造成本高，所以适合大批量生产。

二、板料冲压的基本工序

板料冲压的基本工序可分为分离工序和变形工序两大类。

1. 分离工序

使坯料的一部分与另一部分分离的工序称为分离工序，见表 6-6。

表 6-6 分离工序分类

工序名称	简图	特点及常用范围
剪切		用冲模切断板料，切断线不封闭
落料	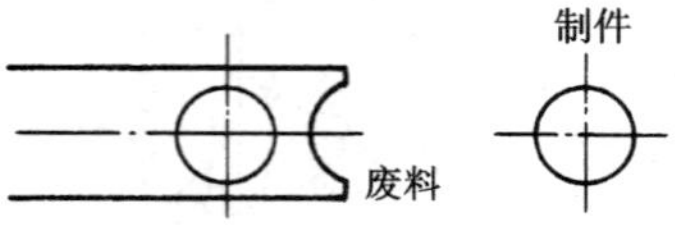 制件 废料	用冲模沿封闭线冲切板料，冲下来的部分为制件
冲孔	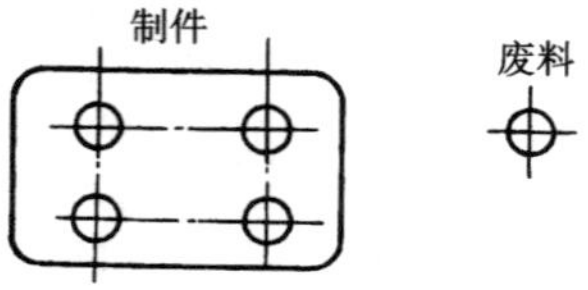 制件 废料	用冲模沿封闭线冲切板料，冲下来的部分为废料
切口	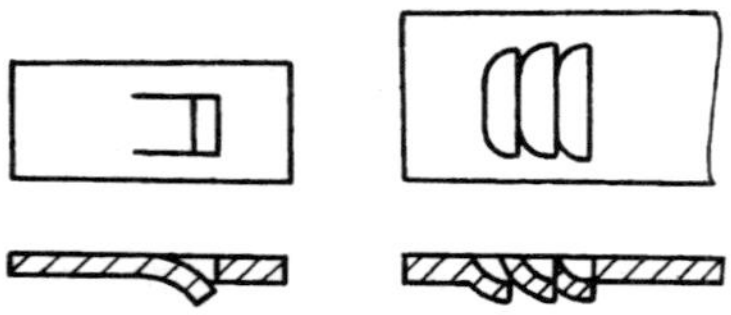	在毛坯或半成品上，沿不封闭线冲出缺口，缺口部分发生弯曲，如通风板
修边	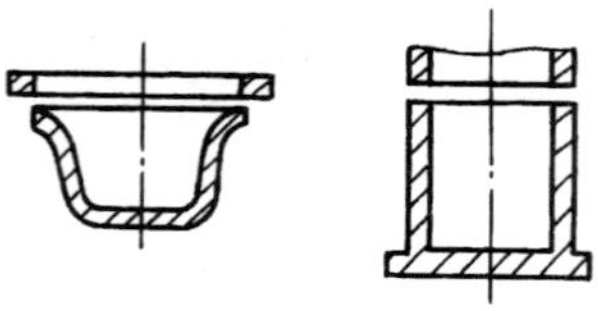	将制件边缘部分切掉
剖切	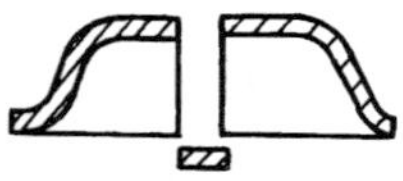	把半成品切开成两个或几个制件，常用于成双冲压

（1）剪切　使坯料按不封闭轮廓分离的工序称为剪切，一般用于冲压件的准备工作。

（2）落料和冲孔（统称冲裁）　它是使坯料按封闭轮廓分离的工序。落料是被分离的部分为成品，而周边是废料；冲孔是被分离的部分为废料，而周边是成品。

1）冲裁过程分析。为了深入掌握冲裁工艺，控制冲裁件的质量，需认真分析冲裁时的板料分离过程。此过程大致可分三个阶段（图 6－27）。

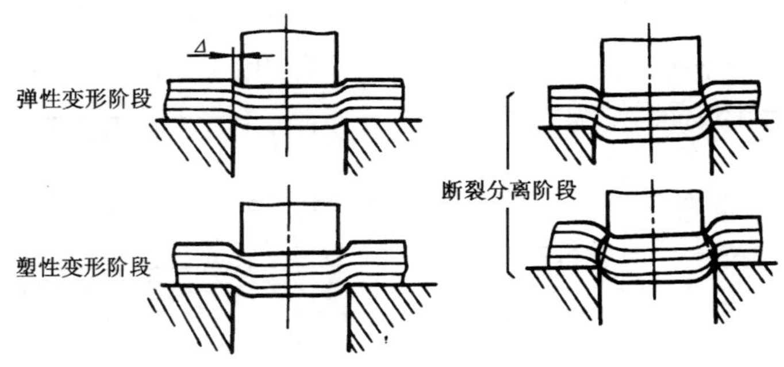

图 6－27　冲裁过程

①弹性变形阶段：冲头接触板料后，开始压缩材料，使材料产生弹性压缩、拉伸与弯曲等变形，板料中应力迅速增大。此时，凸模下的材料略有弯曲，凹模上的材料则上翘。间隙 Δ 越大，弯曲和上翘越严重。

②塑性变形阶段：冲头继续压入，材料内的应力达到屈服点时便开始进入塑性变形阶段。变形达到一定程度时，位于凸凹模刃口处的材料硬化加剧，出现微裂纹（此时冲裁变形应力达到最大值），塑性变形阶段结束。

③断裂分离阶段：冲头继续压入，已形成的上、下微裂纹逐渐扩大并向内扩展，上、下裂纹相遇重合后，材料被剪断分离。

分离后冲裁件断面如图 6－28 所示。断面上可以明显地区分为光亮带、剪裂带、塌角和毛刺四部分。毛刺高度低，剪裂带窄，光亮带宽，塌角小，则冲裁件的断面质量高；反之，则冲裁件的断面质量低。对于同一种材料，断面质量主要受凸凹模间隙影响。

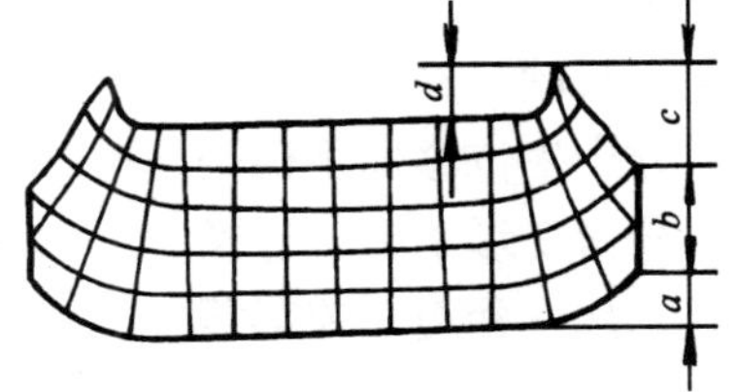

图 6－28　冲裁件断面变形特征
a—塌角　*b*—光亮带
c—剪裂带　*d*—毛刺

2）间隙。冲裁模间隙 Δ 对冲裁件断面质量有极重要的影响。冲裁间隙的大小，直接影响冲裁件的断面质量、模具寿命和冲裁力的大小。

①冲裁间隙增大：冲裁件断面斜度大，毛刺高而粗，光亮带窄，冲裁件平整度差，冲裁力下降，模具寿命增加。

②冲裁间隙减小：冲裁件断面斜度小，光亮带宽，毛刺细小，冲裁力增大，模具寿命下降。

由此可见，间隙的选择在冲裁中是至关重要的一个方面。在实际生产中，间隙的选用主要考虑冲裁件断面质量要求和模具寿命这两个因素。当断面质量要求高时，尽量选用较小间隙；要求不高时，应选用较大间隙，可提高模具寿命。

3）凸、凹模刃口尺寸确定。一般冲孔用的凸模刃口尺寸应等于孔径的尺寸，凹模刃口尺寸等于孔径尺寸加上间隙值；而落料用的凹模尺寸等于成品尺寸，凸模刃口尺寸等于成品尺寸减去间隙值。

4）排样。落料前应在板料上合理布置零件位置，即进行排样，以提高材料利用率（图 6－29）。为了获得较光洁的切口以减少坯料的毛刺和歪曲，应该用有接边的排样。只有对工件切口的精度要求不高时，为节省金属，才可应用无接边的排样法。

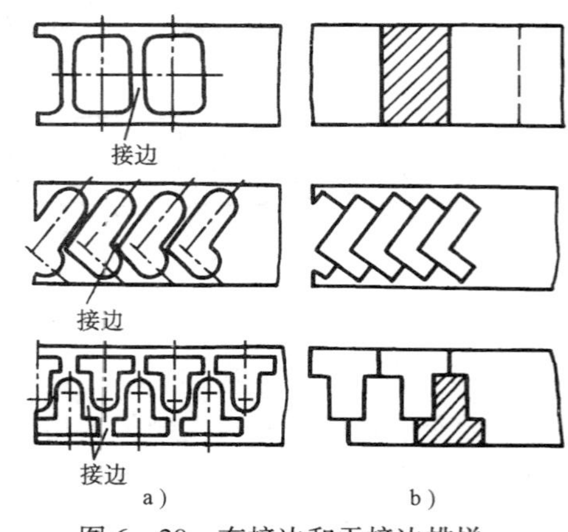

图 6－29 有接边和无接边排样
a）有接边 b）无接边

由于在落料和冲孔时凸凹模之间有间隙，所以冲压零件的切口带有锥度，有的还有毛刺。因此为了提高零件的质量，对要求高的零件需增加修整工序（图 6－30）。每边的修整量约为 0.05～0.2mm。修整后的切口表面可获得较高的精度，表面粗糙度 R_a 值也能减少。

2. 变形工序

使坯料的一部分相对于另一部分产生位移而不破裂的工序称为变形工序，包括弯曲、拉深、翻边、成形等工序。

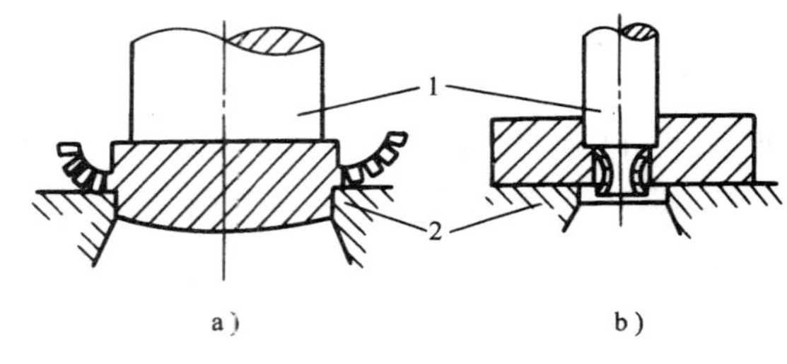

图 6－30 修整工序简图
a）外缘修整 b）内孔修整
1—凸模 2—凹模

（1）弯曲 把平板毛坯、型材或管材等，弯曲成一定的曲率、一定的角度后形成一定形状零件的冲压工序，称为弯曲。在弯曲过程中，坯料内侧受压，外侧受拉（图 6－31）。

当外侧拉应力超过坯料的抗拉强度时，就会发生破裂。为了防止破裂；需要限制最小弯曲半径r_{min}，$r_{min}=(0.25\sim1)\delta$。$\delta$为金属的板料厚度。塑性好的材料，弯曲半径可小些。轧制板料具有各向异性，应尽量使坯料的纤维方向与弯折线垂直（图6-32a），否则容易开裂（图6-32b）。

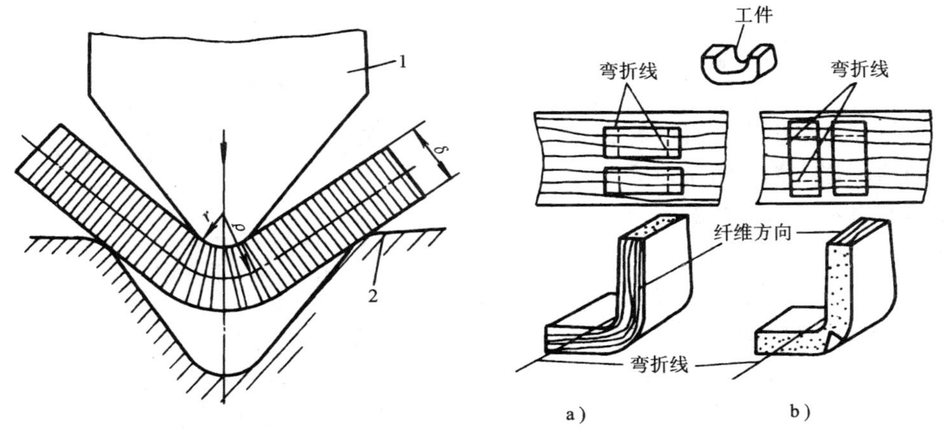

图6-31　弯曲过程金属变形简图

1—凸模　2—凹模

图6-32　弯曲时的纤维方向

a）与弯折线垂直　b）与弯折线平行

由于弯曲过程中有弹性变形，当外力去除后会使弯曲角度增大，即出现回弹现象。一般回弹角为0°～10°。为保证零件的尺寸精度，一般设计模具时其角度应比零件角度小一个回弹角度。

（2）拉深　拉深也称拉延，是利用模具使冲裁后得到的平面毛坯变成为开口空心零件的冲压工艺方法（图6-33）。

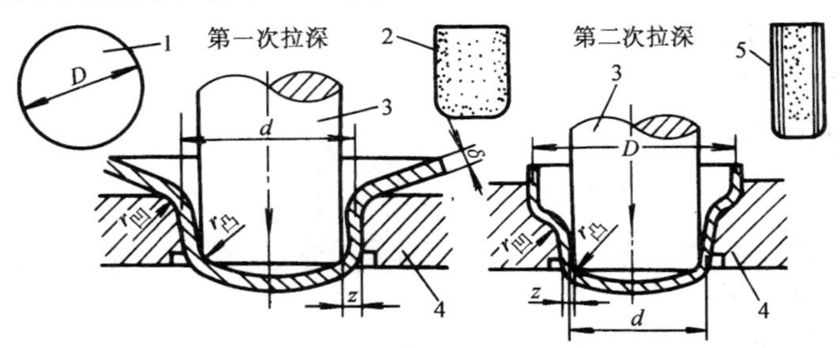

图6-33　拉深工序图

1—坯料　2—第一次拉深的产品，即第二次拉深的坯料

3—凸模　4—凹模　5—成品

1）变形过程。把直径为D的平板坯料放在凹模上，在凸模作用下板料被拉入凸模与凹模的间隙中，形成空心零件。拉深件底部一般不变形，只起传递拉力

的作用，厚度基本不变。直壁部分主要受拉力作用，有变薄现象，而直壁与底之间的过渡圆角被拉薄最严重。拉深件的法兰部分，切向受压应力作用，厚度有所增大。

2）缺陷。在拉深过程中，零件最容易出现的缺陷是拉穿、起皱（图 6－34）。

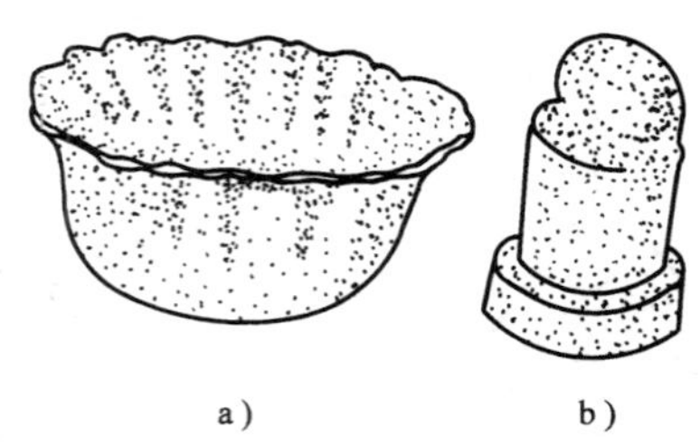

图 6－34 拉深缺陷

a）起皱 b）拉穿

拉穿主要出现在直壁与底之间的过渡圆角部位。为了防止拉穿，首先必须使凸凹模不能有锋利的刃口，即必须有圆角，一般取 $r_{凸} \leqslant r_{凹}$，$r_{凹}=(5\sim15)\delta$。（δ 为板料厚度）；其次，凸凹模间隙不宜太小，否则会增加工件与模壁之间的摩擦，致使金属不易随凸模向下运动而流动；再次，要进行适当润滑，减少摩擦，同时也减少模具的磨损；最后，也是最重要的，就是材料每次变形程度不宜过大，否则就可能引起拉穿。其变形程度的大小取决于拉深直径 d 与坯料直径 D 的比值，即拉深系数 m，$m=d/D$。m 值的大小一般取 0.5～0.8，塑性好的材料 m 可取小值。如果拉深系数过小，不能一次拉成高度和直径合乎成品要求时，则需进行多次拉深才能最后成形，而且其拉深系数 m 应一次比一次略大。

对于多次拉深，为了消除在变形过程中产生的加工硬化，使拉深顺利进行，可采取中间退火工艺。

起皱是由于法兰部分（当毛坯相对厚度 δ/D 较小时）在切向力作用下导致的结果。拉深过程中亦不允许出现起皱现象。为了防皱，可用压边圈把坯料压紧（图 6－35）。

（3）成形 它是利用局部变形使坯料或半成品改变形状的工序，用于制造增加刚度的筋或增大半成品的部分内径等（图 6－36）。其中图 a 是用橡皮起伏（压筋），图 b 是用橡皮芯子来增加半成品的中间部分直径，即胀形。

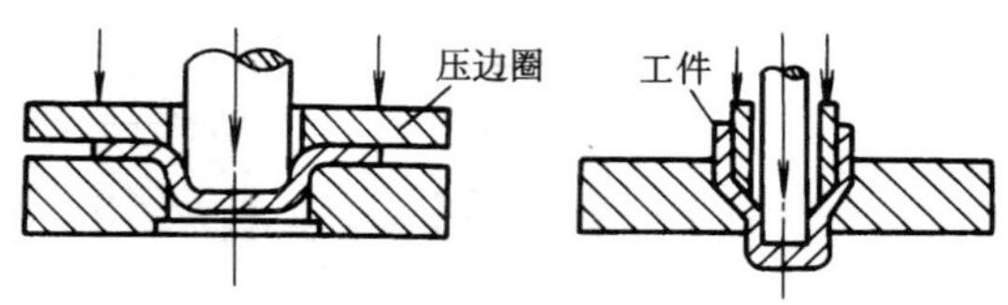

图 6－35 用压边圈拉深

（4）翻边 它是在带孔的平坯料上，用扩孔的方法获得凸缘的加工方法（图 6－37）。进行翻边时，翻边前后孔直径之比不能超过允许值——翻边系数 K_0，$K_0=d_0/d$，d_0 为翻边前孔径尺寸，d 是翻边后孔的孔径尺寸。对于镀锡铁皮，$K_0=0.65\sim0.7$；对于酸洗钢，$K_0=0.68\sim0.72$。如超过此值，就会使孔的边缘造成破裂。因此翻边模要有合适的凸圆角半径，一般取$r_{凸}=(4\sim9)\delta$。

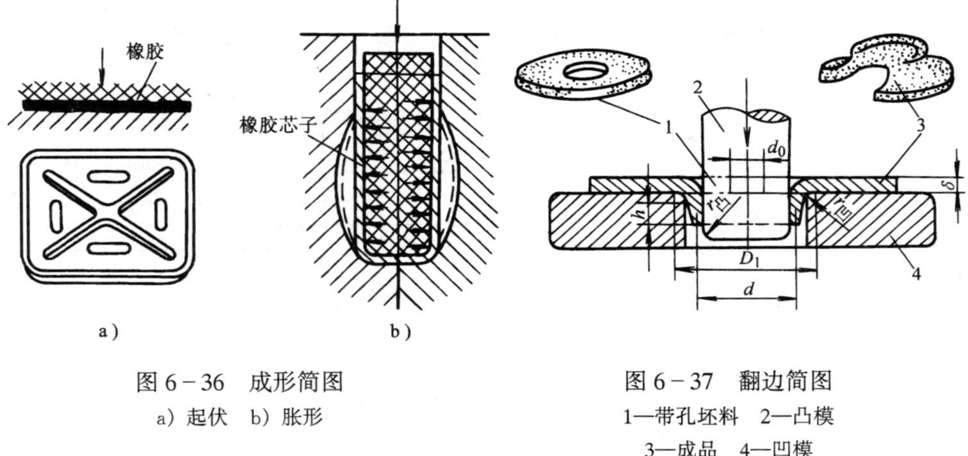

图 6－36 成形简图

a）起伏 b）胀形

图 6－37 翻边简图

1—带孔坯料 2—凸模

3—成品 4—凹模

零件的冲压工序，必须根据零件的形状和尺寸合理地选用，恰当安排顺序并选择允许的变形程度，才能完成一个零件的冲压过程。表 6－7 为玻璃升降器外壳的冲压过程。

表 6－7 玻墙升降器外壳冷冲压工艺举例

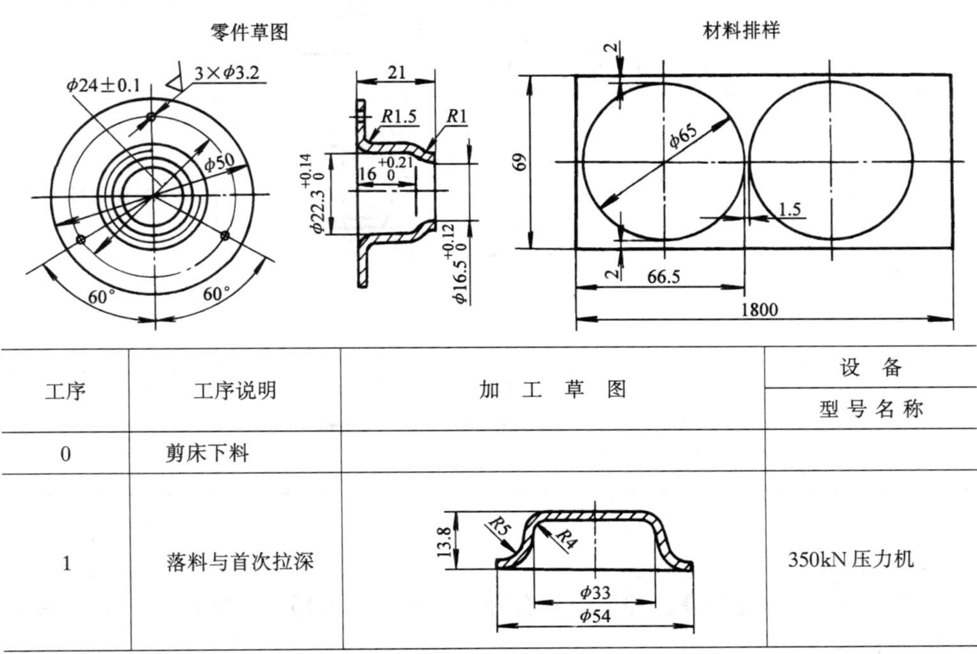

工序	工序说明	加 工 草 图	设 备 型 号 名 称
0	剪床下料		
1	落料与首次拉深		350kN 压力机

（续）

工序	工序说明	加工草图	设备 型号名称
2	二次拉深	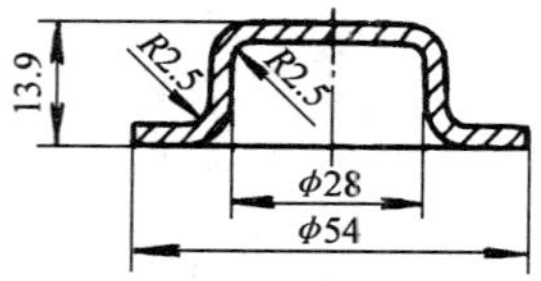 13.9 R2.5 R2.5 ϕ28 ϕ54	250kN 压力机
3	三次拉深（带整形）	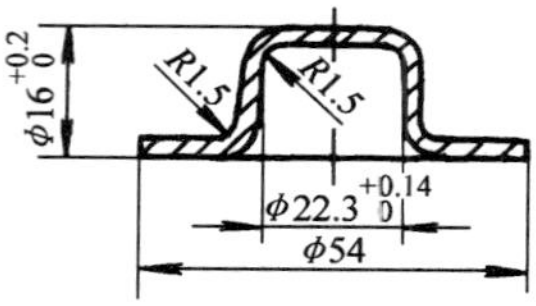 $\phi16^{+0.2}_{0}$ R1.5 R1.5 $\phi22.3^{+0.14}_{0}$ ϕ54	600kN 压力机
4	冲 ϕ11mm 底孔	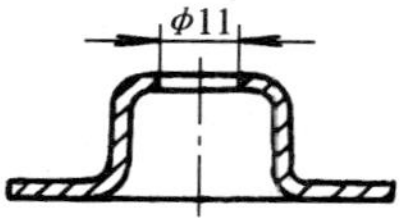 ϕ11	250kN 压力机
5	翻边（带整形）	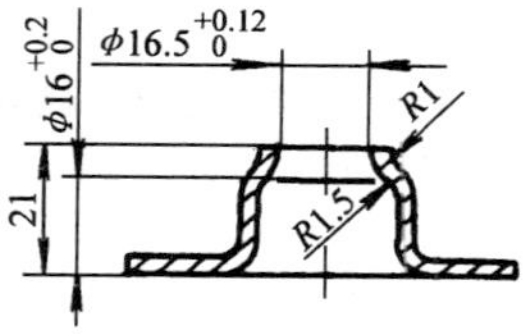 $\phi16^{+0.2}_{0}$ $\phi16.5^{+0.12}_{0}$ R1 21 R1.5	250kN 压力机
6	冲三个小孔 ϕ3.2mm	3×ϕ3.2 EQS ϕ42±0.1	250kN 压力机
7	切边	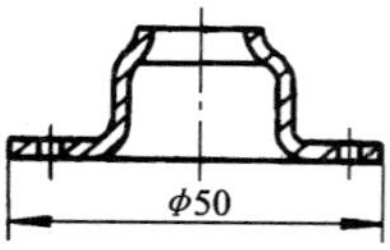 ϕ50	350kN 压力机
8	检验		

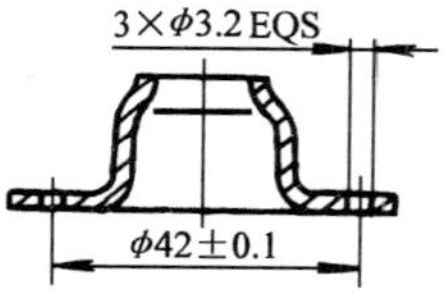

三、冲模

冲压用模具称为冲模，冲模结构合理与否对冲压件质量、冲压生产的效率及模具寿命等都有很大影响。

1. 简单冲模

在一次冲程中，只完成一道冲压工序的冲模称为简单冲模，图 6－38 所示为落料用简单冲模的基本结构。凹模 8 用压板 7 固定在下模板 12 上。下模板用螺栓固定在冲床工作台上。凸模 1 用压板 4 固定在上模板 3 上，上模板通过模柄 2 固定在冲床滑块上。因此凸模可随滑块上下运动。为了保证凸模与凹模能更好地对准并保持它们之间的间隙，通常还采用导柱 6 和导套 5 的结构，以起导向作用。

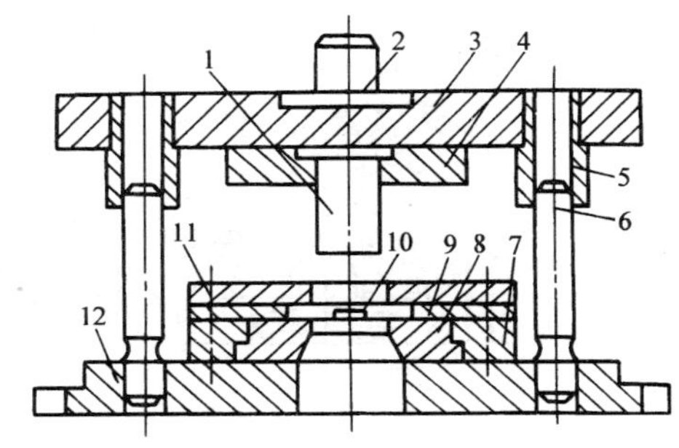

图 6－38　简单冲模

1—凸模　2—模柄　3—上模板　4、7—压板　5—导套　6—导柱　8—凹模　9—导料板　10—定位销　11—卸料板　12—下模板

操作时，条料在凹模上沿导料板 9 送进，用定位销 10 控制每次送进的距离。冲模每次工作后，夹在凸模上的条料在凸模回程时由卸料板 11 将条料退下，然后条料继续送进。

2. 连续冲模

在一次冲程中，模具的不同部位上同时完成两道或两道以上冲压工序的冲模，称为连续冲模（图 6－39）。在工作时，定位销 2 对准预先冲好的定位孔，上模下降时落料凸模 1 进行落料，冲孔凸模 7 进行冲孔。当上模回程时，卸料板 6 从凸模上推下残料，这时再将条料 5 向前送进，如此循环进行。每次送进距离由挡料销控制。

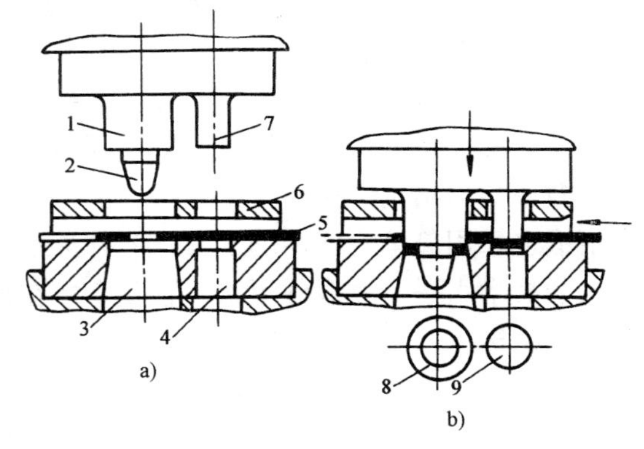

图 6－39　连续冲模

a）冲压前　b）冲压时

1—落料凸模　2—定位销　3—落料凹模　4—冲孔凹模　5—条料　6—卸料板　7—冲孔凸模　8—成品　9—废料

3. 复合冲模

在一次冲程中，模具的同一部位上同时完成两道或两道以上冲压工序的冲模，被称为复合冲模（图 6－40）。其最大特点是有一个凸凹模。凸凹模的外圆是落料凸模 1，内孔为拉深凹模 3。当滑块带着凸凹模下降时，条料 4 首先在落料凸模 1 和落料凹模 6 中落料，然后由下模中的拉深凸模 7 将坯料顶入拉深凹模 3 中

进行拉深。顶出器 8 和卸料器 5 在滑块回程时将拉深件 11 推出模子。复合模适合于产量大、精度高的冲压件。

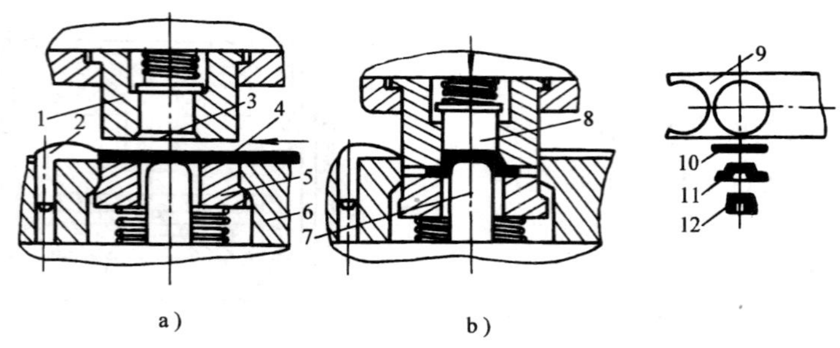

图 6－40 落料及拉深的复合冲模

a）冲压前 b）冲压时

1—落料凸模 2—挡料销 3—拉深凹模 4—条料 5—压板（卸料器） 6—落料凹模 7—拉深凸模 8—顶出器 9—废料 10—落料成品 11—开始拉深件 12—拉深件成品

第四节 锻造及冲压零件的结构工艺性

设计锻造及冲压零件不仅要保证其良好的使用性能，而且还要考虑其锻造、冲压时的工艺性能。

为使零件的结构便于加工、降低成本、提高生产率，就要对被加工零件的毛坯在形状、尺寸、精度等方面给予限制和规定。

一、自由锻件结构工艺性

自由锻造采用简单、通用的工具，锻件形状和尺寸精度在很大程度上取决于锻造工人的技术水平。故锻件形状不宜复杂。在保证使用性能的前提下，零件应具有良好的结构工艺性。自由锻件结构工艺举例见表 6－8。

表 6－8 自由锻件结构工艺性举例

不合理	合理	说明
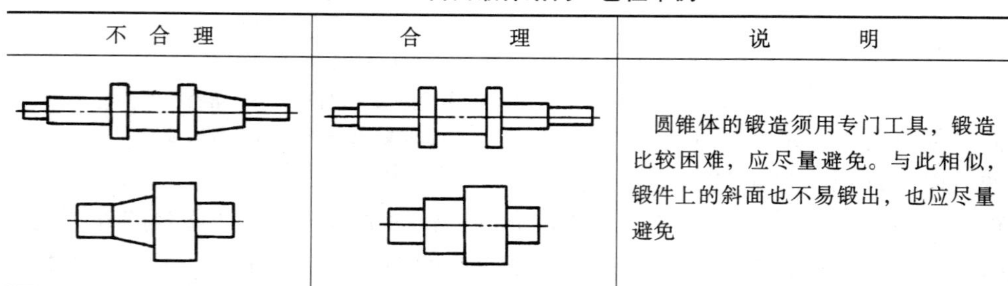		圆锥体的锻造须用专门工具，锻造比较困难，应尽量避免。与此相似，锻件上的斜面也不易锻出，也应尽量避免

（续）

不合理	合理	说明
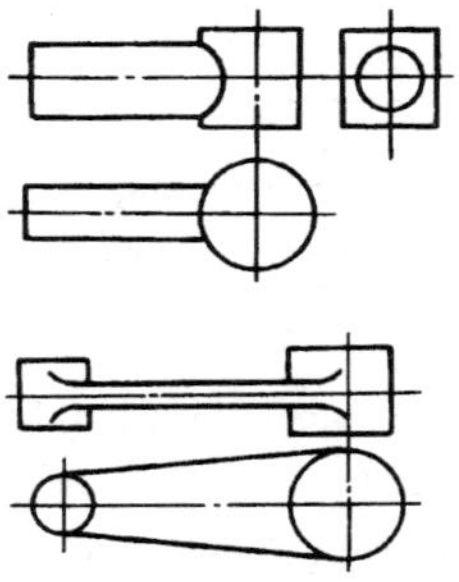	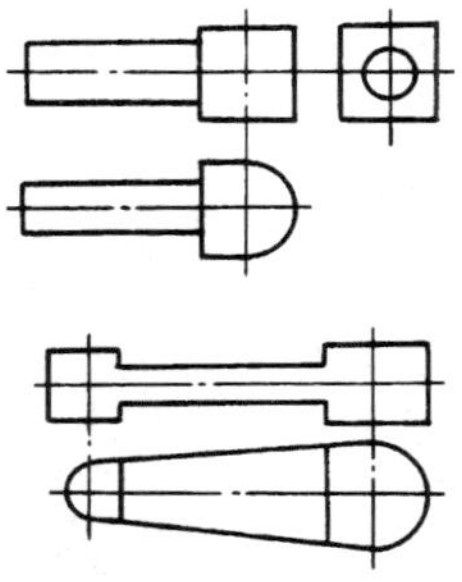	圆柱体与圆柱体交接处的锻造很困难，应改成平面与圆柱体交接，或平面与平面交接
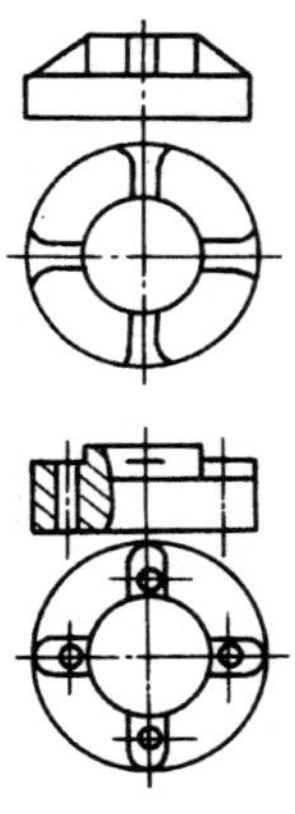	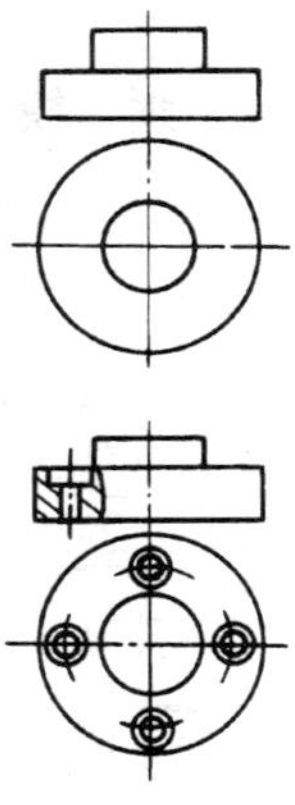	加强肋与表面凸合等结构是难以用自由锻方法获得，应避免这种设计。 对于椭圆形或工字形截面，弧线及曲线形表面，也应避免
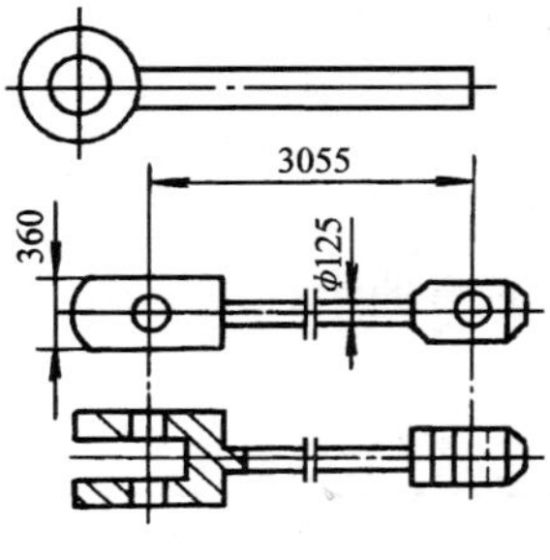 3055 360 φ125	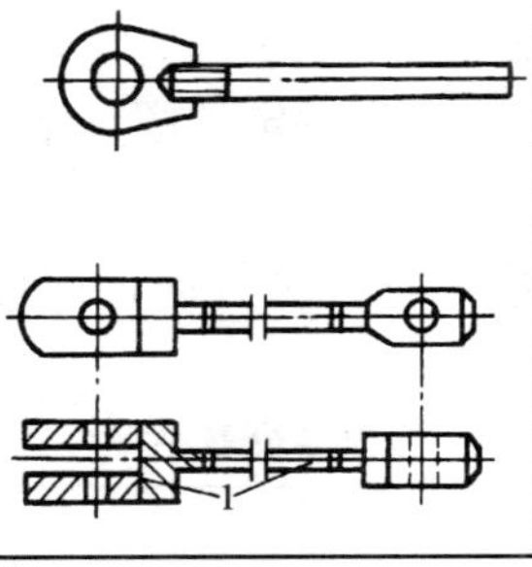 1	横截面有急剧变化或形状复杂的零件，应分成几个易锻造的简单部分，再用焊接或机械连接法组合成整体。图中1为焊缝

二、冲压件结构工艺性

冲压件工艺对冲压件的设计在形状、尺寸精度等方面提出了种种要求，为了简化冲压生产工艺、提高生产效率、节约材料、提高质量、降低成本，在设计冲压件时应充分考虑良好的结构工艺性。

1. 对落料和冲孔零件的要求

(1) 零件外形力求简单、对称　零件应尽可能采用圆形、矩形等规则的形状，这样在排样时就有可能将废料降低到最小的程度，如图 6－41 所示。

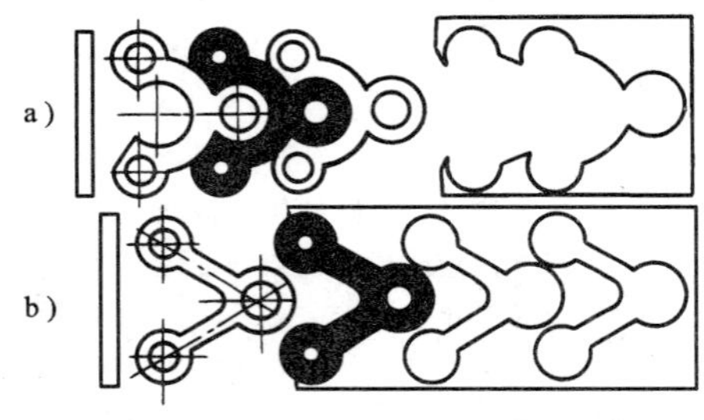

图 6－41　零件形状与排样
a）材料利用率高　b）材料利用率低

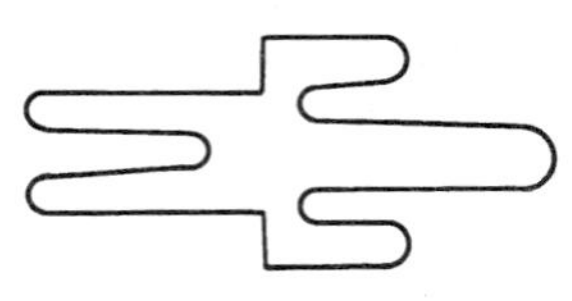

图 6－42　不合理的落料件外形

(2) 尽量避免槽与细长悬臂结构　否则，模具制造困难、寿命低。图 6－42 为工艺性差的落料件。

(3) 冲孔及有关尺寸要求　如图 6－43 所示，圆孔直径不得小于板料厚；方孔边长不得小于板料厚的 0.9 倍，孔与孔、孔与边距不得小于板料厚；零件外缘或凹进的尺寸不得小于板料厚的 1.5 倍。

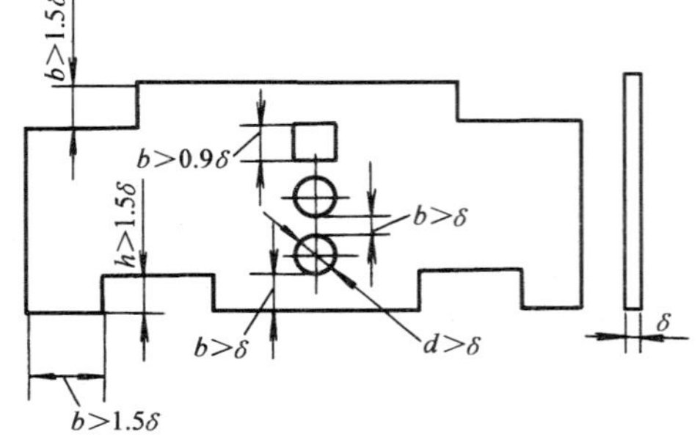

图 6－43　冲压件尺寸与厚度关系

(4) 转角处应设圆角　为避免由于内应力集中而引起模具开裂，在落料或冲孔轮廓的转角处都应有一定的圆角半径。

2. 对弯曲件的要求

1）为了防止弯裂，弯曲时应考虑纤维方向，并且注意弯曲半径不能小于材料弯曲半径最小许可值，见表 6－9。

表 6－9　弯曲半径最小许可值

材　　料	退火或正火		加工硬化	
	弯曲轴线位置			
	垂直纤维	平行纤维	垂直纤维	平行纤维
08、10	0.5δ	1.0δ	1.0δ	1.5δ
20、30、45	0.8δ	1.5δ	1.5δ	2.5δ
黄铜、铝、	0.3δ	0.45δ	0.5δ	1.0δ
硬铝	2.5δ	3.5δ	3.5δ	5.0δ

注：δ—材料厚度。

2）弯曲的平直部分 $H>2\delta$（图 6－44）。若要求 H 很短，则先适当增大 H，待弯好后再切去多余的材料。

3）弯曲带孔件时，为避免孔的变形，孔的位置应符合图 6－45 要求，其中 L 等于（1.5～2）δ。

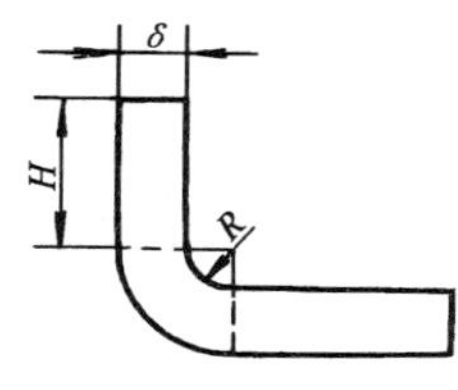

图 6－44　弯边长度

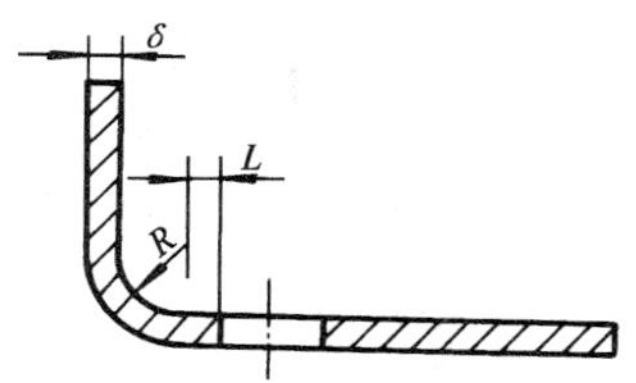

图 6－45　带孔的弯曲件

表 6－10 为冲压件结构改进的例子。

表 6－10　冲压件结构改进示例

图例		说明
改进前	改进后	
		落料与冲孔轮廓应避免尖角
	s>R　R	用窄料进行小半径弯曲，又不允许弯曲处增宽时，应先在弯曲处切口
	2°～10°	局部切口压弯时，舌部应有斜度，否则难以从凹模退出
	R　s>R	局部弯曲时，应在交接处切槽或使弯曲线与直线移开。以免在交界处撕裂

（续）

图例		说明
改进前	改进后	
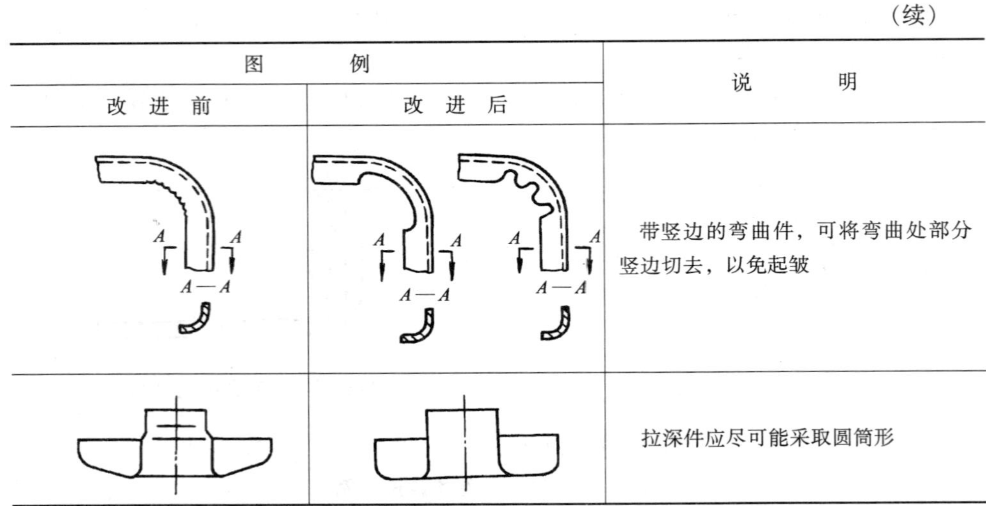		带竖边的弯曲件，可将弯曲处部分竖边切去，以免起皱
		拉深件应尽可能采取圆筒形

第五节　塑性成形新工艺简介

随着机械工业的迅速发展，对塑性成形生产提出了越来越高的要求，不仅要求生产各种毛坯，而且要求直接生产更多的零件。近年来，在塑性成形生产方面出现了许多先进的工艺方法，并得到迅速发展，如精密模锻、精密冲裁、零件轧制、超塑性成形等。

一、精密模锻

精密模锻一般是在刚度大、精度高的模锻设备上进行，如曲柄压力机、摩擦压力机和高速锻锤或专用精锻机等，均可锻出形状复杂、精度高的锻件。图 6－46 所示为精密模锻的锥齿轮，齿形可直接锻出，而不必再进行切削加工。

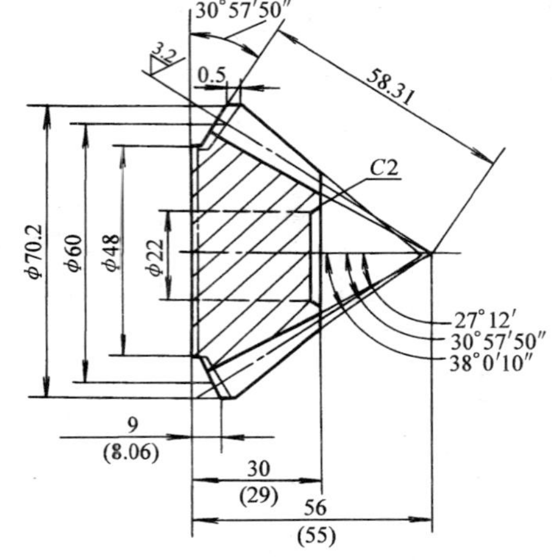

图 6－46　TS12 差速齿轮锻件图

精密模锻与一般模锻工艺比较：其锻件精度在很大程度上取决于锻模的加工精度，因此精锻模膛的精度必须很高，一般要比锻件精度高两级；精锻模一定要有导柱、导套结构，保证合模准确；为排除模膛中的气体，减少金属流动阻力，使金属更好地充满模膛，在凹模上应有排气孔，并需增加精压工序。

另外，还要精确计算坯料尺寸，保证锻件的尺寸公差。精细地清理坯料表面的油污、氧化皮、脱碳层及其他缺陷。为了减少材料的消耗，提高锻件的表面质量，可采用少氧化或无氧化加热。

二、精密冲裁

普通冲裁所能得到的冲压件尺寸精度低、表面质量差，断面微带斜度，且光亮带宽度不大。当冲压件质量和精度要求高时，应采用精密冲裁及半精冲或整修等工艺方法。

采用带 V 形环强力压边的精密冲裁工艺（图 6－47），简称精冲，可以获得表面质量高、精度高的冲裁件。这是目前提高冲裁件质量的一个有效方法。精冲是使材料在冲裁过程中处于三向压应力状态，抑制材料的断裂，使其在不出现剪裂纹的冲裁条件下以塑性变形的方式实现材料的分离。

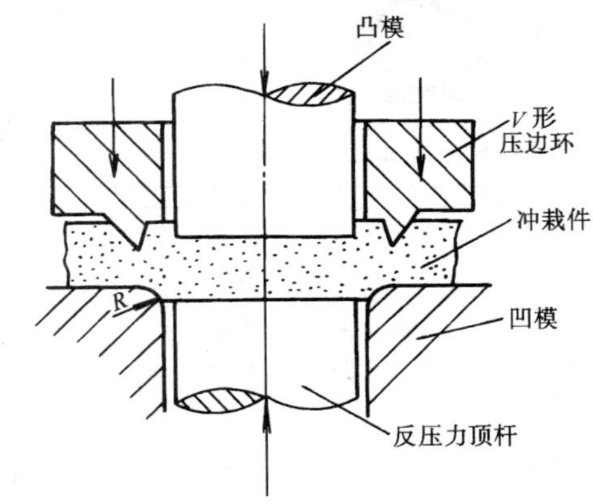

图 6－47　强力压边的精密冲裁

精冲条件的形成，主要是依靠 V 形压边环、极小的冲裁间隙、凹模（凸模）刃口略带小圆角和反压力顶杆等。

用于精冲的材料塑性越好，效果亦越显著，如铝、黄铜、低碳钢和某些不锈钢等。另外，精冲材料以球化后的均匀细晶粒为佳，故精冲前还须根据零件的复杂程度和材料的性质进行软化处理。

精冲工艺目前在国内外均有较大发展。已经有相当多的专用设备投入生产。当采用专用模具时，也可在普通压力机上实现精冲。

三、零件的轧制

轧制法除了生产型材、板材和管材外，近年来还用它生产各种零件。零件的轧制具有生产效率高、质量好、成本低，并可大量减少金属材料消耗等优点。

根据轧辊轴线与坯料轴线方向的不同，轧制分为纵轧、横轧和斜轧三大类。

1. 纵轧

它是轧辊轴线与坯料轴线互相垂直的轧制方法，包括型材和板材轧制、辗环轧制、辊锻轧制等，这里仅介绍后两种。

（1）辗环轧制　是用来扩大环形坯料的内径和外径，以便获得各种环状零件的轧制方法（图 6－48）。图中驱动辊 1 由电动机带动旋转，利用摩擦力使坯料 3 在驱动辊与芯辊 2 之间受压变形。驱动辊还可由液压缸推动作上下移动，改变着

1、2 两辊间的距离，使坯料厚度逐渐变小、直径增大。导向辊 4 用以保持坯料正确送进。信号辊 5 用来控制环件直径。当环件直径达到要与辊 5 接触时，信号辊旋转传出信号，使驱动辊 1 停止工作。

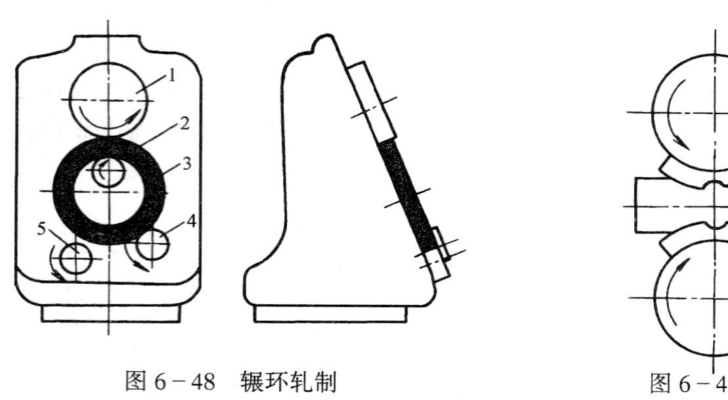

图 6－48 辗环轧制

1—驱动辊 2—芯辊 3—坯料

4—导向辊 5—信号辊

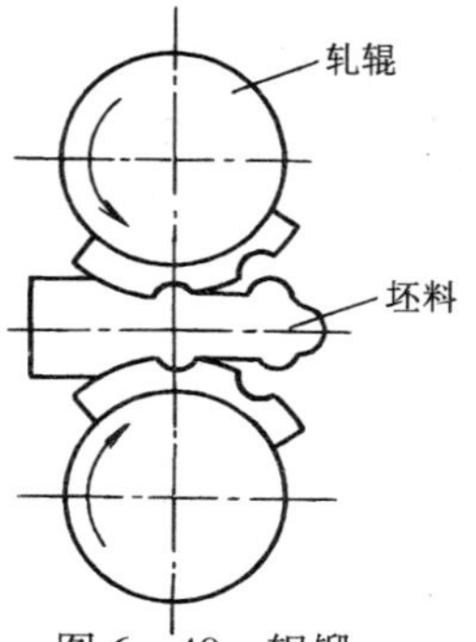

图 6－49 辊锻

用这种方法生产的环类件，其截面可以是多种形状的，如火车轮箍、轴承座圈、齿轮及法兰等。

（2）辊锻轧制 它是使坯料通过装有圆弧形模块的一对旋转的轧辊，从而使坯料受压变形的生产方法。它也是把轧制工艺用到锻造生产中的一种新工艺，既可作为模锻前的制坯工序，也可直接辊锻锻件（图 6－49）。它主要用于生产以下三类锻件：

1）扁断面的长杆件，如扳手、活动扳手、链环等。

2）带有不变形头部而沿长度方向其横截面递减的锻件，如叶片等。采用叶片辊锻工艺代替铣削工艺，材料利用率可提高 4 倍，生产率提高 2.5 倍，而且极大地提高了叶片的质量。

3）连杆成形辊锻。

2. 横轧、斜轧

横轧是轧辊轴线与坯料轴线互相平行的轧制方法，如图 6－50 中齿轮热轧制即为横轧。

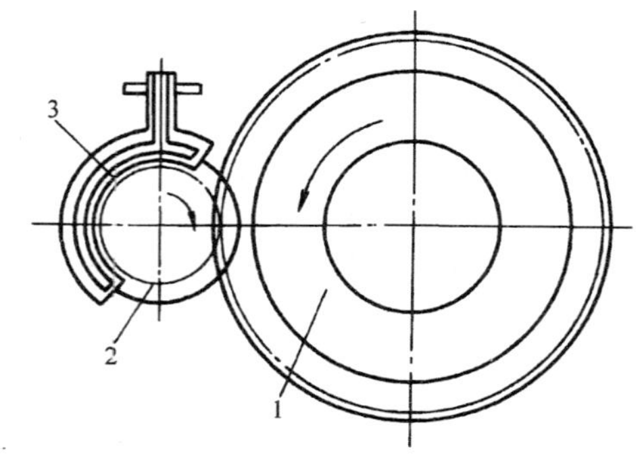

图 6－50 热轧齿轮示意图

1—轧轮 2—毛坯 3—感应加热器

斜轧是两轧辊轴线与坯料轴线相交互成一定角度的轧制方法，亦称螺旋斜轧。图 6－51 所示的两种轧制方法均为斜轧。

四、超塑性成形

超塑性是指某种金属或合金在特定条件下，即低的形变率（$\dot{\varepsilon}=10^{-2}\sim10^{-4}/s$）、一定的变形温度（约为熔点的一半）和均匀的细晶粒度（晶粒平均直径为 0.2～0.5μm），其相对伸长率 δ 超过 100％以上的特性，如钢超过 500％，纯钛超过 300％，锌铝合金超过 1000％。

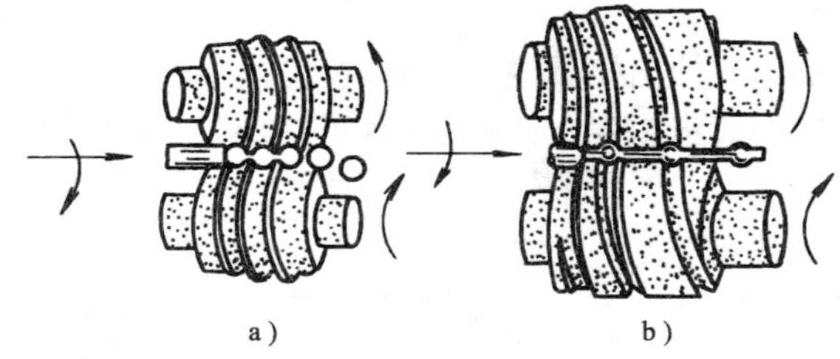

图 6－51　螺旋斜轧

a）钢球轧制　b）周期轧制

具有超塑性的金属在变形过程中不产生缩颈，变形应力比常态下金属的变形应力降低几倍至几十倍。这种变形的特性近似高温玻璃或高温高聚物。超塑性现象可简要归纳为：大伸长、无缩颈、小应力、易成形。

目前，常用的超塑性成形材料主要是锌铝合金、铝基合金、钛合金及高温合金。

1. 超塑性成形工艺的应用

（1）板料冲压　采用锌铝合金等超塑性材料，在法兰盘部分加热，并在外围施加油压，一次能拉出很深的杯形件（图 6－52），深冲比 $H/d_0=11$，是一般拉深的 1.5 倍。拉深出的零件质量很好，无制耳（杯口平齐），零件性能无方向性。

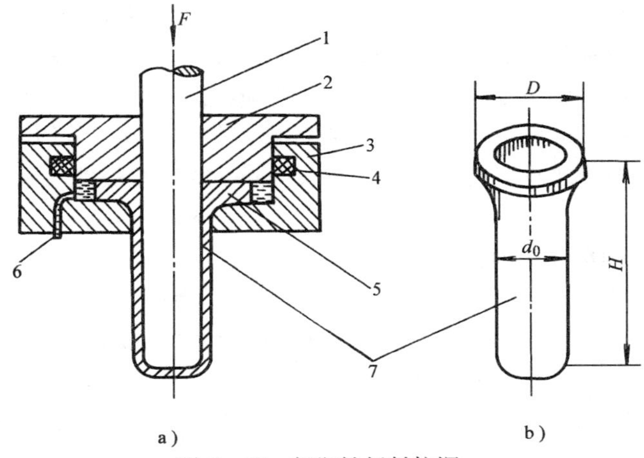

图 6－52　超塑性板料拉深

a）拉深过程　b）工件

1—冲头（凸模）　2—压板　3—凹模　4—电热元件

5—板坯　6—高压油孔　7—工件

（2）板料气压成形　采用 Zn－22％Al、Al－6％Cu－0.5％Zr 和钛合金超塑性板料，如图 6－53 所示把坯料 3 和模具 5 加热到预定的温度，向模具内吹入压缩空气或抽出模具内空气形成负压，将板料贴紧再凹模或凸模 5 上，以获得所需外形的薄板工件。能加工的板料厚度为 0.4～4mm。

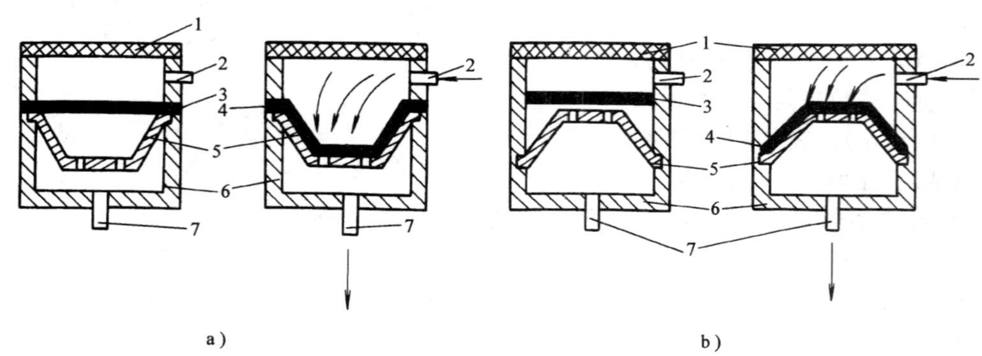

图 6－53　板料气压成形
a）凹模内成形　b）凸模上成形
1—电热元件　2—进气管　3—坯料　4—工件　5—凹（凸）模
6—模框　7—抽气孔

（3）挤压和模锻　近年来，在宇航工业生产中高温合金及钛合金的应用不断增加，但此类合金在常态下塑性很差，变形抗力大，不均匀变形引起各向异性的敏感性强。通常的成形方法较难成形，材料损耗达 80％左右，致使产品成本高。如果在超塑性状态下进行模锻，就完全克服了上述特点，节约材料，降低成本。图 6－54 所示为普通模锻与超塑性模锻获得同一涡轮盘锻件（钛合金）的工艺比较。

2. 超塑性模锻工艺特点

1）显著地提高了金属材料的塑性，降低了变形抗力。由于塑性的提高，使过去只能采用铸造成形的镍基合金，也可进行超塑性模锻成形，变形抗力的降低，可充分发挥中、小设备的能力。

2）金属填充模膛性能好，可锻出尺寸精度高、机械加工余量小，甚至不用加工的零件。

3）能获得均匀细小的晶粒组织、零件均匀一致的力学性能。

总之，利用金属及合金的超塑性，为制造少、无切屑零件开辟了一条新的途径。

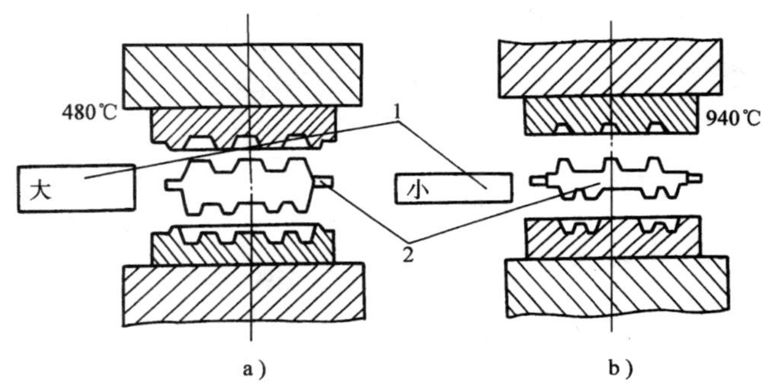

图 6-54　两种模锻工艺的比较
a）普通模锻，锻件加工余量大　b）超塑性模锻，锻件加工余量小
1—坯料　2—锻件

五、挤压

挤压也是模锻加工中的一种少无切削加工工艺。按金属流动方向与凸模运动的关系，分为正挤压、反挤压、复合挤压及径向挤压四种（前已述）。挤压又可按金属材料所具有的温度不同，分为热挤压、温挤压和冷挤压三种。

（1）热挤压　挤压时坯料变形温度高于材料的再结晶温度，与锻造温度相同。热挤压时变形抗力小，允许每次变形程度大；但产品表面粗糙。热挤压广泛用于冶金部门中生产铝、铜、镁及其合金的型材和管材等。目前，也越来越多地用于机器零件和毛坯的生产。

（2）冷挤压　是指坯料变形温度低于材料再结晶温度（经常是在室温下）的挤压工艺。冷挤压可提高挤压件的精度，使表面光洁，而且产品内部组织为加工硬化组织，从而提高了产品的强度；但变形抗力大，且挤压件尺寸一般较小，工件材料也受限制。此外，冷挤压需增加退火热处理工序和表面处理工序。

（3）温挤压　温挤压是介于热挤压与冷挤压之间的挤压方法，是将金属加热到再结晶温度以下的某个合适温度（100～800°C）进行挤压的。与热挤压相比，坯料氧化脱碳少，表面较光洁，产品尺寸精度高。与冷挤压相比，降低了变形抗力，增加每个工序的变形程度，提高模具寿命，扩大冷挤压材料品种，但挤压材料一般不需进行预先退火、表面处理和工序间退火。温挤压零件的精度和力学性能略低于冷挤压件。温挤压不仅适于挤压中碳钢，而且也适于挤压合金钢零件。

挤压是在专用挤压机上进行（有液压式、曲轴式、肘杆式等）的，也可在经适当改进后的通用曲柄压力机上或摩擦压力机上进行。表 6-11 是各种塑性成形方式的比较。

表 6－11　各种塑性成形方法比较表

<table>
<tr><th colspan="2">加工方法</th><th>使用设备</th><th>适 用 范 围</th><th>生产率</th><th>锻件精度及粗糙 度</th><th>模 具 特 点</th><th>模具寿命</th><th>机械化与自动化</th><th>劳动条件</th><th>对环境影 响</th></tr>
<tr><td colspan="2">自由锻</td><td>空气锤
蒸汽—空气锤水压机</td><td>小型锻件，单件小批生产
中型锻件，单件小批生产
大型锻件，单件小批生产</td><td>低</td><td>低
粗</td><td>无模具</td><td></td><td>难</td><td>差</td><td>振动和噪声大</td></tr>
<tr><td colspan="2">胎模锻</td><td>空气锤
蒸汽—空气锤</td><td>中小型锻件，中小批量生产</td><td>较高</td><td>中</td><td>模具简单，且不固定在设备上，取换方便</td><td>较低</td><td>较易</td><td>差</td><td>振动和噪声大</td></tr>
<tr><td rowspan="4">模锻</td><td>锤上模锻</td><td>蒸汽—空气锤无砧座锤</td><td>中小型锻件，大批量生产适合锻造各种类型模锻件</td><td>高</td><td>中</td><td>锻模固定在锤头和砧座上，模膛复杂造价高</td><td>中</td><td>较难</td><td>差</td><td>振动和噪声大</td></tr>
<tr><td>曲柄压力机上模锻</td><td>热模锻曲柄压力机</td><td>中小型锻件，大批量生产不易进行拔长和滚压工序</td><td>很高</td><td>高
细</td><td>组合模，有导柱导套和顶出装置</td><td>较高</td><td>易</td><td>好</td><td>较小</td></tr>
<tr><td>平锻机上模锻</td><td>平锻机</td><td>中小型锻件，大批量生产适合锻造法兰轴和带孔的模锻件</td><td>高</td><td>较高
较细</td><td>三块模组成，有两个分模面，可锻出侧面带凹槽的锻件</td><td>较高</td><td>较易</td><td>较好</td><td>较小</td></tr>
<tr><td>摩擦压力机上模锻</td><td>摩擦压力机</td><td>小型锻件，中批量生产可进行精密模锻</td><td>较高</td><td>较高
较细</td><td>一般为单膛锻模</td><td>中</td><td>较易</td><td>好</td><td>较小</td></tr>
<tr><td rowspan="2">挤压</td><td>热挤压</td><td>液压挤压机
机械压力机</td><td>适合各种等截面型材，大批大量生产</td><td>高</td><td>较高
较细</td><td>由于变形力较大，所以，凸凹模都要有很高的强度、硬度和很低的表面粗糙度</td><td>较高</td><td>较易</td><td>好</td><td>无</td></tr>
<tr><td>冷挤压</td><td>机械压力机</td><td>适合钢和有色金属及合金的小型锻件的大批大量生产</td><td>高</td><td>高
细</td><td>变形力很大，凸凹模强度、硬度和表面光洁程度等都要求很高</td><td>较高</td><td>较易</td><td>好</td><td>无</td></tr>
<tr><td>轧制</td><td>纵轧</td><td>辊锻机</td><td>适合连杆、扳手、叶片等零件的大批大量生产，也可为曲柄压力机模锻制坯</td><td>高</td><td>高
细</td><td>在轧辊上固定有两个半圆弧形的模具</td><td>高</td><td>易</td><td>好</td><td>无</td></tr>
</table>

（续）

加工方法		使用设备	适用范围	生产率	锻件精度及粗糙度	模具特点	模具寿命	机械化与自动化	劳动条件	对环境影响
轧制	纵轧	扩孔机	适合大小环类件大批大量生产	高	高 细	金属在具有一定孔形的驱动辊和芯辊之间变形	高	易	好	无
	横轧	齿轮轧机	适合各种模数较小齿轮零件的大批大量生产	高	高 细	模具为一模数和零件相同的带齿形轧轮	高	易	好	无
	斜轧	斜轧机	适合钢球、丝杠等零件的大批大量生产，也可为曲柄压力机模锻制坯	高	高 细	两个轧辊即为模具，轧辊上带有螺旋型槽	高	易	好	无

复习思考题

1. 何谓塑性变形？金属塑性变形的基本方式是什么？多晶体塑性变形的特点是什么？

2. 加工硬化对工件性能及加工过程有什么影响？

3. 纤维组织对金属材料有什么影响？纤维组织是削弱还是加强了金属力学性能？举例说明生产中如何合理利用纤维组织？

4. 如图 6－55 的钢制挂钩，拟用下述三种方法制造：①铸造；②锻造；③板料切割。试问用何种方法制得的挂钩承载最大？为什么？

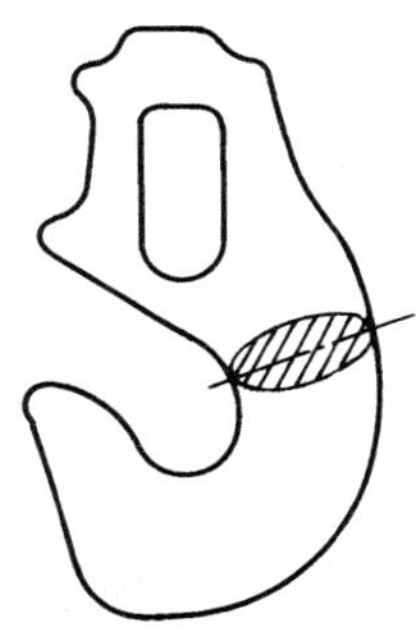

图 6－55　钢制挂勾

5. 某厂生产一直径 ϕ110mm、高 20mm 的齿轮毛坯，现提出三种制坯方案：①用 ϕ110mm 的棒料直接下料高 20mm 而得毛坯；②用厚 20mm 的板料通过气割下料 ϕ110mm 而得毛坯，③用 ϕ90mm 棒料下料适当长度经镦粗后而得毛坯。请问何种方法为妥？述明理由。

6. 冷变形和热变形有何区别？试述它们各自在生产上的应用。

7. 铅在室温下的变形，钨在 950°C 的变形都属于什么变形？为什么？

8. 何谓金属的可锻性？影响可锻性的因素是什么？

9. 碳钢的终锻温度一般选在 800℃左右，为什么？

10. 试述锻压比的概念。是否锻压比越大，金属材料锻后的力学性能越好？

11. 如图 6-56 为 C618K 车床主轴，采用自由锻方法制坯。试画出锻件图，并确定坯料尺寸（锻压比 B=1.3）。

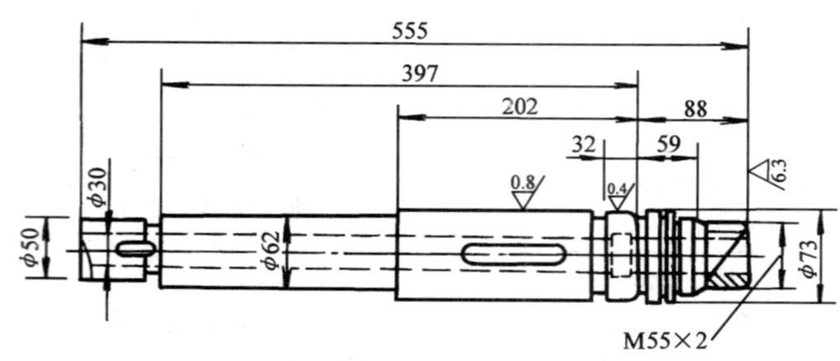

图 6-56 C618K 车床主轴

12. 如图 6-57a、b、c 所示分别为三种形状不同的连杆，试选择锤上模锻时的分模面位置，并画出模锻件图。图中锻件在模锻时可否出现水平错模力？有什么危害？如何避免？

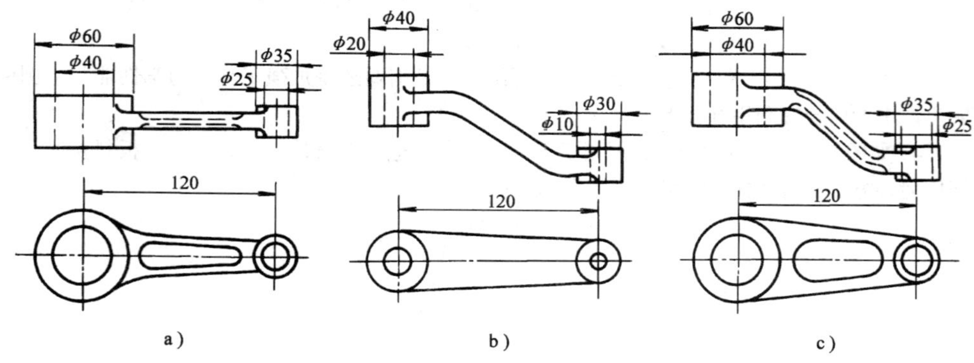

图 6-57 连杆

13. 试述胎模锻的特点和应用范围。

14. 如图 6-58 所示的零件，分别在单件、小批、大量生产时可选择何种锻造方法？说明理由。

15. 材料的回弹现象对冲压生产有什么影响？

16. 工件拉深时为什么会起皱？为什么会拉穿？采取什么措施解决上述质量问题？

17. 成批大量生产外径为 40mm、内径为 20mm、厚度为 2mm 的垫圈时，应选用何种模具结构进行冲裁才能保证孔与外圆的同心度？

18. 图 6-59 所示为厚 2mm、φ235-A 钢板的冲压件，应采用哪些基本工序冲压而成？若零件高度由 7mm 改为 14mm 时，将采用什么样的冲压工序？

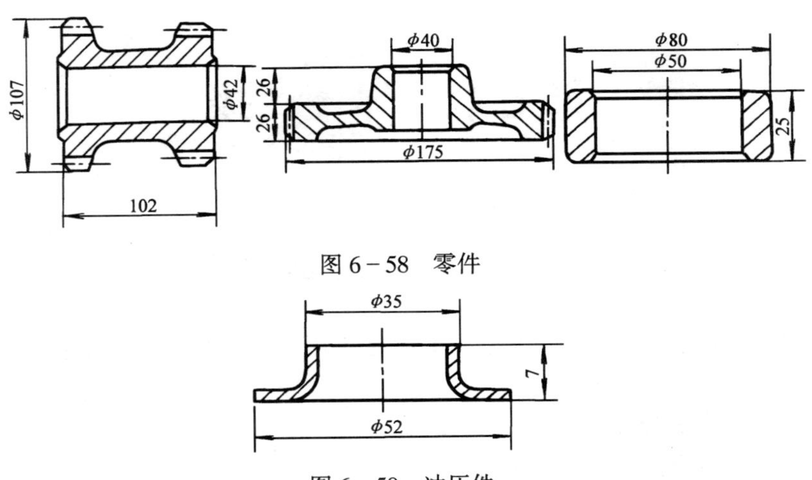

图 6－58 零件

图 6－59 冲压件

第七章　焊　　接

第一节　焊接基础

通过加热或加压或两者并用，并且用或不用填充材料，使焊件达到原子结合的一种加工方法，称为焊接。

一、焊接方法分类

常用的焊接方法可分为三大类。

1. 熔焊

在焊接过程中，将焊件接头加热至熔化状态，不加压力下完成焊接的方法，称为熔焊。

2. 压焊

在焊接过程中，必须对焊件施加压力（加热或不加热）以完成焊接的方法，称为压焊。

3. 钎焊

采用比母材熔点低的金属材料作为钎料，将焊件和钎料加热到高于钎料、低于母材熔点的温度，利用液态钎料润湿母材，填充接头间隙，并与母材相互扩散实现连接焊件的方法，称为钎焊。

随着焊接技术的发展，目前焊接方法已有几十种。工业中常用的焊接方法列表7－1中。

二、焊接的特点

焊接方法与其他加工方法相比，具有以下特点：

1. 节省金属材料，产品密封性好

在制造相同的金属结构时，用焊接代替铆接，可节省材料15%～20%，这是因为焊接比铆接省去了很多连接元件（铆钉和辅助材料），如图7－1所示。在制造运输设备时，以焊代铆，可以减轻设备的自重，提高运输效率。在制造压力容器时，焊接能保证产品的密封性，而铆接则很难。

因此，过去绝大部分用铆接生产的金属结构已被焊接结构所代替。

2. 以小拼大，化复杂为简单

对某些大型的或形状复杂的结构，可以采用铸－焊或锻－焊联合结构来取代整体铸造或整体锻造结构，从而做到以小拼大，以简拼繁。

表 7-1　常用焊接方法

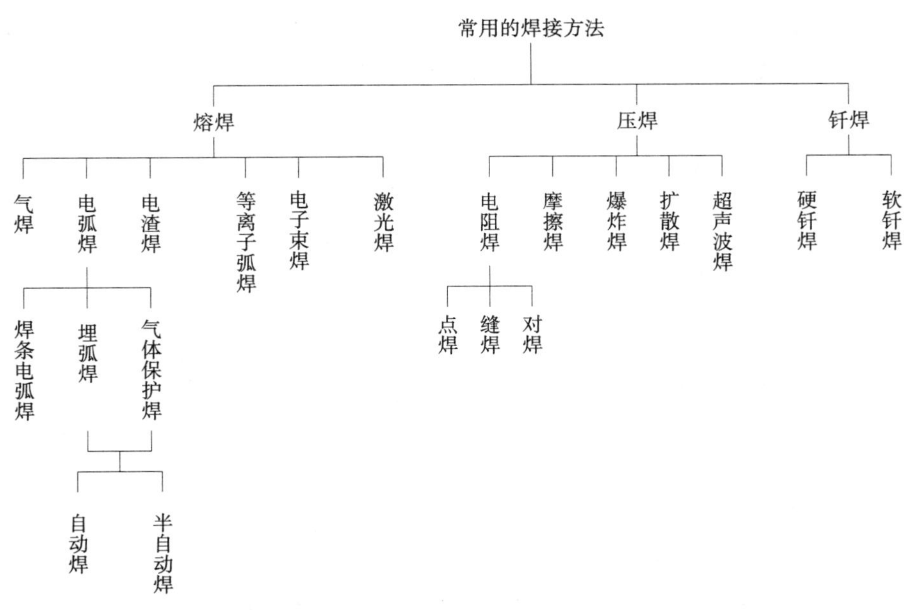

3. 便于制造双金属结构

用焊接方法可以制造复合层容器，还可以连接不同的金属材料或在某种金属的表面堆焊特殊合金层，以制造刀具、模具或零件，这样可节省大量的贵重金属材料。例如，切削刀具的切削部分（或刀片）与夹固部分（刀柄或刀体）可用不同的材料制造后再焊成整体。

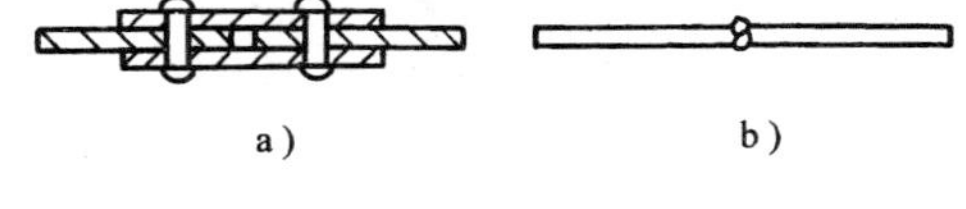

图 7-1　铆接与焊接
a) 铆接　b) 焊接

但是，用焊接方法制造金属结构与其他工艺方法相比，也有不足之处。焊接过程是局部加热，若结构设计不合理，原材料及工艺规范选择不当，会使焊接接头产生气孔、夹渣、应力、变形，甚至出现裂纹等缺陷。与其他行业相比，焊接技术是发展较晚的工艺方法，焊接设备的自动化水平仍较低，还有待于不断提高。

三、焊接的应用

焊接在工业上的应用相当广泛，主要有以下几个方面：

(1) 制造金属结构　焊接可广泛用于制造金属结构，如船体、桥梁、房架、机床床身等。

(2) 制造机器零件或毛坯　如制造轧辊、飞轮、电站设备中的重要部分、切削刀具等。

(3) 连接电气导线　如连接电子管和晶体管电路、变压器绕组以及输配电线路中的导线等。

此外，在修理工作中也普遍应用焊接，例如铸（钢、铁）件的缺陷补焊等。

总之，焊接在国民经济中的各个部门都有广泛的应用，在现代化的国防、人造卫星和宇航技术中占有极其重要的地位。

第二节 熔 化 焊

一、焊条电弧焊

1．焊接电弧

焊接电弧是在电极与工件间的气体介质中产生强烈而持久的放电现象，即在这局部气体介质中有大量电子流通过的导电现象。

电极可以是碳棒、钨极或焊条，一般手工电弧焊都使用焊条，故称焊条电弧焊。

电弧由三部分组成：阳极区、阴极区和弧柱（图 7－2）。电弧引燃后，弧柱中就充满了高温电离气体，放出大量的热能和强烈的光。电弧热量的多少是与焊接电流与电压的乘积成正比的。电流越大、电弧产生的总热量就越大。一般说，电弧热量在阳极区产生的较多，约占总热量的 43%；阴极区因放出大量电子时消耗一定能量，所以产生的热量较少，约占 36%；其余的 21% 左右是在弧柱中产生的。焊条电弧焊只有 65%～80% 的热量用于加热和熔化金属，其余的热量则散失在电弧周围或飞溅的金属熔滴当中。

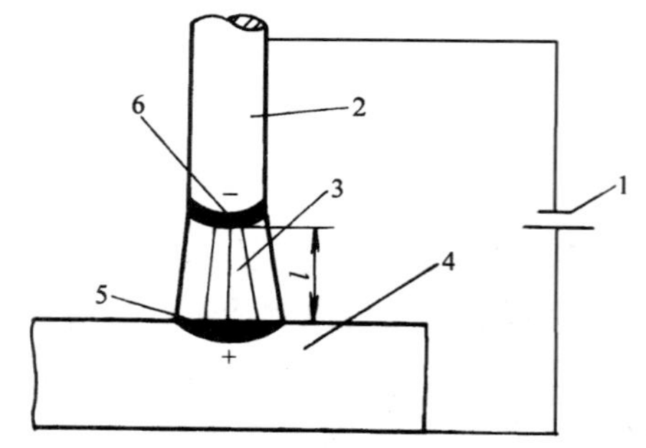

图 7－2 电弧的构造

1—直流电源 2—焊条 3—弧柱 4—焊件 5—阳极区 6—阴极区

电弧中阳极区和阴极区的温度因电极材料（主要是电极熔点）不同而异。用钢焊条焊接钢材时，阳极区温度约 2600K，阴极区温度约 2400K，电弧中心区温度最高，可达 6000～8000K。

当使用交流电焊设备焊接时，因电流每秒钟正负变换达一百次，所以两极产生的热量相等，两极温度都在 2500K 左右，不存在正接或反接问题。当使用直流电焊设备焊接时，两极固定不变，阳极区的热量和温度都大于阴极区，由于两极存在差异而分正接和反接。当焊件接电源正极，焊条接电源负极的接法为正接；反之，则为反接。

当电弧稳定燃烧时，电弧电压主要与电弧长度即焊条与工件间的距离有关。电弧长度越大，电弧电压也越大。一般情况下电弧电压在 16～35V 范围之内。

2. 焊条电弧焊的焊接过程

焊条电弧焊是利用焊条与工件间产生的电弧热，将工件和焊条熔化而进行焊接的。

焊条电弧焊可在室内、室外、高空和各种位置施焊，设备简单，容易维护，焊缝小，使用灵便，适合于焊接各种碳钢、低合金钢、不锈钢及耐热钢，也用于焊接高强度钢、铸铁和有色金属。焊接接头可与母材（工件）的强度相等，是焊接生产中应用最广泛的一种方法。

焊条电弧焊的焊接过程如图 7－3 所示：电弧在焊条与被焊工件之间燃烧，电弧热使工件（基本金属）和焊条同时熔化成为熔池，焊条金属熔滴借助重力和电弧气体吹力的作用过渡到熔池当中。电弧热还使焊条的药皮熔化或燃烧。药皮熔化后和液体金属起物理化学作用，所形成的熔渣不断从熔池中向上浮起；药皮燃烧产生的大量 CO_2 气体围绕于电弧周围，熔渣和 CO_2 气体可防止空气中氧、氮的侵入，起保护熔池金属的作用。当电弧向前移动时，焊件和焊条金属不断熔化形成新的熔池。电弧过后的熔池则不断地冷却凝固，形成连续的焊缝。焊缝质量由很多因素来决定，如工件基本金属和焊条的质量、焊前的清理工作、焊接电弧的稳定情况、焊接参数和焊接操作技术等。

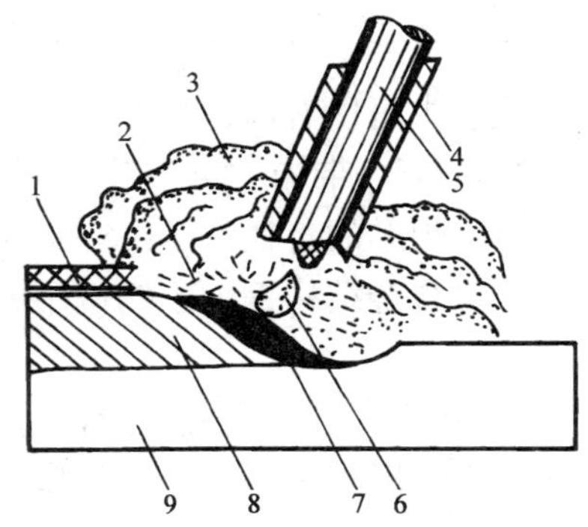

图 7－3　焊条电弧焊过程
1—渣壳　2—液态熔渣　3—气体
4—焊条药皮　5—焊芯
6—金属熔滴　7—熔池
8—焊缝　9—焊件

3. 焊条电弧焊的冶金特点

用焊条进行焊接时，在熔化金属、熔渣和气体三者之间发生一系列冶金反应。但这些冶金反应与一般冶炼过程比较，有以下特点：

（1）反应区温度高　焊接电弧和熔池金属的温度高于一般的冶金温度，因此使金属元素强烈蒸发，并使电弧区的气体分解呈原子状态，增大了气体的活泼性，导致金属烧损，形成有害杂质。

（2）金属熔池体积小　熔池体积很小，熔池四周又是冷金属，熔池处于液态的时间很短，冷却速度很快，致使各种化学反应难以达到平衡状态，化学成分不够均匀，有时气体和杂质来不及浮出而产生焊缝中气孔和缺陷。

4. 焊条

（1）焊条组成　焊条电弧焊焊条由焊芯和药皮两部分组成。

1）焊芯。焊芯（在自动焊时则为焊丝）是组成焊缝金属的主要材料，它起导电和填充焊缝金属的作用。它的化学成分和非金属夹杂物的多少将直接影响焊缝质量。因此作为焊条焊芯的钢材都是经过特殊冶炼的，它的钢号与化学成分应符合国家标准要求。常用的几种焊芯的化学成分见表 7－2。

表 7－2 焊接碳素钢时用焊芯化学成分

钢 号	w_C	w_{Mn}	w_{Si}	w_{Cr}	w_{Ni}	w_S	w_P	用 途
H08	≤0.10	0.30～0.55	≤0.03	≤0.20	≤0.30	<0.04	<0.04	一般焊接结构
H08A	≤0.10	0.30～0.55	≤0.03	≤0.20	≤0.30	<0.03	<0.03	重要的焊接结构
H08MnA	≤0.10	0.80～1.10	≤0.07	≤0.20	≤0.30	<0.03	<0.03	用作埋弧自动焊钢丝

从表中可以看出，焊芯具有较低的含碳量和一定的含锰量，但硅含量与硫磷含量都较少。带有“A”字符号者，其硫、磷含量（质量分数）均不超过0.03%。焊芯的直径从 $\phi1.6$～8mm，以直径为 $\phi3$～5mm 的应用最广。

焊接合金结构钢、不锈钢用的焊条，则采用相应的合金结构钢和不锈钢丝作焊芯。

2）药皮。焊条药皮在焊接过程中起着极为重要的作用，它是决定焊缝金属质量的主要因素之一。药皮的作用主要是：对熔池造成有效的气—渣保护，防止空气对熔化金属的有害作用；保证焊缝金属的脱氧、脱硫和加入合金元素，以提高焊缝金属的力学性能；提高电弧燃烧的稳定性，改善其工艺性能。

药皮的组成比较复杂，每种焊条的药皮配方中，一般由 7～9 种以上原料配成。药皮原料的种类、名称及作用见表 7－3。常用焊条药皮配方见表 7－4。

表 7－3 焊条药皮原料的种类名称及其作用

原料种类	原 料 名 称	作 用
稳弧剂	碳酸钾、碳酸钠、长石、大理石、钛白粉、钠水玻璃、钾水玻璃	改善引弧性能，提高电弧燃烧的稳定性
造气剂	淀粉、木屑、纤维素、大理石	造成一定量的气体，隔绝空气，保护焊接熔滴与熔池
造渣剂	大理石、氟石、菱苦土、长石、锰矿、钛铁矿、黄土、钛白粉、金红石	造成具有一定物理－化学性能的熔渣，保护焊缝 碱性渣中的 CaO 还可起脱硫、磷作用
脱氧剂	锰铁、硅铁、钛铁、铝铁、石墨	降低电弧气氛和熔渣的氧化性，脱除金属中的氧 锰还起脱硫作用
合金剂	锰铁、硅铁、铬铁、钼铁、钒铁、钨铁	使焊缝金属获得必要的合金成分
粘结剂	钾水玻璃、钠水玻璃	将药皮牢固的粘在焊芯上

（2）焊条的种类 焊条按其用途共分十大类：即结构钢焊条、钼和铬钼耐热钢焊条、不锈钢焊条、堆焊焊条、低温钢焊条、铸铁焊条、镍及镍合金焊条、铜

及铜合金焊条、铝及铝合金焊条和特殊用途焊条等。

表 7－4　常用电焊条药皮配方

焊条牌号	药皮类型	成分的质量分数（%）												
		大理石	菱苦土	金红石	钛白粉	中碳锰铁	钛铁	镁粉	白泥	长石	云母	石英	碳酸钠	萤石
E4303	钛钙型（酸性）	14	7	25	12	13	—	—	11	8	10	—	—	—
E5015	低氢型（碱性）	52	—	—	—	4.5	12	4	—	—	1.5	7	1	18

焊条按药皮的性质，大致分为酸性焊条和碱性焊条两大类。药皮熔渣中酸性氧化物比碱性氧化物多的称为酸性焊条；反之，则称为碱性焊条。酸性焊条药皮中含有对金属起积极氧化作用的 FeO、TiO_2、MnO 等，氧化性较强，致使药皮中合金元素烧损较大，焊缝金属的力学性能，特别是冲击韧度与塑性较碱性焊条低。但酸性焊条由于碳的氧化造成熔池沸腾，有利于已溶入熔池中的气体逸出，所以对铁锈、油脂、水份的敏感性不大。酸性焊条中最常用的是钛钙型焊条，能用交流电焊接，具有优良的工艺性，因此在国内获得广泛的应用，适用于一般低碳钢和强度较低的低合金结构钢的焊接。

碱性焊条的药皮中含有较多的大理石和氟石，并含有较多的铁合金作为脱氧剂和合金剂，焊接时大理石分解成 CaO 和大量的二氧化碳作为保护气体。与酸性焊条相比较，保护气体中氢很少，因此又称为低氢焊条。用碱性焊条焊接的焊缝金属力学性能良好，特别是冲击韧度较高。又由于 CaO 和锰铁能很好地起脱硫作用，焊缝金属中含氢量又极低，所以碱性焊条的抗裂性能较强。它主要用于重要结构如锅炉压力容器和合金结构的焊接。但碱性焊条药皮中含有氟化钙，氟是阻碍气体电离的元素，所以常要求用直流反接进行焊接。另外，氟在焊接中可生成氟化氢，氟化氢是有毒气体，所以应注意工作场地的通风。

（3）焊条的选用原则　焊条的种类很多，各有其适用范围，选用是否恰当将直接影响焊接质量、劳动生产率和产品成本。通常应根据焊件的化学成分、力学性能、抗裂性、耐蚀性以及高温性能等要求来选用相应的焊条种类，再考虑焊接结构形状、受力情况、工作条件和焊接设备等方面来选用具体的型号与牌号。

低碳钢和低合金高强钢构件，一般都要求焊缝金属与母材等强度，因此可根据钢材强度来选用相应的焊条。对酸性焊条或碱性焊条的选用，主要应考虑钢板厚度、结构形状、载荷性质和钢材的抗裂性能而定。通常对要求塑性好、冲击韧度高、抗裂能力强、低温性能好的，应选用碱性焊条；若焊件受力不复杂，母材质量较好，应尽量选用较经济的酸性焊条。

对耐热钢和不锈钢等有特殊性能要求的钢种焊接，应选用相应的专用焊条，以保证焊缝金属的主要成分与母材相同。

5. 焊接接头金属组织与性能的变化

(1) 焊件上温度的变化与分布　焊接时，电弧沿着工件逐渐移动并对工件进行局部加热。因此在焊接过程中，焊缝区的金属都是由常温状态开始被加热到较高的温度，然后再逐渐冷却到常温。但在焊件上各点金属所在位置的不同，其最高加热温度是不同的。图 7－4 为焊接时焊件截面上不同点的温度变化情况，由于各点离焊缝中心距离不同，所以各点的最高温度不同。又因热传导需要一定时间，所以各点是在不同时间达到该点最高温度的。但总的看来，在焊接过程中焊件上各点都相当于受到一次不同规范的热处理，因此必然有相应的组织与性能变化。

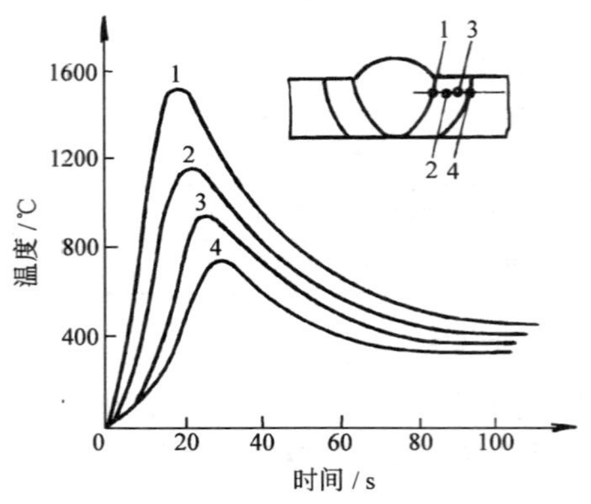

图 7－4　焊接接头截面上各点温度变化情况

(2) 焊接接头处的组织与性能的变化　现以低碳钢为例，来说明焊缝和焊缝附近区由于受到电弧不同加热而产生的金属组织与性能的变化。如图 7－5 所示，左侧下部是焊件的横截面，上部是相应各点在焊接过程中被加热的最高温度曲线（并非某一瞬间该截面的实际温度分布曲线）。图中 1、2、3 等各段金属组织性能的变化，可从右侧所示的部分铁－碳合金状态图来对照分析。工件截面图上已表示出了相应各点的金属组织变化情况。

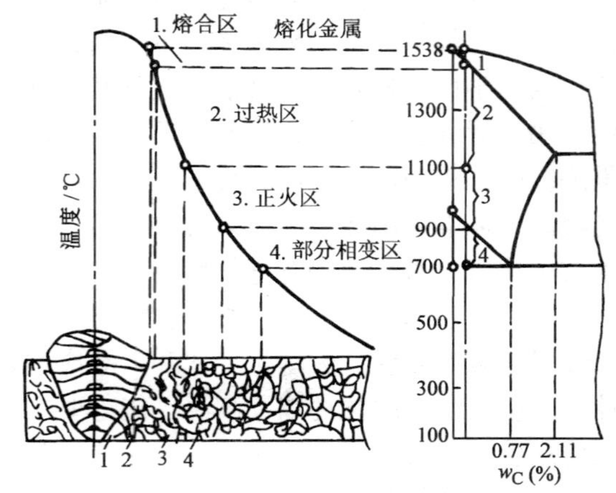

图 7－5　低碳钢焊接接头的组织变化

1) 焊缝金属。焊缝金属的结晶是从熔池底壁开始的，由于结晶时各个方向冷却速度不同，因而形成的晶粒是柱状的。柱状晶粒的成长方向与最大的冷却方向相反，约垂直于熔池底壁。因焊缝冷却速度较快，又因焊条药皮的渗合金等作用，焊缝金属中锰硅等合金元素的含量可能比母材金属高，所以焊缝金属的性能可不低于母材金属。

2) 熔合区。焊缝与母材金属的交界区，焊接过程中母材部分熔化，所以也称为半熔化区。组织中包含未熔化但受热而长大的粗晶粒和部分铸造组织，致使该区强度、塑性和韧性都下降，并引起应力集中，是产生裂纹、局部脆性破坏的发源地。在低碳钢焊接接头中，这一区域虽然较窄（约 0.1～1mm），但它在很大程度上决定着焊接接头的性能。

3）热影响区。焊缝两侧因焊接热作用而发生组织性能变化的区域。由于焊缝附近各点受热作用不同，热影响区可分为过热区、正火区和部分相变区等。过热区紧靠着熔合区，该区受高温影响，晶粒急剧长大，甚至产生过热组织，因而其塑性和冲击韧度降低，特别是对于容易淬火硬化的钢材，此区脆性更大；正火区金属被加热到比 Ac_3 稍高的温度，金属发生重结晶，冷却后使金属晶粒细化，得到正火组织，因而力学性能得到改善；部分相变区是处于 Ac_1～Ac_3 之间的温度范围的金属，珠光体和部分铁素体发生重结晶转变，使晶粒细化，部分铁素体未转变，冷却后晶粒大小不同，因此力学性能稍差。

焊接热影响区的大小和组织性能变化的程度，决定于焊接方法、焊接参数、接头形式和焊后冷却速度等因素。

同一焊接方法使用不同焊接参数时，热影响区的大小也不相同。一般来说，在保证焊接质量的条件下，增加焊接速度，减少焊接电流都能减小焊接热影响区。

（3）改善焊接热影响区性能的方法　焊接热影响区在焊接过程中是不能避免的。一般用焊条电弧焊或埋弧焊焊接低碳钢结构时，因热影响区较窄，危害性较小，焊后不进行处理就能使用。但对重要的钢结构或用电渣焊接的构件，则必须充分注意到热影响区带来的不利影响，要用焊后热处理办法来加以消除。

对焊后不能接受热处理的金属材料或构件，则只能通过正确选择焊接方法与焊接工艺来减少焊接热影响区的范围，以减小其不利影响与危害。

6．焊接应力与变形

（1）焊接应力与变形产生的原因　焊接时局部加热，是焊件产生焊接应力与变形的根本原因。现以平板对接焊（图 7－6）为例进行说明。焊接时，由于焊缝区被加热到很高温度，离焊缝越远，被加热的温度越低。根据金属材料热胀冷缩的特性，焊件各区因温度不同将产生大小不等的纵向膨胀，如果各区域的金属能自由伸长而不受周围金属的阻碍，其伸长应如图 7－6a 中虚线所示那样。但钢板是一个整体，这种伸长不能自由地实现，钢板端面只能比较均衡地伸长，于是被加热到高温的焊缝区金属因受两边金属的阻碍而产生压应力，远离焊缝区的两金属则受到拉应力。当焊缝区金属所受压应

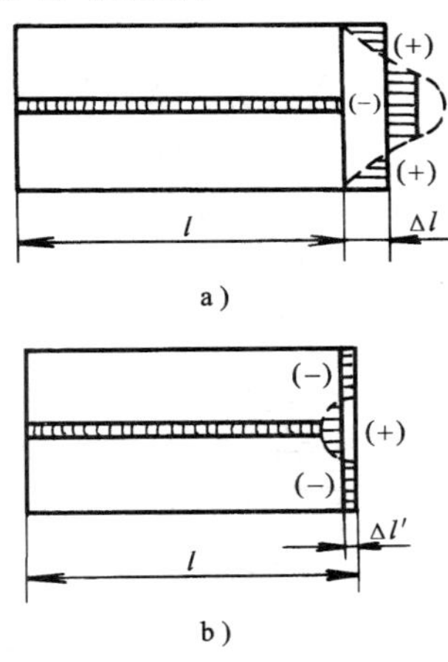

图 7－6　平板对焊接时的应力与变形

力超过屈服点时，该区域就产生了压缩塑性变形。此时，钢板中存在着的压应力与拉应力二者平衡，整块钢板比原尺寸伸长 Δl。

焊后冷却时，焊件在长度上又会缩短，未产生塑性变形部分的材料企图恢复到受热以前的原长，而经受塑性变形部分的材料若能自由收缩，则可收缩到图 7－6b 中虚线位置，但实际上钢板是个整体，各部位互相牵制，两边的金属阻碍了它的缩短，因此焊后平均收缩到比原长小 $\Delta l'$ 的位置，此收缩变形 $\Delta l'$ 称为“焊接变形”。此时焊缝区受拉应力，两侧金属内部受到压应力并互相平衡。这些应力，焊后残余在构件内部，称为“焊接残余应力”（简称焊接应力）。

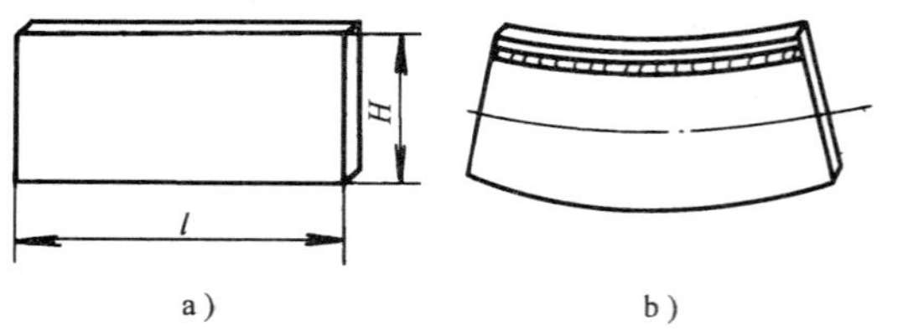

图 7－7　钢板边缘堆焊时的变形
a）焊接开始时　b）焊后

用上述的道理同样可以说明，在长方形钢板边缘堆焊时（图 7－7），焊接以后冷却到常温，焊缝区产生拉应力，焊缝区除产生纵向收缩变形外，钢板还产生弯曲变形（图 7－7b）。

（2）焊接变形的基本形式

焊接变形可能是多种多样的，但最常见的是图 7－8 所示的几种基本形式。

1）收缩变形。构件焊接后，纵向和横向尺寸缩短，这是由于焊缝纵向和横向收缩所引起的。

2）角变形。V 形坡口对接焊时，由于焊缝截面形状上下不对称，焊后收缩不匀而引起角变形。

3）弯曲变形。丁字梁焊接时，由于焊缝布置不对称，焊缝纵向收缩后引起工件弯曲变形。

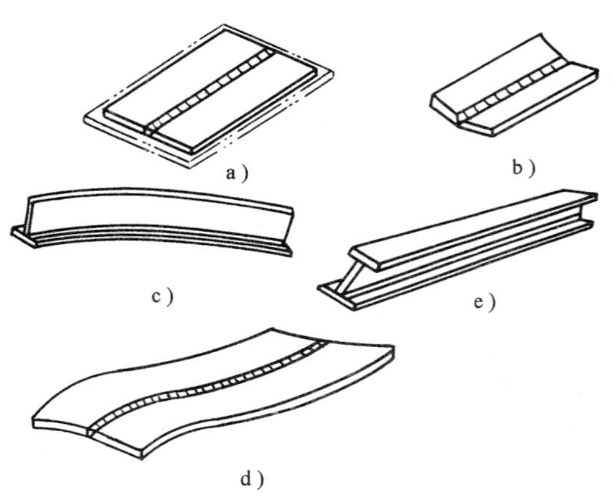

图 7－8　焊接变形的基本形式
a）收缩变　b）角变形　c）弯曲变形
d）波浪形变形　e）扭曲变形

4）波浪形变形。焊接薄板结构时，由于薄板在焊接应力作用下丧失稳定性而引起波浪形变形。

5）扭曲变形。由于焊缝在构件横截面上布置的不对称或焊接工艺不合理，使工件产生扭曲变形。

（3）防止和减少焊接变形的工艺措施

1）反变形法。用试验和计算方法，预先断定焊后可能发生的变形大小和方向，将工件安置在变形相反方向的位置上（图7－9），或在焊前使工件反方向变形（图7－10），以抵消焊接后所发生的变形。

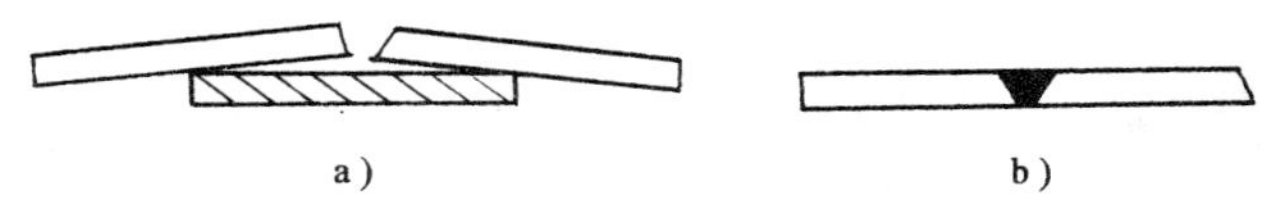

图7－9 平板焊接的反变形
a）焊前反变形 b）焊后

2）加余量法。在工件尺寸上加上一定的收缩余量，以补充焊后的收缩，通常为0.1%～0.2%。

3）刚性夹持法。焊前将工件固定夹紧，焊后的变形可大大缩小。固定夹紧的方法较多，可用简单的夹具或刚性支撑，甚至可将工件临时点固在工作台上。批量生产时，则常用装配焊接专用胎夹具。但刚性夹持法只适用于塑性较好的低碳钢结构，对淬硬性较大的钢材及铸铁不能使用，以免焊后断裂。

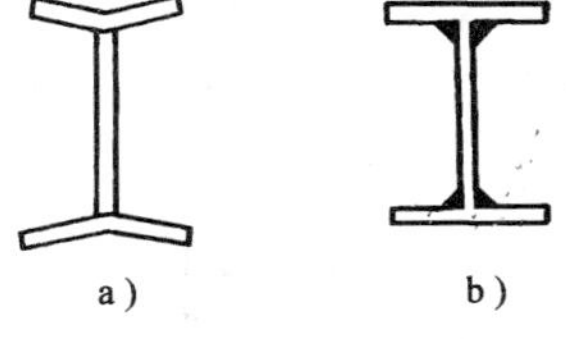

图7－10 防止壳体焊接局部塌陷的反变形
a）焊前预弯反变形 b）焊后

4）选择合理的焊接次序。如果在构件的对称两侧都有焊缝，应该设法使两侧焊缝的收缩能互相抵消或减弱。例如X形坡口多层焊缝，应采用如图7－11所示的焊接次序；工字梁与矩形梁的焊接应按如图7－12所示1～4次序施焊。

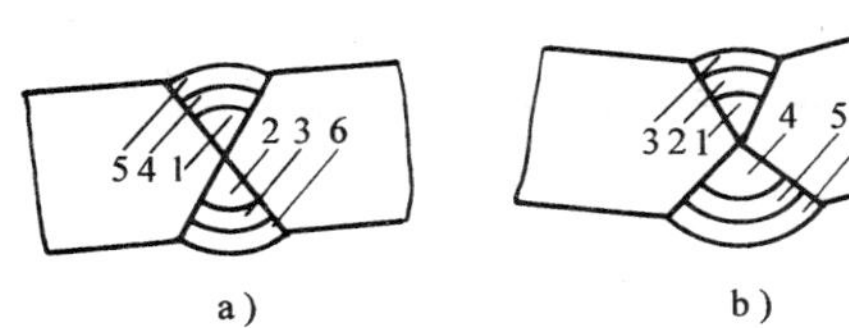

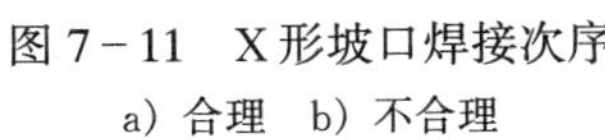

图7－11 X形坡口焊接次序
a）合理 b）不合理

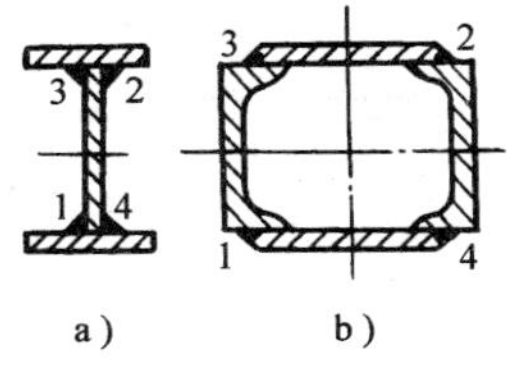

图7－12 对称断面梁的焊接次序
a）工字梁 b）矩形梁

焊接长焊缝时，为了减少焊接变形，常采用“逆向分段焊法”，即把整个长焊缝分为长度150～200mm的小段，分段进行焊接，每一段都朝着与总方向相反的方向施焊。

（4）焊接变形的矫正方法 在实际生产中，即使采用上述措施，焊后有时仍会产生一些变形，为确保结构形状与尺寸要求，常需进行矫正。矫正的要点，是使焊接构件产生新的变形，以抵消焊接时所产生的变形。生产中所用的矫正方法有两种，即机械矫正法和火焰加热矫正法。

1）机械矫正法。利用机械外力的作用来矫正变形的方法，可采用辊床、压力机、矫直机等机械外力，也可用手工锤击矫正。

2）火焰加热矫正法。利用氧－乙炔火焰在焊件适当部位上加热，使工件在冷却收缩时产生与焊接变形反方向的变形，以矫正焊接所产生的变形（图7－13），焊后已经产生变形的丁字梁，可用火焰在图示腹板位置进行加热，加热区呈三角形，然后冷却使腹板收缩，因此引起工件的反向变形，可使工件矫直过来。火焰加热矫正变形方法主要用于低碳钢和部分普通低合金钢。加热温度不宜过高，一般在600～800℃之间。

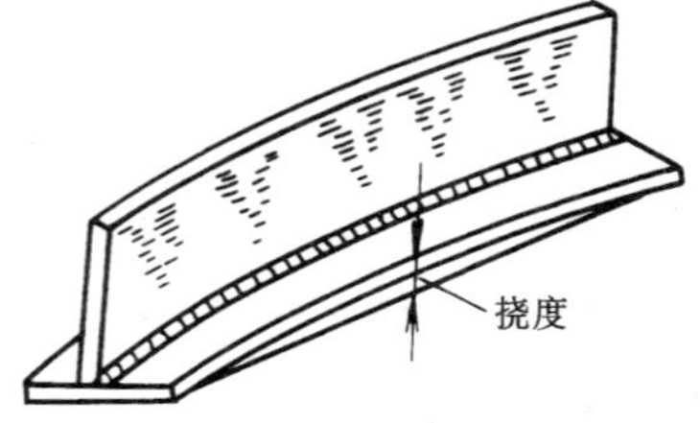

图7－13 挠曲工件的加热矫正

（5）减少与消除焊接应力的工艺措施 焊接时，工件不可避免地要产生内应力，从而产生变形。为了减少与消除焊接应力通常从设计上和工艺上采取以下措施。

1）选择合理的焊接次序。焊接平面形工件上的焊缝，应保证焊缝的纵向与横向比较自由地收缩，如收缩受阻，焊接应力加大。例如焊接如图7－14所示的结构时，如果按图a的次序1、2进行焊接，可减少内应力；反之，如按图b的次序进行焊接就要增加内应力，特别是在焊缝交叉处A易发生裂缝。

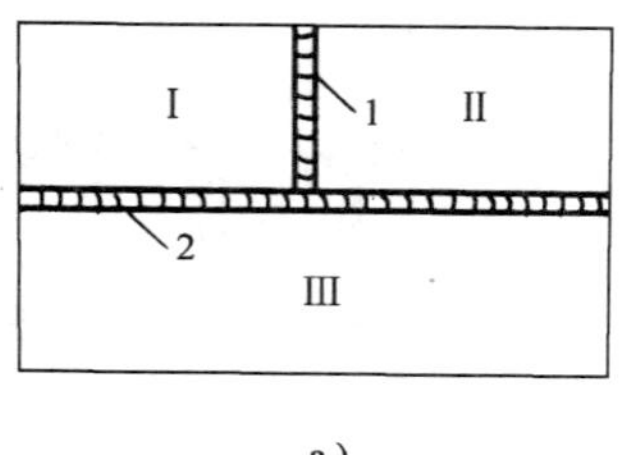

a）

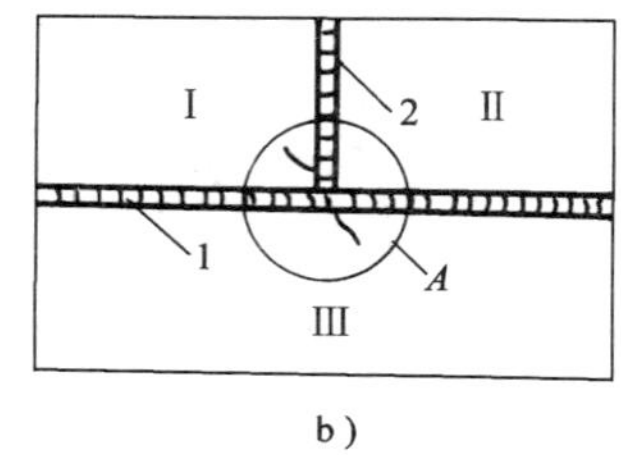

b）

图7－14 焊接次序对焊接应力的影响

2）预热法。在实际生产中，最有效的减少内应力的方法是焊前预热。即在焊前将工件预热到350～400℃，然后再进行焊接。预热可使焊缝部分金属和周围金属的温差减小，焊后又可比较均匀地同时冷却收缩，因此可明显减少焊接应力，同时可减少焊接变形。

3）焊后退火处理。最常用的也是最有效的方法是对工件进行高温回火（也称消除应力退火），即将工件均匀加热到600～650℃，保温一定时间（不小于一小时）后缓慢冷却。整体高温回火消除焊接应力的效果最好，一般可将 80%～90%以上的残余应力消除掉。

二、埋弧焊

1. 埋弧焊的焊接过程与特点

埋弧焊也称熔剂层下自动焊，其焊接过程如图 7－15 所示。

焊接时，自动焊机头将光焊丝自动送入电弧区并保证选定的弧长，电弧在焊剂层下面燃烧，电弧靠焊机控制均匀地向前移动（或者焊机不动，工件以匀速运动）。在焊丝前面，焊剂从漏斗中不断流出撒在工件表面。焊接时，部分焊剂熔化成为熔渣覆在焊缝表面，大部分焊剂未熔化，可收回重新使用。

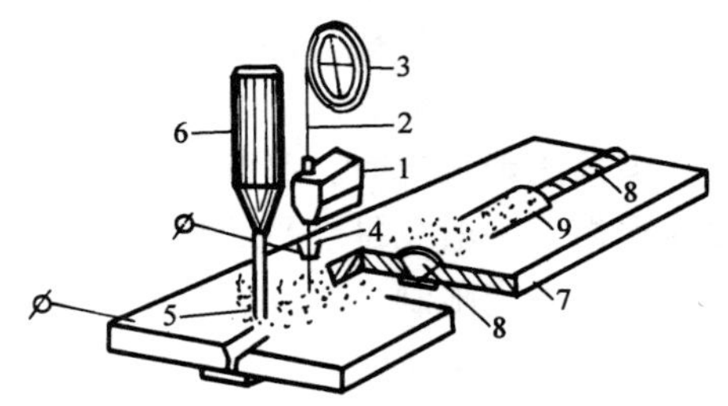

图 7－15　埋弧焊示意图

1—自动焊机头　2—焊丝　3—焊丝盘　4—导电嘴　5—焊剂　6—焊剂漏斗　7—工件　8—焊缝　9—渣壳

图 7－16 是埋弧焊的纵截面图，电弧燃烧后，工件金属被熔化成熔池，由于电弧向前移动，熔池金属被电弧气体排挤向后堆积。焊剂覆于其上，一部分熔化后形成熔渣与液体金属间产生有利的物理化学作用。电弧则被熔渣所包围，因此空气不能浸入熔池和焊缝。熔渣泡呈封闭形状，有一定粘度，能承受一定的压力，因此使用大电流（超过 1000A）时也不致引起金属滴向熔渣泡外面飞溅，可减少电弧热能的损失。另外，焊丝上没有药皮，允许提高电流密度，电弧吹力则随电流密度的增大而增大，因此埋弧焊的熔池比焊条电弧焊大得多。

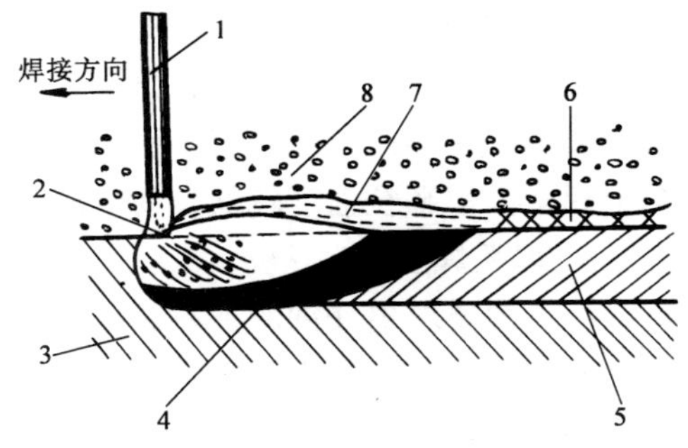

图 7－16　埋弧焊的纵截面图

1—焊丝　2—电弧　3—焊件　4—金属熔池　5—焊缝　6—渣壳　7—液态熔渣　8—焊剂

埋弧焊的特点：

（1）生产率高　埋弧焊的电流常用到 1000A 以上，即比焊条电弧焊高 6～8 倍；又因焊接过程中节省了更换焊条的时间，所以比焊条电弧焊提高生产率 5～10 倍。

（2）焊接质量高而且稳定　埋弧焊焊剂供给充足，电弧区保护严密，熔池保持液态时间长，冶金反应充分，气体和杂质易于浮出，而且焊接参数可自动控制调整，所以焊接质量高而且稳定，焊缝表面成形美观。

（3）节省金属材料　采用埋弧焊焊接时没有焊条头，20～25mm 以下的工件可以不开坡口，所以能节省大量焊接金属材料。

（4）改善了劳动条件　埋弧焊看不到弧光，焊接烟雾也很少，焊接时不必焊工用手操作，所以劳动条件得到了很大改善。

埋弧焊和焊条电弧焊比较有以上优点，所以在焊接生产中已得到广泛应用，常用来焊接长的直线焊缝和较大直径的环形焊缝。当工件厚度增加和批量生产时，其优点尤为显著。

但采用埋弧焊时，必须添置价值较贵的埋弧焊机。埋弧焊对接头加工与装配要求严格，一般总是在平焊位置进行焊接。对狭窄位置的焊缝及薄板焊接，埋弧焊也受到一定限制。

2. 埋弧焊焊剂

埋弧焊焊剂的作用和焊条药皮的作用基本一样，在焊接过程中起稳弧、保护、脱氧、渗合金等作用。

埋弧焊焊剂按制造方法可分为熔炼焊剂和陶质焊剂两大类。熔炼焊剂是将原材料配好后在炉中熔炼而成。呈玻璃状，颗粒强度高、化学成分均匀、不吸收水份，适于大量生产。按化学成分不同又可分为高锰、中锰、低锰、无锰几种。目前已广泛应用于一般碳钢和低合金结构钢的焊接。

陶质焊剂是非熔炼焊剂，是用矿石、铁合金及粘结剂按一定比例配制成颗粒状，经 300～400°C 干燥固结而成。使用这类焊剂，便于向焊缝金属补充或添加合金元素，但颗粒强度较低，易吸潮。

3. 埋弧焊工艺

埋弧焊要求更仔细的下料、准备坡口和装配。装配时要用优质焊条点固。下料、开坡口和装配如不准确，就会因尺寸变化而使焊缝成形不均，甚至发生大的缺陷。

焊接前，应将焊缝两侧 50～60mm 内一切污垢与铁锈除去，以免产生气孔。

埋弧焊一般都用于平焊位置，用于焊接对接、T 形字接头与搭接接头的长的直线焊缝。对接 20mm 以下工件时，可以采用单面焊接。工件厚度超过 20mm 时，可进行双面焊接或者开坡口后采用单面焊接。由于引弧处和断弧处质量不易保证，焊前可在接缝两端焊上引弧板和引出板如图 7－17 所示，焊后再去掉。为保持焊缝成形良好和防止烧穿，生产中常常先用手工焊封底，或者采用各种

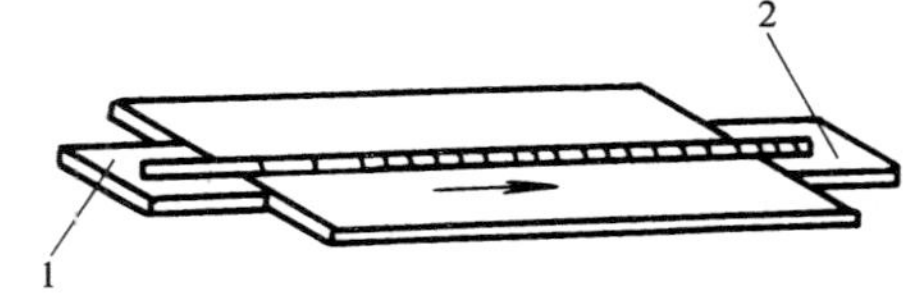

图 7－17　埋弧焊的引弧板和引出板

1—引弧板　2—引出板

类型的焊剂垫如图 7－18 所示。

三、气体保护焊

1. 氩弧焊

以氩气作为保护气体的气体保护焊称为氩弧焊。氩气是惰性气体，它可以保护电极和熔化金属不受空气的有害作用如图 7－19 所示。在高温情况下，氩气不与金属起化学反应，也不溶于金属，因此氩弧焊的质量比较高。

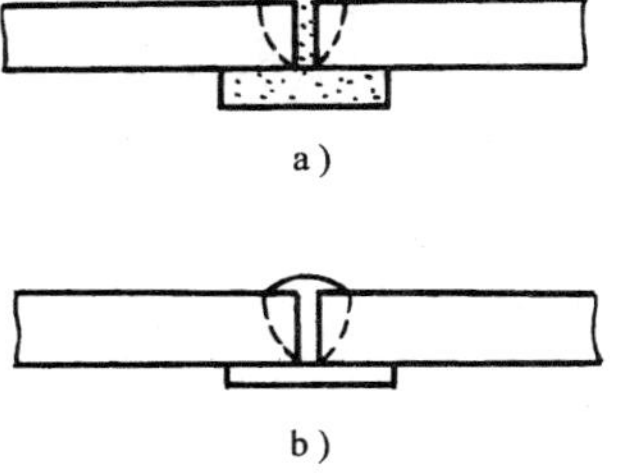

图 7－18 自动焊应用的焊剂垫
a）焊剂垫 b）钢垫板

氩弧焊的电极分为熔化极和非熔化极（钨极）两种。熔化极氩弧焊如图 7－19a 所示，以连续送给的焊丝作为电极，可分为自动熔化极氩弧焊和半自动熔化极氩弧焊两种形式。半自动焊时，由焊工手持焊枪进行操作。非熔化极氩弧焊如图 7－19b 所示，采用高熔点的钨棒作为电极，钨极消耗很慢，易于实现机械化。钨极氩弧焊可分为自动钨极氩弧焊和手工钨极氩弧焊两种形式。

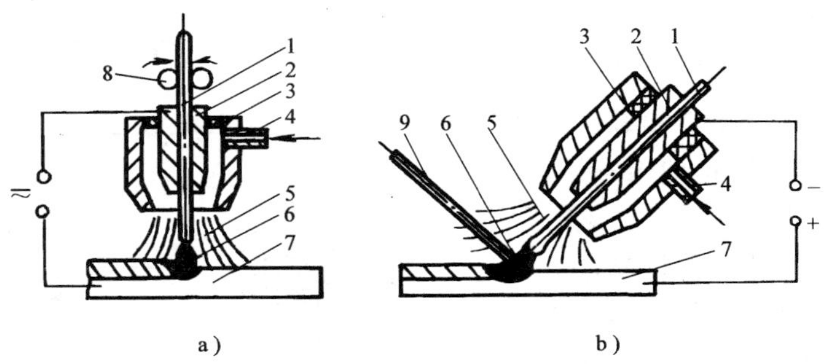

图 7－19 氩弧焊示意图
a）熔化极氩弧焊 b）不熔化极氩弧焊
1—焊丝或电极 2—导电嘴 3—喷嘴 4—进气管 5—氩气流
6—电弧 7—工件 8—送丝辊轮 9—填充焊丝

焊接用氩气一般用钢瓶装运，钢瓶涂灰色漆，瓶外写深绿色“纯氩”字样。氩气中含有氧、氮、二氧化碳或水份时，会降低氩气的保护作用并造成夹渣、气孔等缺陷。因此焊接铝、镁及其合金时，氩气纯度应≥99.9%；焊接不锈钢、耐热钢、铜及其合金时，氩气纯度应≥99.7%。

氩弧焊具有以下特点：

1）由于用惰性气体氩保护，最适于焊接各类合金钢、易氧化的有色金属以及锆、钽、钼等稀有金属。

2）明弧可见，便于操作，容易实现全位置自动化焊接。

3）电弧在气流压缩下燃烧，热量集中，熔池较小，所以焊接速度较快，热影响区较窄，工作焊后变形小。

4）氩弧焊电弧稳定，飞溅小，焊缝致密，表面无熔渣，成形美观。

目前，氩弧焊主要用于焊接铝、镁、钛及其合金、低合金钢、耐热钢、不锈钢等。但氩气成本较高，氩弧焊的设备及控制系统比较复杂，为了防止保护气流被破坏，氩弧焊只能在室内进行焊接。

2．二氧化碳气体保护焊

二氧化碳气体保护焊是以 CO_2 作为保护气体的电弧焊，简称 CO_2 焊。它用焊丝作电极，靠焊丝与焊件之间产生的电弧熔化金属，以自动或半自动方式进行焊接。目前应用较多的是半自动焊。即焊丝送进靠机械自动进行，由焊工手持焊枪进行焊接操作。

CO_2 焊的焊接装置如图 7－20 所示，焊丝由送丝机构通过软管经导电嘴送出，CO_2 气体从喷嘴中以一定流量喷出，电弧引燃后，焊丝末端、电弧及熔池被 CO_2 气体所包围，可防止空气对金属的有害作用。

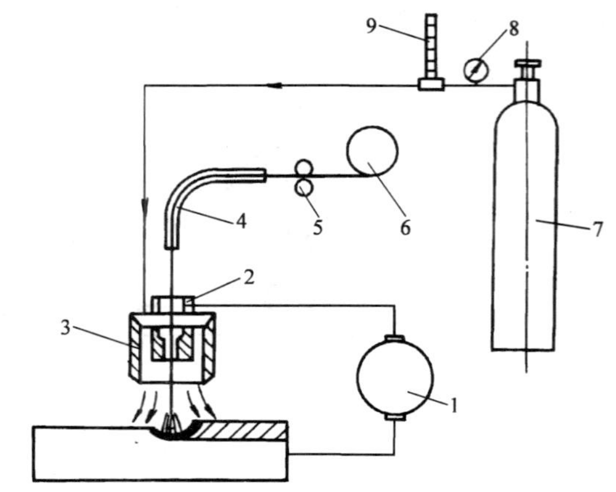

图 7－20　CO_2 焊示意图

1—直流电源　2—导电嘴　3—焊枪喷嘴
4—送丝软管　5—送丝机构　6—焊丝盘
7—CO_2 气瓶　8—减压器　9—流量计

但是，CO_2 是氧化性气体，在高温下能分解为 CO 和氧，使钢中的碳、锰、硅及其他合金元素烧损。为保证焊缝的质量，须采用含锰、硅较高的低碳钢丝或含有相应合金元素的合金钢丝。例如焊接低碳钢常用 H08MnSiA 焊丝；焊接低合金结构钢常用 H08MnSiA 焊丝。

CO_2 焊具有以下特点：

（1）成本低　可采用廉价的二氧化碳气体代替焊剂，所以 CO_2 焊的成本仅是埋弧焊和焊条电弧焊的40％左右。

（2）质量较好　当选用合适的焊丝并注意操作时，焊接质量还是比较好的。由于电弧在气流压缩下燃烧热量集中，所以焊接热影响区较小，焊件产生变形和产生裂缝倾向也小，故特别适用于薄板焊接。

（3）生产率高　由于焊丝送进自动化，电流密度大，电弧热量集中，所以焊接速度较快。另外，焊后没有熔渣，节省了清渣时间，所以比焊条电弧焊提高生产率 1～3 倍。

（4）操作性能好　CO_2 焊是明弧焊，可以清楚的看到焊接过程，容易发现问题并可及时处理。CO_2 半自动焊像焊条电弧焊一样灵活，适于各种位置的焊接。

CO_2 保焊目前已广泛应用于造船、汽车、机车车辆、农业机械等工业部门，主要用于焊接低碳钢和低合金结构钢。

CO_2 焊的缺点是：用较大电流焊接时，飞溅较大、烟雾较多、弧光强烈；焊缝表面成形不够美观；如果控制或操作不当容易产生气孔。

第三节　压焊与钎焊

一、电阻焊

电阻焊是利用电流通过焊件及接触处产生的电阻热作为热源，将焊件局部加热到塑性或熔化状态，然后在压力下形成焊接接头的焊接方法。

电阻焊在焊接过程中产生的热量，可用于焦耳－楞次定律计算：

$$Q = I^2Rt$$

式中　Q——电阻焊时所产生的电阻热（J）；

I——焊接电流（A）；

R——工件的总电阻（Ω），包括工件本身电阻和工件间的接触电阻；

t——通电时间（s）。

因为两工件的总电阻有限，为使工件在极短的时间内（0.01s 至几秒）迅速地加热以减少散热损失，所以使用很大的焊接电流（几千至几万安培），采用低电压但功率很大的焊接电源。

与其他焊接方法比较，电阻焊具有生产率高、焊件变形小、焊工劳动条件好、不需加添焊接材料、易于自动化等特点；但设备较一般熔化焊复杂、耗电量大，适用的接头形式与可焊工件厚度（或断面）受到限制。

电阻焊分为点焊、缝焊、对焊三种型式，如图 7－21 所示。

1．点焊

点焊（图 7－21a）是利用柱状电极，在二块搭接工件接触面之间形成焊点，而将工件焊在一起的焊接方法。

点焊时，先加压使两工件紧密接触，然后接通电流，因接触面的电阻比焊件本身电阻大得多，该处发热量最多。工件与电极接触处的热量被电极传走（电极由水冷却），温度不会升高太大。所以两工件接触面处产生的热量则使该处温度急速升高，将该处金属熔化形成熔核。然后断电，继续保持或稍加大压力，使熔核在压力下凝固结晶，形成组织致密的焊点。焊完一点后，移动工件焊下一点。焊第二点时，有一部分电流可能流经已焊好了的焊点，称之为分流现象如图 7－

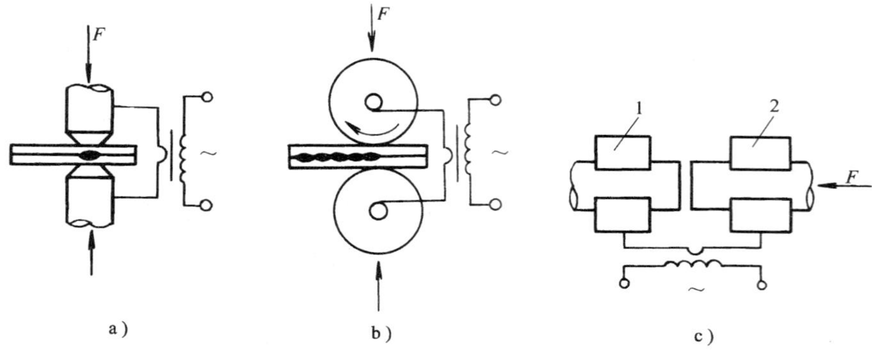

图 7-21 电阻焊示意图
a) 点焊 b) 缝焊 c) 对焊
1—固定电极 2—移动电极

22 所示。工件厚度越大，材料导电性越强，分流现象越严重。分流将使焊接处电流变小，影响焊点质量。因此二焊点间应有一定距离，减小分流。

点焊电极压力 F 应根据材料性能、工件厚度等进行选择。工件厚度越大，电极压力也应越大；工件材料的高温强度大（如耐热钢等），电极压力也应该大些。

点焊时焊件表面状态对质量影响很大。如焊件表面存在氧化膜及油污，将使焊件间接触电阻显著增加，甚至出现局部不导电，影响电流通过，因此点焊前必须清洗工件。

由于点焊过程特点所决定，工件都采用搭接。图 7-23 为几种典型的点焊接头形式。

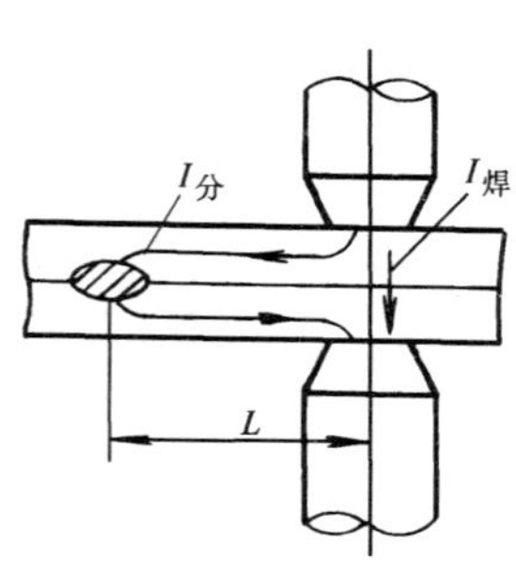

图 7-22 点焊分流现象
$I_{分}$—分路电流 $I_{焊}$—焊接电流 L—点距

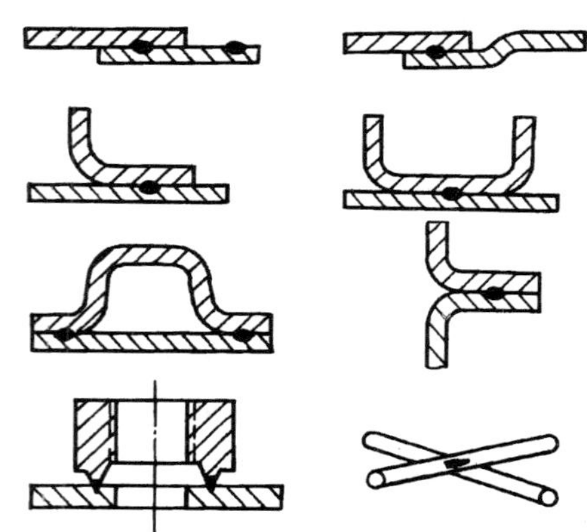

图 7-23 点焊接头形式

点焊主要适用于焊接各种薄板冲压结构及钢筋，目前已广泛用于制造汽车、飞机、车箱等轻型结构，可以每次焊一点或同时焊很多点，利用悬挂式点焊枪还可以进行全位置焊接。适合采用点焊的工件厚度一般为 4mm 以下薄板。点焊可将直径达 25mm 的钢筋焊在一起，也可将螺帽焊在簿板上。

2．缝焊

缝焊过程与点焊相似，只是用旋转的盘状滚动电极代替了柱状电极。焊接时滚盘压紧焊件并转动（也带动工件向前移动），配合断续通电，即形成连续的焊点（图 7－21b）。

缝焊时，焊点相互重叠约 50％以上，密封性良好，主要用于制造油箱等要求密封的薄壁结构；但由于缝焊过程中分流现象严重，一般只限于 3mm 以下的薄板焊接。

3．对焊

对焊是利用电阻热使两个工件在整个断面上焊接起来的一种方法（图 7－21c）。根据焊接过程不同，又可分为电阻对焊和闪光对焊。

（1）电阻对焊　将两个被焊工件装在对焊机的夹具中对正夹紧，并施加预压力使两工件的端面挤紧，然后通电，当电流通过工件和接触处时产生电阻热，将被焊工件的接触处迅速加热到塑性状态，然后增大压力同时断电，使接触处产生一定的塑性变形而形成焊接接头。电阻对焊操作简便，接头外形较光滑。但焊前对被焊工件端面清理工作要求较高，否则在接触面易造成加热不匀；另外，高温端面易发生氧化夹渣，质量不易保证，所以一般仅用于断面简单、直径小于 20mm 和强度要求不高的工件。

（2）闪光对焊　焊接过程是将工件夹好后，首先接通电流，然后逐渐移动被焊工件使相互接触。由于工件端面不平，首先只是某些点接触，强电流通过这些点时，这些点即迅速熔化，在电磁力作用下，液体金属发生爆破，以火花形式从接触处飞出，造成闪光现象。继续移动工件，产生新的接触点，则闪光现象连续产生，热量传到工件内部，待焊件被加热到端面全部熔化时迅速对焊件加压（顶锻）并切断电流，焊件即在压力下产生塑性变形而焊到一起。在闪光焊焊接过程中，工件端面的氧化物及杂质一部分随闪光火花带出，一部分在加压时随液体金属挤出，因此接头中夹渣较少，质量较高。闪光对焊的缺点是：金属损耗多，工件尺寸需留较大余量；由于有液体金属挤出，焊后接头处有毛刺需要清理。闪光对焊常用于重要工件的焊接，可焊相同金属也可焊一些异种金属（铝－钢、铝－铜等）。被焊工件可以小到直径 0.01mm 的金属丝，也可以是断面大到约 20000mm^2 的金属棒或金属板。

不论哪种对焊，焊接面的断面形状应尽量相同。圆棒直径、方棒边长和管子壁厚之差不应超过 15％。图 7－24 为几种合理的对接接头。对焊主要用于刀具、钢筋、管子、锚链、钢轨等的焊接。

二、摩擦焊

摩擦焊是利用工件接触面摩擦产生的热量为热源，将工件端面加热到塑性状态，然后在压力下进行焊接的一种焊接方法。

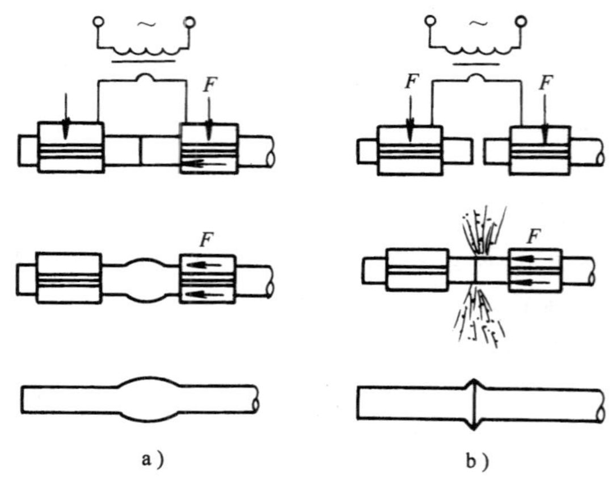

图7－24 对焊接头

a）电阻对焊 b）闪光对焊

图7－25为摩擦焊过程示意图，先将焊件1及2夹在焊机上，加一定压力使两焊件紧密接触，然后焊件1作旋转运动，使两焊件接触面相对摩擦而产生热量，待工件端面加热成塑性状态时，利用刹车装置急速使焊件1停止旋转，并在焊件2的端面加大压力，使两焊件产生塑性变形而焊接起来。

摩擦焊具有以下的特点

1）在摩擦过程中，焊件端面的氧化膜及杂质被清除，表面不易氧化，因此接头组织致密，不易产生气孔、夹渣等缺陷，接头质量好而且稳定。

2）可焊接的金属范围较广，不仅可焊同种金属，也可将不同的金属焊成一体。

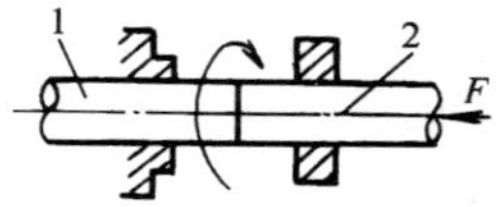

3）焊接操作简单，不需加添焊接材料，容易实现自动控制，生产率高。

图7－25 摩擦焊示意图

1、2—焊件

4）设备简单，电能消耗少（只有闪光对焊的1/10～1/15）；但要求刹车及加压装置的灵敏控制。

摩擦焊接头一般是等断面的，也可以是不等断面的，但需要有一工件为圆形或管形。图7－26为摩擦焊可用的接头形式。目前摩擦焊已广泛用于圆形工件及管子的对接，可焊实心焊件的直径为2mm～100mm；焊管子外径可达几百毫米。

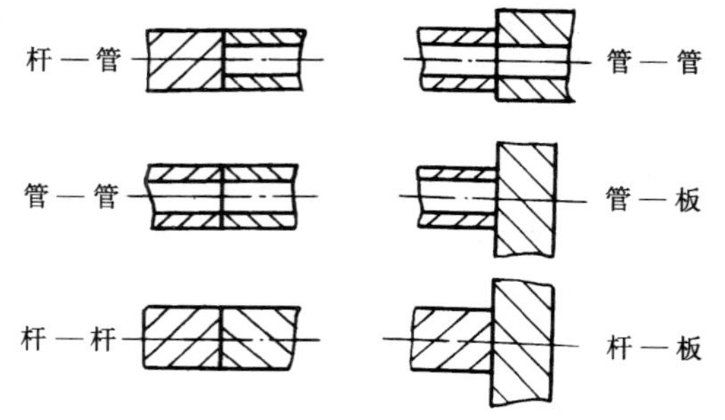

图7－26 摩擦焊接头形式

三、钎焊

钎焊是利用熔点比焊件金属低的钎料作填充金属，适当加热后，钎料熔化将处于固态的工件连结起来的一种焊接方法。

钎焊过程是将表面清洗好的工件以搭接形式装配在一起，把钎料放在装配间隙附近或装配间隙内。当工件与钎料被加热到稍高于钎料的熔化温度后（此时工件未熔化），钎料熔化并借助毛细管作用被吸入和充满固态工件间隙之内，被焊金属和钎料在间隙内进行相互扩散，凝固后即形成钎焊接头。图 7－27 为几种常用的钎焊接头形式。

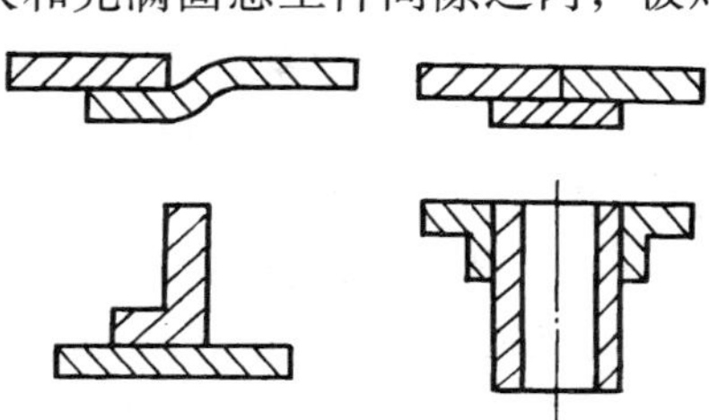

图 7－27　钎焊接头形式

根据钎料熔点的不同，钎焊可分为硬钎焊及软钎焊两类：

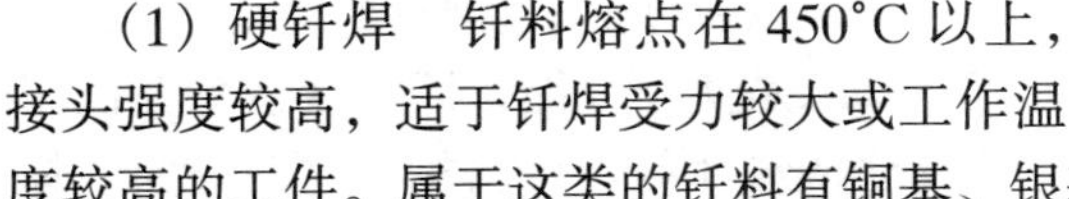

（1）硬钎焊　钎料熔点在 450°C 以上，接头强度较高，适于钎焊受力较大或工作温度较高的工件。属于这类的钎料有铜基、银基、铝基及镍基钎料。

（2）软钎焊　钎料熔点在 450°C 以下，接头强度较低，一般不超过 70MPa，所以只用于钎焊受力不大或工作温度较低的工件。常用的这类钎料为锡铅钎料（又称焊锡）。

在钎焊过程中，一般都需要使用熔剂，也称钎剂。其作用是：清除被焊金属表面的氧化膜及其他杂质，改善钎料流入间隙的性能（即润湿性），保护钎料及焊件免于氧化。熔剂对钎焊质量影响很大。软钎焊时，常用的熔剂为松香或氯化锌溶液；硬钎焊熔剂种类较多，主要由硼砂、硼酸、氟化物、氯化物等组成。

钎焊的加热方法，可分为烙铁加热、火焰加热、电阻加热、感应加热、炉内加热、盐浴加热等，其中烙铁加热温度很低，一般只适用于软钎焊。

与一般熔化焊相比，钎焊的主要特点是钎焊过程中只有填充金属熔化，因此焊件加热温度低，其组织和力学性能变化很小，变形也很小，接头光滑平整，工件尺寸精确。钎焊可以焊接相同金属，也可以焊接性能差异很大的异种金属。对工件进行整体加热时，可同时钎焊很多条甚至上千条接缝，生产率很高，因此可钎焊很复杂的接头（如蜂窝结构等）。钎焊的主要缺点是接头强度较低，尤其动载强度低，所以主要用于搭接接头，以便通过增加搭接长度来提高接头强度。此外，钎焊接头工作温度不同，钎焊前对工件的清洗和装配工作都要求较严。目前钎焊在机械、仪表、航空、空间技术中都得到了广泛应用，例如钎焊的夹层结构、电真空器件、导线、硬质合金刀具等。

第四节　常用金属材料的焊接

一、金属材料的焊接性

1. 焊接性

金属材料的焊接性，是指被焊金属材料在采用一定的焊接工艺方法、焊接材料、工艺参数及结构形式的条件下，获得优质焊接接头的难易程度。

金属材料的焊接性不是一成不变的，同一种金属材料，采用不同的焊接方法及焊接材料，其焊接性可能有很大的差别。例如铸铁焊接用普通焊条不易保证质量，但用镍基焊条则质量较好。随着焊接技术的发展，某些过去很难焊接的金属，现在也可能采用一定的方法实现焊接。例如化学活泼性较大的钛的焊接曾是极困难的问题，从氩弧焊应用比较成熟以后，钛及其合金的焊接结构已在工业中实际采用。由于新能源的发展，已产生了等离子焊、真空电子束焊、激光焊等新的焊接方法，使钨、钼、钽、铌、锆等难熔金属及其合金的焊接已成为可能。

焊接性的确定主要包括两方面的内容：一是接合性能，即焊接接头产生工艺缺陷的倾向，尤其是出现各种裂缝的可能性；二是使用性能，即焊接接头在使用中的可靠性，包括焊接接头的力学性能及其他特殊性能。金属材料这两方面的焊接性均可通过估算和试验方法确定。

2．估算钢材焊接性的方法

实际焊接结构所用的金属材料绝大多数是钢材。影响钢材焊接性的主要因素是化学成分。各种化学元素加入钢中以后，对焊接热影响区的淬硬程度影响不同，产生裂缝的倾向也不同。在各种元素中，碳的影响最明显，因此，常用碳当量法来估算被焊钢材的焊接性（硫、磷对钢材焊接性能影响也极大，但在各种合格钢材中硫、磷一般都受到严格控制）。

碳钢及低合金结构钢常用的碳当量计算公式为：

$$C_{当量}=C+\frac{Mn}{6}+\frac{Cr+Mo+V}{5}+\frac{Ni+Cu}{15}\ (\%)$$

式中 C、Mn、Cr、Mo、V、Ni、Cu 为钢中该元素含量的质量分数。

根据经验，当：

$C_{当量}<0.4\%$时，钢材的淬硬倾向不明显，焊接性优良，焊接时一般不需预热（但对厚大件或在低温下焊接，也应考虑预热）。

$C_{当量}=0.4\%\sim0.6\%$时，钢材的淬硬倾向逐渐明显，焊接性较差，需要采用适当的预热和一定的工艺措施。

$C_{当量}>0.6\%$时，钢材的淬硬倾向强，焊接性不好，需要采取较高的预热温度和严格的工艺措施。

利用碳当量法估算钢材焊接性是粗略的，因为钢材焊接性还要受结构刚度、焊后应力条件、环境温度等因素影响。例如，当钢板厚度增加时，结构刚度增大，焊后残余应力也较大，焊缝中心将出现三向拉应力，这时，钢材实际允许碳当量值将降低。焊接性较好的钢材，在低温下焊接时，也有可能出现裂缝。因此，在实际工作中确定材料焊接性时，除初步估算外，还应根据情况进行抗裂试验，并配合进行焊接接头使用可靠性的试验，以作为制订合理工艺规程的依据。

二、碳钢及低合金钢的焊接

1. 碳钢的焊接

(1) 低碳钢的焊接 低碳钢含碳量 $w_C \leqslant 0.25\%$，塑性好，一般没有淬硬倾向，所以对焊接热过程不敏感，焊接性良好。焊这类钢时，不需采取特殊的工艺措施，通常在焊后也不需要热处理（电渣焊及厚板除外）。

厚度大于50mm的低碳钢结构，焊后应进行热处理以消除残余内应力。用得最广泛的方法是焊条电弧焊、埋弧焊、电渣焊、气体保护焊及电阻焊。

采用各种熔化焊法焊接低碳钢结构时，焊接材料及工艺的选择主要应保证焊接接头与母材等强度，可根据情况选用E4303和E4315焊条；采用埋弧焊时，一般选用H08A或H08MnA焊丝和HJ431焊剂。

(2) 中、高碳钢的焊接 中碳钢含碳量 w_C 为0.25～0.6%，焊接性较差。中碳钢的焊接主要是焊接各种铸、锻件。焊接中碳钢时，焊条可选用E5015焊条。

高碳钢焊接特点与中碳钢基本相似，由于含碳量更高而使焊接性更差。这类钢的焊接一般只用于修补工作。

2. 低合金钢的焊接

低合金钢一般采用焊条电弧焊和埋弧焊，相应焊接材料可根据其含碳量进行选用。强度级别较低的低合金钢，可采用 CO_2 气体保护焊。

第五节 焊接结构设计

一、焊接结构材料的选择

设计焊接结构时，一方面要考虑结构强度和工作条件等性能要求；另一方面还应考虑到焊接工艺过程的特点，以便用简便可靠的工艺获得优质的产品。因此，在满足工作性能要求的前提下，应选用焊接性较好的材料来制造焊接结构。

一般来说，含碳量 $w_C < 0.25\%$ 的碳钢和含碳量 $w_C < 0.2\%$ 的低合金钢，都具有良好的焊接性，在设计焊接结构时应尽量选用。含碳量 $w_C > 0.5\%$ 的碳钢、含碳量 $w_C > 0.4\%$ 的合金钢，焊接性不好，在设计焊接结构时一般不宜采用。如必须采用时，应在设计和工艺中采取必要的措施。

重要焊接结构材料的选择，已在相应标准中规定好了，可查阅有关标准或手册。

二、焊接方法的选择

设计焊接结构时，应选择合适的焊接方法，以保证获得质量优良的焊接接头，并具有较高的生产率。

选择焊接方法时，应根据材料的焊接性、工件厚度、各种焊接方法的适用范围、生产率及现场设备条件等综合考虑。例如，低碳钢用各种焊接方法焊接性良好，如果工件是薄板轻型结构，无密封要求，采用点焊生产率较高；如工件为厚板，采用电渣焊较合适；如工件板厚为中等厚度（10～20mm），采用焊条弧焊、埋弧焊、气体保护焊均可，但氩弧焊成本较高，一般不采用。如工件为长直焊缝，生产批量也较大，可选用埋弧焊；如工件为单件生产或焊缝短又处于不同的位置，则采用焊条弧焊较合适；如焊接合金钢、不锈钢等重要工件，则应采用氩弧焊以保证质量。如结构材料为铝合金，由于其焊接性不好，应采用氩弧焊来保证接头质量；如铝合金焊件为单件生产，现场又无氩弧焊设备，也可考虑采用气焊。各种焊接方法特点的相互比较见表 7－5。

表 7－5 各种焊接方法特点（主要指一般钢材）

焊接方法	热影响区大小	变形大小	生产率	可焊空间位置	适用板厚/mm
气焊	大	大	低	全	0.5～3
焊条电弧焊	较小	较小	较低	全	可焊 1 以上，常用 3～20
埋弧焊	小	小	高	平	可焊 3 以上，常用 6～60
氩弧焊	小	小	较高	全	0.5～25
CO_2 保护焊	小	小	较高	全	0.8～30
电渣焊	大	大	高	立	可焊 25～1000，常用 35～400
等离子弧焊	小	小	高	全	可焊 0.025 以上，常用 1～12
电子束焊	极小	极小	高	平	5～60
点焊	小	小	高	全	可焊 10 以上，常用 0.5～3
缝焊	小	小	高	平	3 以下

三、焊缝的布置

焊缝位置的合理布置是焊接结构设计的关键，它与产品质量、生产率、成本以及工人的劳动条件有着密切的关系，一般遵守下述原则。

1. 焊缝的布置应尽可能分散

焊缝交叉或密集皆会造成金属局部热量过分集中，待冷却收缩时，可能由于双向拉应力的出现以及应力数值过大而使其产生裂纹。采用分散或错开焊缝，可减小应力集中，从而避免应力过大和产生裂纹的倾向，如图 7－28 所示。

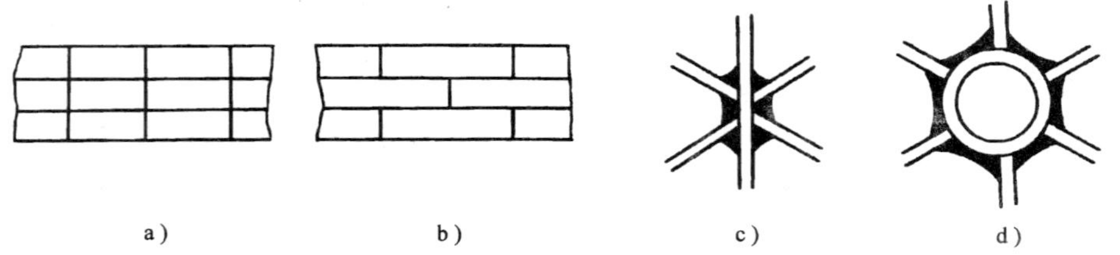

图 7－28 焊缝布置的不同方案

a）交叉焊缝 b）错开焊缝 c）密集焊缝 d）分散焊缝

2. 焊缝的位置应尽可能对称布置

如图7－29a、b所示的焊件，焊缝位置偏在截面重心的一侧，由于焊缝的收缩会造成较大的弯曲变形；c、d、e所示的焊缝位置对称，就不会发生明显的变形。

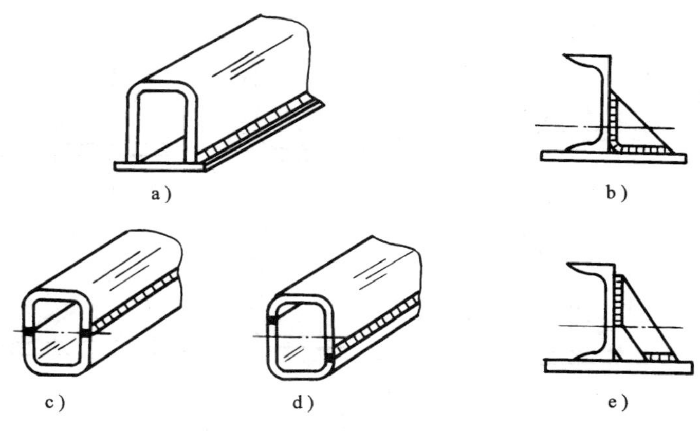

图7－29　焊缝对称布置的设计
a)、b) 不合理　c)、d)、e) 合理

3. 焊缝应尽量避开最大应力和应力集中位置

对于受力较大、较复杂的焊接构件，在最大应力和应力集中的位置不应布置焊缝。图7－30a所示的结构中间部位受力最大，是结构的最危险部位，应避免布置焊缝，故焊缝应以图7－30 b的布置为佳。

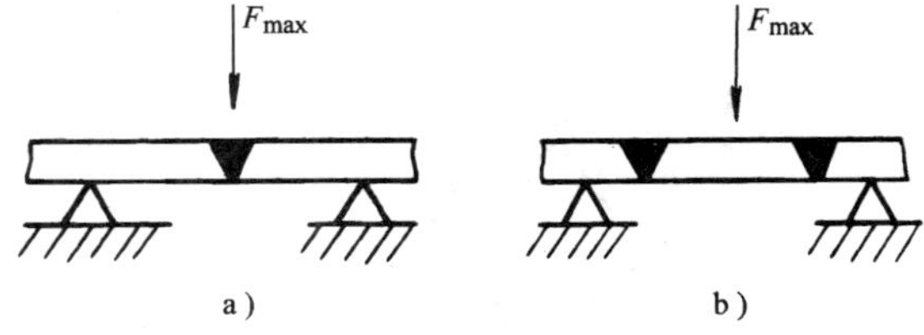

图7－30　焊缝布置与结构受力的关系

4. 焊缝应尽量避开要机械加工的表面

有些焊接结构只是某些零件需要进行机械加工，如果要求先加工后焊接，则焊缝位置应尽可能设计得离已加工表面远一些，以防止破坏加工表面的精度和表面质量（图7－31）。

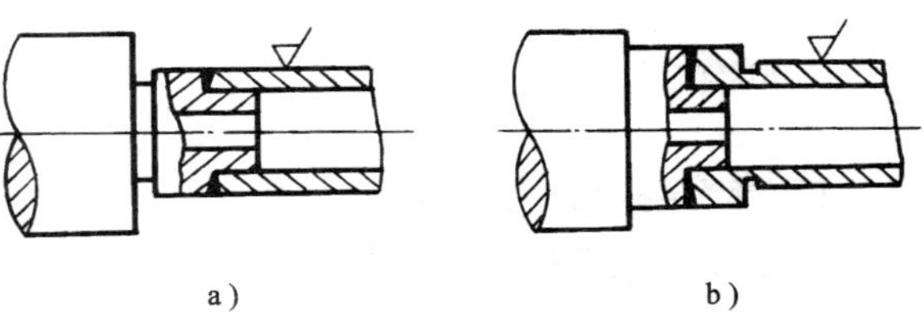

图7－31　焊缝远离机械加工表面的设计
a) 不合理　b) 合理

5. 焊缝位置应便于操作

布置焊缝时，要考虑到焊缝的可焊到性，设计的焊

缝应便于施焊，要有足够的空间。图 7－32a 所示的几个构件，其内侧焊缝设计不合理，焊条无法伸入，应改成图 7－32b 所示的设计，以便于操作。另外，埋弧焊结构要考虑接头处施焊时能存放焊剂（图 7－33）；点焊与缝焊时，应考虑电极的伸入要方便（图 7－34）。

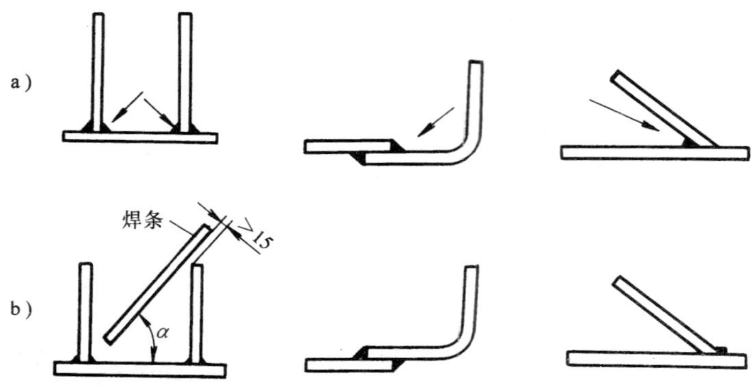

图 7－32 焊缝位置便于手弧焊的设计

a）不合理 b）合理

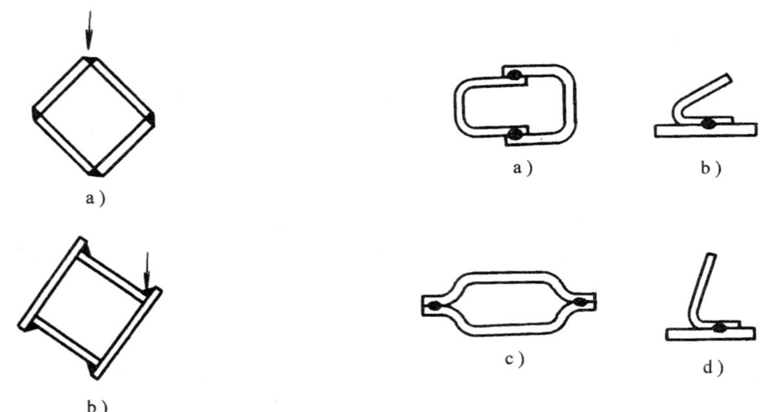

图 7－33 便于埋弧焊的结构设计

a）放焊剂困难 b）放焊剂方便

图 7－34 便于点焊和缝焊的结构设计

a)、b）电极难伸入 c)、d）操作方便

四、焊接接头形式设计

焊接接头是焊接结构最基本的组成部分。接头设计应根据结构形状及强度要求、工件厚度、可焊到性、焊后变形大小、焊条消耗量、坡口加工难易程度等各方面因素综合考虑。

焊条电弧焊的接头形式可分为对接接头、搭接接头、T 形接头及角接接头四种，如图 7－35 所示。

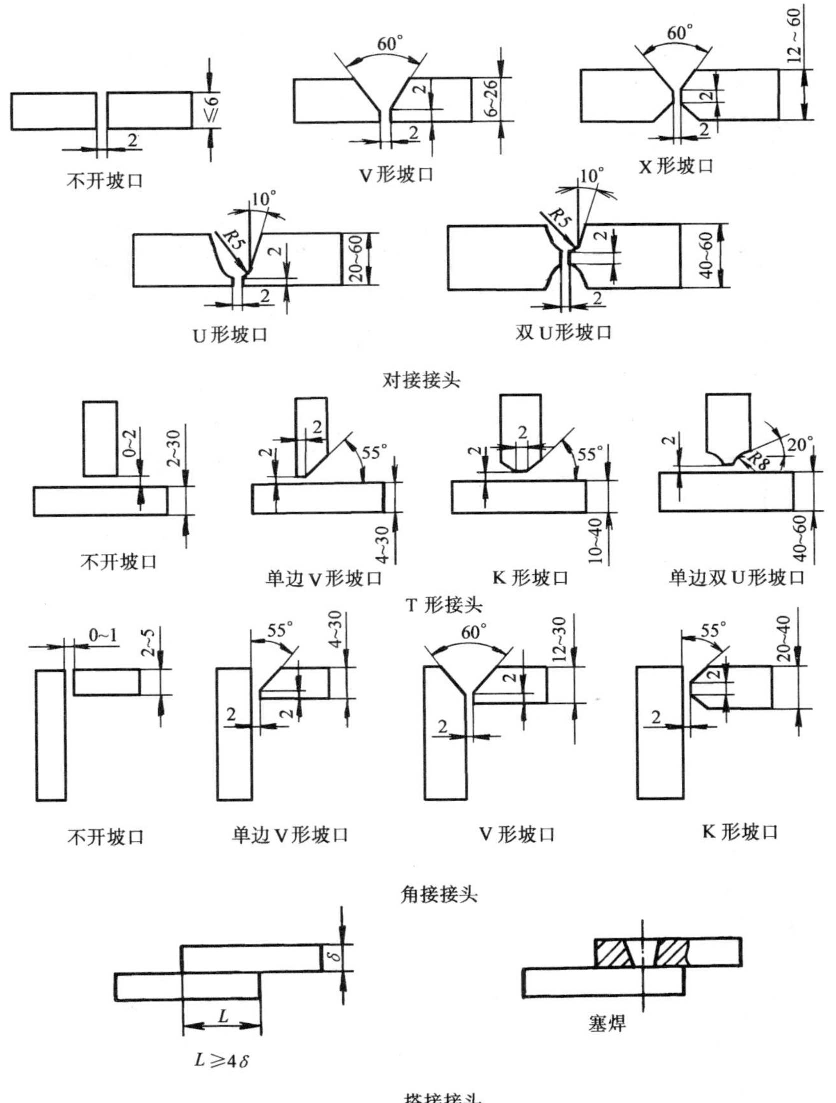

图 7－35 焊条电弧焊接头形式

对接接头受力较均匀，也是用得最多的接头形式，对重要受力焊缝应尽量选用。搭接接头因两工件不在同一平面，受力时将产生附加弯矩，而且消耗金属量也较大，一般应避免采用。但搭接接头不需开坡口，装配时尺寸要求不高，对有些受力不大的平面连接，采用搭接接头可节省工作量。T形接头及角接接头受力情况都较对接接头复杂些，但接头成直角连接时，必须采用这类接头。

焊条电弧焊板厚在6mm以下对接时，一般可不开坡口直接焊成。板厚较大时，为了保证焊透，接头处根据工件厚度应预制各种坡口，坡口角度和装配尺寸可按国标规定（坡口角度一般在60°～70°）。厚度相同的工件常有几种坡口形式可供选择。V形和U形坡口只需一面焊，可焊到性较好，但焊后角变形较大。U形和双U形坡口较V形和X形坡口焊条消耗量少，容易焊透，但因坡口形状较复杂，需用机械加工准备坡口，成本较高，一般只在重要的厚板结构中采用。

焊接时接头处钢板厚度最好相等，这样焊接时受热均匀，容易保证质量。如果两焊件厚度相差过大，则应采取过渡形式，如图7－36所示。

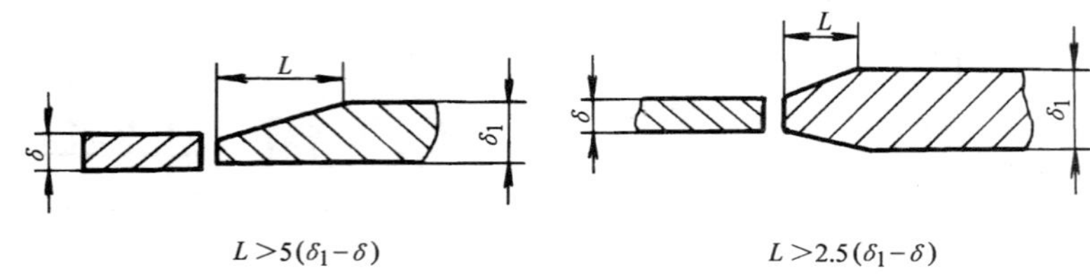

图7－36 不同厚度板的对接

埋弧焊接头形式与焊条电弧焊基本相同，但由于埋弧焊采用的焊接电流较大，因此焊接时熔深较大，所以板厚小于14mm时可不开坡口单面焊接。焊厚件时，坡口角度可比焊条电弧焊小（一般50°～60°），钝边应比焊条电弧焊大，具体尺寸可根据GB/T 986—1988选用。

其他焊接方法的接头形式，可参阅国家标准GB/T 985—1988。一般可根据各种焊接方法的特点，并参考手弧焊和埋弧焊接头形式进行设计。电渣焊接头形式可选用对接接头，T形接头和角接接头，但生产中经常采用的主要是对接接头。

气焊由于变形较大，T形接头和搭接接头很少采用，一般采用对接接头和角接接头。焊接小于2mm的薄板时，为避免烧穿，也可采用卷边接头。点焊和缝焊由于焊接过程的特点，只采用搭接接头。

第六节 胶 接

一、胶接的概念

胶接是利用胶粘剂通过表面作用将各种零件连接在一起的工艺方法。

二、胶粘剂的组成与分类

1. 胶粘剂的组成

（1）粘料 粘料是胶粘剂的基本成分，具有把被粘物连接在一起的功能。粘料通常是胶粘剂取名的成分，例如环氧树脂胶粘剂有许多成分，但主要成分是环氧树脂。

（2）固化剂 固化剂是加入胶粘剂中通过催化或交联促进并参与固化反应的一种物质。双组分胶粘剂其中一个组分为粘料等，另一组分则是固化剂，当混合时便发生化学反应而使胶粘剂固化。在胶粘剂配方中有时也加入催化剂，以加速粘料与固化剂之间的反应。与主要成分（粘料）相比，固化剂用量很少。

（3）溶剂 有时胶粘剂需要加溶剂稀释，以利于涂布。合成树脂与橡胶所用的溶剂一般是有机溶剂。通常采用混合溶剂，可以获得理想的性能。

（4）稀释剂 稀释剂是加入胶粘剂中降低粘料粘度的液体物质，以改善某些胶粘剂的工艺性能。活性稀释剂在固化时与粘料发生反应，成为固化产物的组成部分，而不像溶剂需要挥发掉。

（5）填料 填料是加入胶粘剂中的非粘合性物质，能够改善胶粘剂的工艺性能、强度、耐久性或其他性能，同时也可降低成本。选择适当的填料可使胶粘剂的性能发生很大变化，可用于调节胶粘剂的热膨胀性、导电性、导热性、收缩性和耐热性。

2. 胶粘剂的分类

按功能分为结构胶粘剂和非结构胶粘剂两类：

（1）结构胶粘剂 这种胶粘剂具有高强度性能，其主要作用是把结构件连接在一起，并能承受很大负荷。如改性环氧胶粘剂、改性酚醛树脂胶粘剂等。

（2）非结构胶粘剂 这种胶粘剂不能承受主要负荷，只是把零件固定在适当位置。如聚氨酯胶粘剂、丙烯酸酯胶粘剂、热溶胶粘剂、厌氧胶粘剂等。

三、胶接的特点与应用

1. 胶接的特点

与焊接、铆接、螺接相比，胶接有许多明显的优点：

1）能连接同类或不同类的、软的或硬的、脆性的或韧性的各种材料，特别是异种材料连接，如金属与玻璃、陶瓷、橡胶、织物、塑料之间的连接。

2）应力分布均匀，延长结构寿命。由于胶接使应力分布在被胶接物的整个接合面上，结构受力均匀，可以避免铆钉孔和焊点周围应力集中所引起的疲劳龟裂。胶接多层板结构能避免或延缓裂纹的扩展。

3）减轻结构质量。用胶接可以得到刚性好、强度大、质量轻的结构，例如一架重型轰炸机用胶接代替铆接，质量下降 34%。

4）制造成本低。复杂的结构部件采用胶接可以一次完成，简化设计结构，不需复杂的设备和装备，生产效率高，使生产成本大幅度降低。

5）胶接件表面光滑，并防腐蚀，对于高速飞行的飞行器和曲面要求严格的雷达反射面等具有重要意义。

6）胶接可以获得某些特殊性能。如密封、防腐、导电、绝缘、导热、隔热、减振和其他性能。

胶接也在一些不足，限制了它在某些方面的应用，主要表现在以下几方面：

1）大多数胶接件在湿热、冷热交变、冲击或复杂环境下的工作寿命不够高。

2）有机胶粘剂构成的胶接接头耐热性较差，老化是一个较大的问题。

3）胶接件有较高的抗剪强度、抗拉强度，但剥离强度很低。

4）胶接质量目前尚无可靠的无损检测方法。

5）使用有机胶粘剂尤其是溶剂型胶粘剂，存在易燃、有毒等安全问题。

2．胶接的应用

近30年来，国内外胶粘剂和胶接技术发展十分惊人。由于合成胶粘剂的品种和产量急剧增加，在极薄材料、极硬材料、特种复合材料和夹层结构材料等连接加工中，胶接技术发挥了无法替代的作用。

航空工业使用胶粘剂最早，用于金属结构、金属与橡胶、塑料、蜂窝夹层结构与壁板的胶接，代替铆、螺、焊接，减轻结构质量。还用于座舱、油箱等处的密封，起到耐油、防水的作用。

在汽车工业上主要用于顶篷、壁板、挡板、衬垫等合成材料的胶接以及油水箱、气缸、门窗、管路螺栓的密封。

胶接在机械工业和电子工业上作用很大，从产品制造到设备维修都可以采用胶接技术。以胶接代替其他连接方法，例如以导电胶代替锡焊，各种管路密封，铸件浸渗修补，机件磨损修复，标牌粘贴，变压器电机线圈的绝缘固定，电器仪表装配，工具、量具、模具、夹具的胶接，甚至大型设备机身裂纹修复等。

胶接技术在兵器工业、石油化工、建筑、医疗、纺织服装、印刷、文化教育、生活日用品等各个领域得到广泛应用。例如管道、阀门和容器发生油、气或其他介质的跑、冒、滴、漏，是化工、石油、煤气和发电等行业比较普遍存在的问题，近年推广的不停车带压粘堵修复技术较好地解决了这一难题，对确保生产的正常进行发挥十分显著的作用。

四、胶接工艺

1．胶接接头设计

各种连接结构的形成应该由连接方法本身的特点所决定，胶接接头的强度一般是抗拉强度（或称均匀扯离强度）和抗剪强度比较高，而不均匀扯离强度较小，剥离强度更小。因此，在设计胶接接头时必须注意扬长避短，应注意减少接头所受的剥离力。但由于实际上不均匀扯离应力往往是难以避免的，故在设计接头时，应合理地增大胶接面积和增加机械紧固力（如套接、钉接等），以提高胶接接头的承载能力。接头形式经常采用板条搭接（a）、角接（b）、T型（c）、嵌接（d）、套接（e）等接头形式，如图 7－37 所示。

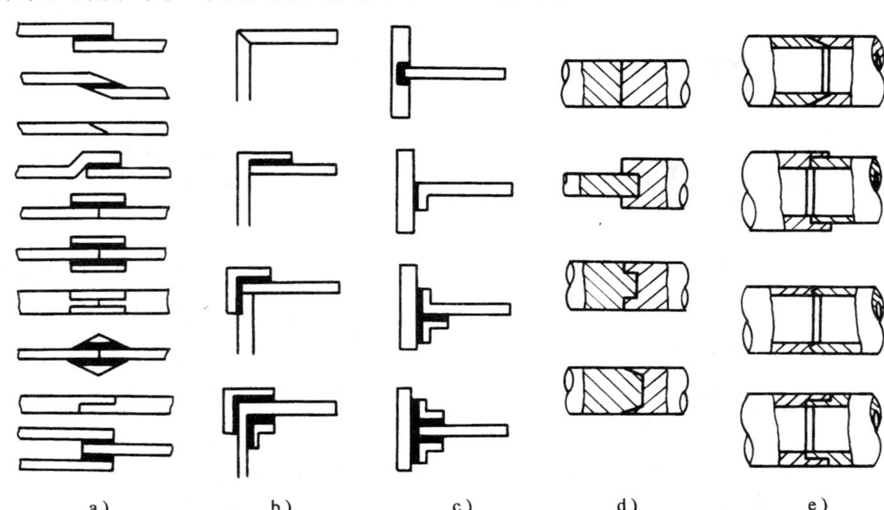

图 7－37 常用的板条搭接、角接、T 型、嵌接、套接等接头形式

2. 胶粘剂的选用

每种胶粘剂有各自适应的胶接材料和使用环境条件，因此选用胶粘剂时，必须考虑以下几点：

1）胶接材料的种类和性质。例如胶接热塑性塑料可以用熔剂、热熔胶粘剂，热固性塑料可用与胶粘金属同类的胶粘剂，而聚乙烯、聚丙烯、聚四氟乙烯等难胶接塑料未经特殊的表面处理则不能胶接。

2）各种胶接结构和胶接接头所承受的载荷特点及温度、介质等环境影响因素。

3）胶接的目的与用途。除连接目的之外，密封、固定、修补、堵漏、防腐及某种电、磁、热、光等特殊功能等。

4）胶粘剂的性能和使用成本。

3. 胶接材料的表面处理

由于胶接主要借助于胶粘剂对胶接材料表面的粘附作用，因此胶接材料的表面处理就可能成为决定胶接接头的强度和耐久性的主要因素。表面处理主要目的有两方面：一是净化表面，除去材料表面妨碍胶接的油污、锈迹、吸附物、灰尘和水分等；二是改变材料表面的物理化学性质，如获得活性的易于胶接的特殊表面或造成特定的粗糙度等。

金属材料表面除油、除锈的主要方法有碱液清洗、溶剂清洗、表面活性剂清洗、化学除锈和机械处理等。

4. 胶接过程

胶接工艺过程主要包括接头设计、表面处理、配胶、涂胶、晾置、叠合、固化、检查等，这些工艺环节的操作对胶接质量有显著影响。

（1）配胶　胶粘剂可有多种不同的状态，其中胶棒、胶条、胶膜、胶带等热熔胶和压敏胶及单液型液体胶可直接使用。对于双组份或多组份的液态胶，使用前应按规定比例现用现配，根据运用期长短和需用量确定配胶量。配胶要充分搅拌。

（2）涂胶和晾置　胶粘剂按其形态不同可用机械设备或手工喷撒、涂刷、浸渍等涂布方法。涂胶量、涂胶遍数及涂刷操作手法对胶接强度有影响。被粘物双方表面要均匀涂布，全部胶接面要充分湿润。胶层厚度以 0.03～0.15mm 为宜。有的胶粘剂在涂胶后需要晾置一定时间，使溶剂部分挥发，达到一定程度后叠合；而 502 胶等晾置的目的是吸收微量水分，引发聚合，实现固化。

（3）叠合　涂胶后经过适当晾置，被胶接物表面要紧密粘合在一起。橡胶型胶粘剂叠合应一次对准位置，不可错动，用木锤敲打、压平、排除空气；而液体无溶剂胶粘剂叠合后最好来回错动几次，以增加接触，排除空气，调匀胶层。

（4）固化　固化即胶粘剂通过溶剂挥发、熔体冷却、乳液凝聚等物理作用或缩聚、加聚、交联、接枝等化学反应，使其变为固态。固化的主要控制因素是温度、压力、时间。不同的胶粘剂，固化条件不同。温度是最重要的参数，适当提高温度，固化时间可以缩短；温度过低不能实现固化；温度过高，胶层变脆。固化常用的加热方法为电烘箱和红外线加热；采用高频、超声波、微波及射线辐射等方法，能加速固化；还有紫外光固化工艺。

复习思考题

1. 解释焊接、熔焊、压焊、钎焊和胶接的概念。

2. 焊接电弧是怎样形成的？

3. 焊条药皮主要由什么组成？各有什么作用？

4. 酸性焊条和碱性焊条有何差别？焊接时应怎样选用？

5. 与焊条电弧焊相比，埋弧焊有什么特点？

6. CO_2 焊和氩弧焊各有什么特点？

7. 试说明点焊、缝焊、摩擦焊的焊接过程及应用范围。

8. 焊接接头有几个区域？各区域的组织性能如何？如何改善熔合区和热影响区的组织性能？

9. 阐述产生焊接应力和变形的原因。如何防止和减小焊接变形？怎样矫正焊接变形？

10. 图 7－38 所示的拼接大块钢板的焊缝布置是否合理？为什么？若不合理，请加以改正。为了减小焊接应力和变形，其合理的焊接顺序是怎样的？

11. 为什么存在内应力的焊件在进行切削加工后会发生新的变形？

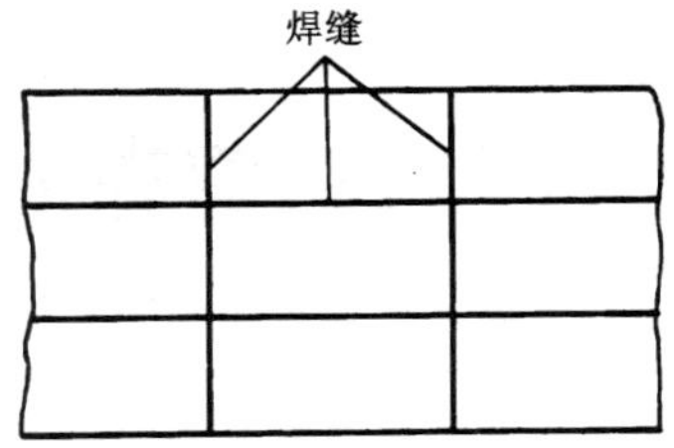

图 7－38 拼接钢板

12. 下列板材制作圆筒形低压容器，各应采用哪种焊接方法？

（1）215－A 钢板，厚 20mm，批量生产。

（2）20 钢板，厚 2mm，批量生产。

（3）45 钢板，厚 6mm，单件生产。

（4）紫铜板，厚 4mm，单件生产。

（5）铝合金板，厚 20mm，单件生产。

（6）16Mn，厚 20mm，单件生产。

（7）不锈钢板，厚 10mm，小批生产。

13. 试比较图 7－39 中各种焊接结构工艺性的优劣。

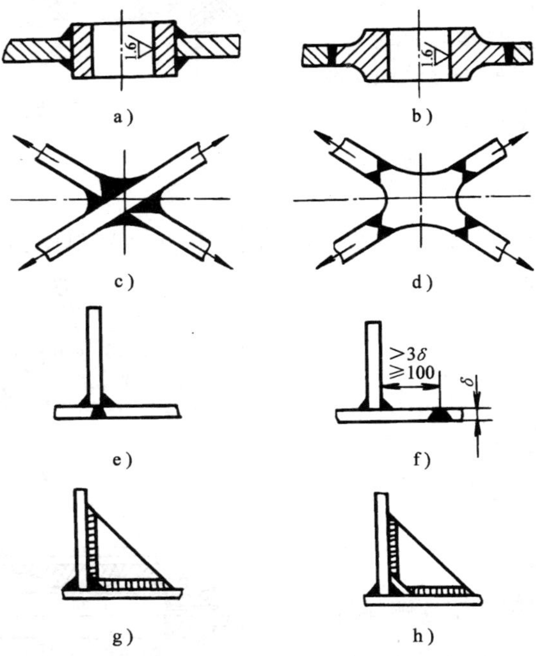

图 7－39 不同结构焊接工艺性

第八章　塑料和陶瓷成型技术

第一节　塑料成型技术

各种塑料都必须经过成型加工，才能得到具有一定形状、尺寸和使用性能的制品。塑料成型的主要方法有注射成型、挤压成型、吹塑成型、压制成型和浇注成型等几种。

一、注射成型

注射成型是在专用的塑料注射机上进行，其工作原理如图 8－1 所示。

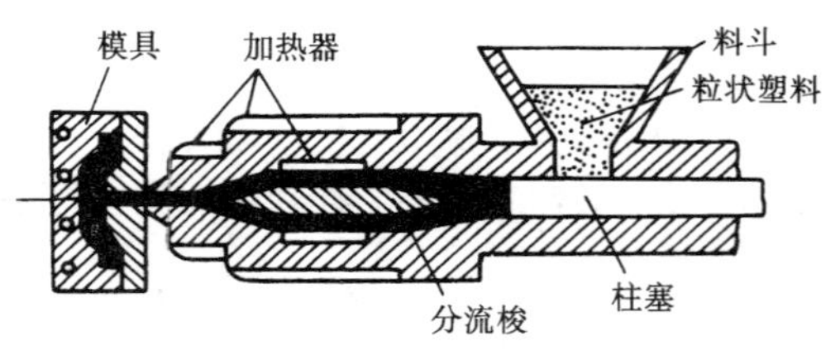

图 8－1　注射成型原理示意图

将粉粒或粒状塑料原料经漏斗进入料筒，加热融化后用注射柱塞慢慢施加推力，通过喷嘴注入闭合的模具，直至注满为止。冷却后打开模具，即得成型的塑料制品。注射成型生产率高，制品轮廓清晰，特别适用于制造薄壁或形状复杂的塑料制品，例如电视机、收录机外壳等。

二、挤压成型

挤压成型又称挤出成型或热塑法。也是热塑性塑料中最主要的成型方法之一。其成型原理如图 8－2 所示。将粉粒或粒状塑料原料经漏斗进入料筒内并加热融化，在螺杆的旋转推动下向前移动的同时被压缩。最后通过模口可连续挤出各种型材，包括管、棒、板、线材以及薄膜等。

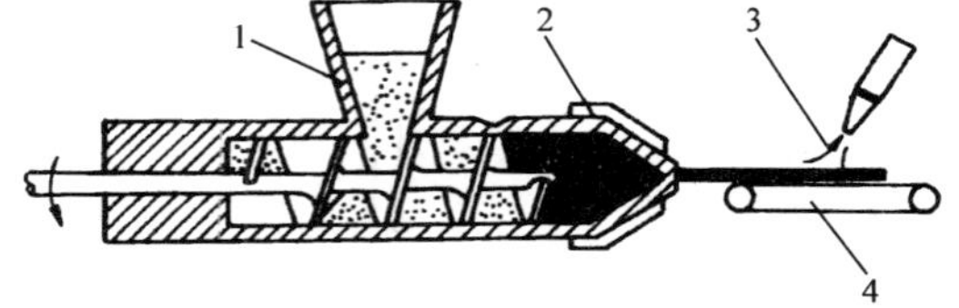

图 8－2　挤压成型原理示意图

1—漏斗　2—加热器　3—空气或水　4—输送器

三、吹塑成型

吹塑成型是利用热塑性塑料可塑性良好的特点来成型的一种工艺方法。工作原理如图 8－3 所示。将预先加热至半熔态的管状或片状

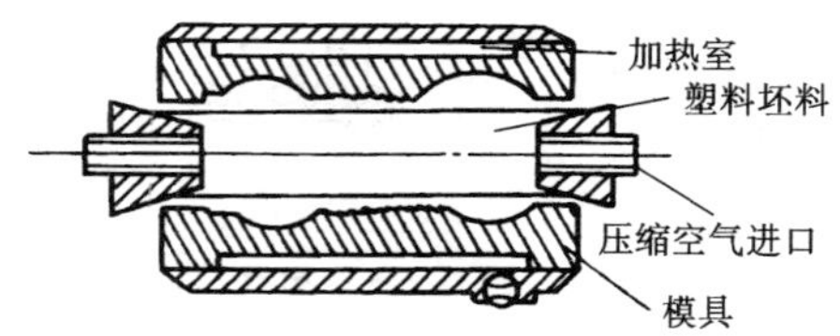

图 8－3　吹塑成型示意图

的塑料坯料送入打开的模具内，然后闭合模具。利用通入的压缩空气使坯料按模具的内腔形状进行变形。冷却后打开模具，即可取出已成型的塑料制品。吹塑成型适用于制作中空薄壁件及薄膜等。

四、压制成型

压制成型是热固性塑料常用的成型方法。图 8－4 是压制成型的两种方法——模压法和层压法的示意图。

（1）模压法　是将粉粒或粒状塑料放在金属模内加热软化，然后加压，使塑料在一定温度、压力和时间内发生化学反应，并固化成型后脱模，即可取出制品。

（2）层压法　是用片状骨架填料在树脂溶液中浸渍，然后在层压机上加热、加压固化成型。它是先生产各种增强塑料板、棒、管等，再经机械加工就可以得到各种较为复杂的零件。

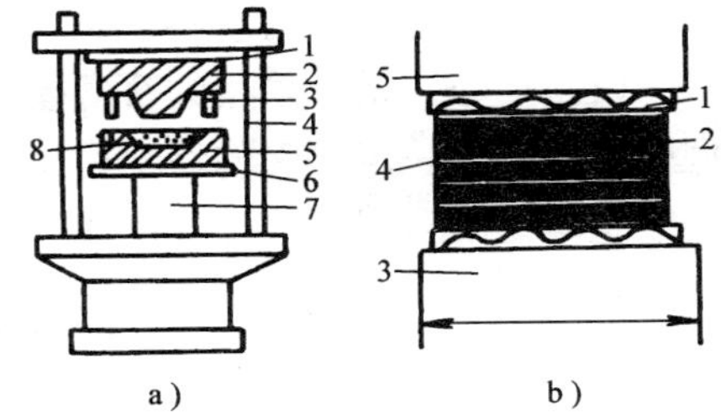

图 8－4　压制成型示意图

a）模压法

1—上模板　2—上模　3—导柱　4—支柱　5—下模　6—下模板　7—柱塞　8—坯料

b）层压法

1—帆布石棉垫布　2—高聚韧层　3—下模板　4—不锈钢或其他垫板　5—上模板

五、浇注成型

浇注成型的工作原理与金属型铸造法相似。先将树脂及添加剂混合加热至液态，然后浇铸入模型内，冷却后脱模得到塑料制品。它适用于流动性好、收缩小的热塑性塑料或热固性塑料，尤其适宜制作体积大、质量大、形状复杂的塑料件。其设备工艺也较简单，成本较低，但生产效率不如其他成型方法。

六、压延成型

它是生产热塑性塑料薄膜或薄片的一种工艺方法。利用加热筒作轧辊，将塑料原料坯料轧压成很薄的膜片或片状塑料制品。它可用于自动化连续生产，故生产效率很高，产品质量稳定，成本较低。

第二节　陶瓷成型技术

陶瓷的成型方法主要有注浆成型、可塑成型、压制成型三大类。

一、注浆成型

传统的注浆成型，是指在石膏模的毛细管力作用下，含一定水分的粘土泥浆脱水硬化、成坯的过程。随着成型方法的发展，注浆成型的概念也发生了根本变化，特别是在高技术陶瓷的成型过程中，一些非粘土类型的瘠性料（无可塑性的原料）需要靠塑化剂及温度的作用下才能调制成具有一定流动性和悬浮性的浆料。成型模具也不再局限于使用石膏模。

传统的注浆法成型周期长，劳动强度大，不适合连续化、自动化生产。近年来各种强化注浆的方法、自动化管道注浆、成组浇注等工艺发展很快，缩短了生产周期，提高了坯体质量，使陶瓷注浆成型进入了新的阶段。

1. 传统注浆方法

传统注浆法可分为空心注浆（单面注浆）和实心注浆（双面注浆）两种。

（1）空心注浆　采用的石膏模没有型芯，泥浆注满型腔后放置一段时间，待型腔内壁粘附一定厚度的坯料后将多余的泥浆倒出，然后带模干燥。待注件干燥收缩脱离型腔后就可取出（图 8－5）。这种方法适合于成形小件、薄壁产品。

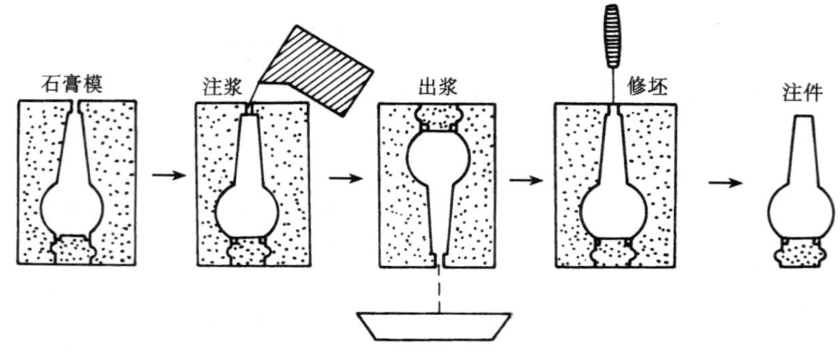

图 8－5　空心注浆法示意图

（2）实心注浆　是将泥浆注入外模与型芯之间。石膏模从内外两个方向同时吸水，注浆过程中泥浆量不断减少，需不断补充泥浆，直至泥浆全部硬化成坯（图 8－6）。

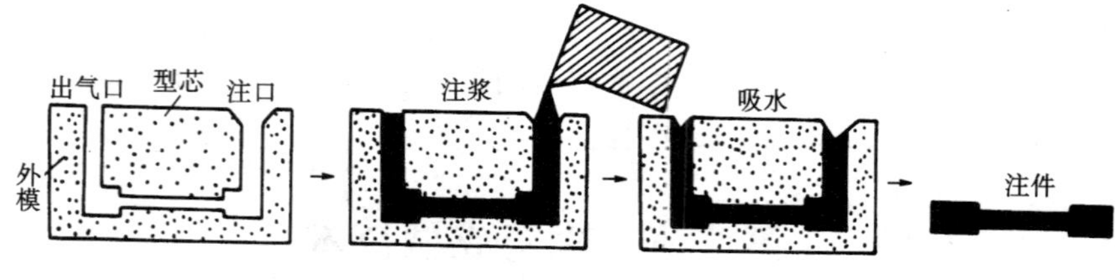

图 8－6　实心注浆法示意图

用于空心注浆和实心注浆的泥浆，其性能要求是有差别的。一般来说，空心注浆要求泥浆的密度小一些，以防注浆后坯体内表面有泥缕和不光滑的现象。实心注浆常用较浓的泥浆，以缩短吸水时间。

2. 强化注浆方法

强化注浆方法是在注浆过程中人为地施加外力，加速注浆过程的进行，使得吸水速度和坯体强度得到明显改善的方法。根据所加外力的形式，强化注浆可以分为真空注浆、离心注浆和压力注浆等。

(1) 真空注浆　这种方法是在模型外边抽取真空，或将紧固的模型放在处于负压的真空室中。其目的是造成模型内外的压力差，提高注浆成型的推动力。真空注浆可使吸水速度显著提高，同时减少坯体的气孔和针眼。

(2) 离心注浆　它是向旋转的型腔中注入泥浆，在离心力的作用下泥浆紧靠型壁，脱水后形成坯体。由于泥浆中的气泡较轻，模型旋转时多集中在泥浆的中心部位，最后破裂消失。故离心注浆的坯体密度、厚度均匀、变形较小。

(3) 压力注浆　压力注浆是通过提高泥浆压力来增大注浆过程推动力，加速水分的扩散。它不仅可缩短注浆时间，还可减少坯体的干燥收缩和脱模后坯体的水分。

根据泥浆压力的大小，压力注浆可分为微压注浆、中压注浆和高压注浆几种。微压注浆的注浆压力一般在 0.03MPa 以下；中压注浆在 0.15～0.4MPa 之间；大于 2MPa 的可以称为高压注浆。高压注浆的压力可以高达 3.9MPa，甚至更高。

二、可塑成型

可塑成型是对具有一定可塑变形能力的泥浆进行加工成型的方法。可塑成型的方法很多，这里重点介绍日用陶瓷中使用得最广泛的滚压成型和塑压成型。

(1) 滚压成型　滚压成型是在原始的旋转成型（图 8－7）的基础上发展起来的一种可塑性成型方法。这种方法把扁平形的型刀改为尖锥形或圆柱形的回转体——滚压头。成型时，盛放着泥坯的石膏模型和滚压头分别绕自己的轴线以一定的速度同方向旋转。滚压头在转动的同时，逐渐靠近石膏模型，并对泥坯进行滚压成型。

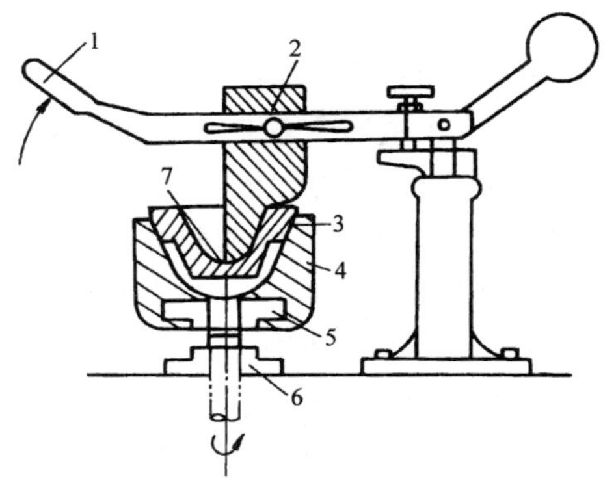

图 8－7　旋转成型示意图
1—刀柄　2—型刀　3—坯体　4—模座
5、6—摩擦离合器　7—泥坯

滚压成型时，泥坯在滚压头作用下均匀展开，受力由大到小比较均匀。滚压头和泥坯的接触面积大，泥坯受压时间长，坯体致密均匀，强度较大。另外，滚压成型是靠滚压头对坯体的滚碾作用而使坯体表面光滑的，不需要在坯体表面加水，可减少坯体的变形。由于滚压成型后的坯体质量好，生产效率高，滚压机和其他设备配合可以组成生产流水线，减轻劳动强度，在日用陶瓷生产中已逐渐取代了旋坯成型。

滚压成型可以分为阳模滚压和阴模滚压。阳模滚压又称外滚压，由滚压头决定坯体的外表形状和大小（图 8－8a），适于成形扁平状、宽口器皿和坯体内表面有花纹的产品。阴模滚压又称内滚压，滚压头形成坯体的内表面（图 8－8b），适于成形口径较小而深的制品。阳模成型干燥时，坯体由型模支撑，收缩均匀，不易变形，成型后不必翻模，直接送去干燥。阴模干燥时，以防止坯体变形，常将带坯的模型倒转放置，然后脱模干燥。

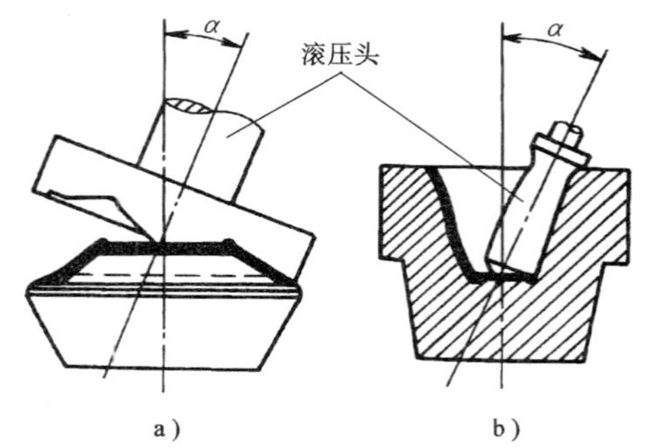

图 8－8　滚压成型

α—滚压头倾斜角

a）阳模滚压　b）阴模滚压

（2）塑压成型　它是将可塑泥坯放在模型内在常温下制成坯的方法。模型内部盘绕一根多孔性纤维管，可以通压缩空气及抽真空。

塑压成型的步骤如下：

1）将切至一定厚度的塑性泥坯置于下模上。

2）上下模抽真空，挤压成型。

3）向下模通压缩空气，促使坯体与底模迅速脱离。同时从上模中抽真空，将坯体吸附在上模上。

4）向上模内通压缩空气，使坯体脱模并放在托板上。

5）上下模通压缩空气，使模型内水分渗出，用布擦去。

塑压成型的优点是适合于成形各种异形盘碟类制品，如鱼盘、方盘、多角型盘碟及内外表面有花纹的制品。同时，由于成型时施以一定的压力，坯体的致密度较旋转成型法、滚压成型法都高。缺点是石膏模的使用寿命短，容易破损，目前国外已采用多孔树脂模、多孔金属模等高强度模型。

在高技术陶瓷的生产中，除了在日用陶瓷生产中采用的滚压成型和塑压成型方法外，又发展了挤压成型和轧膜成型等，适合于生产管、棒和薄片状制品，所用的结合剂比注浆成型少。

（3）挤压成型　挤压成型一般是将真空练制的泥料，放入挤压机挤压筒内。这种挤制机一头可以对泥料施加压力，另一头装有挤嘴，即成型模具，通过更换挤嘴能挤出各种形状的坯体。挤压机适合挤制棒状、管状（外形可以是圆形或多角形，但上下尺寸大小一致）的坯体。一般常用于挤制 ϕ1～30mm 的管、棒等细管，壁厚可小至 0.2mm，如图 8－9 所示。

挤压法的优点是：污染小，操作易于自动化，可连续生产，效率高，适合管状、棒状产品的生产。缺点是：挤嘴结构复杂，加工精度要求高；另外，由于使用溶剂和粘接剂较多，因此坯体在干燥和烧成时收缩较大，性能受到影响。

（4）轧膜成型　这是新发展起来的一种可塑成形方法，适宜生产1mm以下的薄片状制品。

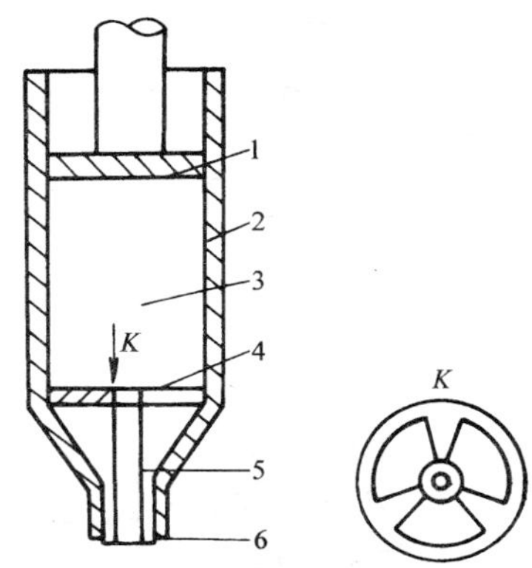

图8－9　立式挤压机结构示意图

1—活塞　2—挤压筒　3—泥料　4—型环　5—型芯　6—挤嘴

轧膜成型是将准备好的坯料，拌以一定量的有机粘接剂（一般采用聚乙烯醇），置于两轧辊之间进行滚轧，通过调节两轧辊间距并多次轧辊，最后达到所要求的厚度（图8－10）。轧好的坯片，需经冲切工序制成所需要的坯件。在滚轧过程中，不能为了急于得到薄片坯体而过早地把轧辊间距调小，否则会使坯料和粘接剂混合不均，坯件质量不好。

轧膜成型时，坯料只是在厚度和前进方向受到碾压，在宽度方向受力较小，因此，坯料和粘接剂不可避免地会出现定向排列。坯体待干燥和烧结时，横向收缩大，易出现变形和开裂，其性能上也会出现各向异性。这是轧膜成型无法消除的问题。

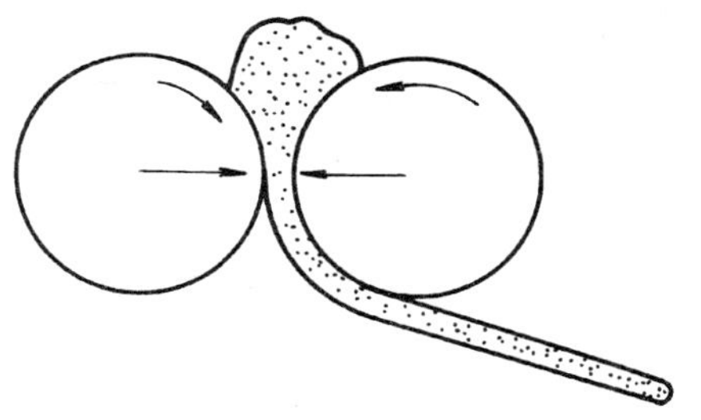
图8－10　轧膜成型的原理

三、压制成型

将含有一定水分的粒状粉料填充到模型之中，施加压力，使之成为具有一定型状和强度的陶瓷坯体，这种成型方法叫做压制成型。粉料含水量质量分数为3%～7%时为干压成型；粉体含水量为8%～15%时为半干压成型。压制成型的优点，是生产过程简单、坯体收缩小、致密度高、产品尺寸精确，且对坯料可塑性要求不高；缺点是对型状复杂的制品难以成型，故压制成型多用来成形扁平状制品。

在高技术陶瓷中，常常采用干压成型和等静压成型。其特点是粘接剂含量较低，只有百分之几（一般为7%～8%），不经干燥可以直接焙烧，坯体收缩小，可以自动化生产。

（1）干压成型　在高技术陶瓷中，干压成型的粉料不含水，而是加少量粘接剂，经造粒后将粉料置于钢模中，在压力机上加压形成一定形状的坯体。

（2）等静压成型　又称静水压成型，它是利用液体介质不可压缩性和均匀传递压力性的一种成形方法。即处于高压容器中的试样所受到的压力如同处于同一深度的静水中所受到的压力情况。根据这种原理而得到的成形工艺，称为等静压成型或称静水压成型。

等静压成型方法有如下特点：

1）可以成形用一般方法不能生产的形状复杂、大件及细而长的制品，而且成形质量高。

2）可以不增加操作难度而比较方便地提高成型压力，而且压力作用效果比其他干压法好。

3）由于坯体各向受压力均匀，其密度高且均匀，烧成后收缩小，因而不易变形。

4）模具的制作方便、寿命长、成本较低。

5）可以少用或不用粘结剂。

等静压成型如图 8－11 所示。操作过程为：先将配好的坯料装入用塑料或橡胶做成的弹性模具内；置于高压容器内，密封后通入高压液体介质；压力传递至弹性模具对坯料加压；然后释放压力取出模具，并从模具内取出成型好的坯件。

液体介质可以是水、油或甘油，但应选用可压缩性小的介质为宜，如刹车油或无水甘油。

用上述成型方法得到的各种日用陶瓷或高技术陶瓷坯件还只能是半成品，一般还需要经过干燥处理后在窑炉中以 1000～2000°C 的温度下烘烧，才能得到质地坚硬的、复合需要的陶瓷成品。而有些陶瓷成品可能还要进行研磨、钻孔、切割、表面金属化等后处理，以满足使用时的进一步要求。现以制作普通陶瓷花瓶为例简单说明陶瓷生产的过程。

第一步：准备原料，一般为粘土、长石、石英等。分别把它们用鳄式破碎机等机械破碎成＜1mm 的颗粒后，按拟定的配方称料入球磨机中，同时加入适量的水和磨球。球磨一定时间后，得到磨细了的泥浆坯料（过 250 目筛，孔径为 61μm）。

第二步：将泥浆坯料浇注入花瓶石膏模型中，静置一段时间，待石膏模型壁上吸附了一定厚度的泥层之后倒出剩余的泥浆。

第三步：把倒出余浆的石膏模放入烘箱

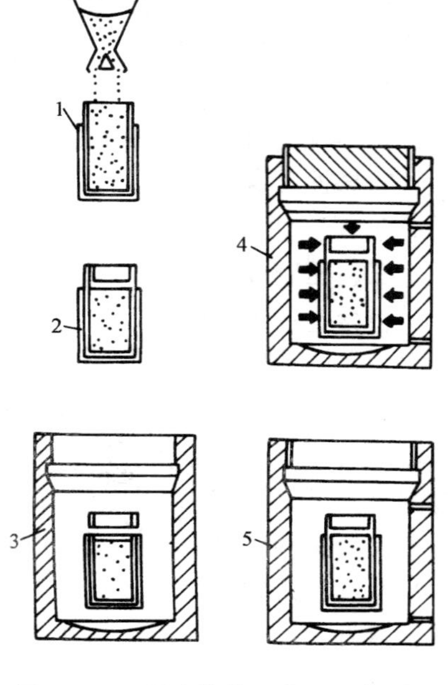

图 8－11 湿式等静压成型示意图
1—粉料加入弹性模具 2—加盖密封
3—将弹性模具装入内装液体介质
的加压容器中 4—加压
5—压紧后去压

或干燥室内干燥，干燥温度一般不超过70°C。待泥层脱离石膏模壁约 1mm 左右时从石膏模中取出坯体，再进一步干燥。

第四步：干燥好的坯体需修整，然后上釉（釉是一种熔点比坯料泥浆低的泥浆，高温烧成后成为透明的玻璃质薄层）。有时还需要在上釉前在坯体上作画。

第五步：上好釉的坯件就可以放入高温炉窑中烧成。烧成温度一般为 1300～1400°C，时间短则 3～5h，长则 20～30h。

烧成后的瓷件质地坚硬，釉面光亮、美观，一般不需要进一步处理。

复习思考题

1. 常用的塑料成型方法有哪些？注射成型、挤出成型方法各有何特点？
2. 简述注射成型方法的主要过程。
3. 常用的塑料成型方法各适合于何种形状的塑料制件？
4. 陶瓷材料的成型方法主要有哪三大类？各有何主要特点？
5. 陶瓷材料的滚压成型和塑压成型方法有哪些主要区别？

第九章　金属切削加工基本知识

金属切削加工是用刀具从金属材料（毛坯）上切去多余的金属层，从而获得几何形状、尺寸精度和表面质量都符合要求的机器零件的加工方法。它可分为钳工和机械加工两部分。钳工一般由工人手持工具对工件进行切削加工，基本的方法有划线、錾切、锉削、刮研、钻孔、铰孔、攻螺纹和套螺纹等。钳工手工操作灵活方便，可以完成一些机械加工不能完成的工作，如精密量具、样板、夹具和模具等制造中的一些工作，因此，在生产中占有一定地位。机械加工是通过工人操纵机床对工件进行切削加工，常见的加工方法有车、钻、刨、铣、磨以及齿形加工等。在现代机械加工中，绝大多数的零件都要进行切削加工，并作为零件的最终加工手段。可以说，从日常生活中的简单器具到工业生产中的复杂机器设备，都离不开切削加工，它在工农业、国防、科技等各部门中起着重要的作用。

第一节　金属切削加工的运动要素

一、切削运动

金属切削加工，就是通过刀具与工件之间的相对运动，使刀具从工件表面切去多余的金属层，以获得符合预定技术要求的零件或半成品的加工方法。工件表面加工时，刀具与工件的相对运动就是所说的切削运动。根据在切削过程中的不同作用，可以把切削运动分为主运动和进给运动。

1. 主运动

在切削过程中，运动速度最高、消耗动力最大，并且为切除切屑的最基本的运动，就是主运动。例如，车削时工件的旋转运动；刨削时刀具（牛头刨）或工件（龙门刨）的直线往复运动；钻削、铣削和磨削时，钻头、铣刀和砂轮的旋转运动等都是切削运动中的主运动。

2. 进给运动

在切削过程中，为了使新的金属层连续投入切削，从而切出工件全部加工表面所需要的运动，称为进给运动。例如，车削时车刀沿纵向、横向的直线走刀运动；钻削时钻头的轴向移动；铣削时工件随工作台的直线运动等。

在切削过程中，只能有一个主运动，但进给运动可以不止一个。主运动可以是旋转运动，也可以是直线运动。主运动和进给运动可以同时进行，也可以交替进行。

二、运动要素

运动要素包括切削用量三要素和切削层参数。

1. 切削用量三要素

在切削加工过程中，常需要针对不同的工件材料、刀具材料和其他的技术经济要求，来选定适当的切削速度 v、进给量 f、以及背吃刀量（切削深度）a_p。切削速度、进给量、背吃刀量三者称为切削用量三要素（图 9-1 所示）。

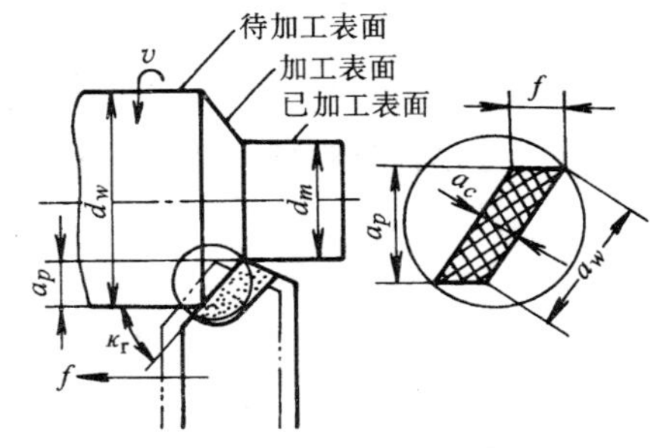

图 9-1　车外圆的切削要素

（1）切削速度 v　在单位时间内，工件和刀具沿主运动方向相对移动的距离，称为切削速度。当主运动为旋转运动时，则切削速度为旋转运动的线速度。其计算公式为：

$$v=\frac{\pi d_w n}{1000}\ (\mathrm{m/s})$$

式中　d_w——工件待加工表面的直径或刀具最大直径（mm）；

n——工件或刀具的转速（r/s）。

当主运动为往复直线运动时，则工件（或刀具）的平均切削速度的计算公式为：

$$v=\frac{2Ln_r}{1000\times 60}\ (\mathrm{m/s})$$

式中　L——往复运动行程长度（mm）；

n_r——主运动每分钟往复次数（str/min）。

（2）进给量 f　在主运动的一个循环（或单位时间）内，工件与刀具间沿进刀方向相对运动的距离。如在车削、镗削、钻削时，进给量表示工件或刀具每转一转，刀具或工件移动的距离，单位是 mm/r；在牛头刨床（龙门刨）切削时，刀具（工件）每往复一次，工件（刀具）移动的距离，单位是 mm/str。

（3）背吃刀量（切削深度）a_p　切削深度是待加工表面和已加工表面间的垂直距离，单位是 mm。在车削外圆时：

$$a_p=\frac{d_w-d_m}{2}\ (\mathrm{mm})$$

式中　d_w、d_m——分别为待加工表面和已加工表面的直径。

2. 切削层参数

当车外圆工件每转一转时，车刀沿工件轴线移动一个进给量所切除的金属层，称为切削层，它包括切削厚度、切削宽度和切削面积。

（1）切削厚度 a_c　垂直于加工表面度量的切削层尺寸，称为切削厚度。在车外圆时：$a_c = f\sin\kappa_r$（mm），其中 κ_r 是主偏角。

（2）切削宽度 a_w　即沿着加工表面度量的切削层尺寸，称为切削宽度。它等于沿主刀刃与工件的接触长度。在车外圆时：

$$a_w = \frac{a_p}{\sin\kappa_r} \text{ (mm)}$$

（3）切削面积 A_c　是切削截面面积称为切削面积。在车外圆时：

$$A_c = a_c a_w = f a_p \text{ (mm}^2\text{)}$$

第二节　刀具材料和角度

一、刀具

在切削加工中，影响加工效率的三个主要因素，是机床、刀具、工件。切削时，刀具的切削部分直接担负着切削工作。由于工件材料都具有一定的强度、硬度和塑性，且工件本身的几何形状、尺寸大小和表面粗糙度都有一定的要求，因此，要求刀具切削部分材料，必须具有一定的力学性能和工艺性能，才能胜任工作。

二、刀具材料

1．刀具材料的性能

刀具材料一般是指切削部分的材料。它在高温下进行切削工作，还要承受较大的压力、摩擦、冲击和振动等，因此，对刀具材料的性能要求有以下几点：

（1）较高的硬度　刀头材料（即切削部分的材料）的硬度，必须大于工件材料的硬度，否则就不能从工件表面切去切屑。一般刀头材料的硬度至少应为工件材料硬度的1.3～1.5倍，一般要求在60HRC以上。

（2）足够的强度和韧性　为了使刀具在切削力、冲击载荷的振动作用下不致破坏，刀头材料必须具有足够的抗弯强度和冲击韧度。

（3）良好的耐磨性　切削时，刀具的前刀面与切屑之间、后刀面与工件之间，存在着强烈的摩擦，为了使刀具经久耐用，刀头材料应具有良好的耐磨性。

（4）较高的耐热性　就是材料在高温条件下继续保持其硬度、耐磨性、强度和韧性的能力，也称热硬性。它是评定刀具材料的主要性能。

（5）良好的导热性　要求刀具材料具有良好的传导热量的能力，以利于降低切削温度和提高刀具耐用度。

2．常用的刀具材料

目前，在切削加工中常用的刀具材料有：碳素工具钢、合金工具钢、高速钢、硬质合金钢、陶瓷、人造金刚石及立方氮化硼。表 9－1 列出常用刀具材料的性能特征及适用范围。

表 9－1　常用刀具材料的性能特征及适用范围

刀具材料	性能特征	刀具种类及切速	适用工件材料	适用加工条件	典型牌号举例
碳素工具钢	61～65HRC，高温强度低，淬火时易裂、变形	丝锥、锉刀、锯条（低速）	低强度、软材料、有色金属及塑性材料	简单手动工具	T8A、T10A、T12A
合金工具钢	61～65HRC，高温强度比碳素工具钢稍好	拉刀、铰刀、钻头（低速）		热处理变形小的低速刀具	9SiCr、CrWMn
高速钢	61～65HRC，600°C 时热硬性尚好，耐磨性稍好	钻头、铣刀、齿轮刀具（低速～中速）	低、中强度和硬度的材料	复杂刀具	W18Cr4V、W6Mo5Cr4V2
硬质合金	70～75HRC，能耐 1000°C 高温，耐磨性好	车刀、铣刀、拉刀、刨刀、钻头、铰刀（中速～高速）	中等以上强度和硬度的材料	各种刀具	粗加工：YG6、YG8、YT5 精加工：YT15、YT30
陶瓷	91～95HRA，热硬性好，耐磨，抗弯性差，易碎	车刀（高速）	各种材料	不可断续切削	Al_2O_3、Al_2O_3-TiC、Si_3N_4
立方氮化硼	7300～9000HV，热硬性强，可耐 1500°C，与铁亲和力小	车刀、铣刀（中～高速）	淬硬合金钢、高速钢、淬硬冷硬铸铁、纯镍、高温合金	用于连续切削，避免冲击振动	CBN
人造金刚石	10000HV，热硬性好	车刀、铣刀、砂轮等	硬质合金、陶瓷、玻璃、有色金属及合金	不易加工铁族金属	

三、刀具角度

在切削加工中，经常遇到使用各种各样的刀具，如车刀、刨刀、钻头、铰刀、拉刀等。这些刀具虽名目繁多，结构繁简不一，但它们的切削部分基本上相当于车刀的刀头部分。因此，我们只要掌握了车刀的几何角度，其他刀具就可以迎刃而解了。

1．车刀的切削部分

车刀的切削部分（图 9－2）由三个刀面、两个刀刃和一个刀尖组成，可称“三面、两刃、一尖”。

（1）前刀面　是切屑流出所经过的表面。

（2）主后刀面　是刀具与工件的加工表面相对着的表面。

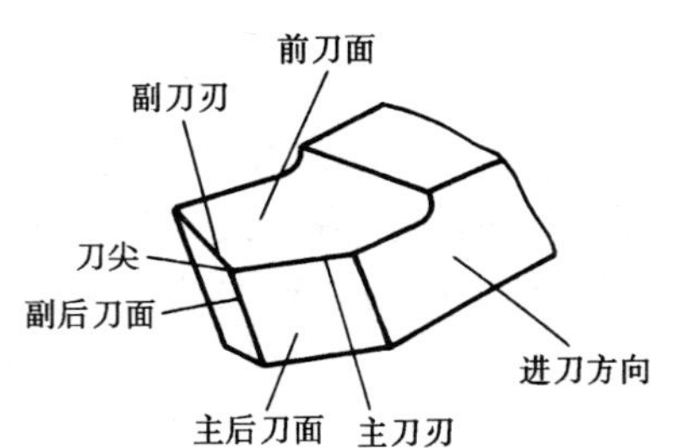

图 9－2　车刀切削部分的组成

（3）副后刀面　是刀具上与工件已加工表面相对着的表面。

（4）主刀刃　是前刀面与主后刀面的交线。由于它担负着主要切削任务，故称为主刀刃。

（5）副刀刃　是前刀面与副后刀面的交线。

（6）刀尖　是主刀刃与副刀刃的交点。由于车刀刀尖体积小，强度和散热条件差，易磨损，所以刀尖是最薄弱的地方。为了增加刀尖强度，提高刀具耐用度及减少已加工表面的粗糙度数值，常在刀尖处磨出一个过渡刃。

2. 车刀切削部分的主要角度

（1）辅助平面　为了确定切削部分的几何角度，需要引入几个辅助平面。辅助平面包括切削平面、基面、正交平面，如图 9－3 所示。

切削平面：是通过主刀刃上某一点与该点加工表面相切的平面。

基面：是通过主刀刃上某一点与该点切削速度方向垂直的平面。

正交平面：是通过主刀刃上某一点与主刀刃在基面上投影垂直的平面。

（2）车刀的主要角度　包括前角、后角、主偏角、副偏角和刃倾角等，如图 9－4 所示。

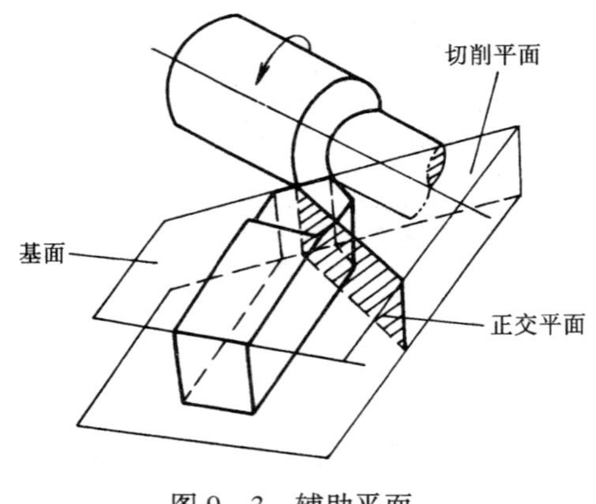

图 9－3　辅助平面

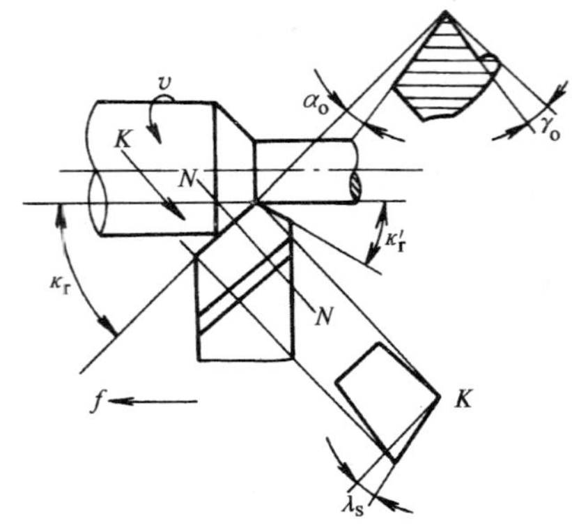

图 9－4　车刀的主要角度

1）在正交平面内测量的角度

前角 γ_o：在主截面中前刀面与基面之间的夹角。根据加工条件不同，前角可选择正值或负值，也可以为零。前角的大小对切屑变形、切削力以及切削刃强度都有很大影响。较大的前角，可减少切屑的变形，使切削轻快，减轻刀具磨损。但前角过大，刀具导热体积减小，切削部分强度低，影响刀具使用寿命。通常前角 γ_o 在 $-5^\circ \sim +25^\circ$ 的范围内选取。

后角 α_o：即主后刀面与切削平面之间的夹角。后角的作用主要是减少主后刀面与工件之间的摩擦。当前角确定后，后角越大，刃口越锋利，但刀头强度差。车刀后角 α_o 常取 6°～12°。

2）在基面内测量的角度

主偏角 κ_r：主刀刃在基面上投影与进给方向的夹角。它能改变径向切削力和轴向切削力的比例，也影响刀具的强度。

在相同的进给量和切深条件下，减小主偏角可能使切削宽度增加和切削厚度减薄，从而使主刀刃参加工作长度增加，单位长度上的切削负荷减轻。同时加强了刀尖强度，增大了刀头散热面积，改善了切削条件，使刀具寿命提高。在相同切削力情况下，主偏角小，则径向力大。当工件的刚度不好（如车细长轴），就可能产生弯曲变形，并引起车削振动。常用的主偏角 κ_r 有 45°、60°、75°、90°几种。

副偏角 κ_r'：是副刀刃在基面上投影与进给反方向的夹角。副偏角的主要作用是减少副刀刃与已加工表面之间的摩擦，以减小已加工表面的粗糙度数值。副偏角 κ_r'的数值一般常取在 5°～15°左右。

3）在切削平面内测量的角度

刃倾角 λ_s：是主刀刃与基面间的夹角。刃倾角的作用，主要是影响排屑的方向（图 9－5）和刀具强度。

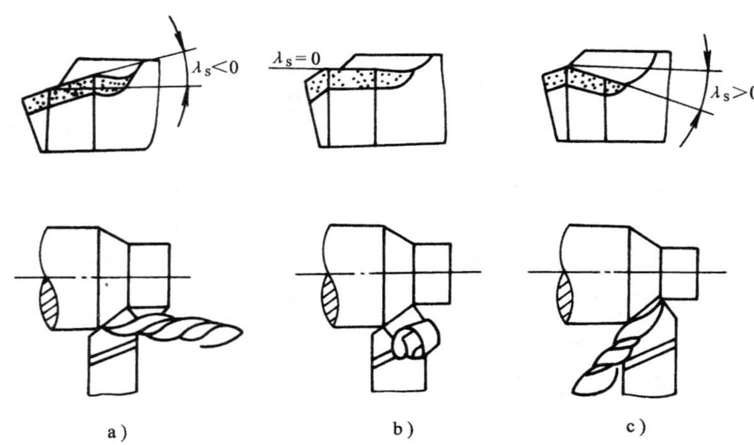

图 9－5　刃倾角对排屑的影响

a) $\lambda_s<0$　b) $\lambda_s=0$　c) $\lambda_s>0$

λ_s 根据不同情况，可选择正值、负值和零度。刀尖位于刀刃最低点时（低头），λ_s 为负值；刀尖与主刀刃在同一水平面内时，λ_s 为零度；刀尖位于主刀刃最高点时（翘头），λ_s 为正值。

应当指出，车刀几何角度之间都是相互影响的、相互依赖与相互制约的。上面给出的选值范围只是大致范围，不能死记硬套。作为一个刀具切削部分的几何形状应统筹安排、相互配合，不仅要考虑每一个角度的独自作用，还要考虑各角度之间的影响关系。

例如，前角和后角都影响切削刃的强度，影响刀具散热情况，它们可以互相补偿。粗加工时，为了减轻刀具的负荷，采用较大的前角，可适当的减小后角，这时切削刃强度不会明显削弱；反之，精加工时，为减少后刀面与加工表面间的摩擦，可采用较大后角，并适当减小前角。

当切断刀切断时，主刀刃一般应处于与工件旋转轴等高的位置。如果主刀刃高于工件的轴心，则能使工作前角增大，后角减小（图 9－6a）；当主刀刃低于工件旋转轴心时，则前角减小，后角则增大（图 9－6b）。

当安装车刀车外圆时，车刀一般应垂直于工件旋转轴线。如果向左或向右偏装车刀，则影响工作主偏角 κ_r 和副偏角 κ_r' 的大小。

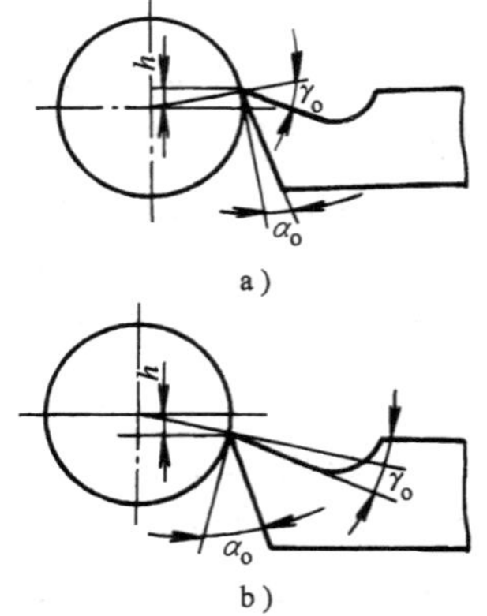

图 9－6 切断刀安装高度对前后角影响
a）主刀刃高于轴心 h
b）主刀刃低于轴心 h

第三节 金属的切削过程

研究金属切削过程，就是研究刀具从工件表面切除金属层，使之成为已加工表面的过程，也就是切屑形成的过程。在切屑形成的过程中出现了许多复杂的物理现象，如金属的变形、积屑瘤的形成与消失、切削力、切削热和刀具磨损等。了解这些现象的实质及变化规律，对于保证加工质量、提高生产率、合理使用机床和刀具，进行技术革新等都是不可缺少的基础知识。

一、切屑的形成过程及切屑的种类

1. 切削形成过程

金属切削过程实质上是一种挤压过程，而金属变形则是金属切削过程的基本问题。金属材料受到刀具的挤压会发生弹性变形和塑性变形。如用刨刀切削塑性金属时，金属材料在刀具的作用下产生弹性变形。随着刀具的继续深入，金属内部的切应力、切应变继续加大。当切应力达到被切金属的屈服点时，切削层金属开始产生塑性变形。刀具再继续前进，切应力进而达到材料的断裂强度，金属材料被挤裂，并沿着刀具的前刀面流出而形成切屑。

一般地讲，切屑是通过弹性变形－塑性变形－挤裂－切离四个阶段而形成的，如图 9－7 所示。

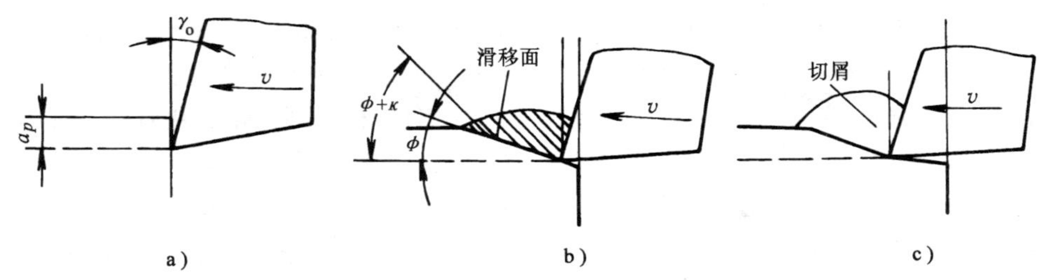

图 9-7 切屑的形成

a）弹性变形 b）塑性变形 c）挤裂

2. 切屑的种类

不同性质的工件材料其塑性不同，切削过程条件又各异，必将产生不同的变形情况。例如使用不同的刀具角度、或采用不同的切削用量等，会形成不同类型的切屑，并对切削加工产生不同的影响。常见的切屑种类有以下几种，图 9-8 所示。

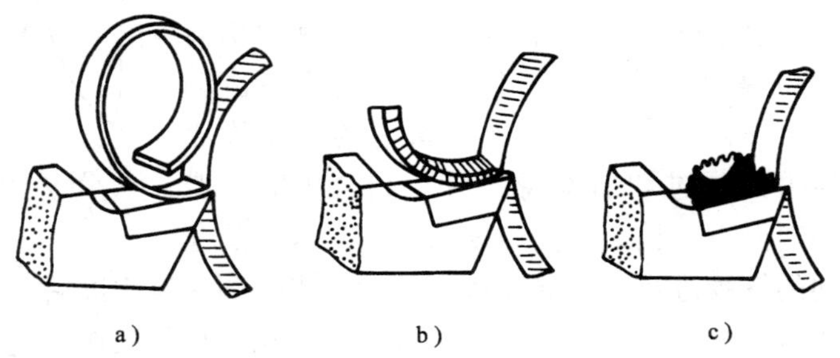

图 9-8 切屑的种类

a）带状切屑 b）节状切屑 c）崩碎切屑

（1）带状切屑 当用大前角的刀具、较高的切削速度和较小的进给量切削塑性材料时，则容易得到带状切屑如图 9-8a 所示。形成带状切屑时，切屑的形成只经过弹性变形、塑性变形、切离三个阶段，切削力比较平稳，切削热比较少，加工表面较光洁；但切屑连续不断，易缠绕，不大安全，同时也容易划伤已加工表面，从而影响加工质量，因此要采用断屑措施。

（2）节状切屑 当采用较低的切削速度和较大的进给量进行粗加工中等硬度的钢材时，容易得到节状切屑，如图 9-8b 所示。形成这种切屑时，切屑形成经过弹性变形、塑性变形、挤裂和切断四个阶段，是典型的切削过程。但是，由于切削力波动较大，工件表面较粗糙。

（3）崩碎切屑　在切削铸铁、铸造黄铜等脆性材料时，切削层金属发生弹性变形以后，一般不经过塑性变形就突然崩碎，形成不规则的碎块切屑片，即为崩碎切屑如图 9－8c 所示。产生崩碎切屑时，切削热和切削力都集中在刀具的主刀刃和刀尖处，刀尖容易磨损，并容易产生振动，影响表面质量。

切屑的形状可以随切削条件的不同而改变。在生产中，常根据具体情况采取不同的措施来得到需要的切屑，以保证切削加工的顺利进行。例如，加大前角、提高切削速度或减小进给量，可将节状切屑变成为带状切屑，使加工表面较为光整。

二、积屑瘤

在一定的切削速度下切削塑性材料时，常发现在刀具的前刀面上靠近刀刃的部位粘附着一小块很硬的金属，称为积屑瘤，也称为瘤，如图 9－9 所示。

1. 积屑瘤的形成

一般认为，积屑瘤是由于切屑和前刀面在切削过程中剧烈的摩擦而形成的。切屑沿前刀面流出时，在一定的温度和压力作用下，靠近刀刃附近的切屑底层金属与前刀面发生强烈的摩擦，与前刀面接触的切屑底层受到很大的摩擦阻力，促使切屑底层的金属流动速度减慢，甚至接近于零。这层流速减慢的金属称滞流层。当摩擦阻力超过切屑本身的分子结合力时，滞留层金属与切屑分离，粘结在前刀面刃上而形成积屑瘤。

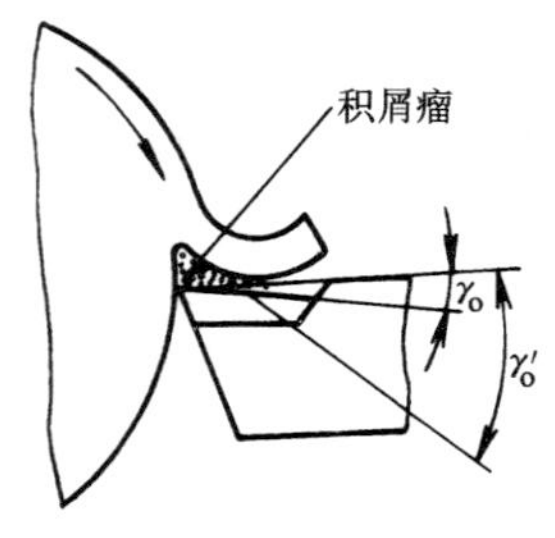

图 9－9　积屑瘤

随着切削的继续进行，积屑瘤逐渐长大，当长到一定程度后，就容易破裂而被工件或切屑带走。上述过程是反复进行的，而且进行的很快。这种时生时灭的现象影响工件表面加工质量，因此在精加工时是不允许存在的。

2. 切屑瘤对切削过程的影响

切屑瘤在形成过程中，由于金属剧烈变形而引起强化，因而使其硬度远大于被切金属。所以很高硬度的积屑瘤可以代替刀刃进行切削，起到保护刀刃的作用，减少刀具磨损。

此外，积屑瘤对工件已加工表面的质量有很大影响。因为有积屑瘤时，切屑形成的条件会发生变化，积屑瘤的存在增大了刀具的实际前角（图 9－9），使切屑变形和切削力都减小。因此在粗加工时，切削力很大，这时产生切屑瘤对切削有一定好处，使切削轻快。但在精加工时，则应尽量避免积屑瘤的产生。因为它不仅使已加工表面的粗糙度数值增加，而且会改变切削刀具的角度，引起机床部件和刀具的振动等。

3. 积屑瘤的控制

影响积屑瘤形成的主要因素有：切削速度、工件材料的性能、刀具和冷却润滑条件等。其中，切削速度是影响积屑瘤形成的主要因素。由于切削速度是通过切削温度和摩擦来影响积屑瘤的，所以应避开易产生积屑瘤的切削速度范围。以切削一般钢材为例，当切削速度很低时（$v<0.08$m/s），切削温度较低，摩擦因数下降，不易形成积屑瘤；当切削速度中等（$v=0.08\sim0.8$m/s）时，由于切速较高，温度也随之提高，摩擦因数也较大，从而容易形成切屑瘤；当切削速度很高时（$v>1.7$m/s），切削温度最高，且摩擦因数下降，故不易生成切屑瘤。从图 9－10 可以看出切削速度对积屑瘤的影响。

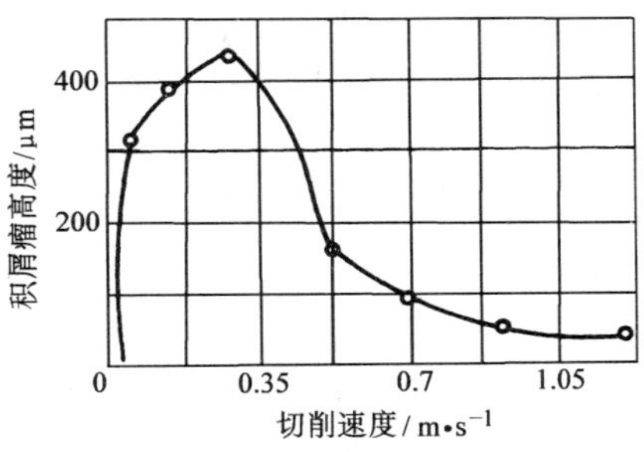

图 9－10　切削速度对积屑瘤的影响

在工件材料性能中，影响积屑瘤形成的主要是塑性。塑性越大，越容易形成积屑瘤。要避免积屑瘤，可将工件材料进行适当的热处理，以减少工件材料的塑性，提高其强度和硬度。

另外，选用适当的切削液，可有效地降低切削温度，减少摩擦，也是减少或避免积屑瘤的重要措施之一。

三、切削力和切削功率

1. 切削力

切削力是指切削时刀具切入工件，切削层产生变形成为切屑所需的力，它直接影响刀具、机床、夹具的设计与使用。

（1）切削力的产生　一是被切金属层和工件过渡表面金属层因弹性变形和塑性变形所产生的变形抗力；二是刀具与切屑工件之间的摩擦力。由于刀具与工件之间存在相对运动，它所产生的摩擦力就分别作用于前后刀面上，这几个力的合力，称为切削合力或总切削力 F_r，如图 9－11 所示。

（2）总切削力的分解　切削力是一个空间力，为了便于测量、计算、研究它，以车削外圆为例，可将其分解为三个相互垂直的分力，如图 9－11 所示。

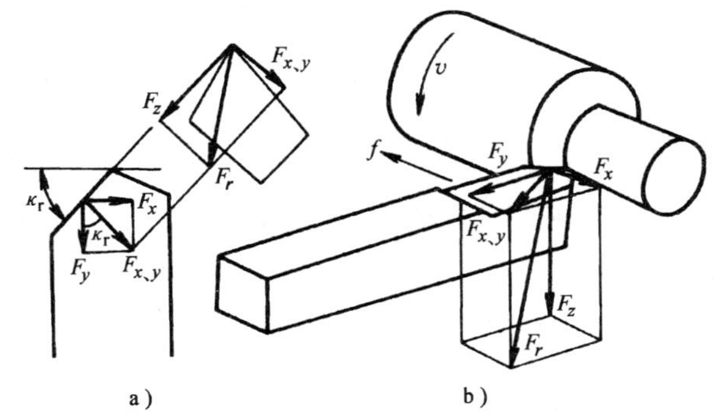

图 9－11　车削时的合力与分力

a）分力与刀具角度　b）切削力的分解

1）主切削力 F_z。它垂直于基面，与切削速度 v 的方向一致，又叫切向力。它比其他两个分力要大的多，消耗的功率也最多（95%以上），故称其为主切削力。它是计算刀具强度、设计机床零件、确定机床功率的主要依据。

在实际操作中，如果主切削力过大，则会出现刀具崩刃或使机床“闷车”现象。

在实际应用中，F_z 多是用测力仪实际测得。

2）进给力 F_x。它作用在机床的进刀机构上，其方向与进给方向平行，也称进给抗力。车削外圆时，F_x 在工件的轴线方向上，又称轴向力。F_x 一般只消耗总功率的1%～5%，是设计或验算进给机构强度的主要依据。

3）背向力 F_y。其方向与吃刀（切深）方向相反，也称吃刀力。车削外圆时，F_y 在水平面内工件的直径方向上，又称径向力。因为切削时这个方向上运动速度为零，所以 F_y 不作功，但它一般作用在工件刚性较弱的方向上，容易使工件弯曲变形，特别是车削刚度较差的细长轴类工件，变形尤为明显，如图9-12所示。这不仅影响加工精度，还会引起振动、影响表面粗糙度。F_y 一般用来确定与工件加工精度有关的工件挠度、计算机床零件和刀具强度。

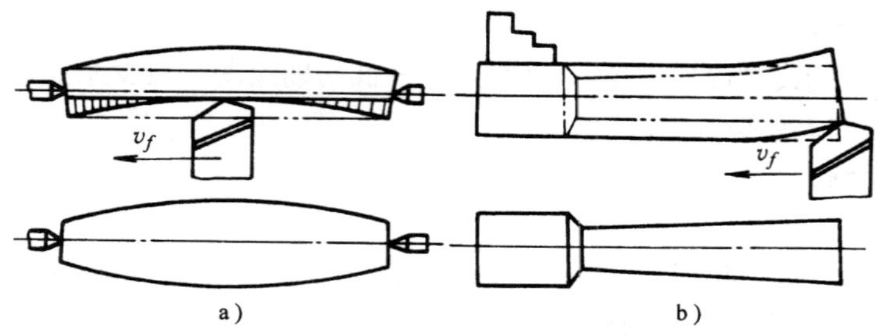

图9-12　背向力 F_y 对工件的影响

a）工件在双顶尖装夹时　b）工件在卡盘装夹时

上述三个切削分力互相垂直，并与总切削力 F_r 有如下关系：

$$F_r=\sqrt{F_x^2+F_y^2+F_z^2}$$

2. 影响切削力的主要因素

（1）工件材料的影响　当工件材料的强度和硬度较高时，则切削力就较大；反之，切削力就小。当工件材料的塑性和韧性大时，其切削变形就大，切削力也越大。

（2）刀具角度的影响　当前角 γ_o 增大时，切屑流出容易，变形减少，切削力就降低；当主偏角 κ_r 增加，刀尖圆弧半径 r 减小，切削力降低，同时 F_y 下降，F_x 增加；反之，当主偏角 κ_r 减少时，F_y 就增大，F_x 就降低，若工件刚性不好，就会使工件的尺寸和形状发生变化，这是主偏角对 F_x 与 F_y 力的分配比例的影响。

(3) 切削用量的影响　其中背吃刀量（切削深度）a_p 影响最大。当 a_p 和 f 增加时，切削面积成比例增加，故切削力也相应增加。实验证明：当 a_p 增加一倍时，F_r 一般也增加一倍；而 f 增加一倍时，因切屑严重变形，A_c 虽增加了一倍，但 F_r 只增加 68%～86%。切削速度主要是通过对积屑瘤的影响使切削力 F_r 变化。当用硬质合金车刀高速切削时，总的趋势是随切削速度的增加切削力有所降低。

除以上因素外，刀具材料、刀具磨损、刀尖圆弧半径、冷却润滑条件等都影响切削变形和摩擦，所以对切削力也有一定影响。

3. 切削功率

切削功率 P_m 应是三个切削分力消耗功率的总和。但在车削外圆时，F_y 所消耗的功率等于零。F_x 力所消耗的功率很小，可忽略不计。因此，切削功率 P_m 可按下列公式计算：

$$P_m = F_z v 10^{-3}$$

式中　P_m——功率（kW）；

F_z——主切削力（N）；

v——切削速度（m/s）。

四、切削热和切削温度

切削热是金属切削过程中产生的主要现象之一。

1. 切削热的产生和传出

切削热的产生主要来自三个方面：①是被加工工件材料的弹性变形和塑性变形所产生的热；②是切屑与前刀面的摩擦所产生的热；③是后刀面与已加工表面之间的摩擦所产生的热。这些变形和摩擦所产生的热如图 9－13 所示，即称之为切削热。

单位时间内产生的切削热可由下式算出：

$$Q = F_z v$$

式中　Q——每秒钟内产生的切削热（J/s）；

F_z——主切削力（N）；

v——切削速度（m/s）。

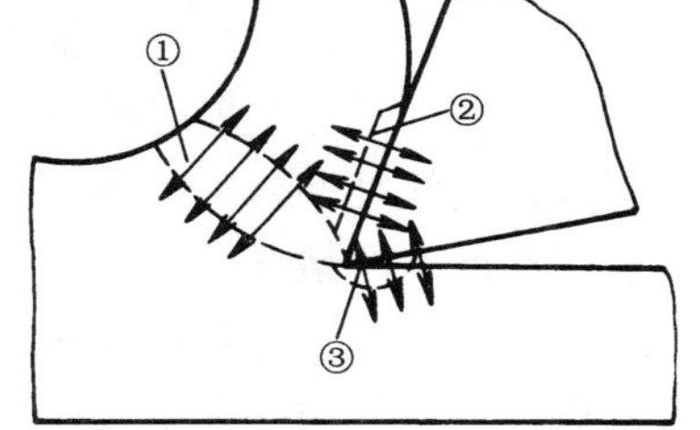

图 9－13　切削热的产生与传散

切削热一方面随切削过程产生，一方面不断地向工件、切屑、刀具和周围介质传散。由于各种加工方法和工件的不同，向工件、切屑、刀具、周围介质传散的比例也不同。

2. 切削温度及其影响因素

切削温度一般是指切屑、工件，刀具接触表面上的平均温度。切削温度的高低，一方面取决于切削热的产生情况；另一方面取决于切削热的传散情况。影响切削温度的主要因素有工件材料、切削用量、刀具材料、刀具角度及冷却条件等。

（1）工件材料的影响　工件材料的强度、硬度越高，切削中消耗的功越大，所产生的切削热越多，切削温度也就越高。

（2）切削用量的影响　切削速度 v 增加，消耗的功率增加，热量也明显增加。但切削速度 v 增加，切屑流出的速度也增加，切屑带走的热量增加，所以使刀具温度升高不多。当切削速度提高一倍时，切削温度大约提高 20%～30%。

当进给量 f 增大时，单位时间的金属切削量也增加，切削温度升高。但由于此间的切屑的平均变形减小，而且切屑与前刀面的接触面积增加，改善了散热条件，所以当进给量增加一倍时，切削温度大约只升高 10%。当背吃刀量 a_p 增加时，切削热也增加。但由于刀刃工作长度相应的增加，也改善了散热条件。所以当切削深度增加一倍时，切削温度大约只升高 3%。

因此，在选择切削用量时，应优先考虑用大的切削深度，合适的进给量，最后确定合理的切削速度，这样对提高刀具耐用度和生产效率是有利的。

（3）刀具角度的影响　前角 γ_o 增大，切削层金属的塑性变形和硬化程度显著减小，同样也相应地减小了切屑与前面刀的摩擦，因而所产生的热量减小。在进给量 f 不变的情况下，当主偏角 κ_r 增大时切削厚度 a_c 增大，刀刃参加切削的长度减少，散热条件较差，所以总的温度随 κ_r 角增大而增高。

3. 切削液

为了有效地降低切削温度，提高生产率和表面质量，常采用切削液。切削液一是能迅速地从切削区带走大量的热；二是能减少刀具与工件之间的摩擦，减少切削热的产生。

实际生产中，常用的切削液可分为三类：

（1）切削油　主要是矿物油，少数采用动植物油或复合油。它的特点是润滑性能好，但流动性差，吸热少，冷却作用小，主要用来改善工件的表面质量。它一般用于低速的精加工，如精车丝杠、螺纹等。

（2）乳化液　它是将乳化油稀释而成，成为乳白色的或半透明状的乳化液。它具有良好的流动性和冷却作用，也有一定的润滑性能，是应用最广泛的一种切削液。低浓度的乳化液用于粗车、磨削；高浓度的乳化液适用于精车、铰孔、铣削等。在乳化液中加入硫磷等有机化合物，可提高润滑性能，适用于加工螺纹、齿轮及一些精加工件。

（3）水溶液　主要成分是水，水的热导率和比热容都比油大得多，流动性又好，可以吸收大量的热。为了防止水对金属的腐蚀，而加入一定量的防锈剂，如硫酸钠、三乙醇胺等，就配制成了防锈冷却水溶液，用于粗磨。若加入一定的油类，如石油磺酸钠、石油磺酸钡等，还可用于精磨。

在使用切削液时应注意以下两点：第一，对铸铁工件一般不用切削液，因为铸铁本身有大量的石墨，能起润滑作用，如果使用切削液，会将崩碎切屑冲入导轨，增加磨损，对机床的清理和维护都不利；第二，当选用硬质合金刀具材料时可不使用切削液，因为它能耐较高的温度，如果使用，就必须大量地连续地注射，以免造成硬质合金因忽冷忽热而导致产生裂纹或破裂。

五、刀具磨损

在切削过程中，刀具使用一段时间后刀刃就会钝化，其主要原因是磨损。

1. 刀具的磨损形式

由于切削条件不同，刀具磨损产生在刀具不同的部位，一般有三种形式，如图 9－14 所示。

(1) 后刀面磨损　指磨损的部位主要发生在后刀面。它的大小用后刀面磨损的高度 VB 表示，如图 9－14a 所示。这种磨损形式一般发生在切削脆性材料或用较小的切削厚度（a_c<0.1mm）。

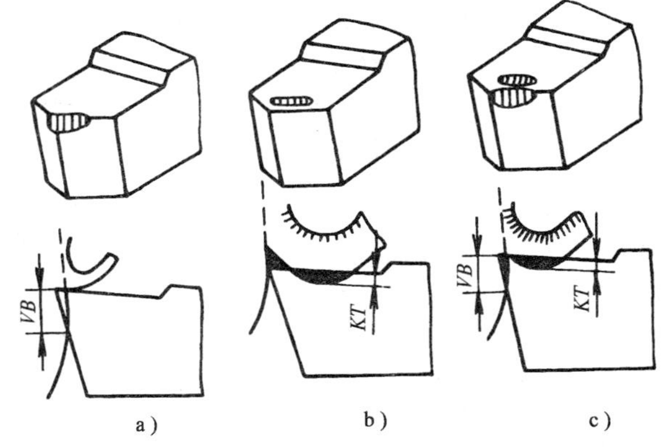

图 9－14　刀具磨损形式
a）后刀面磨损　b）前刀面磨损　c）前后刀面同时磨损

(2) 前刀面磨损　指磨损的部位主要发生在前刀面。磨损后，在前刀面出现月牙洼，其大小以月牙洼深度 KT 表示，如图 9－14b 所示。这种磨损形式一般发生在以较大的切削厚度切削塑性材料时。

(3) 前后刀面同时磨损　指前刀面和后刀面的同时发生磨损如图 9－14c 所示。这种磨损条件介于以上两种磨损之间，一般发生在切削厚度 $a_c = 0.1 \sim 0.5$mm，切削塑性金属的情况下。

2. 刀具的磨损过程

在生产实践中，刀具的磨损过程大体分为下述三个阶段（图 9－15）：

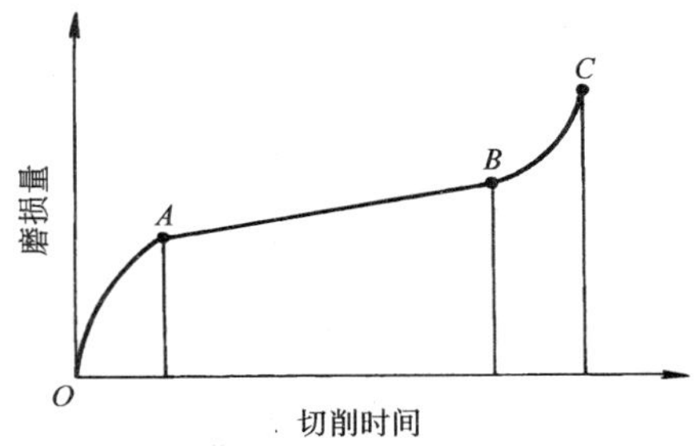

图 9－15　刀具磨损过程示意图

第Ⅰ阶段（OA）——初期磨损阶段。因为刃磨后的刀具表面仍有微观高低不平，峰顶由于棱角突出，故磨损较快。

第Ⅱ阶段（AB）——正常磨损阶段。刀具经初期磨损后刀面变得较平滑，突出的峰顶已被磨去，接触面积增大，磨损速度缓慢下来，故磨损较慢，时间最长。

第Ⅲ阶段(BC)——急剧磨损阶段。刀具在正常磨损阶段后期而未及时更换新刀，此时刀具已经磨损变钝，刀具与工件接触情况恶化，摩擦与温度急剧上升，磨损迅速增大。

经上述分析，换刀时间应控制在刀具正常磨损的后期，急剧磨损阶段之前为宜。这样，即可保证刀具的切削能力，又能保证加工质量，还可充分利用刀具材料。

第四节　技术经济分析

切削加工的最终目的是在保证加工质量、降低生产成本的基础上，尽量提高生产率。为此，需要从工件、刀具、切削用量等几个方面进行分析，以达到此目的。

一、工件材料的切削加工性

工件的切削加工性是材料工艺性能的一个重要方面。在切削加工中，工件材料的性能对加工过程有很大影响。例如，切削铜、铝等合金零件时切削力小，切削轻快；切削碳钢要比合金钢容易些；切削不锈钢及耐热合金钢等材料就比较困难。一般说来，工件材料进行切削加工时的难易程度，称为材料的切削加工性。

加工的难易程度是根据具体的加工要求和切削条件来衡量的。例如，粗加工时，若切削力小，消耗功率小，则切削容易；而精加工时，容易得到光洁的表面，则属切削容易。可见，材料被切的难易程度是在具体要求下的相对概念。

材料的切削加工性可归纳为：加工某种材料时，若刀具寿命（耐用度）较高，或允许切削速度较高，或切削力小，或加工表面质量易于保证，或断屑问题易于解决，则可认为这种材料的切削加工性好；反之，切削加工性就差。实际上，很难找到一种材料能够全面满足上述各项要求，因而往往根据加工时的主要要求来选择某一项指标来衡量材料的切削加工性。生产及实验研究中，常取“v_t”作为衡量材料切削加工性的标准。

v_t 的含义是：当刀具寿命为 t 分钟时，切削某种材料所允许的切削速度。v_t 越高，表示材料的切削加工性越好。通常取 $t=60\text{min}$，所以 v_t 可写作 v_{60}。对于一些特别难加工的材料也可采取 $t=30\text{min}$ 或 15min，则 v_t 写作 v_{30}或 v_{15}。

如果以 $\sigma_b=735\text{MPa}$ 的 45 钢作为基准，写作（v_{60}），而把其他各种材料的 v_{60}同它相比较，这个比值称为相对切削加工性，以 K_r 表示，即

$$K_r = v_{60}/(v_{60})$$

常用材料的相对切削加工性可分为八级，见表 9－2。

表 9－2　材料的相对切削加工性分级

加工性等级	名称及种类		相对切削加工性 K_r	代表性材料
1	很容易切削材料	一般有色金属	＞3.0	9－4 铝青铜合金，铝镁合金
2	容易切削材料	易切削钢	2.5～3.0	15Cr 退火，σ_b＝380～450MPa
3		较易切削钢	1.6～2.5	30 钢正火，σ_b＝450～560MPa
4	普通材料	一般钢及铸铁	1.0～1.6	45 钢、灰铸铁
5		稍难切削材料	0.65～1.0	2Cr13 调质，σ_b＝850MPa 85 钢，σ_b＝900MPa
6	难切削材料	较难切削材料	0.5～0.65	45Cr 调质，σ_b＝1050MPa 65Mn 调质，σ_b＝950～1000MPa
7		难切削材料	0.15～0.5	50CrV 调质，1Cr18Ni9Ti，某些钛合金
8		很难切削材料	＜0.15	某些钛合金，铸造镍基高温合金

相对切削加工性 K_r，实际上反映了不同材料对刀具磨损和耐用度的影响程度，K_r 越大，表示切削该材料时刀具磨损得越慢，刀具寿命越高。

在实际生产中，常采用一些措施来改善材料的切削加工性，其中通过热处理来改变材料的金相组织，就是改善材料的切削加工性的主要方法之一。例如对高碳钢进行球化退火，降低其硬度，减少对刀具的磨损。低碳钢通过正火提高硬度、降低塑性，可以提高 v_t 和降低表面粗糙度数值；白口铸铁通过 950～1000℃的高温长期退火而变成可锻铸铁，使切削加工较易进行。

二、生产率

在切削加工中，单位时间内所生产的零件数目，即生产率 Q 为：

$$Q = \frac{1}{t_d}$$

式中　Q——切削加工生产率（件/s）；

t_d——生产一个零件所需要的总时间（s）。

在机床上加工一个零件，所用的总时间包括以下三个部分：

$$t_d = t_j + t_f + t_Q$$

式中　t_j——基本工艺时间，即加工一个零件所需的总切削时间（s）；

t_f——辅助时间，为了维持切削加工所消耗到各种辅助操作上的时间（s）；

t_Q——其他时间，如清扫切屑等（s）。

所以

$$Q = \frac{1}{t_d} = \frac{1}{t_j + t_f + t_Q}$$

从上式可知，若提高生产率，必须设法减少 t_j、t_f 和 t_Q，以减少辅助时间和其他时间。

三、提高生产率的途径

正确地选择切削用量，对提高生产率、保证刀具寿命和工件的加工质量都有重要的意义。例如，切削速度选得过高，将使刀具寿命急剧下降，造成磨刀和调整时间增多，最终反而降低了生产率。进给量选的太小，每个工件的加工时间就长，也会降低生产率；若进给量选得太大，又会使工件表面粗糙度数值增大，降低表面重量。因此，应根据粗、精加工的不同要求选择合理的切削用量。

（1）粗加工时要尽可能达到较高的生产率　影响刀具寿命最显著的是切削速度，其次是进给量，而背吃刀量影响最小。所以，为了保证必要的刀具寿命，在切削速度，进给量和背吃刀量三个要素中，应当优先采用大的背吃刀量，其次取较大的进给量，最后才根据刀具寿命的要求，选择合理的切削速度。

背吃刀量选定以后，就可根据机床、工件、刀具的具体条件选择尽可能大的进给量。机床、工件和刀具刚度好的可选大的进给量；刚度差的要适当的减少进给量。进给量对进给力 F_x 影响较大，F_x 应小于机床说明书上规定的最大允许值。

然后再根据刀具寿命的要求，针对不同的刀具材料和工件材料，选用合理的切削速度。

以车削中小工件为例，一般情况下，粗车时切削用量的大致范围如下：

背吃刀量 a_p：取 2～4mm。

进给量 f：取 0.15～0.4mm/r。

切削速度：硬质合金车刀车削中碳钢（正火：退火状态）的平均值为 1.67m/s。在这种切速下，刀具寿命约为 3600～5400s。

（2）精车时主要目的是应获得所需要的加工精度和表面粗糙度　为了抑制积屑瘤的产生，进而保证工件的表面质量，硬质合金刀具一般多采用较高的切削速度，而高速钢刀具则大多采用较低的切削速度。

一般情况下精车时切削用量的大致范围如下：

背吃刀量 a_p：取 2～4mm。

进给量 f：取 0.05～0.2mm/r。

切削速度 v：硬质合金车刀精车中碳钢时可取 1.67～3.33m/s，切铸铁时可取 1～1.67m/s；高速钢宽刃精车刀精车中碳钢时可取 0.05～0.83m/s。

以上所述是选择切削用量的一般原则和常用数值。在实践中，切削用量还要根据工件形状和其他生产条件进行调整。例如，切削断续表面时，为减少冲击应降低切削用量，尤其是切削速度。内圆切削时的切削用量应比外圆切削时小些，尤其是切深和进给量应比切削外圆时小。

复习思考题

1. 何谓切削运动？试分析车、铣、刨、磨、钻切削加工中的切削运动。

2. 阐述切削运动要素及定义？

3. 刀具材料应具有哪些性能？

4. 刀具有哪些主要角度？各有什么作用？选择刀具角度的原则是什么？

5. 指出图 9－16 中所示镗孔时的下列各点（只要注出序号即可）。

(1) 切削平面，(2) 基面，(3) 正交平面，(4) 主刀刃，(5) 副刀刃，(6) 主偏角 κ_r，(7) 副偏角 κ_r'，(8) 前角 γ_o，(9) 后角 α_o，(10) 已加工表面，(11) 加工表面，(12) 待加工表面。

6. 在图 9－17 上标出切断刀的主刀刃、副刀刃、前刀面、主后刀面、切削平面、基面、前角 γ_o、后角 α_o、主偏角 κ_r、副偏角 κ_r'。

7. 试述积屑瘤的形成及其影响。

8. 影响切削变形的主要因素有哪些？

9. 影响切削力的主要因素有哪些？

10. 切削热产生的原因是什么？影响切削温度的因素有哪些？

11. 刀具磨损形式有哪几种？

12. 简述在保证加工质量的前提下，如何使企业获得最佳经济效益？举例说明。

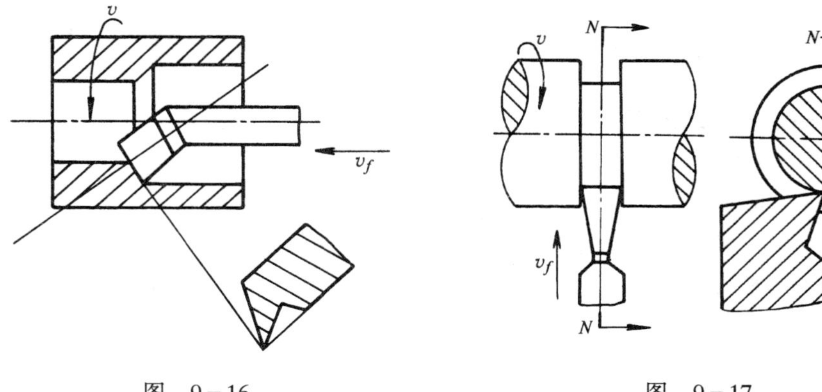

图　9－16　　　　图　9－17

第十章　各种表面的加工方法

第一节　外圆表面的加工

外圆表面是机器零件最基本的表面之一，如轴类零件、盘、套类零件等都具有外圆表面。

一、外圆表面的技术要求

1. 尺寸精度

包括外圆直径和长度的尺寸精度，可用公差等级 IT 来度量。

2. 形状及位置精度

包括圆度、轴线的直线度、圆柱度；与其他外圆表面（或内圆表面）间的同轴度；与规定平面间的垂直度；端面圆跳动和径向圆跳动等。

3. 表面质量

主要指零件表面粗糙度。对于某些重要零件，还要求表面硬度、残余应力和显微组织等。

二、外圆表面的加工方法和工艺特点

1. 车削外圆

车削是外圆加工的主要工序。工件旋转为主运动,刀具直线移动为进给运动。

（1）车削外圆方法　根据车刀几何角度和切削用量大小，车削可以获得不同的精度和表面粗糙度，故车削外圆可分为粗车、半精车、精车和精细车。

1）粗车。就是使用具有足够强度的车刀，采用较大的背吃刀量 α_p、较大的进给量 f 和较小的切削速度 v，从毛坯上尽快地切去多余的金属层，以获得接近于最后工件的形状和尺寸的操作。所以提高生产率是粗车的主要任务。粗车后应留有半精车和精车余量。粗车可达到的尺寸精度为 IT13～IT10，表面粗糙可达 R_a50～12.5μm。

2）半精车。是在粗车的基础上进行的。其目的是为了进一步提高零件的精度和减小表面粗糙度 R_a 值。半精车可作为中等精度表面的终加工，也可作为高精度表面的预加工。半精车采用的背吃刀量 a_p 与进给量 f 均较粗车小，所以尺寸精度可达 IT10～IT9，表面粗糙度可达 R_a6.3～3.2μm。

3）精车。其主要目的是保证零件所要求的精度和表面粗糙度。一般以较小的背吃刀量 a_p，较小的进给量 f，采用高速精车或低速精车。精车的尺寸精度可达 IT8～IT7，表面粗糙度可达 $R_a1.6\sim0.8\mu m$。精车可作为较高精度外圆表面的终加工，也可作为光整加工表面的预加工。

4）精细车。一般适合技术要求较高的有色金属零件的加工，是代替磨削的光整加工。精细车所用机床应有很高的精度和刚度，多使用切削部分经仔细刃磨的金刚石车刀。车削时采用小的背吃刀量（$a_p=0.03mm\sim0.05mm$）、小的进给量（$f=0.02mm/r\sim0.2mm/r$）和高的切削速度（$v>2.6m/s$）。精细车的尺寸精度可达 IT6～IT5，表面粗糙度 R_a 值为 $0.4\sim0.1\mu m$。

（2）车削外圆的工艺特点

1）车削外圆适应性强，加工范围广，可加工各种材料，如各种未淬火的钢件、铸铁件、有色金属和非金属件（如有机玻璃、橡胶等）；在同一车床上用一把车刀可以车削一定直径范围和一定长度范围的外圆表面，不论标准的或非标准的直径和公差都可实现。车削可达到加工精度和表面粗糙度范围广。尺寸精度可达 IT13～IT5，表面粗糙度可达 $R_a50\sim0.8\mu m$，车削有色金属可达 $R_a0.1\mu m$。

2）外圆车刀结构简单，易于制造，刃磨和安装方便，车刀刚度好，易保证加工精度和表面粗糙度。

3）切削过程比较平稳。除了车削断续表面之外，一般情况下车削过程是连续的，而切削面积是不变的，所以切削力变化小，故车削过程比铣削、刨削等平稳。因此，车削可采用较大的切削用量进行高速切削或强力切削，有利于生产率的提高。

4）易保证工件各加工表面的位置精度。车削时，工件上各表面具有同一回转轴线。一次装夹中可车出外圆、内孔、端平面、沟槽等，能保证各外圆轴线之间及外圆与内孔轴线间的同轴度要求，保证外圆轴线与端面的垂直度要求等。图 10－1 为短轴加工、图 10－2 为长轴加工、图 10－3 为盘套类零件加工，都能很好地保证各加工表面的位置精度。

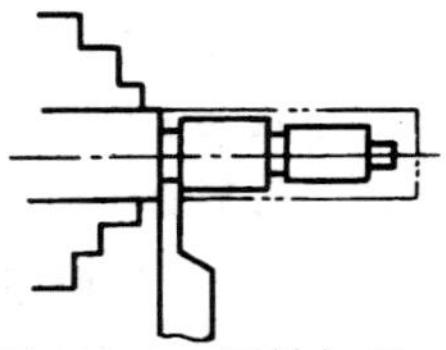

图 10－1　短轴加工

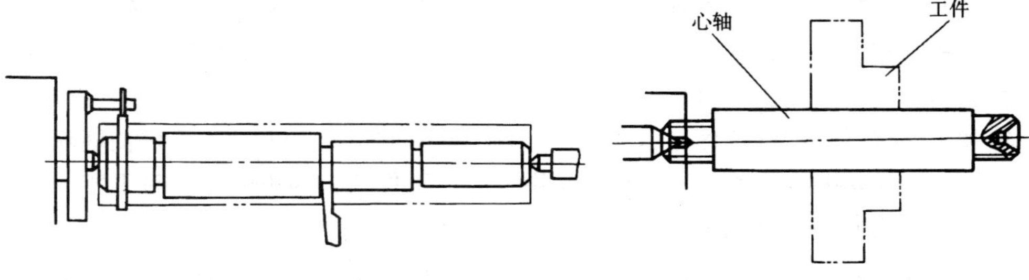

图 10－2　长轴的加工　　图 10－3　盘套类零件加工

2. 磨削外圆

磨削是外圆精加工的主要方法，多作为半精车外圆后精加工工序。对精密铸造、精密模锻 精密冷轧的毛坯，因加工余量小，也可不经车削直接磨削加工。对于经过淬硬的外圆表面，磨削更是最常用的、行之有效的方法。

由于砂轮的粒度及采用的磨削量不同，磨削外圆的精度和表面粗糙度也不同。磨削可分为粗磨和精磨。粗磨外圆的尺寸精度可达 IT8～IT7，表面粗糙度值为 R_a1.6～0.8μm，精磨外圆的尺寸精度可达 IT6，表面粗糙度值为 R_a0.4～0.2μm。

（1）磨削外圆方法

1）中心磨削法。是在外圆磨床或万能外圆磨床上磨外圆，主要是磨削轴类零件的各外圆表面及有关轴肩面，这种方法可分为：

①纵磨法（图 10－4a)：砂轮高速旋转为主运动；工件旋转为圆周进给运动，同时工件随工作台一起往复直线运动为纵向进给运动。工件每一往复运动终了时，砂轮作周期性的横向进给。每次磨削深度很小，磨削余量是在多次往复行程中磨去的。纵磨法的加工精度高，表面质量较高，且适应性强；但生产率较低。它广泛用于单件小批生产及精磨，特别适用于细长轴的磨削。

②横磨法（图 10－4b)：工件不作纵向往复运动，而砂轮作慢速连续的横向进给，直至磨去全部加工余量。横磨法生产率高，质量稳定，适于成批大量生产。若将砂轮修整成形，可直接磨削成形表面。

③综合磨法（图 10－4c)：先用横磨法分段磨，留下 0.01～0.03mm 的余量，再用纵磨法精磨。此法集中了横磨法生产率高和纵磨法精度高的优点。

④深磨法（图 10－4d)：砂轮前端修整成锥形，用其锥面进行磨削，而直径大的圆柱部分起精磨和修光作用。磨削时工件纵向进给量较小（一般取 1～2mm/r)，约为纵磨法的 15%，全部余量在一次纵向进给内磨去。深磨法生产率较高，砂轮耐用，适用于大批量生产刚度大的短轴。

2）无心外圆磨削法。是在无心外圆磨床上磨外圆。其生产率很高，多用于成批、大量生产中。图 10－5 为无心外圆磨削示意图。工件放在磨削砂轮与导轮之间，不用顶尖支持（故称为无心磨），在工件下方用拖板托住。导轮是用橡胶作结合剂制成，磨粒较粗。它一方面带动工件旋转，同时可以带动工件作轴向进给运动。为了达到这一目的，导轮的轴线应倾斜一角度（$\alpha=1^\circ\sim5^\circ$）。这样，导轮和工件接触点的线速度 $v_{导}$ 就可以分解为两个向量 $v_{工}$ 与 $v_{滑}$，工件便能获得轴向以 $v_{滑}$ 滑动进给运动。另一砂轮是用来磨削工件的，为了使导轮与工作保持线接触，导轮外形应修成单叶双曲面。

无心外圆磨削时，工件无需钻中心孔，机床一经调整好后即可连续进行加工，生产率高。但因无心外圆磨床调整费时，故适于大批大量磨削销、轴及细长轴等零件。无心磨削不能加工带有键槽或平面的外圆，因为导轮无法带动这些工件旋转。

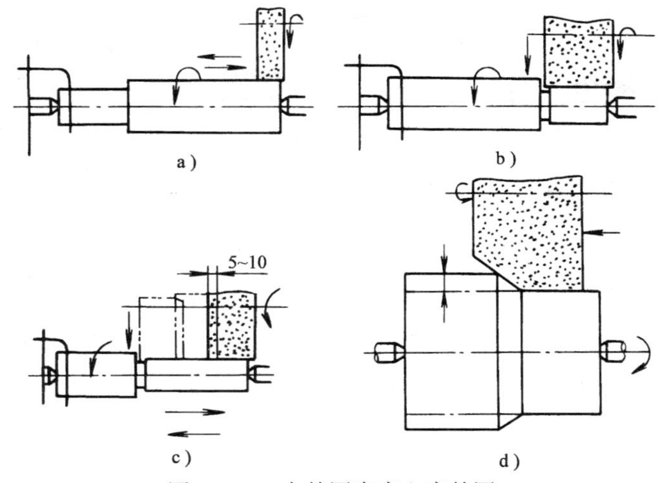

图 10－4　在外圆磨床上磨外圆

a）纵磨法　b）横磨法　c）综合磨法　d）深磨法

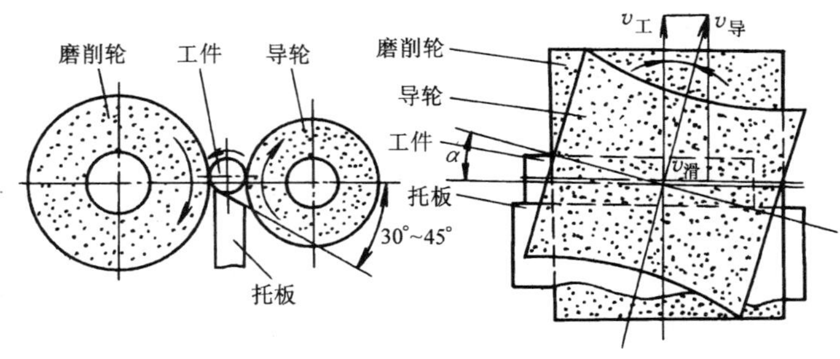

图 10－5　无心外圆磨削示意图

（2）磨削外圆的工艺特点

1）加工精度高，表面粗糙度数值小。磨床精度高，刚性及稳定性好；磨床进给机构可以把磨削深度 a_p 控制的很小，从而实现微量切削；另外，砂轮工作表面随机分布着稠密而锐利的磨粒，当砂轮高速旋转时，每一个磨粒仅从工件上切下一层细微的切屑，使工件表面残留面积很小，故表面光滑。

2）径向分力 F_y 较大。由于砂轮与工件的接触宽度大，且磨粒多以负前角进行切削，所以径向分力 F_y 较大。一般情况下 $F_y=(1.5\sim3)F_z$。F_y 力大将使工件产生变形，影响加工精度。例如，纵磨细长轴的外圆时，由于工件的弯曲而产生腰鼓形。

3）砂轮有自锐性。在磨削过程中，磨粒逐步磨损变钝，作用在磨粒上的力则将不断增大。当此力超过砂轮结合剂的粘结力时，钝磨粒就会从砂轮一面自行脱落，露出新的锋利磨粒，以保持自身的锐利，这一性能称为砂轮自锐性。

4）磨削温度高。在磨削过程中，一方面由于砂轮的高速旋转，砂轮与工件产生剧烈的外摩擦；另一方面是多为负前角的磨粒挤压工件表层，使其发生弹性变形和塑性变形，表层内部产生剧烈的内摩擦。内、外摩擦的结果，产生了大量的磨削热，一般温度可达800～1000℃。因此，工件表面易产生烧伤现象，使淬硬钢件表面退火，硬度降低。为此必须采用大量的切削液，以降低磨削温度，同时还起到冲洗砂轮作用。

3．研磨外圆

研磨是一种有悠久历史的光整加工方法。它是在研具与工件之间置以研磨剂（磨料加润滑油），对工件表面进行光整加工的过程。经精磨、精车、精镗、铰等加工后的表面，可以用研磨进行光整加工。研磨外圆尺寸精度可达 IT6～IT5，表面粗糙度 R_a 值可达 0.1～0.008μm。

研磨外圆分手工研磨和机械研磨两种，前者用于小批生产，后者用于批量较大生产。

手工研磨是操作者手持研具进行研磨的方法，如图 10－6 所示。机械研磨是在研磨机上进行的，其工作原理如图 10－7 所示。

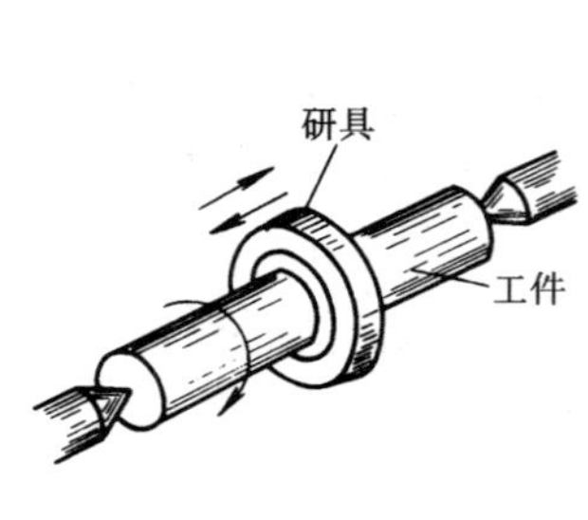

图 10－6 手工研磨外圆

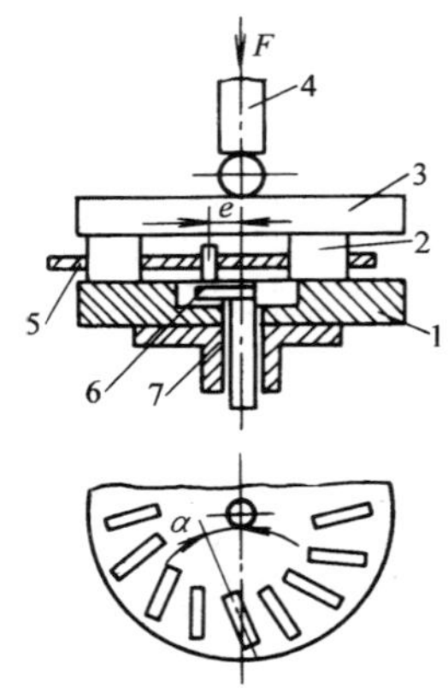

图 10－7 机械研磨工作原理

1、3—研磨盘 2—工件 4—悬伸轴

5—工件夹盘 6—偏心轴 7—空心轴

常见的外圆面、平面、圆锥面、螺纹等都可以用研磨的方法进行光整加工。特别是对精密配合的零件，如液压阀的阀体和阀芯常采用偶件配研，可获得非常精密的配合。

研磨生产率低，所以研磨余量一般为 0.01～0.03mm。

4．超级光磨外圆

超级光磨外圆是由装有油石条（由很小的刚玉或碳化硅微粉制成）的磨头以

很小的压力（约为 0.1～0.25MPa）对工件表面进行光整加工的过程，如图 10－8 所示。加工时，工件作低速旋转运动，磨头一方面沿工件轴线作短距离而快速的往复运动；另一方面还沿工件轴线作缓慢的进给运动。由于上述这三种运动，使磨粒在工件表面上的运动轨迹呈很细密的网纹。

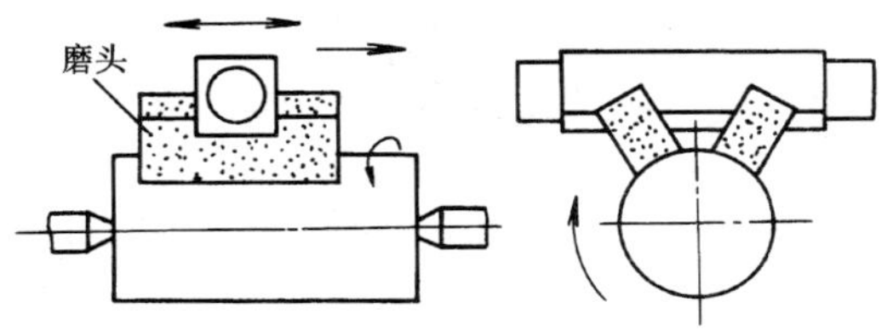

图 10－8　超级光磨外圆

超级光磨外圆是一种高效率的光整加工方法，它主要只去除加工表面在前一工序遗留下来的微观波峰，而很少改变尺寸，所以一般不留超精加工余量。

超级光磨表面粗糙度可达 R_a0.025～0.012μm 有时可达 $R_a<$0.012μm（呈镜面状），但它不能提高工件的形位精度。

5. 抛光外圆

是用涂有磨膏的软轮对工件表面进行磨削加工的工艺过程。磨膏的成分有：油酸、软脂、磨料（氧化铁、氧化铬）等。软轮是用毛毯、橡胶、皮革、布或压制纸板制成的。

抛光时，由于表层金属产生化学作用而形成软膜，又有较细的磨料进行磨削作用，而不会使加工表面造成划痕。此外，由于抛光的工作速度很高，工件表面可出现极薄的熔流层，它将对加工表面的低凹处起着填平作用。

工件经抛光，其表面粗糙度可达 R_a0.05～0.012μm，呈光泽的镜面状；但一般不能保持或提高原工件的加工精度，所以主要用于表面的装饰加工。

三、外圆表面加工方法的选用

选择外圆表面加工方法，主要根据技术要求以及工件材料、结构形状、尺寸大小、生产批量、热处理及现场条件等因素来确定加工方法和加工顺序。

外圆表面主要的加工方法是车削、磨削和研磨（光整加工），但韧性较大的有色金属材料常用精车来代替磨削，以免磨屑堵塞砂轮。

外圆表面的几种加工方案如下：

(1) 粗车（IT13～IT10，R_a50～12.5μm）　适用于硬度小于 32HRC 的各种金属材料。

(2) 粗车→半精车（IT10～IT9，R_a6.3～3.2μm）　适用于硬度小于 32HRC 的各种金属，经粗车之后再经过一次半精车均可达到要求。

(3) 粗车→半精车→磨（IT8～IT7，R_a1.6～0.8μm）　此方案最适于加工精度稍高、表面粗糙度 R_a 值较小的钢件或铸铁件。

(4) 粗车→半精车→粗磨→精磨（IT6～IT5，R_a0.4～0.2μm）　此方案适用范围基本上与方案 (3) 相同，只是外圆面要求的精度更高，表面粗糙度数值更小，需将磨削分为粗磨和精磨才能达到要求。

（5）粗车→半精车→粗磨→精磨→研磨（或超级光磨）（IT5～IT3，R_a0.1～0.012μm） 此方案适用于更高的精度和很小的表面粗糙度数值的零件；但不宜磨削韧性较大的有色金属零件。

（6）粗车→半精车→精车（IT7～IT6，R_a1.6～0.8μm）→精细车（IT6～IT5，R_a0.4～0.2μm） 此方案主要用于有色金属零件的精加工。

第二节 内圆表面的加工

内圆表面加工，即孔的加工。大多数机械零件上都有不同作用的孔，如螺钉和螺栓的紧固孔；盘套类零件上的轴孔；箱体上的轴承孔及深孔（$L/d \geqslant 5$）等。由于孔的作用不同，因而孔径大小、孔和长径比及孔的精度和表面粗糙度要求等差异也很大。此外，生产批量不同时，加工方法也不相同。为了适应各种不同的需要，常用的孔加工方法有钻孔、扩孔、铰孔、镗孔、拉孔、磨孔、研磨孔、珩磨孔、滚压和剂压孔等。

一、孔的技术要求

（1）尺寸精度 包括孔的直径和深度的尺寸精度。

（2）形状及位置精度 包括孔的圆度、直线度、圆柱度；孔与孔，或孔与外圆面的同轴度；孔与孔；或孔中心与某一表面间的尺寸精度及平行度；孔的端面与中心线的垂直度。

（3）孔的表面粗糙度。

二、内圆表面的加工方法和工艺特点

1. 钻孔

用钻头在实体材料上加工出孔的方法叫钻孔。

（1）钻孔方法 钻孔有两种形式：一是钻头旋转，工件不转（如在钻床、铣床或镗床上钻孔）；二是工件旋转，钻头不转（如在车床上钻孔）。

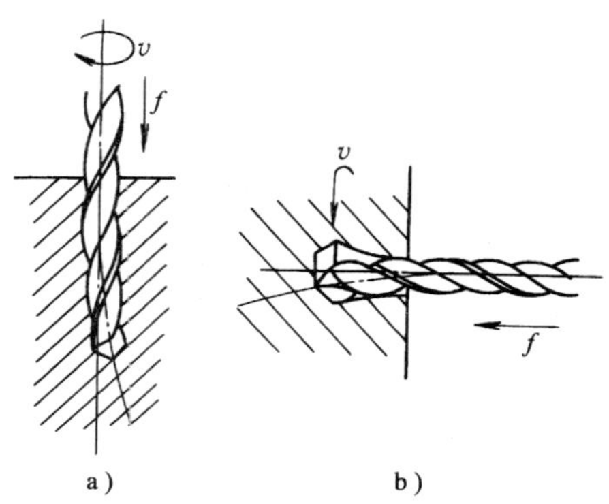

图 10－9 两种钻孔方式引起的加工误差
a）钻床钻孔 b）车床钻孔

（2）钻孔的工艺特点

1）钻头易产生引偏。由于麻花钻刚度较差、切削刃不对称等原因，在轴向力作用下易产生钻头引偏，其结果造成：在车床上钻孔孔径扩大，形成锥度、腰鼓形等；在钻床上钻孔中心线发生歪斜如图 10－9 所示。尤其孔中心线的歪斜，在以后的加工中往往难以纠正，所以必须采取措施来减少和防止钻头的引偏。常用

措施如下：

①采用工件旋转的钻孔方式。

②钻孔之前先加工端面，这样可避免开始钻孔时因端面不平而钻头引偏。

③在钻小而深的孔时应采用较小进给量，以减少轴向力，从而减少钻头的弯曲。

④采用短而粗的尖钻（$2\phi = 90^\circ \sim 100^\circ$）预钻锥形定心坑，如图 10－10 所示。

⑤用钻模钻套来引导钻头，如图 10－11 所示。它除了能保证孔的坐标位置外，也增加了钻头开始工作时的刚度，可减少钻头弯曲。

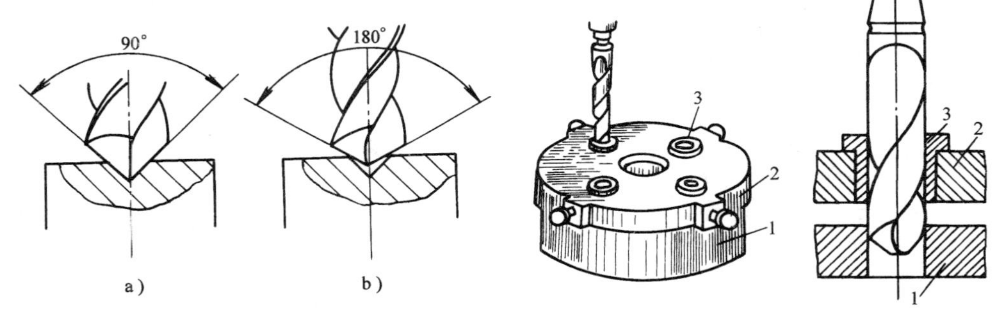

图 10－10　钻孔前预钻锥形定心坑
a）预钻锥形定心坑　b）钻孔

图 10－11　用钻模钻孔
1—工件　2—钻模　3—钻套

⑥仔细刃磨钻头，使两个主刀刃对称一致，这样两主刀刃产生的径向力互相抵消，从而减少钻头引偏。

2）钻孔排屑困难，切削热不易散发。钻削是一种半封闭式的切削，钻削时产生的切削热使切屑温度升高。在排屑过程中，较宽而高温的切屑与孔壁发生摩擦、挤压、拉毛和刮伤已加工表面，因此孔的加工质量低，仅能达到的尺寸精度为 IT13～IT12，表面粗糙度 $R_a > 12.5\mu m$。又因钻削温度高，切削液难以注入到切削区，致使钻头磨损加剧。

3）钻孔时轴向抗力大。由于钻头横刃较长，横刃上产生的轴向力约占全部切削力的 50%。

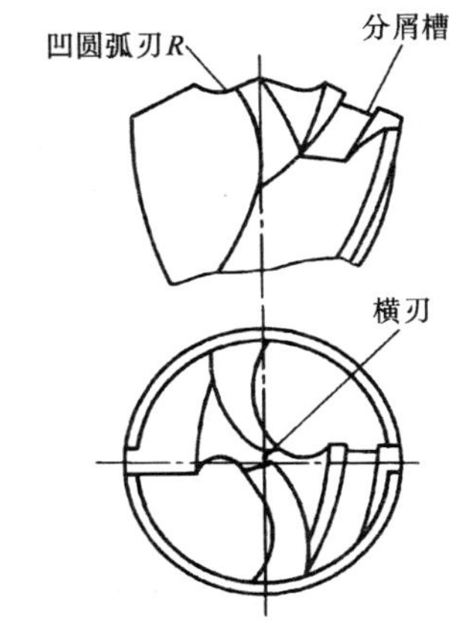

图 10－12　加工钢材的群钻

为了改善切削条件，目前广泛采用群钻如图 10－12所示。因为群钻修磨了横刃，把横刃磨到只有原长的 1/5～1/7；磨出月牙槽，形成了凹圆弧刃 R，增大了横刃附近主刀刃上各点的前角；单边磨出分屑槽，把整块切屑分散为几块，有利于排屑，也便于切削液注入到切削区。所以群钻大大提高了钻头的切削性能和效率。

2. 扩孔

(1) 扩孔方法　扩孔是用扩孔钻（图 10-13）对已经钻出、铸出或锻出的孔作进一步的扩大加工（图 10-14）。

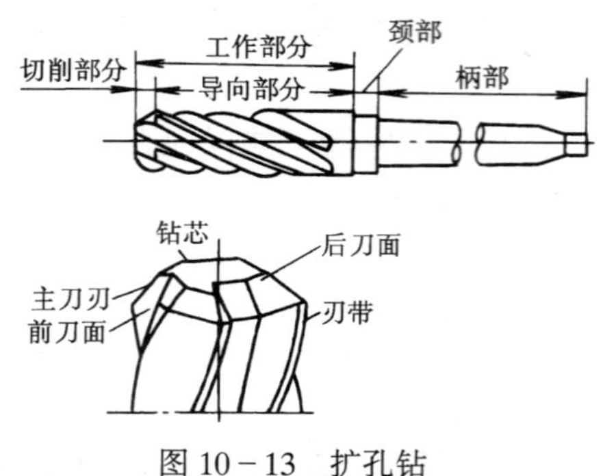

图 10-13　扩孔钻

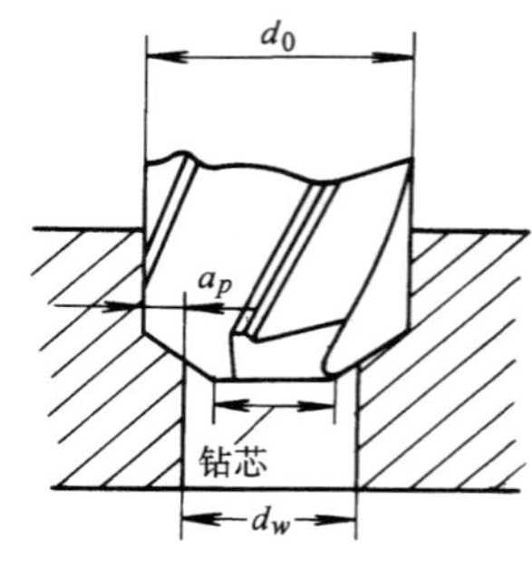

图 10-14　扩孔

(2) 扩孔的工艺特点　由于扩孔钻钻芯大、刚度好，它有 3～4 个刀齿，没有横刃，所以切削平稳、导向性好，因此扩孔可校正原孔轴线的偏斜；又因钻削深度小，切屑窄易排除，不易擦伤已加工表面。由上述可知，扩孔精度较高，一般可达 IT10～IT9；表面粗糙度数值较小，可达 $R_a6.3$～$3.2\mu m$。扩孔属孔的半精加工，也可作为精加工孔（如铰孔）的预加工。

3. 锪孔

用锪钻在已有的孔上锪出圆柱形成圆锥形的沉坑称为锪孔，如图 10-15 所示。顶角 60°的圆锥形锪钻用于清除毛刺；75°的用于锪埋头铆钉沉坑；90°的用于锪埋头螺钉沉坑；用端面锪钻来加工凸台平面。锪钻上有定位圆柱，以保证沉坑圆柱面与孔同轴及底面与孔垂直。

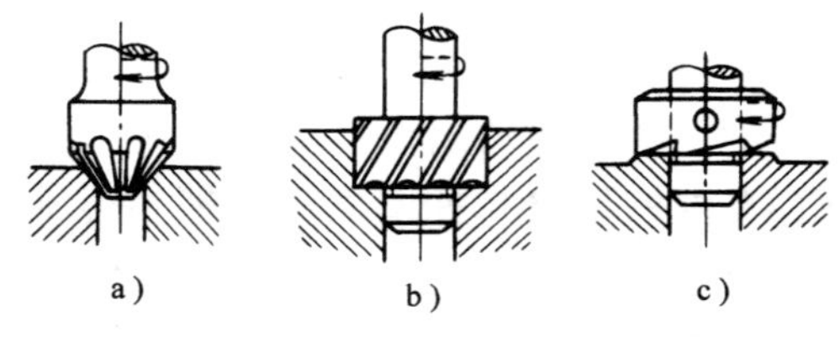

图 10-15　锪孔

a) 锪锥形沉坑　b) 锪圆柱形沉坑　c) 锪凸台平面

4. 铰孔

用铰刀（图 10-16）对未淬硬工件上的孔进行精加工的一种方法（图 10-17）。

(1) 铰孔方法　铰孔分手铰和机铰两种。手铰孔径一般为 1～50mm；机铰孔径为 10～80mm。

(2) 铰孔的工艺特点

1) 铰孔精度高，表面粗糙度数值小。由于铰刀结构比较完善、刚度好、刀齿数多（6～12 个齿），因而导向性好。铰刀的工作部分分为切削部分和校准部分，后者起到校准孔径和修光孔壁作用。再加上铰削余量小（粗铰为0.15～0.35mm，精铰为0.04～0.15mm），切削速度低，所以切削力和切削热都小，因而减少了工件的变形。铰孔属孔的精加工，一般机铰尺寸精度可达IT8～IT7，表面粗糙度可达 $R_a3.2\sim0.8\mu m$；手铰尺寸精度可达IT6，表面粗糙度可达 $R_a0.4\sim0.2\mu m$。同时也可相应地提高孔的形状精度。但是，铰孔一般不能校正原孔轴线的偏斜。

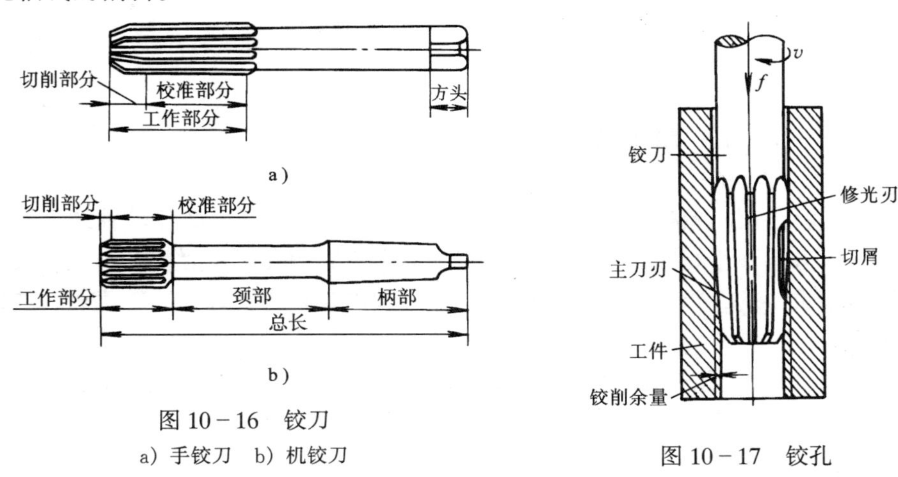

图10－16 铰刀

a）手铰刀 b）机铰刀

图10－17 铰孔

2）铰孔适应性差。一把铰刀只适用于加工一种公差带的孔，对于非标尺寸的孔、台阶孔和盲孔均不适于铰削。

3）铰孔精度主要取决于铰刀精度。铰孔精度不是靠机床精度来保证，所以铰孔不需要精密机床。但在机铰时常用浮动夹头装夹铰刀，以非刚性连接代替刚性连接，使铰刀浮动。从而消除铰刀与孔之间产生的同轴误差，同时也能消除各种偏斜所引起的孔径扩大。

5. 镗孔

镗孔是用镗刀对工件上已钻出、铸出或锻出孔作进一步加工。一般用于直径较大孔的加工。

（1）镗孔方法　镗孔可在车床、镗床或卧式铣床上进行。

1）在车床上镗孔。工件旋转，刀具进给（图10－18a）。

2）在镗床上镗孔。有两种情况：一是工件不动，刀具旋转并进给（图10－18b）；另一种是刀具旋转，工件进给（图10－18c），这是常用的一种镗孔方式。

3）在铣床上镗孔。刀具旋转，工件进给。

（2）镗孔的工艺特点

1）镗孔的适应性强。它既可作为粗加工又可作为精加工；无论是单件小批生产中的非标准孔、大直径孔、精确的短孔、盲孔、内成形面，还是孔内环槽及

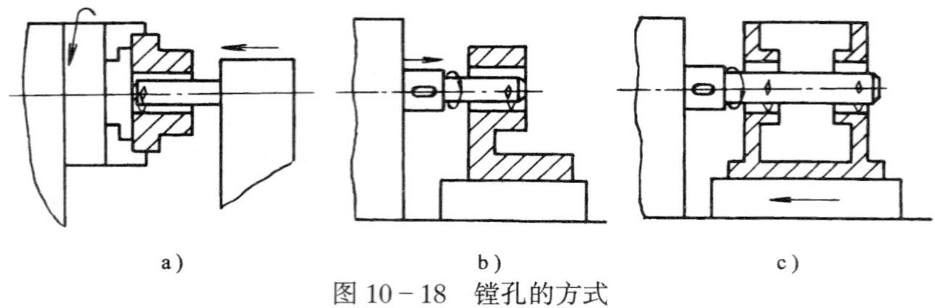

图 10－18 镗孔的方式

有色金属件上的孔，都可进行镗削。一般镗孔精度可达 IT8～IT7，表面粗糙可达 $R_a1.6 \sim 0.8\mu m$；精细镗时，精度可达 IT7～IT6，表面粗糙可达 $R_a0.8 \sim 0.2\mu m$。

2）易保证位置精度。在车床上镗孔，孔的中心线与工件旋转轴线一致。当刀具进给方向不平行于工件旋转轴线时，也不会影响孔的位置精度，这对旋转体零件是很重要的，可在一次安装中加工外圆和内孔，有较好的同轴度和对端面的垂直度。

3）可以校正原有孔的轴线歪斜或位置偏差。由于镗孔质量主要取决于机床精度和工人的操作水平，所以预加工孔中若有如轴线歪斜或有不大的位置偏差，可利用单刃镗刀镗孔予以较正。

4）生产率较低。用单刃镗刀时，由于刀杆悬伸距离大，使切削稳定性降低，容易发生振动；同时刀杆直径又受到孔径限制不能太粗，刚度差，易发生弯曲变形，易出现喇叭口孔，因此切削用量应选得小些。

5）镗刀是在半封闭状态下工作，排屑较困难；镗削过程不易观察，控制质量较困难。特别是镗削孔径小、长度大的孔，不如铰削容易保证质量。

6）刀具结构简单，费用较低。

（3）镗刀　单件小批生产中多采用单刃镗刀（图 10－19）。对成批大量生产孔径较大、精度要求较高和表面粗糙度数值要求较小的孔，可使用精密镗床、镗模，用浮动镗刀进行精镗。

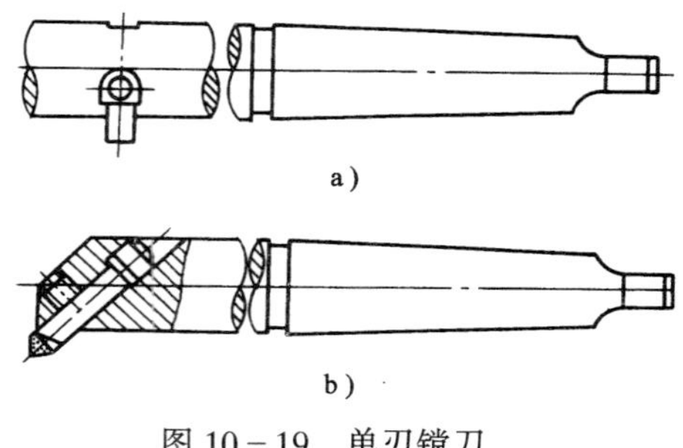

图 10－19 单刃镗刀
a）通孔镗刀 b）盲孔镗刀

图 10－20 所示为可调节的浮动镗刀片。调节尺寸的，先松开螺钉 2，再拧动螺钉 3，以调节刀片 1 的径向尺寸，使对应的两刀刃达到所需要的尺寸后再拧紧螺钉 2，把刀片 1 固定。调节时要用千分尺检查两刃之间的尺寸。

工作时，镗刀片不是固定在镗杆上，而是插入镗杆槽中并能沿径向自由滑动，由两个对称的切削刃产生的切削力来自动平衡其位置（图 10－21）。这样，可以自行补偿因刀具安装和刀杆偏摆所引起的不良影响。因此，它不仅能提高加工质量，同进能简化操作，提高生产率。这种刀片切削与铰削类似，它有较宽的修光刃，可修光孔壁，减小表面粗糙数值。但它不能纠正原孔轴线的偏斜。

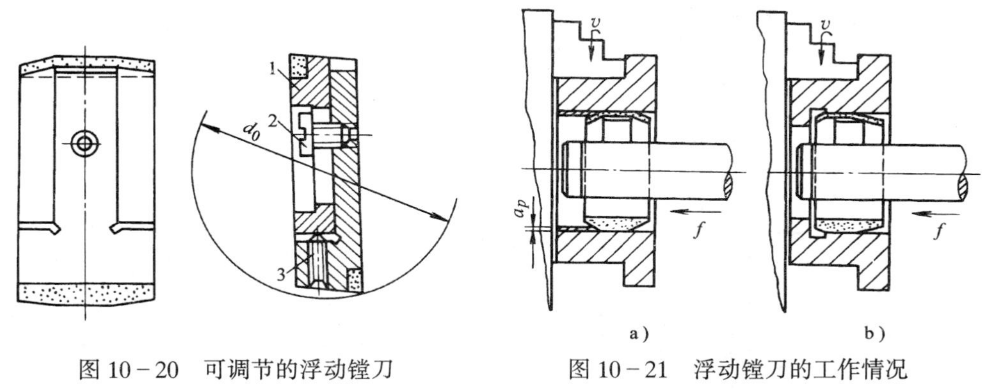

图 10－20 可调节的浮动镗刀
1—刀片 2、3—螺钉

图 10－21 浮动镗刀的工作情况
a）镗通孔 b）镗阶梯孔

（4）孔系加工 箱体零件（如车床主轴箱）上一系列有相互位置要求的孔称为孔系。孔系加工，除了要保证孔本身的精度外，还要保证孔与基准平面、孔与孔之间的距离尺寸精度，有的还要求保证各平行孔之间的轴线平行度、各同轴孔之间的轴线同轴度、孔的轴线与基准平面间的平行度及垂直度等。孔系加工时，一般先加工好基准平面，然后再加工所有孔。

孔系加工常用的方法是在卧式镗床上，借助一些辅助装置来找正每个被加工孔的正确位置。精密孔系可在坐标镗床上加工。图 10－22 为卧式镗床上加工孔系示意图。

6．拉孔

拉孔是在拉床上用拉刀拉削的形式加工孔的方法，也是一种高精度、高效率

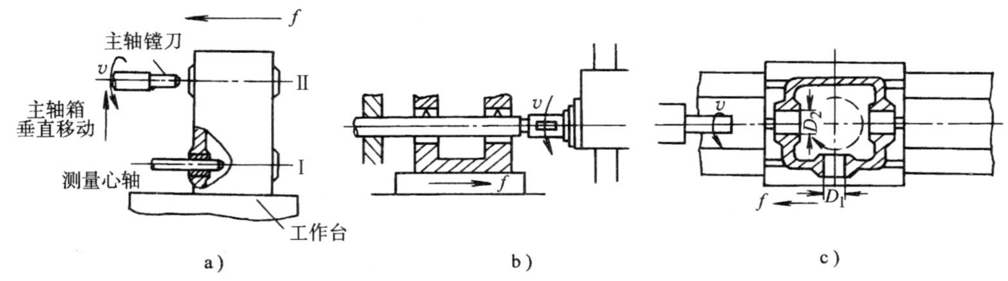

图 10－22 孔系加工
a）镗平行孔 b）镗同轴孔 c）镗垂直孔

的加工方法。

（1）拉刀及拉孔方法

1）拉刀。可以把拉刀看成是由多把刨刀按高低不同排列成队的多刃刀具（图 10－23），现以圆孔拉刀为例说明其组成，其他拉刀结构与此相类似。

图 10－24 所示为圆孔拉刀。它是由柄部 l_1、颈部 l_2、过渡锥 l_3、前导部 l_4、切削部 l_5、校正部 l_6、后导部 l_7 等部分组成。切削部分的圆形刀齿的直径是逐渐增大的，每个刀齿只担负切下一层较薄的金属。校正部分刀齿的直径不变，等于被加工的孔径，它是用来对孔进行校正与修光，以提高孔的加工精度和减小表面粗糙度数值。

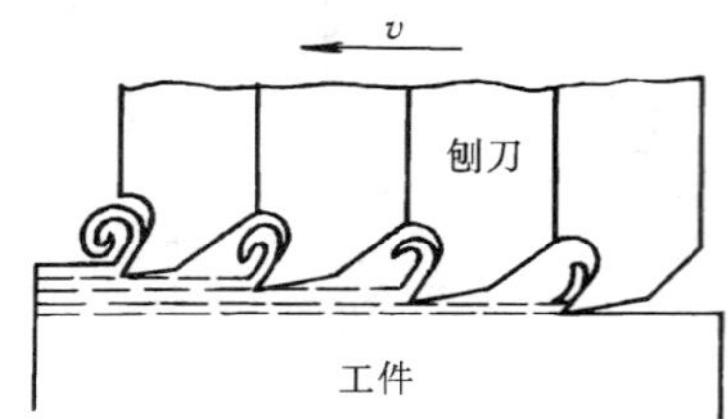

图 10－23 多刃刀具刨削示意图

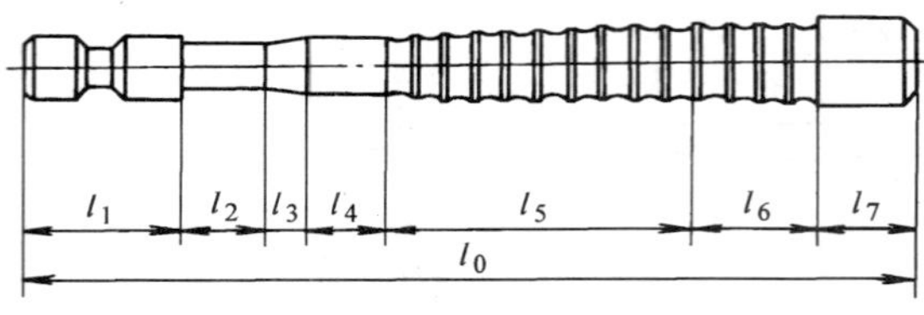

图 10－24 圆孔拉刀

2）拉孔方法。拉削时，拉刀的柄部夹持在拉床主轴的套筒里，沿拉削力 F 方向作直线运动；工件一般不夹紧，以工件端面贴靠在一个球面垫圈上（图 10－25）。若工件上孔的中心线与拉刀轴线不一致，则在拉削力作用下，工件连同球面垫圈一起转动，使工件上孔的中心线自动调节到与拉刀轴线一致。

（2）拉孔工艺特点

1）生产率高。拉刀是多刃刀具，同时参加切削的刀刃较长，切下金属多，一次拉削可完成粗、精加工，生产效率高。拉孔不需精确的预加工，粗镗或钻出的孔都可直接拉孔。

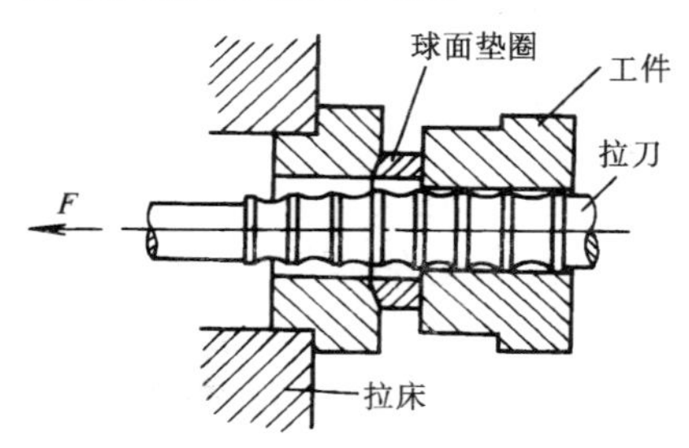

图 10－25 拉削方法

2）加工精度高，表面粗糙度数值小。拉孔速度低，其过程平稳，再加上拉刀结构特点，因此可获得较高精度和较小的表面粗糙度数值。一般拉削圆孔其精度可达 IT8～IT7，表面粗糙度可达 $R_a0.8 \sim 0.4\mu m$；精拉削可达 IT6，表面粗糙度可达 $R_a0.2 \sim 0.1\mu m$。

3）拉孔适应范围广。拉孔可以加工圆孔、方孔、多边孔及各种键槽。若改换拉刀也可加工平面和半圆弧面等。一般加工孔径范围为 10～100mm。但它不能拉削阶梯孔、盲孔和特大孔。

4）拉刀制造复杂，成本昂贵。一把拉刀只适用于加工一种规格尺寸和一种公差带的孔，所以拉孔只适用于成批大量生产。

有时拉刀也可做成“推刀”，在压力机上从刀具的后部施加推力进行切削。推刀制造的较短，在批量生产中常对已精加工的孔进行修整。

7. 磨孔

磨孔是用高速旋转的砂轮对孔进行精加工的方法。

（1）磨孔方法　磨孔主要是在内圆磨床或万能外圆磨床上进行。磨孔时，砂轮旋转为主运动用 v 表示；工件旋转为圆周进给运动 v_w；工件随工作台一起作直线往复运动为纵向进给运动 f_a。切削深度是靠砂轮作径向移动 f_r 来实现的。它可以磨削通孔、不通孔及孔端面等，如图 10－26 所示。

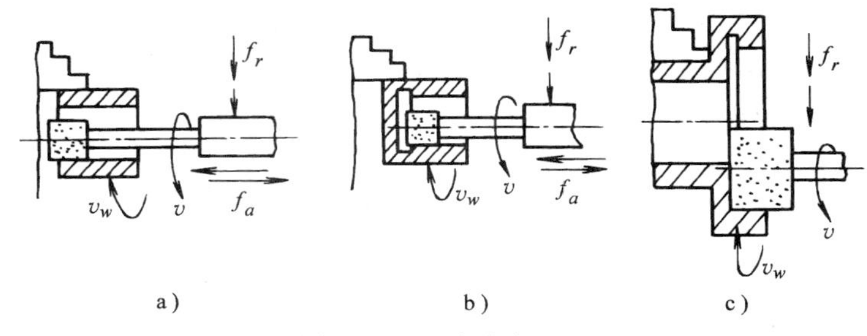

图 10－26　磨孔方法

a）磨通孔　b）磨不同孔　c）磨孔内端面

（2）磨孔的工艺特点

1）磨孔与磨外圆相比，其生产率低，表面粗糙度数值较大。由于砂轮和砂轮轴受工件孔径限制，砂轮轴的长度又由孔的长度所决定，所以砂轮轴的刚度差。磨削时砂轮轴易变形，被加工孔会出现形状误差。为避免此现象，需采用较小的切削深度。又因砂轮直径较小，尽管它的转速很高（170～330r/s），但切削速度仍比磨外圆低，因此表面粗糙度数值较大，生产率也较低。磨孔可达到加工精度为 IT8～IT6，表面粗糙度可达 $R_a0.8\sim0.4\mu m$。

2）砂轮需经常修整和更换。因砂轮直径小、转速高，同一时间内每一磨粒的切削次数多，砂轮磨损快。又因砂轮与工件孔的实际接触面积大，单位面积压力小，砂轮的自锐性降低且易堵塞，故需经常修整和更换。

尽管有上述问题，磨孔仍是一种常用的精加工方法。它适用于磨削淬硬工件或断续表面的孔及长度很短的精密孔，尤其是对于非标尺寸孔的精加工，用磨孔更为合适。

8. 研磨孔

研磨孔是用研磨的方法加工工件上的孔，用于对精铰、精镗或精磨后的孔进一步光整加工。其尺寸公差等级可达 IT6，表面粗糙度 R_a 值可达 $0.04\mu m$ 以下，形状精度也有所提高。

研磨孔的方法和特点等，均与研磨外圆相似。

9．珩磨孔

珩磨孔是对精镗或磨后的孔（主要是圆柱孔）用带有磨条的珩磨头进行光整加工的方法，如图 10－27a 所示。其生产率较高，应用也较普遍。

珩磨头主要是由 4～6 根磨条组成。珩磨时，将珩磨头插入预加工的孔中，磨条以一定的压力与孔壁接触。珩磨头一方面由机床带动低速旋转；一方面作较高速度的往复运动，这两种运动构成珩磨头的主运动，使磨条形成螺旋运动。由于磨条上磨粒的切削，使孔表面形成网状花纹，如图 10－27b 所示。

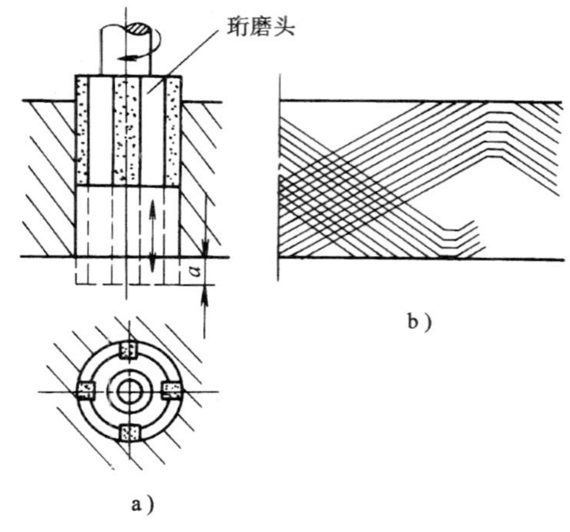

图 10－27 珩磨方法

珩磨可以获得表面粗糙度较低和精度较高的孔。珩磨后，孔的尺寸精度可达 IT7 ～ IT6，圆度和圆柱度约在 0.005mm 以下。加工孔的范围较大，可由 15 到 500mm。珩磨的缺点，主要是不能提高孔的位置精度，也不能珩磨有色金属。

三、内圆表面加工方法的选用

1．选用的复杂性

内圆表面（孔）加工方法的选用比外圆加工要复杂，其原因如下：

(1) 孔的加工方法多 外圆的加工只有车、磨和研磨等，而孔加工有钻、扩、铰、镗、磨、拉、研磨、珩磨等多种，必须了解各种方法的特点和适用范围，才能选择。另外，能加工孔的机床比加工外圆的机床种类多。同一孔如需钻－扩－铰，而车床、钻床、镗床、铣床都能完成，究竟选哪种机床，必须了解机床的特点和适用场合才能作出正确选择。

(2) 孔的类型多 因孔的功用不同，孔径、深径比及孔的技术要求等多种多样，差别很大；带孔零件的结构（回转体、箱体、支架等）形态各异，而这些均对孔的加工方案的选择有很大影响，须综合分析才行。

此外，孔加工时，还应考虑是在实体材料上加工孔（多属中、小孔），还是对已铸出或锻出的孔（多属中、大型孔）进行加工。前者多由钻孔开始，后者多由扩或粗镗开始。

至于孔的精加工，铰孔、拉孔适于未淬硬的中小直径孔；中等直径以上的孔可用精镗或精磨；淬硬的孔只能用磨削进行精加工；珩磨多用于直径较大的孔；

研磨则对大、小孔均可用。

2. 实体材料上加工孔的典型方案有

1）IT10 以下低精度的孔，用一般的钻孔即可。

2）IT9 精度的孔，如果孔径小于 30mm，可采用钻模钻孔或钻孔后扩孔的方法获得；孔径大于 30mm 的孔，一般采用钻孔后镗孔的方法获得。

3）IT8 精度的孔，当孔径小于 20mm 时，应采用钻孔后铰孔的方法加工；如果孔径大于 20mm，可根据具体条件采用下列几种方案加工。

钻→扩(或镗)→铰；钻→粗镗→精镗；钻→镗(或扩)→磨；钻→拉。

4）IT7 精度的孔，当孔径小于 12mm 时，一般采用钻孔后进行两次铰孔的方法来实现；孔径大于 12mm 时，可分别应用下列几个方案：

钻→扩(或镗)→粗铰→精铰；钻→拉→精拉；

钻→扩(或镗)→粗磨→精磨。

5）IT6 精度的孔，与加工 IT7 精度的孔的顺序大体相同，但其最后工序要根据具体情况，分别采用精细镗、手铰、精拉、精磨或研磨等方法进行精细加工。

对铸（或锻）件上已铸出（或锻出）孔的加工方案　其初加工可以直接进行扩孔或镗孔，直径在 100mm 以上的孔，则以镗孔比较方便；精加工以磨为主。

第三节　平面的加工

平面是箱体、盘形和板形零件的主要表面。由于平面在零件上的部位不同，可分成水平面、垂直面和斜面。由于平面之间联接的结构形式不同，又形成了各种形状的沟槽（如直槽、V 形槽、T 形槽、燕尾槽等)。

一、平面的技术要求

1. 形状精度

包括平面度、直线度等。

2. 位置精度

包括平面与平面、平面与其他表面间的位置尺寸精度（注意：平面本身没有尺寸精度要求)、平行度、垂直度和倾斜度等。

3. 表面质量

包括表面精糙度、表层硬度、残余应力和显微组织等。

二、平面的加工方法和工艺特点

1. 平面的刨削

(1) 平面的刨削方法　在牛头刨床、龙门刨床（立刨）上用刨刀加工平面的方法称为刨削。刨削是平面加工中较常用的方法之一。一般中、小型零件上的平面在牛头刨床上加工；大型零件上的平面在龙门刨床上加工；零件上封闭的内平面（如键槽）可在插床上加工。

（2）刨削平面的工艺特点

1）生产率低，加工精度低。因刨削的主运动是刀具或工件的往复运动，刀具切入时有冲击，因此加工精度较低。精刨表面粗糙度可达 $R_a3.2 \sim 1.6\mu m$，直线度可达 0.04～0.08mm/m。但刨削万能性好，机床调整方便，刀具结构简单，所以在单件小批生产中仍应用很普遍。若在龙门刨床上加工狭长平面时或进行多件多刀刨削时，生产率也能提高。

2）易保证相互位置的精度。在刨床上工件一次安装，可以通过更换刀具刨削几个不同表面，以保证各表面的位置精度。图 10－28 所示为龙门刨床床身 V 形导轨的精刨顺序，一次安装可按顺序加工完 1、2、3、4 各表面。

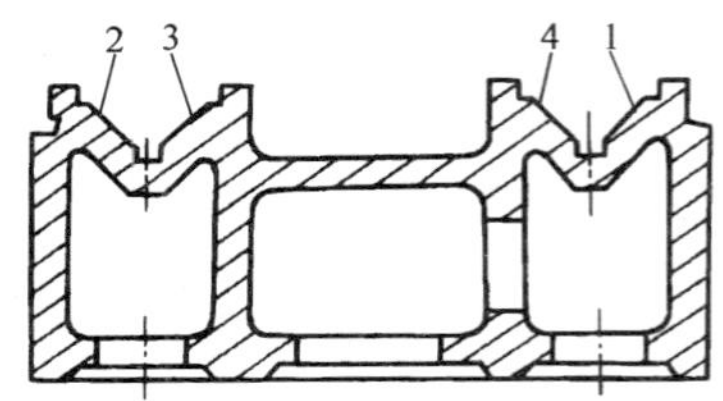

图 10－28 龙门刨床床身形导轨的精刨

（3）宽刃刨刀精刨 在龙门刨床上用高速钢制造的宽刃精刨刀（图 10－29），以较低的切削速度和极小的刨削深度，使用大进给量切去工件表面极薄的一层金属。精刨后其表面粗糙度可达 $R_a0.8 \sim 0.2\mu m$，直线度在 0.02～0.03mm/m 以内。生产率较高，可以用精刨代替刮研。

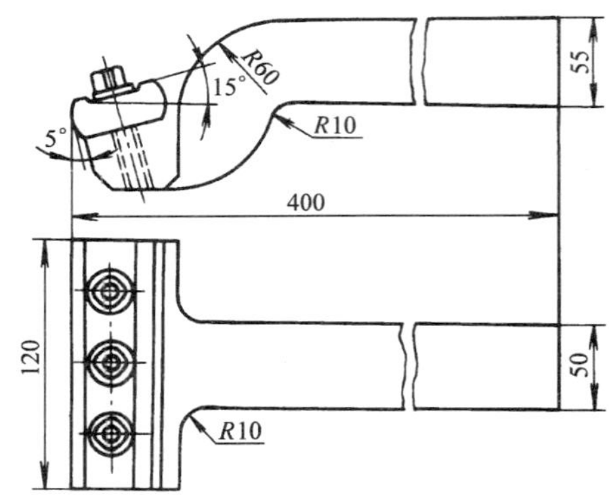

图 10－29 宽刃精刨刀

2. 平面的铣削

（1）平面的铣削方法 铣削平面时，可用端铣刀或圆柱铣刀，前者称为端铣，后者称为周铣，如图 10－30 所示。

端铣与周铣比较其特点如下：

1）端铣是用端铣刀的端齿参加切削，参加切削的刀齿数与铣削宽度 a_e 有关，而与铣削深度 a_p 无关。即使是在精铣时，铣削深度较小，也有较多的刀齿同时参加切削，故切削过程平稳。而周铣时，同时参加切削的刀齿数受到铣削宽度的限制。铣削余量小，参加切削的齿数少，通常只有 1～2 个切齿参加切削。在刀齿切入切出时，切削力变化较大，易产生振动，影响加工质量。

2）端铣刀的刀齿切入和切出工件时，虽然切削厚度较小，但不像周铣时切削厚度变为零。从而改善了刀具后刀面与工件的摩擦状况，提高了刀具耐用度。

3）端铣时主刀刃担负主要切削工作，刀尖圆弧和端面上的副刀刃对已加工表面进行修光，因此可获得较小的表面粗糙度数值。而周铣只有圆周上的切削刃

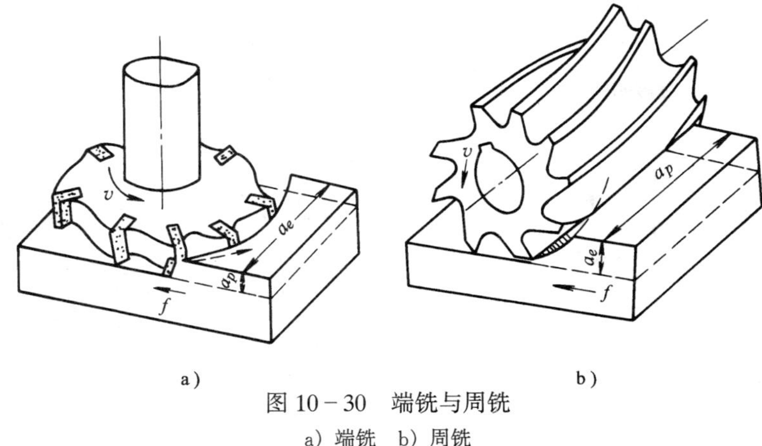

图 10－30 端铣与周铣

a) 端铣 b) 周铣

进行切削，加工表面是由每个刀齿间断切削依次形成的小圆弧所组成，如图 10－31所示，已加工表面残留面积大（图中阴影部分），表面粗糙度数值较大。

4）端铣刀的刀杆短而粗、刚度好，能进行强力切削，且刀盘直径较大，可镶硬质合金刀齿进行高速铣削。而周铣刀杆细而长、刚度差，圆柱铣刀的刀齿为螺旋形，一般采用高速钢制做，切削速度较低。

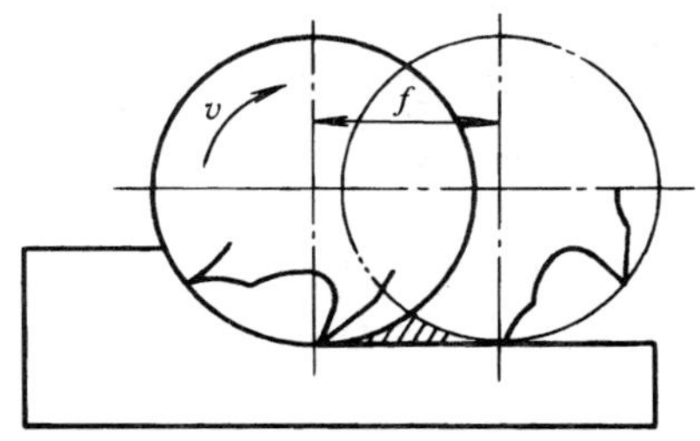

图 10－31 周铣时加工的残留痕

综上所述，端铣的生产率和加工质量都比周铣高，尤其是大平面的铣削，目前已都采用端铣。但周铣适应性强，能用多种铣刀铣削平面、沟槽、齿形和成形面等，故生产中也常用。

（2）铣削平面的工艺特点

1）铣削平面的方式灵活、适应性强，再加上附件“分度头”、“圆形工作台”等的应用，使铣削加工范围更广。它不仅能加工箱体、支架、立柱底座的大平面和这些零件上的小凸台，以及各种轴类、盘类零件上某些局部的小平面，还可以加工外凸的平面、内凹部分的平面和圆弧面、凸轮等，以至利用分度头加工对称平面和具有等分要求的平面，如六方、四方螺钉头等。图 10－32 所示为铣削内凹平面示意图。

2）铣削可分粗铣和精铣。精铣后的表面粗糙度可达 $R_a3.2 \sim 1.6\mu m$，平面的直线度可达 0.04～0.08mm/m；若对有色金属进行高速精铣，其表面粗糙度可达 $R_a0.8 \sim 0.2\mu m$，直线度可达 0.02～0.04mm/m。

3）铣削与刨削相比铣削速度高，同时参加切削的刀齿数多，生产率高；但加工窄长工件时，生产率不如刨削。铣削时刀齿是间断切削，有冲击，切削过程不平稳，易产生振动，影响加工质量；但刀齿散热条件好，有利于刀具耐用度的提高。

4）铣床结构复杂，铣刀制造和刃磨比较困难，因此铣床和刀具的成本较高。

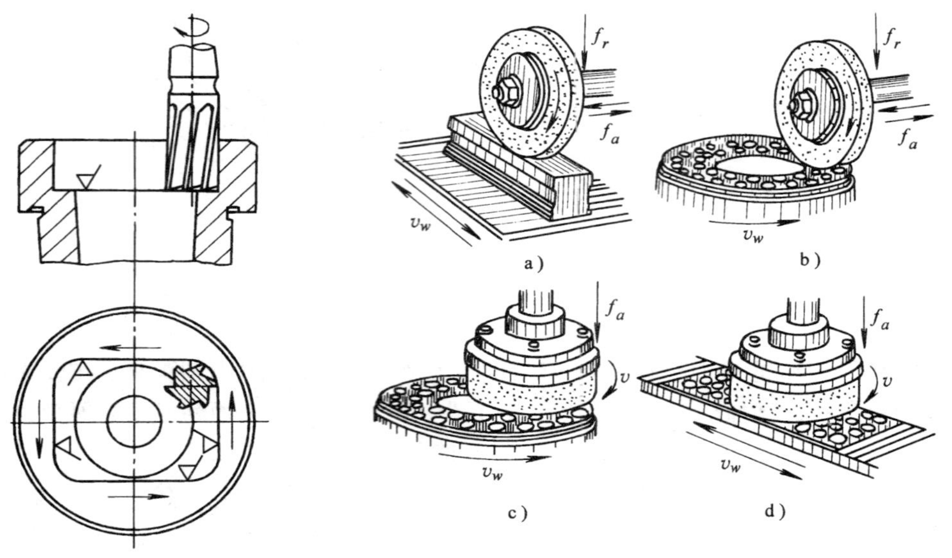

图 10－32　铣削内凹平面

图 10－33　平面的磨削方法
a)、b) 圆周磨削　c)、d) 端面磨削

3．平面的磨削

（1）平面的磨削方法　磨削平面一般是在铣、刨基础上对平面进行的精加工。磨削平面是在平面磨床上进行，按磨削方式可分为圆周磨削和端面磨削两种。

（2）平面磨削的工艺特点

1）圆周磨削(图 10－33a、b)。它是利用砂轮的圆周面进行磨削。因此,砂轮与被加工面的接触面积小,发热少而散热快,冷却排屑条件好,能获得较高的加工精度和表面质量,适用于加工质量要求高的平面。精磨后的位置尺寸精度可达 IT6～IT5,表面粗糙度可达 R_a0.8～0.2μm,直线度可达 0.02～0.03mm/m。

2）端面磨削（图 10－33c、d)。它是利用砂轮的端面进行磨削。砂轮与被加工面接触面积大，易发热，散热、冷却和排屑条件较差；砂轮端面沿径向上的各点圆周速度不等，砂轮磨损不均，故加工质量较低。但磨头主轴伸出长度较短、刚度好，又主要承受轴向力，弯曲变形小，可采用较大的切削用量，故生产率较高。它用于成批大量生产中加工质量要求不高的零件，也可用端磨代替铣削、刨削作粗加工。

上述两种磨削都是利用电磁吸盘安装工作，因此能很好地保证定位基面和被加工表面之间的平行度。

4. 平面的刮研

当用其他机械加工方法难以达到尺寸、表面几何形状等精度要求，而工件又未经淬硬时，可用刮研来加工平面。所以，刮研是平面的光整加工方法之一。刮研工具是刮研平板和刮刀。平面在刮研前必须进行预加工，经济可靠的预加工方法是宽刃精细刨削。精刮后的表面一般在25mm×25mm内达到20～25个贴合点即可。

刮研能使两个平面达到良好的接触和紧密配合，形状误差和相对位置误差极小，表面粗糙度数值也很小；刮研后的花纹可存贮润滑油，耐磨性好。此外，对机床外露的表面，刮削花纹排列规则，以增加美观。

5. 平面的研磨

平面的研磨是平面的最后精加工方法。平面的研磨原理与研磨外圆相同。研磨分手工和机械两种方式：手工研磨是在研磨平台上进行；而机械研磨方法与研磨外圆类似，可以同时加工工件上的两个平行平面。

研磨后的平面，其位置尺寸精度可达IT5～IT3，表面粗糙度可达 $R_a<0.1\mu m$。平面的研磨多适用于加工中、小型工件。

6. 平面的抛光

抛光平面是对工件平面进行的光整加工，其抛光原理及特点与抛光外圆类似。

三、平面加工方法的选用

选择平面加工方法，主要是根据平面的技术要求，以及零件的结构形状、尺寸、材料，毛坯种类、批量大小及现场条件等因素来确定。

平面的加工方案如下：

（1）粗车→半精车→磨削　适用于旋转体零件上的端面加工，这些端面多数与外圆或内孔有垂直度要求。

（2）粗刨或粗铣　适用于低精度（包括非配合表面）、表面粗糙度在 $R_a50\sim12.5\mu m$ 的平面加工。但有些外露平面，如车床方刀架的四周和顶面，为了美观有时也采用精刨、精铣，甚至磨削。

（3）粗刨（或粗铣）→精刨（或精铣）　用于精度要求较高、表面粗糙度在 $R_a3.2\sim1.6\mu m$ 且不淬硬的平面，如箱体及支架类零件固定联接平面的加工。对于窄长平面多半采用刨削，对于较宽大的平面多半采用铣削。

（4）粗铣（或粗刨）→精铣（或精刨）→磨　多适用于加工精度较高、表面粗糙度 $R_a<0.1\mu m$，且是淬硬的平面，或精度较高的滑动平面。

（5）粗铣→半精铣→高速精铣　最适于对高精度、韧性较大的有色金属平面的加工。

(6) 粗磨→精磨　适用于精密毛坯件的加工或用于难加工材料的加工。

(7) 粗插→精插　适用于封闭的内平面加工。

拉削适用于在大批量生产中那些要求加工精度高、表面粗糙度值数较小且面积不大的平面加工。

刮研适用于在单件、小批及修理工作中那些形状精度高及表面粗糙度值数较小且面积较小的平面加工。

第四节　其他表面加工（简介）

一、螺纹的加工

根据用途的不同，螺纹分为连接螺纹和传递螺纹。前者用于机器零件的固定连接，其截形多为三角形；后者用来传递运动和动力，其截面形多为矩形和梯形。

螺纹的加工方法很多，可以在车床、钻床、螺纹磨床等机床上用各种不同的刀具来加工。选择螺纹的加工方法时，要考虑很多因素，其中最重要的是工件形状、螺纹截形、所要求的精度、工件材料、热处理及生产类型等。在一般情况下，螺纹车床、螺纹磨床和研磨螺纹的方法可以加工出 1 级精度的螺纹。用铣螺纹法可以获得 2 级精度的螺纹。用普通的丝锥板牙可获得 3 极精度的螺纹。产量不大时，可以用车床或手动丝锥、板牙来切削螺纹。成批生产时，可用钻床、螺纹铣床及转塔车床等加工螺纹。搓螺纹与滚压螺纹，也是比较常用的螺纹加工方法。这两种方法均是借助外力使工件材料产生塑性变形的无屑加工方法。与切削螺纹比较，搓螺纹与滚压螺纹具有生产率高、螺纹强度高、省材等特点，适宜大批大量生产中加工外螺纹。

二、成形面的加工

成形面的形式很多，主要包括回转成形面、成形沟槽、立体成形面及曲线凸轮表面等，如机床的手把、内燃机凸轮轴上的凸轮等都属于成形面。

一般的成形面可以用车削、铣削、刨削及拉削等方法加工。但无论用何种方法，基本上可归纳为两种形式：用成形刀具加工及用工件和刀具作特定相对运动的方法加工。前者刀具的切削刃轮廓形状必须符合成形面的轮廓行状；而后者多是用机床上的靠模装置等来控制刀具或工件运动来实现。成形面的加工方法，应根据加工面的形状、尺寸和生产类型来选择。

用成形刀具加工成形面时生产率高，操作方便。但是这种加工方法受工件表面尺寸的限制，并且成形刀具（特别是拉刀）的制造复杂。

在卧式车床上，用附加的靠模装置加工时，没有上述的特点。但由于工件或刀具必须作符合成形面轮廓形状的相对运动，故机床的结构也要复杂些。因此，这种方法广泛地应用在成批乃至大量生产中。

大批大量生产中，为加工一定的成形面，常常专门设计和制造专用机床（如加工凸轮轴上凸轮的凸轮轴车床、凸轮轴磨床等）来满足精度和生产率方面的要求。

三、圆锥面的加工

圆锥面分外锥面和内锥面，其加工方法主要有车削及磨削。

在车床上加工外锥面主要方法有：①宽刀法，也叫样板刀法；②小刀架转位法；③偏移尾座法；④靠模法。

外锥面的磨削是在外圆磨床上对外锥面进行精加工，一般在车削后进行。

在车床上加工内锥面只有小刀架转位法和靠模法两种。内锥面的磨削，一般是在镗削基础上进行，是属内锥面的精加工。另外，较小孔径的内锥面还可以用铰削的方法进行精加工。

复习思考题

1. 外圆面的加工有哪些方法？各适用于什么场合？
2. 钻孔为什么易发生引偏？如何避免？
3. 磨孔、研磨孔和珩磨孔之间有什么不同之处？各应用于什么场合？
4. 内圆表面的加工方法主要有哪些？各适用于什么场合？
5. 刨削和铣削平面各有哪些特点？
6. 平面磨削有哪几种方法？什么情况下可用粗磨代替铣削和刨削？
7. 螺纹加工有哪几种方法？
8. 成形面及锥面加工主要有哪些方法？

第十一章　机械加工工艺过程

第一节　工艺过程的制订

一、工艺过程的基本概念

1. 生产过程与工艺过程

(1) 生产过程　将原材料转变为成品的全过程，称为生产过程。其中包括原材料的运输、保管，以及生产准备、毛坯制造、机械加工、热处理、装配、检测、调试和油漆包装等。

(2) 工艺过程　在生产过程中，直接改变生产对象的形状、尺寸、表面相对位置和性质等，使其成为成品或半成品的过程，称为工艺过程。工艺过程是生产过程中的主要部分。工艺过程可分为热加工工艺过程、机械加工工艺过程和装配工艺过程等。

2. 机械加工工艺过程

在工艺过程中，用机械加工的方法，按一定顺序逐步改变毛坯及原材料的形状、尺寸和材料性能，使之成为合格零件的过程称为机械加工工艺过程。

机械加工工艺过程由一系列工序组成。而每一工序又可分为若干个工步等。

(1) 工序　一个（或一组）工人，在一个工作地点对同一个（或几个）工件所连续完成的那部分工艺过程称为工序。工序是组成工艺过程的基本单元。图 11－1 所示零件的加工过程可分为两道工序：

工序Ⅰ：在车床上镗 ϕ60mm 轴心孔，车外圆，车端面 A、B、C，内孔倒角。

工序Ⅱ：在钻床上钻出六个 ϕ20mm 小孔，并锪出沉坑。

(2) 安装　工件（或装配单元）经过一次装夹后完成的那一部分工序称为安装。在同一道工序中，工件可能要经过几次安装。图 11－1 零件的加工在第Ⅰ道工序就需两次安装：

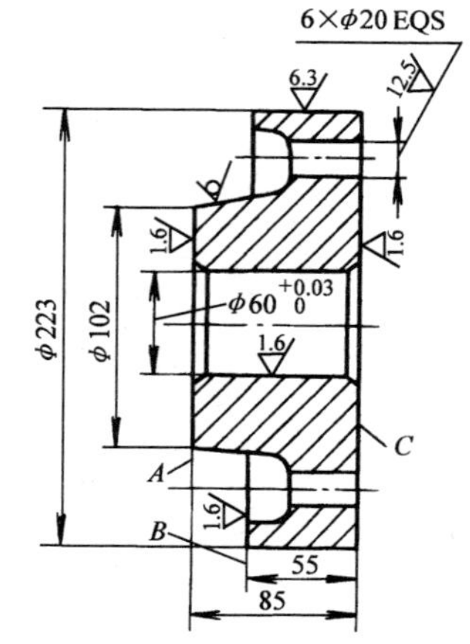

图 11－1　轮坯

安装Ⅰ：用三爪自定心卡盘以 ϕ102mm 外圆定位并夹紧，车端面 C，镗轴心孔，轴心孔倒角。车

ϕ223mm 外圆。

安装Ⅱ：调头用三爪自定心卡盘以 ϕ223mm 外圆定位并夹紧，车端面 A，车端面 B，轴心孔倒角。

(3) 工步　在加工表面（装配时的连接表面）、加工（或装配）工具、转速和进给量都不变的情况下所连续完成的那一部分工序，称为工步。

图 11－1 所示零件加工的工序Ⅰ中的安装Ⅰ，就可分为粗车孔、半精车孔、精车孔、粗车外圆、精车外圆、粗车端面、精车端面等工步。

3. 生产纲领和生产类型

(1) 生产纲领　指企业在计划期内应当生产的产品产量。工厂一年制造的合格产品的数量，称为年生产纲领，也称年产量。而某零件的生产纲领，则是包括备品和废品在内的年总产量。

(2) 生产类型　按生产纲领的不同，一般把机械加工生产分为三种类型。

1) 单件生产。单个地生产不同结构和不同尺寸的产品，并很少重复或不重复生产，称为单件生产。例如重型机械、大型船舶的生产等，都属于单件生产。

2) 成批生产。一年中分批地制造相同产品，制造过程有一定的重复性。例如，机床制造就是比较典型的成批生产。每批投入或产出的同一零件或产品的数量，称为批量。根据批量的大小，成批生产又可分为小批生产、中批生产和大批生产。由于小批生产与单件生产的工艺特点相似，大批生产与大量生产的工艺特点比较接近，生产中常将它们合在一起，称为单件小批生产和大批大量生产，而成批生产仅指中批生产。

3) 大量生产。同一种零件（或产品）的制造数量很大，大多数工作地点经常重复地进行某一零件的某一工序的加工。例如，汽车、拖拉机的制造就是以大量生产的方式进行的。各种生产类型的划分见表 11－1。

表 11－1　生产类型的划分

生产类型	同种（重型）零件年产量/件	同种（中型）零件年产量/件	同种（轻型）零件年产量/件
单件生产	<5	<10	<100
小批生产	5～100	10～200	10～500
中批生产	100～300	200～500	500～5000
大批生产	300～1000	500～5000	5000～50000
大量生产	1000 以上	5000 以上	50000 以上

二、工件的安装与基准

在进行机加工前，将工件安放在机床或夹具上，使其相对刀具或机床占有一个正确位置，称为定位。为了使工件在加工中能够克服各种力的影响而保持正确位置，必须采取措施将工件固定，称为夹紧。工件从定位到夹紧的全过程称为安装。

1．工件的安装

因为工件的安装直接影响到加工质量和生产率，所以要求工件的安装要正确、可靠、迅速、方便。不同的生产方式，对安装的要求也有区别。

（1）直接找正安装　先将工件粗略地夹持在机床上，然后选择工件上某个表面作为找正面，用划线盘、划针或百分表在该表面上相对移动观察，将工件找正并夹紧（图 11－2）。直接找正安装的定位精度，取决于找正面的精度、表面粗糙度以及找正时所用的工具和工人的技术水平。因为其效率较低，直接找正安装多用于单件、小批生产中。

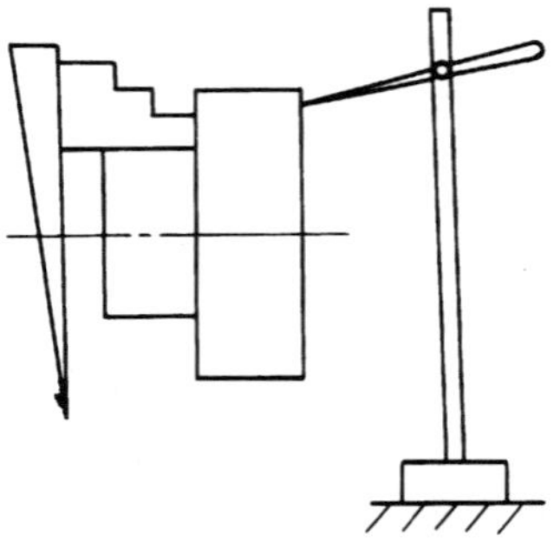

图 11－2　直接找正安装

（2）划线找正安装　预先在毛坯的待加工面上划出轮廓线和找正线，作为找正的依据。然后，用划线盘来找正工件在机床上的正确位置，找正之后再夹紧，这种方法称为划线找正安装。例如在牛头刨床上刨削支撑底座前，要用划线盘按底面轮廓线在平口虎钳上找正，如图 11－3 所示。

划线找正安装需要在机加工之前增加划线工序，花费较多时间。对于复杂工件，往往要划几次线，且有的表面的划线要等到某些表面加工之后才能进行。另外，线条本身有一定宽度，加之划线和视觉误差，其定位精度不高，约为 0.2mm～0.5mm。因此，划线找正安装适用于单件小批生产及大型零件的粗加工。

（3）专用夹具安装　如图 11－4 所示，工件可直接安装在为其专门设计的夹具中，无需进行找正就可迅速可靠地保证工件对机床和刀具的正确相对位置，这种方法操作简单，生产效率高，但夹具成本较高，所以多用于成批及大批大量生产。

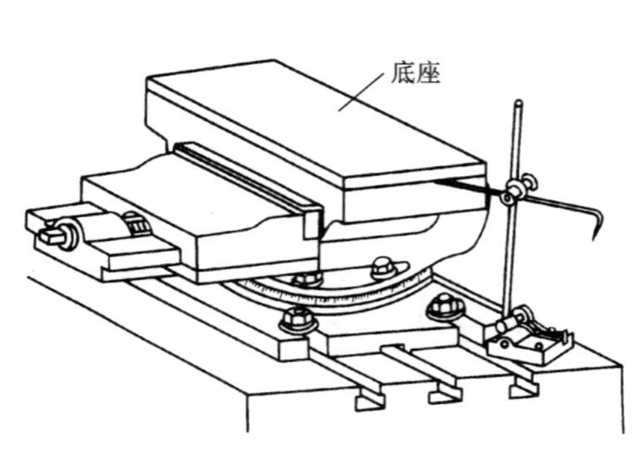

图 11－3　划线找正安装

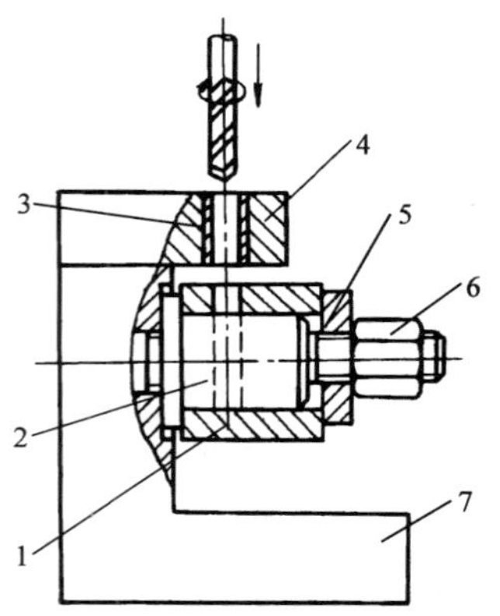

图 11－4　专用夹具安装

1—工件　2—定位销　3—钻套

4—钻模板　5—开口垫圈

6—螺母　7—夹具体

2. 基准

基准的含义为“根据”。即在零件上，根据一些选定的点、线、面来确定另一些点、线、面的位置，这些作为根据的点、线、面称作基准。

(1) 设计基准　在零件图上采用的基准，称为设计基准。例如，在图 11－5 中表面 2、3 和孔 4 的设计基准为表面 1，孔 5 的设计基准为孔 4 的中心线。

(2) 工艺基准　在工艺过程中所采用的基准，称为工艺基准。根据用途不同工艺基准又可分为如下三种：

1) 定位基准。在加工中用作定位的基准，称为定位基准。例如在车削图 11－6 齿轮坯的外圆和端面时，利用已加工过的 ϕ40mm 孔，将工件装夹在心轴上，孔的轴线就是加工外圆和端面的定位基准。需要说明的是，工件上用作定位基准的点和线，通常是用具体表面来体现的（例如孔的轴线就是用孔的表面来体现的），这些表面又称为定位基面。

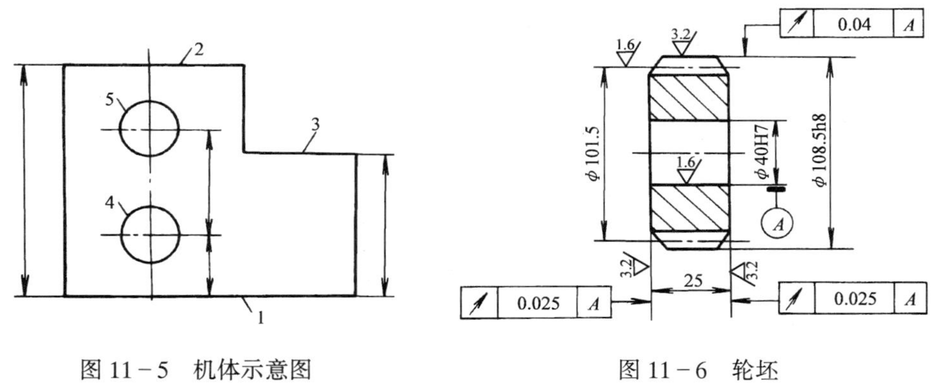

图 11－5　机体示意图　　图 11－6　轮坯

2) 测量基准。测量时所用的基准称为测量基准。如图 11－6 中内孔就是检验两个端面圆跳动和外圆的径向跳动的测量基准。

3) 装配基准。装配时用以确定零件或部件在机器中位置的基准，称为装配基准。图 11－6 中的内孔以一定的配合精度安装在轴上，并以一个端面紧靠轴肩以确定齿轮的轴向位置。齿轮内孔和这个端面就是齿轮的装配基准。

3. 定位基准的选择

毛坯开始加工时，第Ⅰ道工序只能以毛坯表面定位，这种定位基准称为粗基准。第Ⅰ道工序以粗基准定位，是无法避免的，但在以后的各工序中应避免重复使用。

(1) 粗基准的选择　选择粗基准时应保证各加工表面有足够的加工余量，而且各加工面对不加工面应具有一定的位置精度。其选择原则为：

1) 选择不需加工的表面作为粗基准。如果零件上有几个不需加工的表面，则应选择与加工面有较高相互位置精度要求的不加工表面作为粗基准，以保证零件上加工面与不加工面之间的相互位置误差最小。

2）若零件上所有表面均需加工，则应选择加工余量和公差量小的表面作为粗基准。这样，可以保证作为粗基准的表面加工时，避免余量不足而造成废品。

3）选择光洁、平整、面积足够大、装夹稳定的表面作为粗基准。粗基准不应有浇口、冒口、飞边、毛刺和其他缺陷，否则会使定位不准和装夹不牢。

4）粗基准不宜重复使用。因其表面粗糙，定位不准，重复使用必然会带来较大的位置误差。

（2）精基准的选择　在第一道加工工序之后，就应该使用加工过的表面定位，这种定位基准称为精基准。选择精基准应遵循如下的原则：

1）基准重合原则。应尽可能选择设计基准作为定位基准，这就是所谓“基准重合”原则。选择设计基准作为定位基准，可以避免因定位基准与设计基准不重合而引起的定位误差，容易保证加工面与其设计基准的相对位置精度。

如图 11－7a 的轴承座，1、2、3 面已精加工过，现要加工孔 4，要求孔 4 的轴线与设计基准 1 面之间的位置尺寸为 $A_0^{+\delta A}$。如果按图 11－7b 所示的用 2 面作为精基准，则因 2 面与 3 面之间的尺寸有公差 δ_C、3 面与 1 面之间的尺寸又有公差 δ_B。故当加工一批零件时，孔 4 轴线与 1 面之间尺寸 A 的误差中，除了因其他原因而产生的加工误差外，还要包括由于定位基准与设计基准不重合而引起的定位误差。这项误差的可能最大值为 $\varepsilon_{定} = \delta_B + \delta_C$。如果用 3 面作为精加工时的定位基准（图 11－7a）则 $\varepsilon_{定} = \delta_B$。若用 1 面作为精基准（图 11－7c），则 $\varepsilon_{定} = 0$。由此可见，选择定位基准时，若基准不重合，则可产生定位误差，使加工更加困难。

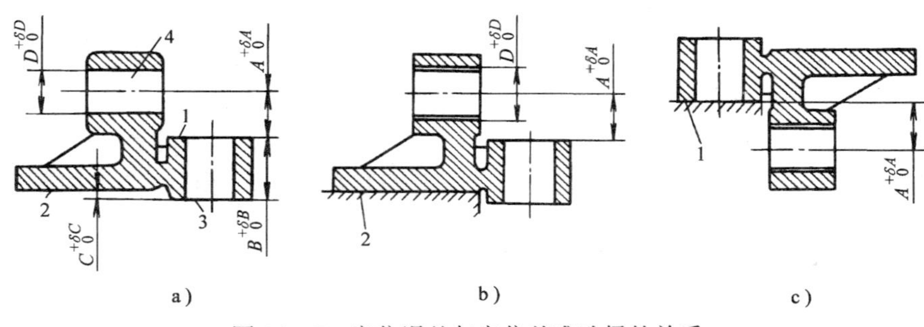

图 11－7　定位误差与定位基准选择的关系

2）基准统一原则。应使尽可能多的表面加工时采用同一个（组）定位基准，这就是所谓“基准统一”原则。基准统一，不仅有利于保证各个加工面的位置精度；还可使许多工序使用定位、夹紧装置相同或相似的夹具，减少了设计、制造夹具的时间和费用。如图 11－6 的齿轮坯，一般总是先将内孔加工好，然后以孔作为精基准加工其他表面，这样有利于保证孔和各个表面之间的位置精度。

3）有时还要遵循互为基准，反复加工的原则。如车床主轴支承轴颈与主轴端部锥孔的同轴度要求很高，常常采用互为基准、反复加工的方法来达到。

4）有些精加工工序要求加工余量小而均匀，以保证加工质量和提高生产率，这时就以加工面本身作为精基准。例如，孔的铰削和珩磨加工就是利用加工面（孔）作为精基准的。

必须指出的是，在实际生产中，精基准的选择要完全符合上述几条原则，有时是不可能的，因此，要根据具体情况进行分析，选择最有利的精基准。

4．工件定位原理

（1）六点定位原理　空间任何一个自由物体均有六个自由度（图 11－8），即沿空间直角坐标系的 x、y、z 三个轴的移动（用$\vec{x}$、$\vec{y}$、$\vec{z}$表示，如图 b）和

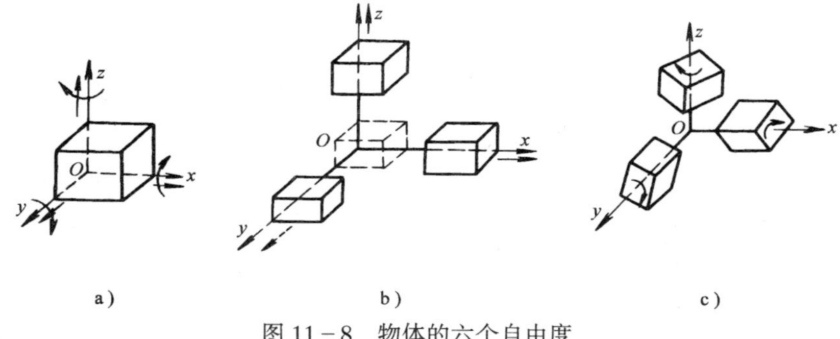

图 11－8　物体的六个自由度

绕 x、y、z 三个轴的转动（用 $\overset{\curvearrowright}{x}$、$\overset{\curvearrowright}{y}$、$\overset{\curvearrowright}{z}$、表示，如图 c）。因此，在加工中，要使工件在空间保持正确位置，就必须限制这六个自由度。工件在夹具中定位时，每一个自由度的限制，通常用相当于一个支承点的定位元件与工件的定位基准相接触来实现。如图 11－9 所示，在 xOy 平面上设置三个支承点，限制 $\overset{\curvearrowright}{x}$、$\overset{\curvearrowright}{y}$、$\vec{z}$三个自由度，$A$ 面称为主定位面，即第一定位基准：在 yOz 平面设置两个支承点，限制$\vec{x}$、$\overset{\curvearrowright}{z}$两个自由度，$B$ 面称为导向定位面，即第二定位基准；在 zOx 平面设置一个支承点，限制$\vec{y}$一个自由度，C 面称为止推定位面，即第三定位基准。

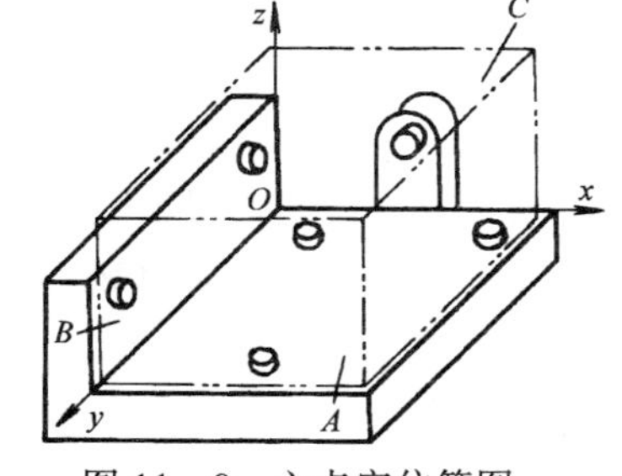

图 11－9　六点定位简图

（2）完全定位与不完全定位　在实际生产中，对工件的定位不一定要限制所有的六个自由度，而要根据具体情况来决定限制自由度的数目。在铣削一批工件上的不通沟槽时（图 11－10a），为保证每次安装中工件的正确位置，保证加工尺寸 a、b、c，就必须限制六个自由度。这种定位称为完全定位。

加工一个与底面平行的平面时（图 11－10b），为了保证加工尺寸 c，只需限

制 $\overset{\curvearrowright}{x}$、$\overset{\curvearrowright}{y}$、$\vec{z}$三个自由度。若加工一个与底面和侧面均平行的通槽时（图 11－10c），为保证尺寸 a、c，就需限制$\vec{x}$、$\vec{y}$、$\vec{z}$、$\overset{\curvearrowright}{x}$、$\overset{\curvearrowright}{z}$五个自由度。图 11－10b 和图 11－10c 所示没有限制所有六个自由度的情况，称为不完全定位。

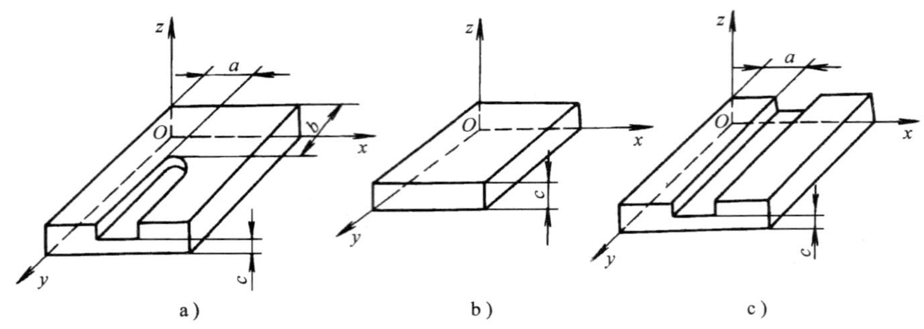

图 11－10　定位分析

a）完全定位　b）、c）不完全定位

（3）过定位与欠定位　在生产中，有时还会出现重复定位（至少有两个定位元件同时限制一个自由度，或定位点多于六个），这种定位称为过定位。如图 11－11 所示轴类件的车削加工，采用三爪自定心卡盘（卡盘夹持部位较短）和后顶尖定位。由于后顶尖消除了$\vec{x}$、$\vec{y}$、$\vec{z}$、$\overset{\curvearrowright}{y}$、$\overset{\curvearrowright}{z}$五个自由度，三爪自定心卡盘限制了$\vec{y}$、$\vec{z}$两个自由度，在$\vec{y}$、$\vec{z}$两个方向上定位重复，因此是过定位。过定位一般是有害的，应避免出现。但是，当过定位对工件的稳定性没有明显影响，反而会增加工件加工时的刚性时，也允许过定位的存在。

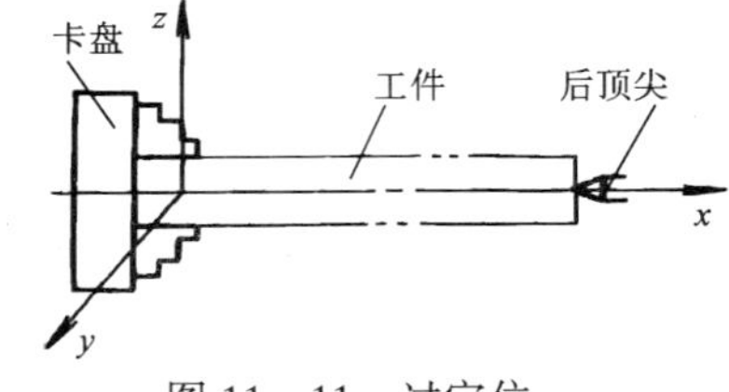

图 11－11　过定位

在工件的定位中容易出现的另一问题是欠定位。所谓欠定位，是指定位点少于应限制的自由度数。因此，欠定位是定位不足（要注意欠定位不是不完全定位），是一种不合理的现象，在生产中是不允许出现的。

三、加工余量及其确定

1. 加工余量

在生产过程中，一般要对零件表面进行多次加工，逐步提高零件的加工精度和表面质量，以保证达到图样规定的技术要求。

在由毛坯制成成品的过程中，在某加工表面上切除金属层的总厚度，称为该表面的加工总余量。每一道工序所切除的金属层厚度，称为工序间的工序余量。总余量和工序余量可由下式表示：

总余量＝毛坯的实际尺寸－零件成品的实际尺寸

工序余量＝前道工序的实际尺寸－本道工序的实际尺寸

2. 加工余量的确定

确定加工余量的基本原则，是在保证加工质量的前提下尽量减少加工余量。

目前，确定加工余量的方法有估计法（适用于单件小批量生产）计算法（适用于重要零件或分析研究加工余量时）和查表法三种，其中查表法简便，应用较广。

加工总余量的数值一般与毛坯的制造精度有关。同样的毛坯制造方法，总余量的大小又与生产类型有关，批量大时总余量就可以小一些。铸件、锻件、型材的加工余量均可查表获得。

对于工序余量的确定，一般生产中多用查表法。查表法是按各种工艺手册中的余量表格，根据加工方法、加工性质（粗加工或精加工）和加工表面的尺寸、形状等来查得加工余量。因为手册表格中的数据，是大量生产实践和试验研究的总结及积累，对一般的加工都能适用。对于一些精加工工序，如磨削加工、研磨、珩磨、金刚镗等，均有一最合适的加工余量范围。余量过大时，会使精加工工时过长，甚至不能达到精加工的目的；加工余量过小，会使工件的某些部位达不到质量要求。此外，精加工的工序余量不均匀，也会影响加工精度，所以，对于精加工的工序余量大小和均匀性必须予以保证。在确定工序余量时，总是首先确定精加工的工序余量大小。

四、工艺路线的拟订

拟定工艺路线是制订工艺规程的主要内容。它主要是把加工工件所需的各个工序按顺序科学地排列出来，以获得最佳工艺方案。

制订工艺路线时，须考虑以下内容：

1. 加工方法及定位基准

选择加工方法，是要在研究分析零件图的基础上，根据工件的技术要求、结构形状、尺寸精度、表面粗糙度、生产类型、零件材料及性能、现场生产条件等，并参考第十章所讲的各种加工方法所能达到的精度和表面粗糙度来综合考虑。

选择加工方法时，首先应选定被加工表面的最终加工方法，然后再确定为达到最终加工精度而进行的其他加工，并确定加工顺序。例如图 11－12 所示销轴，ϕ12mm 外圆为主要配合表面，其尺寸精度和几何形状精度及表面粗糙度均要求很高，因此，最终工序应采用研磨，其准备工序为粗车、半精车、粗磨、半精磨。

在各加工工序中，还要根据本节前面所述的内容选择定位基准。

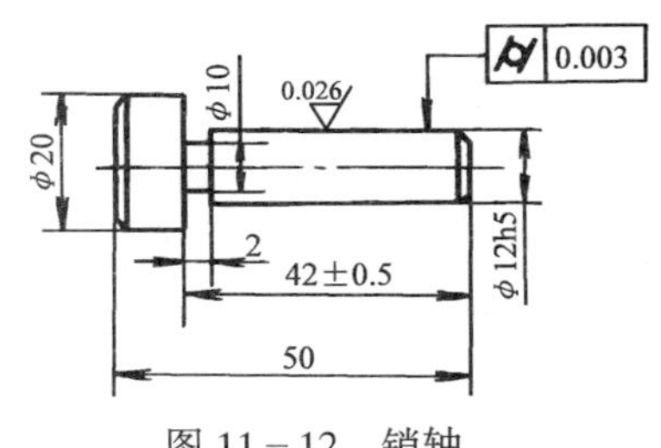

图 11－12　销轴

2. 安排加工顺序

零件上各表面的加工,因加工顺序不同会得到截然不同的加工质量与经济效果。

(1) 切削加工工序的安排原则

1) 先粗后精。先安排粗加工,中间安排半精加工,最后安排精加工和光整加工。粗加工阶段要切去大部分加工余量,为半精加工提供基准,并留出均匀、恰当的工序余量,也为以后的精加工创造较好的条件。这样,有利于保证加工质量、合理使用设备,并可及时发现毛坯缺陷,避免浪费工时,同时还可避免精加工后的表面被碰伤。

2) 先主后次。先安排主要表面的加工,后安排次要表面的加工。主要表面一般指零件上的工作表面、装配基准面等。对它们的加工技术要求较高,加工工作量较大,应先安排加工。非工作面、键槽、螺钉孔、紧固用光孔等次要表面,一般放在主要表面最后精加工前或光整加工之前进行加工。

3) 先基准后其他。精基准面应在一开始就加工,因为后续工序加工其他表面时要用它作为定位基准。例如,加工阶梯轴时常采用中心孔作为统一定位基准,因此加工开始时总是先打中心孔(或修研中心孔)然后加工其他表面。

(2) 热处理工序的安排　热处理的方法、次数和在工艺路线中的顺序,应根据工件材料和热处理的目的来决定。

1) 预先热处理。退火和正火可以作为预先热处理安排在粗加工之前进行,以改善金属组织和切削加工性能。调质也可作为预先热处理,但在以提高材料力学性能为主要目的时,则应放要粗加工之后,精加工之前进行。

2) 去除内应力处理。为消除毛坯制造和切削加工中产生的内应力,保证加工精度,对工件要进行时效处理。

对一般铸、锻件只需要粗加工前或后进行一次人工时效处理;对于要求不高的大工件,有时仅在毛坯制造以后安排一次时效处理;但对于大而结构复杂、精度要求又高的工件,在粗加工前后应各安排一次人工时效处理。

对于铸、锻件、焊接件、热轧件和冷拨件中的残余内应力,有时也用去应力退火进行消除。

3) 最终热处理。一般安排在半精加工之后,精加工之前进行,以提高材料的强度,并用精加工消除热处理过程中的变形和表层氧化脱碳。最终热处理是淬火—回火、化学热处理等。

(3) 其他工序的安排　其他工序包括:检验、零件的表面处理、去毛刺、洗涤、防锈等。这些工序在加工过程中是不可忽视的,可根据加工过程适当地安排在相应位置。

五、工艺文件

工艺过程拟订之后,要把具体内容填写到一定格式的表格上,即为正式的工艺文件,以指导生产。生产类型不同,所用的工艺文件也不同。通常有如下几种:

1. 机械加工工艺过程卡片

这种卡片用于单件小批量生产，它是针对一个零件的全部加工过程来编写的，即概括地说明了该零件的机械加工工艺全过程。

2. 机械加工工序卡片

它用于在大批大量生产中，是针对某一工序编写的。在这种卡片上附有该工序的加工简图，并在简图上注明定位与夹紧的表面，用粗实线标出该工序的加工表面，标出工序尺寸及表面粗糙度等，还要详细规定各工步的内容。

3. 机械加工工艺卡片

它多用于成批生产中，其内容比工艺过程卡片详细，既概要地说明了工艺路线，又要说明各工序的主要内容。

六、典型零件机械加工工艺过程

机械产品的种类是多种多样的，构成这些产品的零件也是千变万化的。为了研究各类零件的共同加工规律，人们常将零件按相似的结构形状及其加工的工艺特征划分为轴类、盘套类、箱体类和叉架类等。

1. 轴类零件

（1）概述　轴类零件是回转体零件，其长度远大于直径，按其结构可分为光滑轴和阶梯轴两种。此外，比较复杂的还有空心轴（如机床主轴）、花键轴、曲轴等。轴主要是由外圆柱面、端面、台阶、沟槽、连接圆弧等组成，有时还带有螺纹、键槽、孔等其他表面。

轴类零件在机器中用以支承传动零件（如齿轮、带轮等）和传递扭矩。轴类零件所用的材料，主要是碳钢和合金钢。碳钢中 45 钢应用量最为广泛。对传递大的动力，并要求减小尺寸与质量、提高轴颈耐磨性及在高温或低温下工作的轴，应选用合金钢制做，常用的有 20Cr（渗碳后使用）、40Cr、40CrNi、38CrMnAlA、38SiMnMo 等。另外，高强度铸铁和球墨铸铁，由于容易做成复杂的形状，而且有价廉及良好的减振性、耐磨性以及对应力集中的敏感性低等特点，可用来制造某些大型的、结构复杂的轴。常用的铸铁有 HT350、QT600—3、QT450—10、QT400—15 等。

光滑轴的毛坯一般选用热轧圆钢。当零件尺寸和精度与冷拨圆钢相符时，可采用冷拨圆钢。阶梯轴的毛坯，根据各阶梯直径之差，可选用圆钢或锻件；对于力学性能要求较高的轴，其毛坯应选锻件；对于曲轴、凸轮轴等结构复杂的轴，应选用上述牌号的钢或铸铁，并用铸造的方法获得毛坯。

（2）机械加工工艺

1）定位基准。轴类零件的定位基准主要是外圆面和中心孔（即顶尖孔）两种。用外圆面定位时，一般用卡盘安装工件。加工细长轴时，为了增加工件的刚度，常常是将一端安装在卡盘中，另一端用后顶尖顶住或用中心架、跟刀架托住

(超定位)。

用中心孔定位时，使用双顶尖，安装方便且使加工过程中的定位基准单一化，可以保证较高的相互位置精度，应用较普遍。

2）工艺过程。轴类零件常用的加工方法是车削和磨削，有时由于结构的要求也使用铣削、钻削等加工方法。一般加工工艺过程如下：

准备工序：如果毛坯选取的是圆钢，则先下料，然后切端面、打顶尖孔。如果毛坯是锻件或铸件，只需切端面、打顶尖孔。

车削工序：车削各外圆柱面、外圆锥面及端面等。粗车时应先车端面后车外圆，以便有一个长度测量基准。车外圆时应先车大直径后车小直径，以便保证工件的刚度。对于精度要求高的零件，粗车后调质，再半精车、精车。

其他工序：铣键槽、铣六方、钻孔等，视轴的具体结构而定。

热处理工序：根据工件的技术要求进行相应的热处理。

磨削工序：磨轴颈、外圆等。

检验工序：按图样要求进行检验。

(3) 机械加工工艺过程实例　现以图 11－13 所示传动轴为例，说明在小批生产中轴类零件的机械加工工艺过程。

1）零件主要部分的作用及工艺分析。零件是一根简单的阶梯轴。为传递运动和动力在轴的 ϕ30mm 和 ϕ20mm 两段上开有键槽，用来安装齿轮。其余两段为轴颈，支承在箱体的轴承孔中。这四段外圆柱表面粗糙度皆为 $R_a0.8\mu m$。各圆柱配合表面对轴线的径向圆跳动公差为 $0.02\mu m$。工件材料为 45 钢，淬火回火

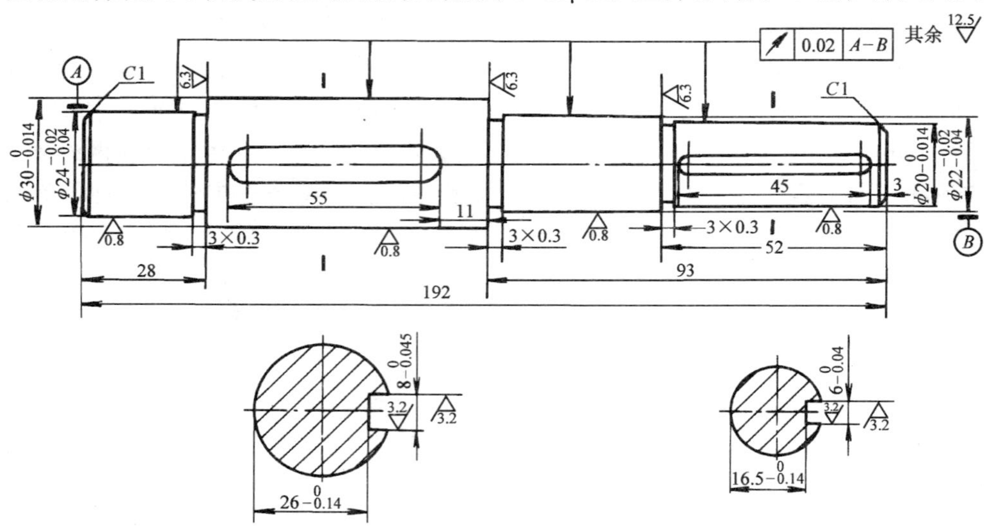

图 11－13　传动轴

后硬度为40～45HRC。

2）选择毛坯。该阶梯轴各外圆尺寸相差不大，可选用 ϕ33mm 直径的热轧圆钢。

3）选择定位基准。该传动轴的精基准是两端中心孔。在小批量生产条件下，坯料直径和长度又不大，可以在卧式车床上车两端面并加工中心孔。

4）选择加工方法及加工顺序。该零件各外圆表面有一定的精度和表面粗糙度的要求，同时对轴线的径向圆跳动也有一定的要求。

根据零件结构和各表面的要求以及加工方法能达到的精度和表面粗糙度，可采用如下的加工方法和加工顺序：粗车→半精→铣键槽→调质→修研中心孔→粗磨→精磨。

5）工艺过程。该传动轴的工艺过程可按表11－2安排，表中说明了其工艺路线和各序的主要内容。

2. 盘套类零件

（1）套类零件　套类零件是中空的回转体零件，如图11－14所示，除有尺寸精度和表面粗糙度的要求外，内外回转表面要求同轴，端面与轴线要求垂直，并且壁厚较薄，长度与直径相近。套类零件在机器中常用作旋转轴颈的支承，在工作中承受径向力和轴向力，并将力传至机架。

1）套类零件所用的材料，一般是钢、铸铁、青铜或黄铜等，材料的选择取决于工作条件。毛坯的制造方式与材料、零件结构和尺寸等因素有关。孔径小于20mm的套筒，其毛坯一般采用热轧棒料，也可用实心铸铁；孔径大于20mm时，则常采用无缝钢管、锻件或带孔铸件。

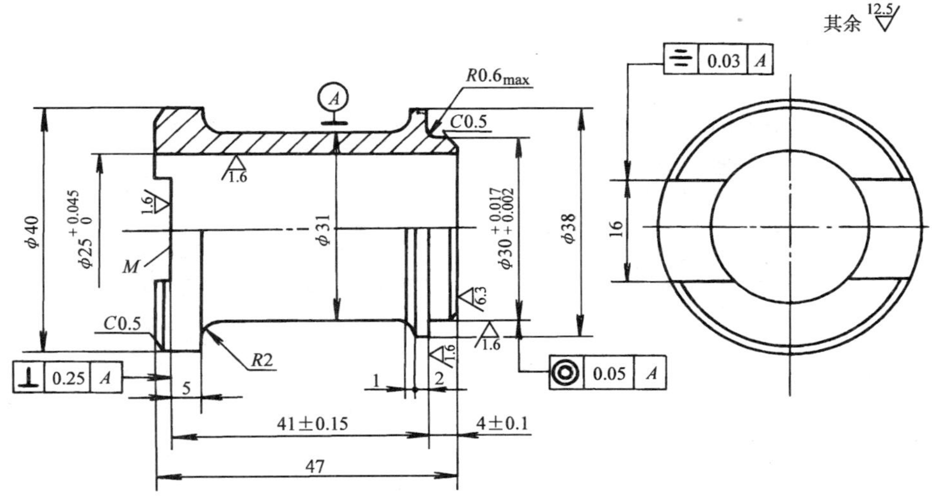

图11－14　柴油机调速套筒

表 11-2 小批量生产轴的机械加工工艺卡片

工序号	工种	工序内容	加工简图	设备
Ⅰ	车	1)车一端面,钻中心孔 2)切断长 195mm 3)车另一端面至长 192mm 钻中心孔		C616
Ⅱ	车	1)粗车一端外圆分别至 $\phi31\times104$mm, $\phi25\times27$mm 2)半精车该端外圆至 $\phi30^{+0.1}_{0}\times150$mm, $\phi24.3^{+0.1}_{0}\times28$mm 3)切槽 $\phi23.4\times3$mm 4)倒角 C1.2 5)粗车另一端外圆分别至 $\phi23\times92$mm, $\phi21\times51$mm 6)半精车该端外圆至 $\phi22.3\times93^{+0.1}_{0}$mm, $\phi20.3^{+0.1}_{0}\times52$mm 7)切槽分别至 $\phi21.4\times3$mm, $\phi19.4\times3$mm 8)倒角 C1.2	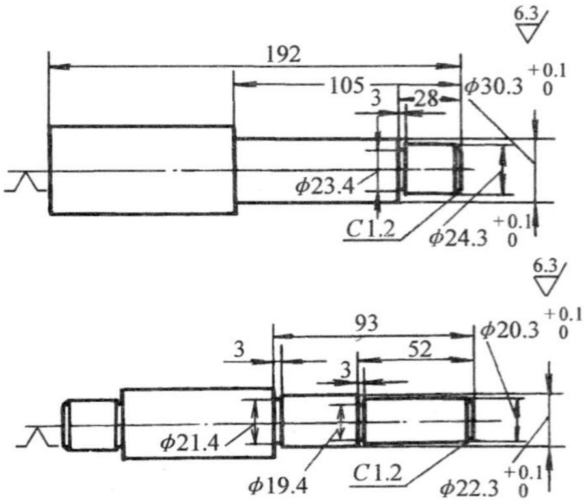	C616
Ⅲ	铣	粗、精铣键槽分别至 $8_{-0.045}^{0}\times26.2_{-0.09}^{0}\times55$mm $6_{-0.04}^{0}\times16.7_{-0.07}^{0}\times45$mm	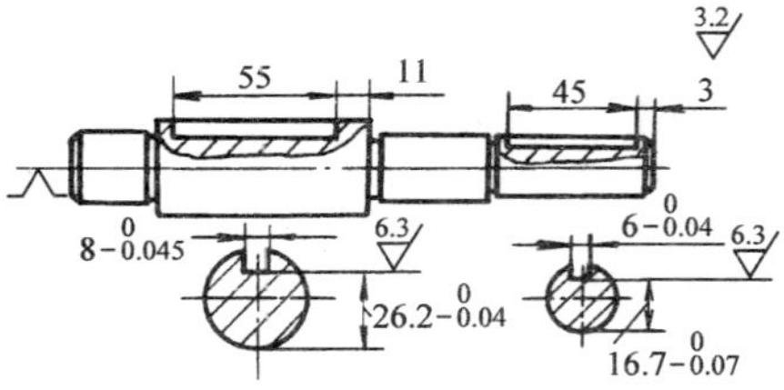	X52
Ⅳ	热	淬火回火 40～45HRC		
Ⅴ		修研中心孔		C16
Ⅵ	磨	1)粗磨一端外圆分别至 $\phi30^{+0.1}_{0}$mm, $\phi24^{+0.1}_{0}$mm 2)精磨该端外圆分别至 $\phi30_{-0.013}^{0}$mm, $\phi24_{-0.041}^{-0.02}$mm 3)粗磨另一端外圆分别至 $\phi22^{+0.1}_{0}$mm, $\phi20^{+0.1}_{0}$mm 4)精磨另一端外圆分别至 $\phi22_{-0.041}^{-0.02}$mm, $\phi20_{-0.013}^{0}$mm	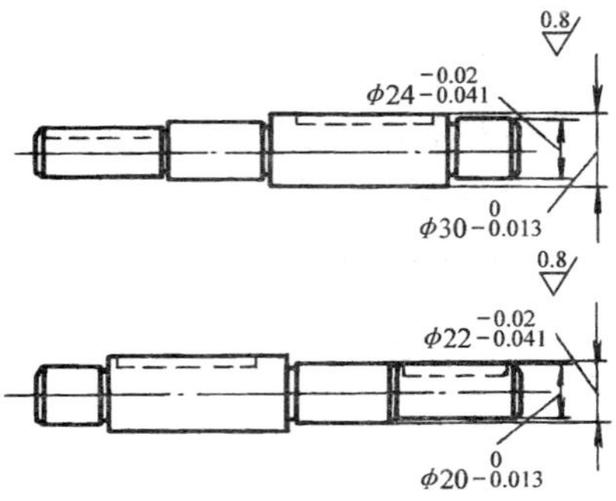	M1420
Ⅶ	检验	按图样要求检验		

2）机械加工工艺

①定位基准：套类零件的主要加工表面是孔、外圆面和端面，加工时的定位基准为外圆表面或孔。

②工艺过程：套类零件上孔的加工方法常用钻、铰、镗、拉、磨削等；外圆表面的加工可用车削和磨削。

由于各种套类零件的结构、尺寸和技术要求的不同，因而机械加工工艺也不一样。为了保证内外圆表面的同轴度及轴线与端面的垂直度要求，通常采用下面两种工艺方法：

第一种方法是在一次安装中加工内、外圆表面和端面。这种加工方法可以消除安装误差对加工精度的影响，但对无凸缘的套筒零件不适用。

第二种方法是先粗加工外圆并精加工孔，然后以孔定位再精加工外圆和端面。这种加工方法可以采用钻→拉孔或钻→扩→铰孔等高生产率的方法加工孔。一般在中批生产中用钻→扩→铰的方法合理，可不用制造价格昂贵的拉刀；在大批大量和产中，则用钻→拉的方法，生产率高，较经济；在单件小批生产中，则可在车床上钻、镗，不需要专用刀具。然后，以精度较高的孔作为定位基准精加工外圆。所使用的夹具是心轴，结构简单、精度高，可以使套筒零件获得较高的定位精度。

（2）盘类零件　盘类零件也是回转体零件，它与轴类零件的区别在于长度 L 与直径 D 之比小，即 $L/D \leqslant 0.5$。它大多是由外圆柱面、内孔和端面组成，根据不同的使用场合，外圆表面也可由其他成型表面组成。

盘类零件应用相当广泛，如齿轮、叶轮、法兰盘、带轮等都是盘类零件。一般的盘类零件选用铸铁做毛坯材料；要求高力学性能的盘类零件，如齿轮毛坯、机车用叶轮毛坯等采用锻件；小型的盘类零件，如端盖、轴承压盖等也可直接用热轧圆钢作为毛坯。

3. 箱体零件

箱体零件是机器和部件的基础零件，如图 11－15 所示，它将机器和部件中的所有零件连接成一个整体，使它们保持正确的相互位置，彼此能协调地运动。

箱体零件的主要结构特点是：尺寸较大，形状较复杂，有若干个精度要求较高的平面和孔，还有许多连接其他零件的小孔。

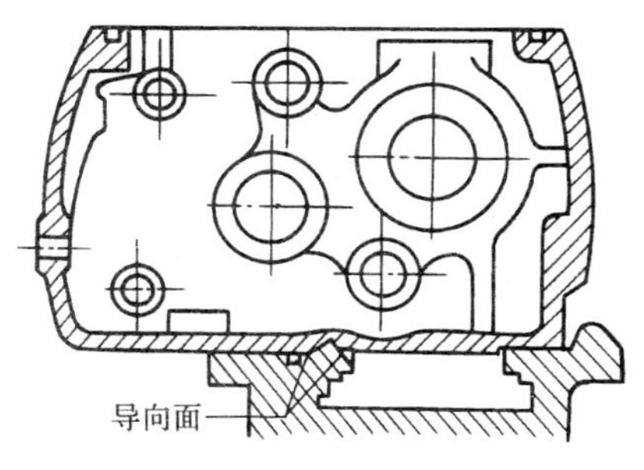

图 11－15　主轴箱箱体剖面图

箱体零件的毛坯一般是铸铁件，常用的牌号是 HT150、HT200；有些承受负荷大的箱体有时采用铸钢，常用的铸钢有 ZG200—400、ZG230—450 等；也有采用 QT400—18、QT400—15 等球墨铸铁件的。

（1）定位基准　加工箱体零件时，常常

先加工出装配基准面，然后以它为定位基准加工其他各表面。因此，装配基准面就是加工箱体零件的精基准。在加工装配基准面时，常常以毛坯上主要的铸孔和箱体内壁作为粗基准，这样使孔的加工余量得以均匀分布，并使箱体内机件和箱体孔壁保持一定的间隙，便于机件的安装和运转。

（2）工艺过程　箱体零件的结构特点可知，箱体零件机械加工主要是加工平面和孔。加工箱体上的平面时一般采用刨、铣、磨削等；加工孔时常采用镗削，小孔可采用钻削。

第二节　机床夹具

在机械加工、零件质量检验、装配机器时，往往都需要在夹持工件、确定工件位置的条件下进行。夹持并确定工件位置的装备称为夹具。在机械加工中与机床有关的夹具称为机床夹具。

一、机床夹具的分类

机床夹具一般可分为通用夹具和专用夹具。近年来，为适应现代机械制造业产品改型快、新品种多、批量小的生产特点，除使用以上两种夹具外，还发展了通用可调夹具、成组夹具和组合夹具等类型。

1. 通用夹具

通用夹具是指已经标准化的，在一定范围内加工不同工件时不需要特殊调整的夹具，如三爪自定心卡盘、四爪单动卡盘、万能分度头、圆形工作台、平口钳及电磁吸盘等。这些夹具已成为机床附件，以充分发挥机床的技术性能，并扩大机床的使用范围。

通用夹具主要用于单件小批量生产，有时也用于批量生产，但生产率低。

2. 专用夹具

专用夹具是根据某一工件的某一工序加工要求而设计制造的夹具。这类夹具由于是根据需要专门设计制造的，因此需要一定的投资。若零件的生产批量大，则分摊到每个零件上的费用并不多，同时还保证了加工精度、提高了生产率，所以专用夹具主要用于成批及大量生产中。

3. 通用可调夹具和成组夹具

这两组夹具的结构很相似，它们的共同特点是：在加工完一种工件后，经过调整或更换个别元件，即可加工形状相似、尺寸相近或加工工艺相似的多种工件。

通用可调夹具的加工对象不十分确定，其通用性较大，如滑柱钻模、带各种钳口的机器虎钳等，都是通用可调夹具。

成组夹具是专门为某一组零件而设计的，针对性强，加工对象和适用范围明确，结构更为紧凑。

以上两类夹具在小批量生产条件下较适用。

4. 组合夹具

组合夹具是指按某一工件的某道工序的加工要求，由一套事先准备好的通用的标准元件和部件组合而成的夹具。这种夹具用完之后可以拆卸存放，重新组装夹具后可以再次使用。由于组合夹具是由各种标准元件、部件组装而成，故具有组装迅速、周期短、能反复使用等特点，所以在多品种、小批量生产或新产品试制中尤为适用。

以上3、4类夹具，在调整、组装好之后，加工时都能起到专用夹具的作用。

二、夹具的结构

生产中应用的夹具形式是多种多样的，如将夹具中作用相同的元件归纳在一起，可以归纳为下述几类。

1. 定位元件

在夹具上与工件定位基准接触，并用来确定工件正确位置的元件，称为定位元件。图11－16所示是在轴上钻孔时所用的一种简单的专用夹具。钻孔时，轴以外圆面定位在夹具的V形架3上，以保证所钻孔的中心线与工作轴线垂直相交；轴的端面与夹具上的挡铁1接触，以保证所钻孔的中心线与工件端面的距离。该夹具上的V形架和挡铁都是定位元件。

2. 夹紧机构

工件定位后，将其夹紧以承受切削力的作用，保证已确定的工件位置在加工过程中不发生变化的机构称为夹紧机构。

钻孔夹具（图11－16）上的丝杆和框架等，就是夹紧机构的一种。轴在夹具上定位后，拧紧夹紧机构4上的丝杆，将工件夹牢即可开始钻孔。

3. 导向元件

用来确定和引导刀具，使之与工件有准确相对位置的元件，称为导向元件。钻孔夹具（图11－16）上的钻套2就是常用的导向元件。

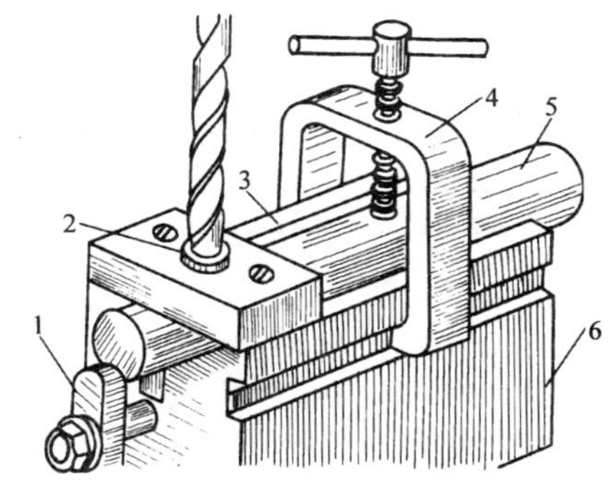

图11－16　在轴上钻孔的夹具

1—挡铁　2—钻套　3—V形架　4—夹紧机构　5—工件（轴）　6—夹具体

4. 夹具体

夹具体是夹具的基准零件，用它来联系并固定定位元件、夹紧机构、导向元件等，使之成为一个夹具整体，并通过它将夹具安装在机床上。

5. 辅助装置

钻夹具中的分度装置、车夹具中的法兰盘及平衡块、操作件等，都是夹具上的辅助装置。

一般来说，要组成一个夹具，定位元件、夹紧机构、夹具体是必须具备的，导向元件、辅助装置等，则视夹具的作用来确定。

第三节 零件的结构工艺性

一、零件结构工艺性的基本概念

零件结构工艺性是指这种结构的零件被加工的难易程度，实质上是指所设计的零件在满足使用性能要求的前提下制造的可行性和经济性。它是评价零件结构设计优劣的主要技术经济指标之一。

零件的制造一般要经过毛坯生产、切削加工、热处理、装配等阶段。零件结构设计时，应尽量使其在各个生产阶段都具有良好的结构工艺性。在零件制造的整个过程中，切削加工所耗费的工时和费用一般最多，因此改善零件结构的切削加工工艺性显得尤为重要。

零件结构工艺性的好坏，与生产规模、工艺装备条件、加工方法、工艺过程和技术水平等因素有关。例如，图 11－17a 所示的工作台的 T 形槽，在单件小批生产时，其结构工艺性应是良好的。但在大批大量生产时，应将其设计为图 11－17b 所示的结构，便于在龙门刨床或龙门铣床上进行多件加工，提高生产率。

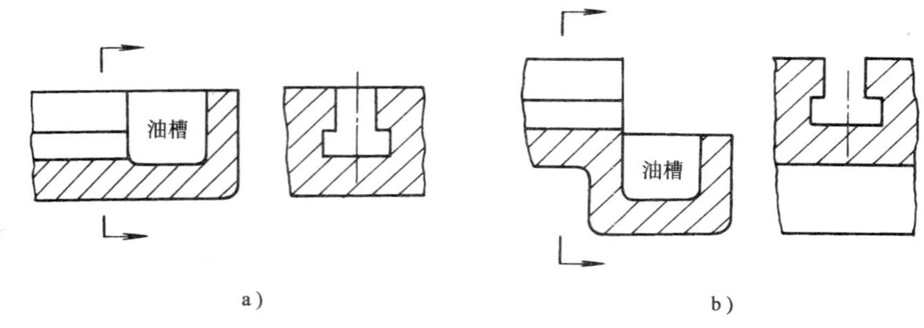

图 11－17 具有 T 形槽的工作台的结构
a) 单件小批生产 b) 大批大量生产

零件结构工艺性的优劣，不是一成不变的，它随着科学技术的发展和新工艺方法的不断出现而变化着。如图 11－18a 所示的阀套，其上有四个精密方孔需加工；又如图 11－18b 所示的冲模，其上的窄槽与尖角需加工，而这些用传统的机械加工方法都难以奏效，人们将其分解成几个零件（图 a 分 5 个零件，图 b 分 4 个零件），分别进行加工，然后再镶拼起来，过去认为这样的结构工艺性是良好的。但电火花加工出现以后，只要将电极制成被加工部分的形状，一次就可加工出来，因此设计为整体结构的零件，其结构工艺性是好的，见图 11－18c，d。整体结构设计不仅提高了零件的刚性，易于保证质量，且减少了零件设计和制造的时间和费用。

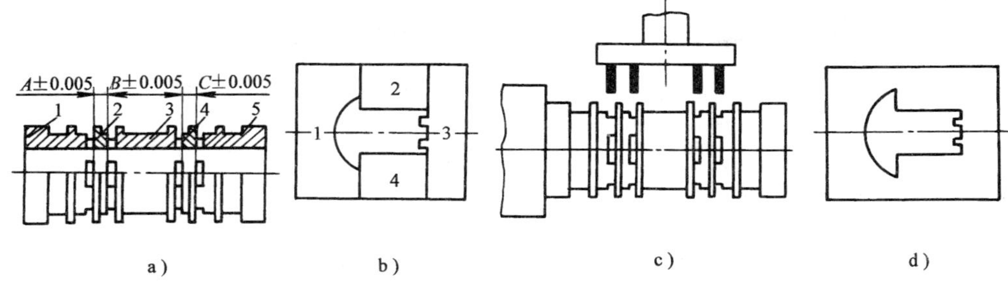

图 11－18　阀套和冲模的结构

a)、b) 镶拼结构　c)、d) 整体结构

二、切削加工零件结构设计的一般原则及实例

1. 便于安装

机械零件装夹到夹具上才能进行机械加工，如果用标准夹具，零件结构应便于安装；如果用专用夹具，应使夹具的结构简单、装夹方便。

图 11－19a 所示结构壳体零件，安装困难；改成图 11－19b 结构，则易于安装，也易于保证加工质量。

2. 尽量减少安装次数

减少工件的安装次数，可保证工件的位置精度，又可减少辅助工艺时间，提高生产率。图 11－20a 所示两种零件均需两次安装才能完成加工；改进后（图 11－20b）一次安装便可完成加工。

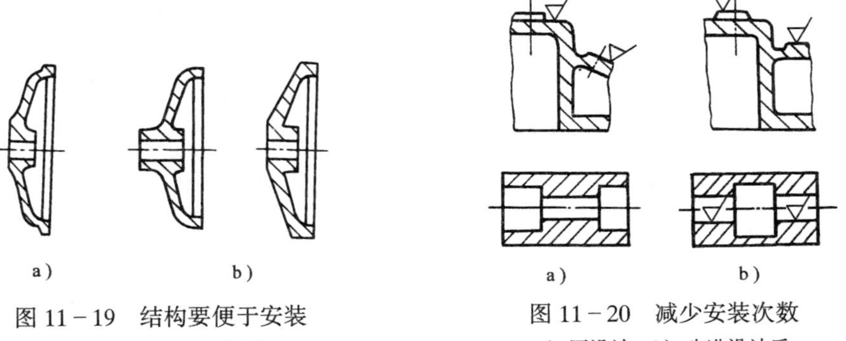

图 11－19　结构要便于安装

a) 原设计　b) 改进设计后

图 11－20　减少安装次数

a) 原设计　b) 改进设计后

3. 减少机床调整次数

减少机床调整次数，可减少辅助工艺时间，有利于提高生产率。图 11－21 所示零件，采用原设计需调整两次机床；改进后只需调整一次即可。

4. 减少刀具种类

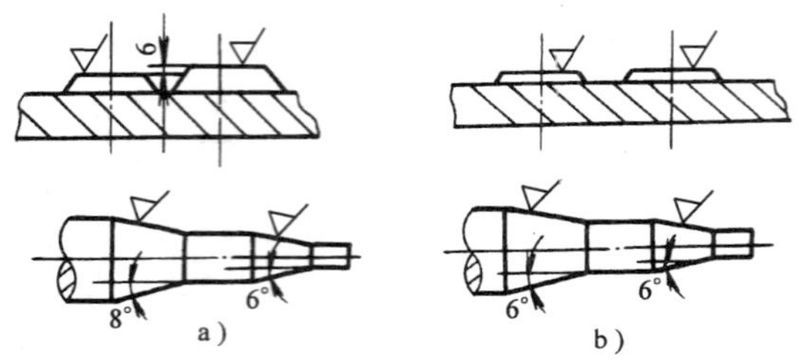

图 11－21　减少机床调整次数
a) 原设计　b) 改进设计后

机械加工中若所使用的刀具种类少，换刀次数就少，有利于提高生产率。图 11－22 所示轴类零件上的退刀槽、键槽、圆角及箱体零件上的螺孔等，改进设计后(图 11－22b)，可减少加工时使用的车刀、钻头、铣刀、丝锥等刀具的种类。

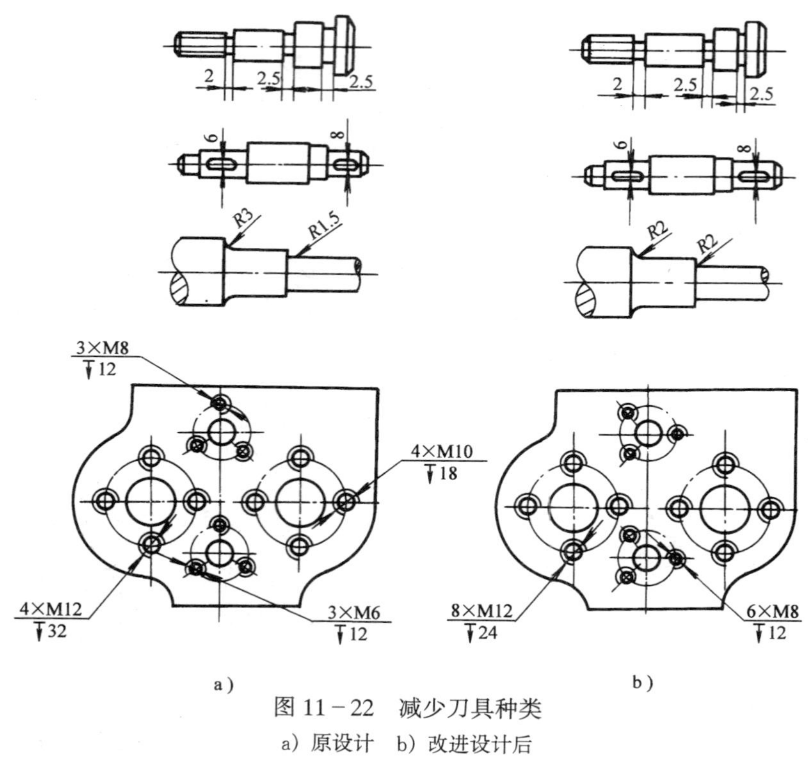

图 11－22　减少刀具种类
a) 原设计　b) 改进设计后

5. 应能使用标准刀具

零件上的结构要素，如孔径及孔底形状、中心孔、沟槽宽度或角度、圆角半径、锥度、螺纹的直径和螺距、齿轮的齿数等，其参数值应尽量与标准刀具相符，以便能使用标准刀具加工。这样可以避免设计制造专用刀具，降低加工成本。

图 11－23a 所示的盲孔结构，将使加工复杂化；若采用图 11－23b 所示的结构，即由一直径到另一直径的过渡做成与钻头顶角相同的圆锥面，就可使用标准麻花钻头，使加工简化。

图 11－24 所示零件的凹下表面，用端铣刀加工，其内圆角必须用立铣刀清边，因此其内圆角半径必须等于标准立铣刀的半径(图 11－24b)。如果设计成图 11－24a 的形状，则很难加工。

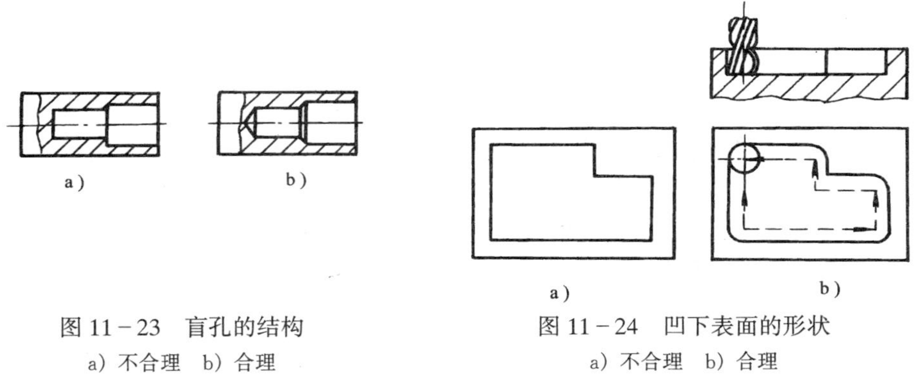

图 11－23　盲孔的结构
a) 不合理　b) 合理

图 11－24　凹下表面的形状
a) 不合理　b) 合理

6. 便于加工时的进刀和退刀

零件结构设计时，为使加工进刀和退刀方便，常常设计出退刀槽、退刀孔、越程槽等结构。图 11－25a 是不合理的结构，其中插削加工应留有退刀孔，刨削加工应留有越程槽，磨削时应留有砂轮越程槽(图 11－25b)。

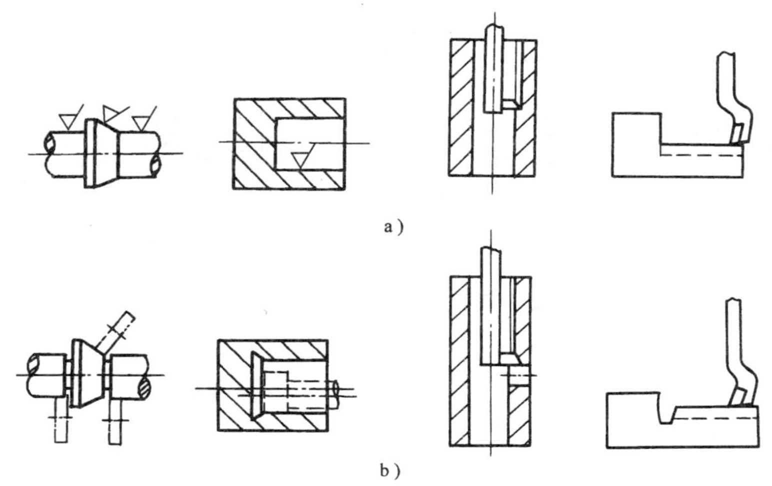

图 11－25　便于加工时的进刀和退刀
a) 不合理　b) 合理

另外，钻孔时应尽量避免在斜面或曲面上进行，应采用图 11－26b 所示的结构。

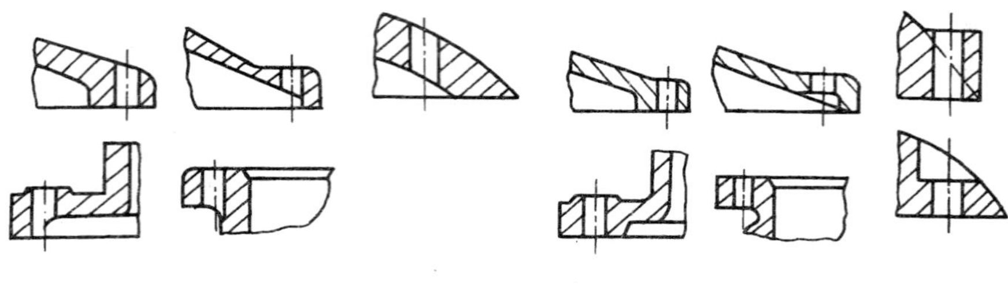

a）　　b）

图 11－26　应尽量避免在斜面或曲面上钻孔

a）不合理　b）合理

7．减少切削加工量

零件的配合表面都需要加工，因此，减少配合表面的数目和面积，都能有效地减少切削加工量。

在设计时，应尽量采用图11－27b和图 11－28b 所示的结构，配合表面少；避免图 11－27a 和图 11－28a 所示的结构，因配合表面多。

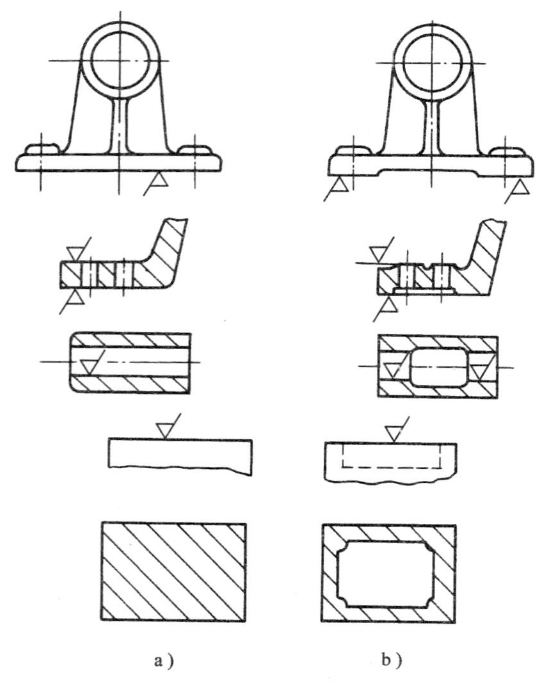

a）　　b）

图 11－27　减少切削加工量

a）设计不合理　b）设计合理

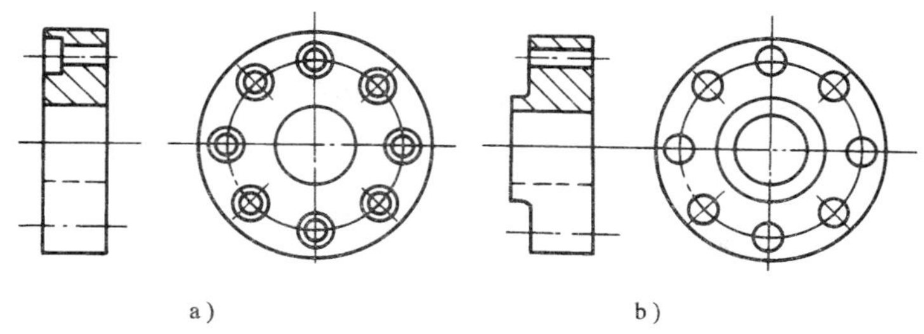

图 11－28　减少切削加工表面的数目

a）设计不合理　b）设计合理

8．尽量避免内表面的加工

加工内表面时，刀具的形状和尺寸受到一定的限制，使得刀具的刚度较差，生产率的提高受到限制；同时，对刀和测量等操作都比较困难，又增加了辅助时间。因此，应避免内表面的加工，设法把内表面的加工改为外表面的加工。

图 11－29a 所示箱体部件的结构，改进后（图 11－29b），虽然增加了两个轴套，却避免了很费工时的箱体内表面的加工。图 11－29c 所示的阀杆和阀套部件，显然，改进后（图 11－29d）加工阀杆上的沟槽比加工阀套上的沉槽方便的多，而且易保证加工精度。

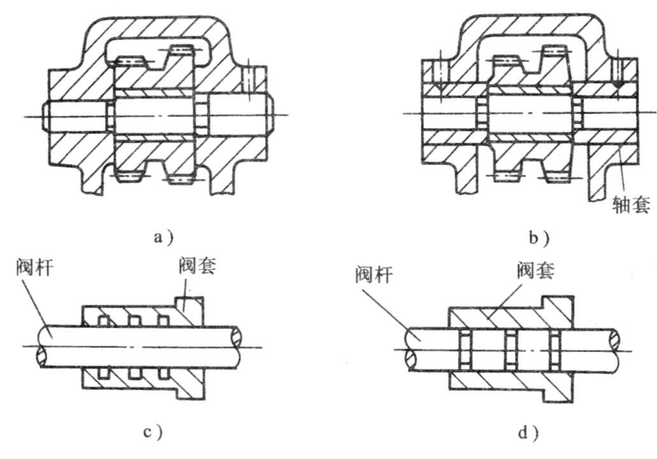

图 11－29　减少内表面的加工

a)、c）设计不合理　b)、d）设计合理

9．零件应有足够的刚度

图 11－30a 所示薄壁套筒，在卡盘卡爪夹紧力的作用下容易变形，车削后形状误差较大；若采用图 11－30b 所示套筒结构，可增加刚度，提高加工精度。图 11－30c 所示床身零件刚度不足，加工导轨面时切削刀将引起工件边缘挠曲，产生较大的加工误差，装配时导轨外缘需要修刮，增加了加工工时；如果在导轨下

方增设加强筋，（图 11－30d）可增加工件刚度，减小变形，同时可提高切削用量，进而提高切削效率。

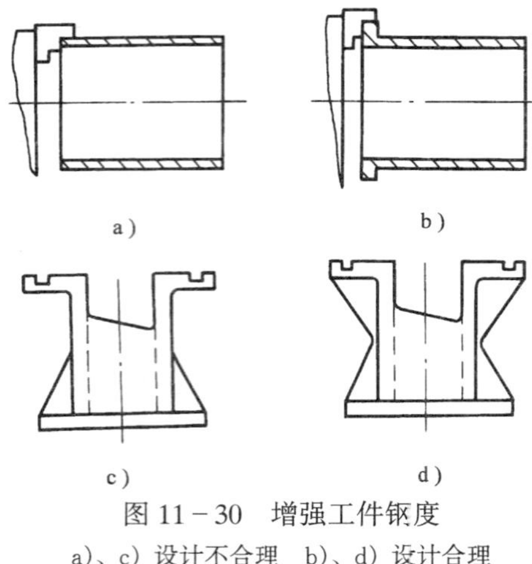

图 11－30 增强工件钢度

a)、c) 设计不合理 b)、d) 设计合理

10. 合理制订零件的精度和表面粗糙度

零件的加工精度和表面粗糙度的制订，既要保证满足使用要求，又要保证能采用较经济的加工方法。精度和表面粗糙度制订的过高，有可能使加工量和加工成本提高。例如，实际精度为 IT9 的外圆面，本来可以用车削加工直接得到，若将其不适当地提高为 IT7，则车削加工后还需要进行磨削加工才能达到要求，这样便会提高该零件的加工费用，是不经济的。

另外，零件的结构应便于利用精密模锻件、精铸件、冷锻件、冷冲压件、粉末冶金件以及各种型材作毛坯，可以减小切削加工量，提高切削加工效率。

复习思考题

1. 何为生产过程、工艺过程、工序？
2. 生产类型有哪几种？
3. 基准指的是什么？可分为哪几种基准？选择的一般原则是什么？
4. 什么是定位？
5. 加工余量指的是什么？安排余量的原则是什么？
6. 安排切削加工工序应遵循哪些原则？
7. 加工轴类零件和盘、套类零件时，常以什么作为定位基准？
8. 试述夹具的组成及其功用。
9. 试分析图 11－31 所示工件的定位情况，分析限制了哪几个自由度？属于哪种定位？
10. 图 11－32 所示零件中各有几种不同的结构？试分析比较其结构的优劣。

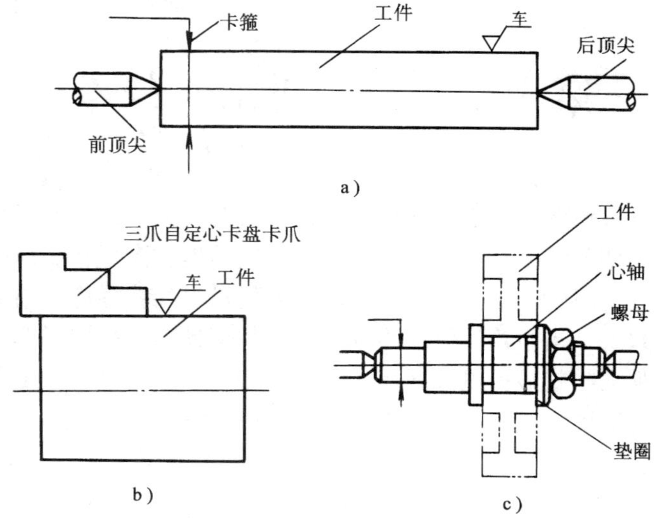

图 11－31　几种安装方法

a）双顶尖安装　b）三爪自定心卡盘安装　c）心轴安装

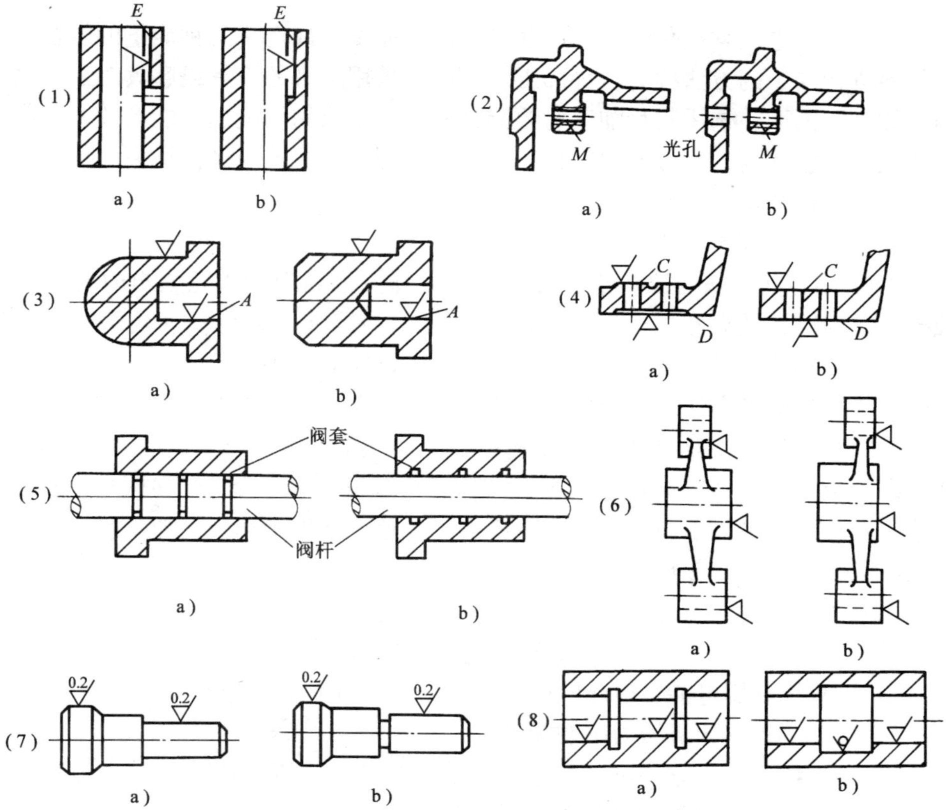

图 11－32　不同结构零件

第十二章　先进加工技术

切削加工具有悠久的历史，在机械制造中具有其突出的特点而得到广泛的应用。时至今日，切削加工在机械制造中仍处于统治地位。但在长期的生产实践中人们也发现，当材料的硬度过高，零件的精度要求过高，零件的结构过于复杂或零件的刚度较差时；当市场经济对零件的生产越来越多地采用了单件小批量生产时，传统的切削加工就显得难以适应。这就为特种加工和数控加工等先进加工技术提供了广阔的发展空间，使先进加工技术在最近的几十年里获得了飞速的发展。

第一节　特种加工技术

直接利用电能、电化学能、声能或光能等能量，或选择几种能量的复合形式对材料进行加工的方法称为特种加工。它不是采用常规的刀具或磨具对工件进行切削加工。因而，选用特种加工时要恰到好处，如果用切削加工能高效率、高质量解决的工艺问题，一般不选用特种加工，否则，可能造成经济损失。

一、基础知识

1. 特种加工的产生与发展

1943 年，前苏联的拉扎连柯夫妇在研究开关触点遭受火花放电时产生的腐蚀损坏原因时，从火花放电时的瞬时高温可使局部金属熔化、汽化而蚀除的现象，顿悟到创造一种全新的加工方法的可能性，继而深入进行研究，最终发明了电火花加工的新型方法。采用较软的工具即可加工具有高硬度的金属材料，从而首次摆脱了常规的切削加工，直接利用电能和热能去除金属，达到了“以柔克刚”的效果。继发明电火花加工之后，人们又不停顿地进行研究和探索，相继发展了一系列的特种加工新方法，如电解加工、超声波加工和激光加工等，从而开创了特种加工的广阔领域。

（1）与传统的切削加工相比，特种加工的特点

1）工具材料的硬度可以大大低于工件材料的硬度。

2）可直接利用电能、电化学能、声能或光能等对材料进行加工。

3）加工过程中的机械力不明显。

4）各种特种加工方法可以有选择地复合成新的工艺方法，使生产效率成倍地增长，加工精度也相应提高。

5）几乎每产生一种新的能源，就有可能导致一种新的特种加工方法的产生。

（2）特种加工方法可以解决的工艺难题

1）解决各种难切削材料的加工问题，如耐热钢、不锈钢、钛合金、淬火钢、硬质合金、陶瓷、宝石、金刚石，以及锗和硅等各种高强度、高硬度、高韧性、高脆性及高纯度的金属和非金属的加工。

2）解决各种复杂零件表面的加工问题，如各种热锻模、冲裁模和冷拔模的模腔和型孔，整体涡轮、喷气涡轮机的叶片，炮管内膛线以及喷油嘴和喷丝头的微小异形孔的加工问题。

3）解决各种精密的、有特殊要求的零件加工问题，如航空航天、国防工业中表面质量和精度要求都很高的陀螺仪、伺服阀，以及低刚度的细长轴、薄壁筒和弹性元件等的加工。

2. 特种加工方法的分类

特种加工至今虽已有 50 多年的历史，但在分类方法上并无明确规定。一般按能量形式和作用原理进行划分如下：

（1）电能与热能作用方式　电火花成形与穿孔加工、电火花线切割加工、电子束加工和等离子体加工。

（2）电能与化学能作用方式　电解加工、电铸加工和刷镀加工。

（3）电化学能与机械能作用方式　电解磨削、电解珩磨。

（4）声能与机械能作用方式　超声波加工。

（5）光能与热能作用方式　激光加工。

（6）电能与机械能作用方式　离子束加工。

（7）液流能与机械能作用方式　挤压珩磨和水射流切割。

根据生产中的实际应用情况，本节主要介绍电火花成形与穿孔加工（以下简称电火花加工）和电火花线切割加工（以下简称线切割加工）。

3. 特种加工对机械制造工艺技术产生的影响

特种加工自问世以来，由于其突出的工艺特点和日益广泛的应用，逐步深化了人们对制造工艺技术的认识，同时也引起了制造工艺技术的一系列变革。

（1）改变了对材料可加工性的认识　对切削加工而言，淬火钢、硬质合金、陶瓷、立方氮化硼和金刚石一直被认为是难切削材料。而现在广泛使用的由陶瓷、立方氮化硼和人造金刚石制成的刀具、工具和拉丝模等，都可以采用电火花、电解、超声波和激光等多种方法进行加工。对于淬火钢和硬质合金，采用电火花和线切割加工已不再是难事。这样，材料的可加工性就不再仅仅以材料的强度、硬度、韧性和脆性进行衡量，而与所选择的加工方法有关。

（2）要重新衡量设计结构工艺性的优劣问题　在传统的结构设计中，常认为方孔、小孔、弯孔和窄缝的结构工艺性很差。而对特种加工来说，利用电火花和线切割加工孔时，方孔和圆孔在加工难度上是没有差别的。有了高速电火花小孔加工专用机床后，各种导电材料的小孔加工变得更为容易；喷丝头上的各种异形孔，由以往的不能加工变为可以加工；过去必须在淬火前钻定位销孔、铣沟槽，而现在可以在淬火后用电加工方法完成；过去攻螺纹时因无法取出孔内折断的丝锥，而使工件报废的现象已不复存在。有了特种加工，设计和工艺人员在设计零件结构、安排工艺过程时有了更大的灵活性和选择余地。

（3）对零件的结构设计带来重大变革　喷气发动机的叶轮由于形状复杂，过去只能在做好一个个的叶片后再组装而成，有了电解加工，设计人员就可以设计整体涡轮了。又如山形硅钢片冲模，结构复杂，不易制造，往往采用拼镶结构，有了线切割，就可以设计成整体结构。

（4）可以进一步优化零件的加工工艺过程　按传统切削加工，除磨削外，其他切削加工一般需要安排在淬火工序之前。有了特种加工，为了避免淬火工序中引起已加工部分的变形甚至开裂，工艺人员可以先安排淬火再加工孔槽。采用电火花加工、线切割加工或电解加工的零件常先安排淬火，这已成为比较典型的工艺过程。

总之，各种特种加工方法不仅给设计师提供了更广阔的结构设计的新天地，而且给工艺师提供了解决各种工艺难题的新手段，有力地促进了科技发展和技术进步。

二、电火花加工

1. 电火花加工原理

电火花加工是利用两电极间隙脉冲放电产生的电腐蚀现象，对金属材料蚀除的一种加工方法。它的实质是“电蚀”。所谓电蚀，就是带电两极间的绝缘介质被瞬时击穿时产生火花而形成高温，使两极材料在放电点处受到局部蚀除的现象。所以，电火花加工也被称为电蚀或放电加工。又因其加工过程可以见到火花，故名电火花加工。

电火花加工过程如图 12－1 所示。脉冲电源的一个极接工具电极，另一个极接工件电极。两极都浸入绝缘的工作液（煤油或矿物油）中，工具电极高度由间隙自动调节器控制，向工件移近。当两极间达到一定的距离时，两极间最近点处的液体绝缘介质被击穿，形成放电通道如图 12－2a 所示。由于放电通道截面积很小，放电时间极短，电流密度很高，能量高度集中，在放电中心区产生高温（>10000℃），致使放

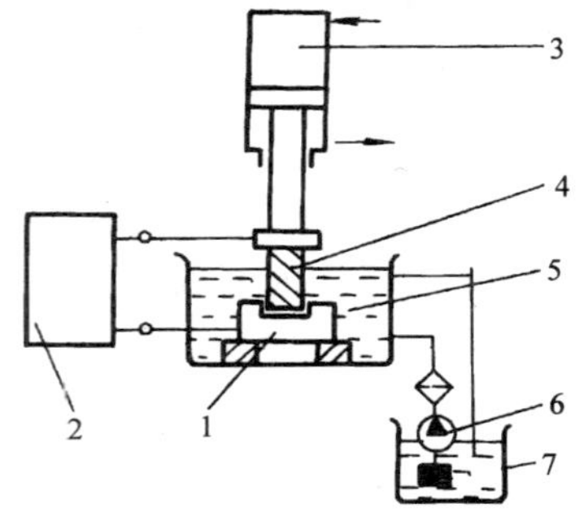

图 12－1　电火花加工原理
1—工件（电极）　2—脉冲电源　3—间隙自动调节器　4—工具电极　5—工作液　6—工作液泵　7—过滤器

电点材料熔化和汽化。同时，放电热使工作液汽化，通道膨胀，熔化的金属呈爆炸性抛出，工件表面形成放电小凹坑。此脉冲放电过程重复进行，工件材料不断地被蚀除而使加工表面形成无数小凹坑（工具电极也有一定的损耗），如图 12－2b 所示。依靠放电间隙自动调节器使工具电极不断地向工件移动（以维持一定的间隙），就能在工件上加工出与工具电极相对应的型孔或型腔。

2. 电火花加工特点

1）能“以柔克刚”。因为脉冲放电所产生的高温足以熔化和汽化任何材料，而且，工具电极不需要比工件材料硬，因此，它能加工任何硬、脆、韧、软、高熔点的导电材料。此外，在具备一定条件下，也可以加工半导体和非导电材料。

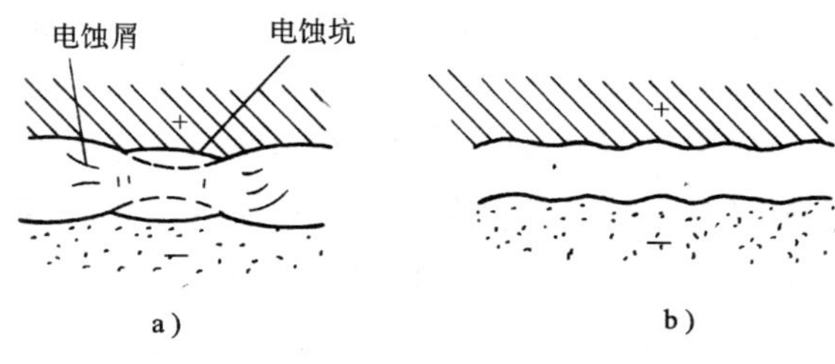

图 12－2　电蚀过程
a）两极最近点处　b）加工表面形成小凹坑

2）加工时工具电极和工件不接触，两者之间的宏观作用力极小，所以便于加工小孔、深孔和窄缝零件，不会因工件或工具的刚度太低而无法加工。

3）对整个工件来说，可以少受或不受热的影响，故可减少热影响层，提高加工后的表面质量；也适合加工热敏感材料，如硬质合金等。

4）电火花加工机床没有复杂的运动传动链，其结构比金属切削机床简单。机床的脉冲参数调节范围广，在同一台电火花加工机床上可以同时完成粗、半精、精加工工序，易于实现加工过程自动化。

然而，电火花加工也存在一些局限性，如生产率低，工具电极的精度要比工件的精度高 1～2 级；同时加工过程中工具材料的损耗也大（特别是边角处）。此外，电火花加工还受电参数等限制，使工件的加工精度和表面粗糙度难以进一步提高与改善。因此，它的应用在一定程度上受到了限制。

3. 电火花加工的应用范围

1）用于加工普通机械加工方法难以加工或无法加工的高硬度导电材料，如淬火钢、硬质合金、聚晶金刚石等，尤其适合模具的加工要求。

2）用于加工低刚度零件和零件的细微加工。

3）用于加工零件的小孔、窄槽、异形孔、弯孔等机械加工难以实现的工序，如图 12－3 所示。还可以用于金属表面强化、雕刻、打印名牌和标记等。

总之，电火花加工已广泛应用于精密机械、汽车、仪器仪表、电机电器等各个机械制造行业，尤其在模具行业已成为一种不可缺少的加工方法。

三、线切割加工

1. 线切割加工原理

线切割又称电火花线切割加工，是电火花加工的一种，其工作原理如图 12－4 所示。它是利用移动的金属丝（铜丝或钼丝）作为工具电极，以被切割材料为工件电极，按预定的轨迹，对工件进行脉冲火花放电所形成的电蚀切割加工。工作时，脉冲电源的一个极接工件，另一个极接缠绕金属丝的储丝筒。如果切割图示的内封闭结构，钼丝先穿过工件上预加工的工艺小孔，再经导轮由储丝筒带动作正、反向的往复移动。在两极之间沿金属丝喷注工作液，起绝缘、冷却和冲走屑末的作用。当工件接近金属丝，距离小到一定程度并轻微接触时，在脉冲电压的作用下，绝缘的工作液被击穿，在金属丝与工件之间形成瞬时放电通道，产生瞬时高温使工件材料局部熔化甚至汽化而被蚀除下来。工作台在水平面两个坐标方向按各自预定的控制程序，根据放电间隙状态作伺服进给移动，合成各种曲线轨迹，把工件切割成形。

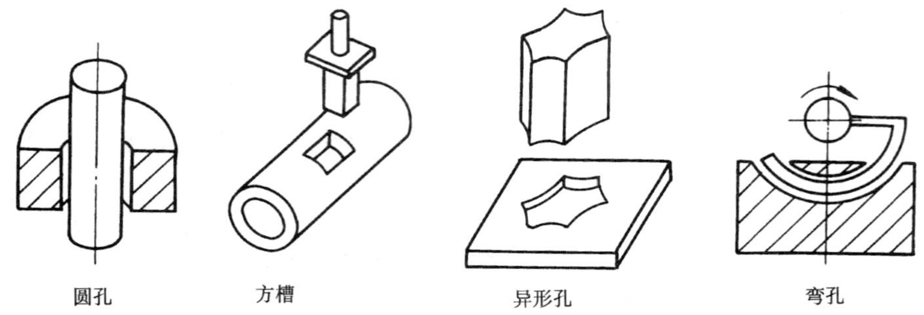

图 12－3　电火花穿孔加工

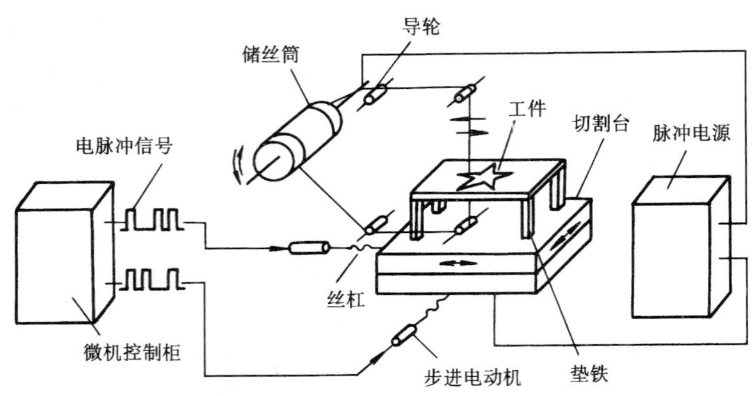

图 12－4　线切割加工

与电火花成形加工不同的是，在线切割时，只有当电极丝与工件之间保持一定的轻微接触压力时才形成火花放电。由此可以推断，在电极丝与工件间必然存在某种电化学作用产生的绝缘薄膜介质。当电极丝相对工件移动摩擦和被顶弯所造成的压力使绝缘薄膜减薄到可以被击穿的程度，才发生火花放电。放电产生的爆炸力使钼丝或铜丝局部振动而暂时脱离接触，但宏观上仍属轻压放电。

按电极丝移动的速度大小分为高速走丝线切割和低速走丝线切割。我国普遍采用高速走丝线切割，近年正在发展低速走丝线切割。高速走丝线切割时，线电极是直径为 $\phi 0.02 \sim 0.3$mm 的高强度钼丝，钼丝往复运动的速度为 7～11m/s；低速走丝线切割时，线电极多采用铜丝，铜丝以小于 0.2m/s 的速度作单方向低速移动。

线切割时，电极丝不断移动，其损耗很小，因而加工精度较高。其平均加工精度可达 0.01mm，大大高于电火花成形加工。表面粗糙度 R_a 值可达 1.6μm 或更小。

目前，线切割机床都采用了不同档次的微机数控系统，基本上实现了线切割加工的数控化。线切割已广泛用于加工各种冲裁模（冲孔和落料用）、样板，以及各种形状复杂的型孔、型面和窄缝等。

第二节　数控加工技术

早期发展而至今仍在制造业中发挥着重要作用的单机自动化机床和生产自动线，为满足在大批量生产中提高生产效率和增加经济效益的要求，均采用刚性机械加工自动化设备。自 20 世纪 50 年代开始起步的数控技术，使单件小批生产的零件加工自动化成为可能，并出现了计算机控制的数控车床、数控铣床和数控钻床等。这就使机械制造的舞台由刚性自动化逐步扩展到计算机控制的柔性自动化。随着 20 世纪 80 年代微机技术的迅猛发展，微机的功能不断扩大与完善，市场价格不断大幅度下降，而信息技术又借助于计算机网络技术得以长足进展，不但使加工中心、柔性制造系统的发展成为现实，而且大大推动了计算机集成制造系统的发展，也为具有更高水平的智能制造系统的发展奠定了基础。

数控加工技术是制造技术、计算机技术、自动控制技术、图形技术、检测技术、监控技术等多学科的综合。它能把机械装备的功能、可靠性、效率和产品质量提高到一个新水平，是实现制造过程自动化的基础，是自动加工柔性系统的核心。

一、数控加工基础

1. 数控技术和数控装置的概念

数控技术是指用数字量发出指令实现控制的技术，简称 NC（Numerical Control）。它是一种可编程的自动控制方式。它控制的量一般是位置、角度、速度等机械量，也有温度、压力、流量、颜色等物理量，其大小不仅可用数字表示，而且是可测的。

数控技术的发展依赖于计算机技术的发展。对于许多零件而言，没有计算机辅助零件编程，想要执行零件程序的功能是不可能的。另外，通过一些交互图形和声控程序设计技术，用计算机可以精化和改进数控零件编程技术。

如果一台机床（如切割机床、锻压机床等），实现其自动工作的命令是以数字形式来描述的，则称其为数控机床。

2. 数控机床的组成

图 12－5 是数控机床的基本组成框图。其中：1 为工件的图样，作为数控加工的原始依据；2 为程序编制部分；3 为控制介质，通常用纸带或磁带作为记载控制指令的介质，但在现代 CAD/CAM 系统中，可不经控制介质，而将计算机辅助设计的结果及自动编制的程序加以后置处理，直接输入；4 为数控系统，它是数控机床的核心，由微型计算机组成；5 为伺服驱动系统，它包括伺服控制线路、功率放大线路、伺服电动机等执行机构；6 为坐标轴或执行机构的测量装置，前者用以测量坐标轴（如工作台）的实际位置，并将测量结果反馈到数控系统（或伺服驱动系统），形成全闭环控制，后者用以测量执行伺服电动机轴的位置，并予以反馈，形成半闭环控制；7 为辅助控制单元，用于控制其他部件的工作，如主轴的起停、刀具交换等；8 为坐标轴（如工作台轴）。

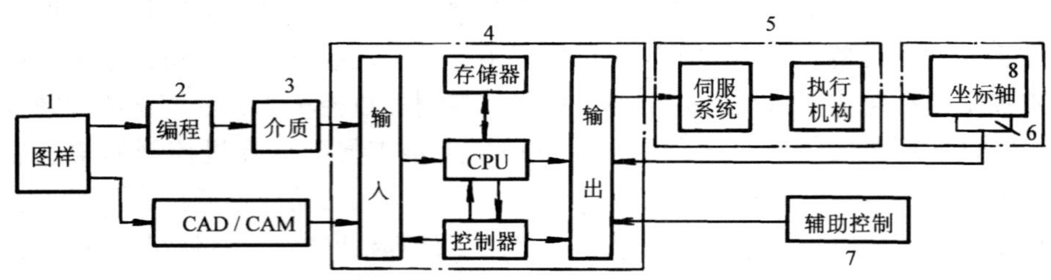

图 12－5 数控机床的基本组成框图

3. 数控系统的分类

按被控对象的运动轨迹不同，数控系统可分为以下三类：

（1）点位数控系统 此类系统控制运动部件的精确位置，如控制刀具对工件的定位，而对定位过程中的运动轨迹没有严格要求，可以先沿一个坐标移动完毕，再沿另一个坐标移动，也可以沿多个坐标同时移动。这类系统主要用于数控钻床、数控镗床、数控冲床等。

（2）直线数控系统 它除控制运动部件的精确位置外，还需保证其移动轨迹为直线。对移动速度必须进行控制，以适应不同刀具和不同加工材料的需求。数控车床常采用此类系统。

（3）连续数控系统　又称轮廓数控系统，它能对两个或两个以上坐标轴同时移动的瞬时位置和速度进行严格的控制。为了实现上述控制功能，它还具有主轴速度选择、传动系统误差补偿、刀具半径或长度补偿等功能。具有连续数控系统的机床，能加工曲面、凸轮、锥度等复杂形状零件。此类系统常用于数控铣床、加工中心和自动绘图机等。

4.数控系统基本功能

（1）控制功能

1）控制轴数和联动轴数。控制轴数，是指数控系统所能控制运动部分的坐标轴数目；联动轴数，是指在系统的控制下能按某给定规律同时协调运动的坐标轴数。

2）插补能力。为保证坐标轴的运动能按照所要求的轨迹进行，并且误差小，速度快，应在轨迹的起点与终点之间按照一定的算法划分数据点，并将其分解成相关坐标的移动量，这就是插补。常用的插补有直线插补、圆弧插补和高次曲线插补等。

3）控制进给速度。它是指加工工具向工件进给的相对速度，单位为 m/min 或 mm/s。

（2）程序的输入和输出功能

1）最小设定单位。它是指输入数据时一个脉冲当量的规定值，例如 0.001mm 或 0.001°。

2）最小移动单位。它是指输出脉冲的移动当量，在理想情况下最小移动单位与最小设定单位相同。

3）输入、输出功能。输入装置通常有键盘、读带机等；输出装置通常有视频显示器（CRT）、字符显示器等。

（3）编程、存储和记忆功能　此功能表现在所采用的编程语言以及程序的更改、删除、插入、存储和记忆等。

（4）补偿功能　在数控机床中，常见的补偿功能有刀具的半径、长度、位置补偿，以及间隙补偿、螺距误差补偿等。

（5）自诊断与监控功能　它是指对数控系统本身进行检查，将结果予以显示和对故障采取措施的能力。

5.数控加工的特点

数控加工与其他通用机床加工相比，它的最重要的特点是：当加工对象改变时，一般不需要对机床设备进行调整，只需要更换加工程序就可以自动加工出新的零件。除此之外，数控加工还具有以下特点：

（1）加工精度高　尺寸精度一般在 0.005～0.1mm，不受工件形状复杂程度的影响。加工中消除了操作者的主观误差，提高了同批零件的一致性，使产品质量稳定。

（2）自动化程度高　除了手工装夹毛坯外，全部加工过程都由机床自动完成。

（3）生产准备周期短　采用数字控制可以省去许多专用工夹具、样板和标准样件，适合现代产品改型频繁、试制周期短等特点。

（4）便于实现 CAD/CAPP/CAM 的集成化。

二、数控车削加工

数控车床在国内数量最多，应用最广，约占数控机床总数的 25%。

数控车床的加工功能与卧式车床大体一样，主要用于加工各种回转表面；但在车削特殊螺纹和复杂回转成形面时有其突出的优越性。

卧式车床一般只能车削有限的等螺距的各种螺纹，而数控车床由于具很强的控制功能，不但能车削任何等螺距的螺纹，而且能车削各种增齿距、减齿距、以及要求等齿距、变齿距之间平滑过渡的螺纹。

在卧式车床上可用样板法或靠模法加工复杂形状的回转成形面，但加工精度都不高。由于数控车床具有圆弧插补功能，因而可直接利用圆弧插补指令加工由任意平面曲线构成的回转成形面，并能得到较高的精度。

从生产批量上看，数控车床一般适合于多品种和中小批量的生产。但随着数控车床制造成本的降低，使用数控机床进行大批量生产也变得越来越普遍。目前，国内数控车床的价格还较高，进行大批量生产时，在满足加工要求的前提下数控车床的档次应尽可能选低些，功能尽可能选少一些，以便降低机床费用，从而获得较高的经济效益。

总之，数控车削加工的特点主要体现在其“数控”的各种功能上，加上完善的机械机构，使之具有以下特点：

1）能加工轮廓形状特别复杂或难于控制尺寸的回转体零件。

2）加工变径表面时表面粗糙度不受影响。如大锥角的圆锥面、端面和球面在车削过程中，车刀刀尖在各个不同直径的瞬间表面处可以通过“恒线速度”功能获得最佳的恒定切削速度，以满足变径表面的表面粗糙度要求。

3）能加工特殊类型的螺旋面。特殊类型的螺旋面是指特大螺距（达 96mm 或更大）的螺旋面、变螺距的螺旋面、高精度模数螺旋（如蜗杆等）面，以及在变螺距与等螺距之间作平滑过渡的螺旋面等。

4）能加工超精零件。在高精度和全功能的数控车床上，可加工出几何轮廓精度极高（达 0.0001mm）、表面粗糙度数值极小（R_a 达 0.02μm）的超精零件。

三、加工中心

加工中心简称 MC（Machining Center），是一种功能较全的数控加工机床。

它通常包括：①一个自动换刀装置（如斗笠式、凸轮式等）；②一个便于循环加工的回转工作台；③一个或二个总体工作台。设有自动换刀装置的加工中心可以是立式结构，也可以是卧式结构。典型加工中心的刀库可配置有 30 把或更多的刀具。加工中心一般分为镗铣类加工中心和车削类加工中心两类。

1. 镗铣类加工中心

如图 12－6 所示，它把镗削、铣削、钻削和螺纹切削等功能集中在一台数控设备上，使之具有多种工艺手段。更重要的是，加工中心设置有刀库，刀库中存放有十几种甚至上百种刀具或验具，在加工过程中可实现由程序自动选用。这是它区别于数控镗床和数控铣床的重要特征。

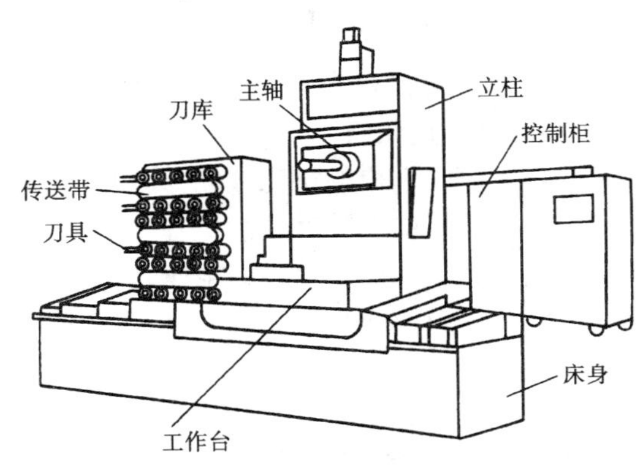

图 12－6　镗铣类加工中心

镗铣类加工中心具有较强的综合加工能力，它能将若干个加工过程集中起来。在工件的一次装夹中，按预定程序自动实现多种加工，可简化工艺过程设计，减少零件的周转时间，加工精度高，加工效率是普通设备的 5～10 倍。

2. 车削类加工中心

如图 12－7 所示，车削加工中心的主体是数控车床，再配置上刀库和换刀机械手，就可使自动选择的刀具数量大为增加。对卧式结构车削类加工中心来说，与卧式数控车床的本质差别在于它具备下面两种先进功能：

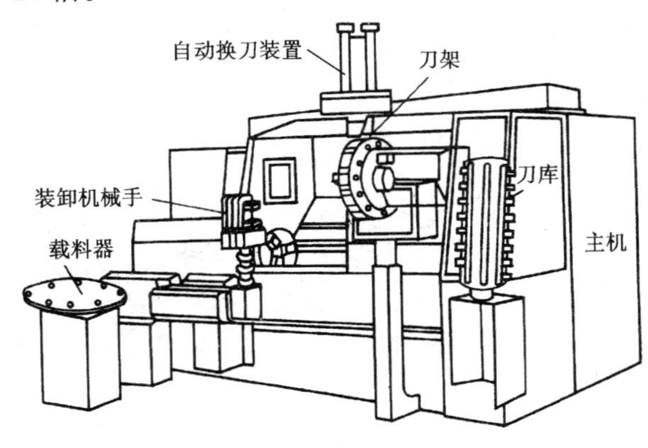

图 12－7　车削类加工中心

（1）动力刀具功能　这是通过刀架的内部机构，使刀架上某一刀位或全部刀位上的铣刀或钻头等回转的功能。

（2）C 轴位置控制功能　C 轴是指以卡盘与工件的回转中心轴（即 Z 轴）为中心的旋转坐标轴。在原有 X、Y 坐标的基础上，再加上 C 坐标，就可使车床实现三坐标两联动轮廓控制。例如圆柱铣刀轴向安装，X—C 坐标联动，就可在工件端面铣削；圆柱铣刀径向安装，Z—C 坐标联动，就可在工件外径上铣削。因此车削中心能够铣削凸轮槽和螺旋槽。有了动力刀具功能和 C 轴位置控制功能，车削中心就比普通的数控车床的工作范围大为增加。

加工中心具有以下突出特点：

1）广泛应用于加工大而重、形状复杂、高精度、多种多样加工工序的零部件。

2）由于采用快速换刀装置和高速空程运动，大大减少了辅助操作时间。

3）由于床身和立柱采用刚性焊接结构，提高了机床本身的精度，允许有较大的切削速度和进给量。

4）具有面向用户的机床故障诊断功能。

5）可以存储许多零件的加工程序。

6）大多数立式加工中心的主要功能是立铣、镗削、钻孔、攻螺纹等。有些卧式加工中心含有车削、铣削、镗削、钻削、攻螺纹等功能。

四、工业机器人

工业机器人是一种可重复编程的多功能操作器，其末端的执行机构能沿着几个方向移动或者旋转，能完成材料、零件、刀具及其他特种器件的搬运等不同动作，且在工厂的生产现场能够独立工作。

（1）组成　工业机器人系统结构如图 12－8 所示。一个完整的工业机器人系统，可看作由控制器、动力装置、手臂（或主构架）以及末端手腕等四部分组成。手腕是对末端部执行机构多数关节群的总称。据工业机器人的应用场合不同，末端部执行机构可以是焊枪、喷枪、机械加工刀具、开/合夹爪等。

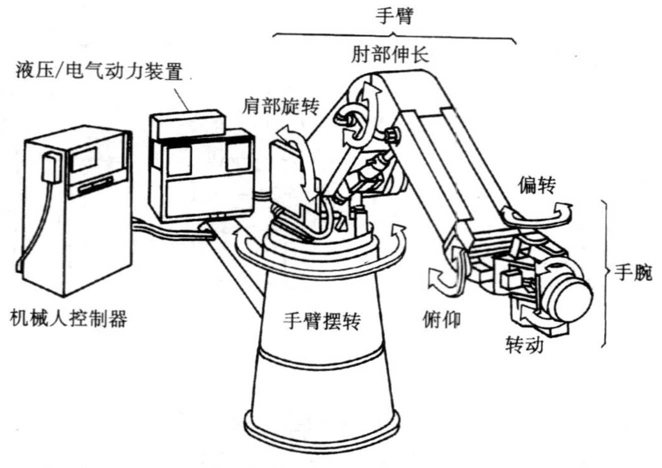

图 12－8　工业机器人系统结构

（2）分类　若按照主结构或者手臂的坐标系统来划分，工业机器人可分为四种类型：①直角坐标型（三个直线坐标轴）；②圆柱坐标型（二个直线坐标轴和一个回转轴）；③球坐标型（一个直线坐标轴和二个回转轴）；④关节型（三个回转轴）。

工业机器人的每一个运动坐标轴（或自由度关节）分别用一个执行元件驱动。驱动元件可以是直流伺服电动机、步进电动机、交流电动机、直线电动机、气动气缸、液压马达等。这些驱动元件可以直接连接到机械连杆或联轴节上，或间接地通过齿轮、链条、丝杠来驱动坐标轴。

(3) 工业机器人的控制方式　主要有两种：①是采用开环控制策略的点位控制方式（如点焊机器人等）；②是采用闭环控制策略的轮廓控制或连续轨迹控制方式（如喷漆机器人、弧焊机器人等）。机器人的具体控制方法的选择取决于它的应用场合和手臂的操作环境。

(4) 编程　工业机器人系统的编程远比数控机床中零件加工的编程复杂。工业机器人的最基本编程方法有三种：①最简单的手动示教编程法（常用于点位控制式机器人）；②引导通过示教编程法（常用于汽车零件或其他产品的喷漆等）；③自动编程语言法（如工业用高级编程语言等）。

工业机器人的最初主要应用于对人体有危险或者有危害的操作环境，例如加热炉中已烧热零件的取放、有毒材料的处理、深海探测等方面。今天，工业机器人已越来越多地应用于制造系统中，旨在提高生产率。例如：零件的搬运和装卸、喷漆、点焊和弧焊、激光切割、装配、检验和擦玻璃、高压线作业、服装裁剪、制衣、管道作业，以及飞机机翼上钻孔、去毛刺、抛光等机械加工操作。

五、柔性制造系统

20 世纪 60 年代后期，人们为了省去因每台数控机床均需配置单独的控制器所需要的大量硬件，试图采用一台复杂的中央计算机来直接控制多台数控机床，称之为直接数控。但应用实践证明，这种称之为直接数控的技术在经济上并不合算。

美国制造工程师学会认为，柔性制造系统是一种在中央计算机控制下，由二台以上配有自动刀具交换和自动工件托盘交换装置的数控机床以及自动化物料运送装置组成的，并具有对生产负荷平衡、生产调度、制造过程实时控制与监控功能的，可加工多族零件的柔性自动化生产系统，简称为 FMS。

FMS 通常由制造单元、自动物料运送系统及管理系统、计算机控制与管理装置、辅助工作站等四大部分构成，其主体是制造单元。制造单元中应用最广泛的是卧式加工中心和车削中心，因为卧式加工中心特别适合加工大箱体及重型零件，并且转台的分度功能可保证工件在一次装夹中能进行多面加工，具有更多的柔性。

FMS 的基本工作原理是：在它包括的多个制造单元中，每个制造单元均有一台工业机器人服务于若干台数控机床或加工中心以及其他独立系统（例如检验机、焊接机、电火花机床、高功率激光站等）；各个制造单元沿着一个中央物料输送系统（例如牵引线系统、线导式小车、带式传送带系统、滚柱式传送带系统等）来分布，而传送带上可以传送许多不同的零件；每个零件的生产需要组合不同的制造单元来进行加工，并且多数情况下需要一个以上的制造单元才能完成一个给定的加工步骤。

当一个特定零件在传送带上趋近所需的制造单元时，相应的机器人将其拾取并将它安装在制造单元的某台数控机床上进行加工；然后，机器人会把半成品或成品零件返回到传送带上；半成品零件将在传送带上移动到下一个顺序制造单元处，相应的机器人也会拾取工件并把它装在某台数控机床上继续进行加工。这样的工作顺序将沿着传送带重复进行，直至到达规定路线的终点。在终点处将加工完的零件卸下，并按规定的路线送到自动检验站，最后离开 FMS 系统。各个制造单元之间的协调和零件在传送带上的流程控制，均在一台中央计算机的统一管理下完成。

先进的 FMS 系统除了上述配置外，还包括：高功率激光站。它主要用于热处理、金属板材切割、钻孔和焊接等；中央计算机中还配备有一个加工数据库，方便用户依据机床、刀具、工件材料来选择合理的切削参数及更换主轴箱等。

在工业生产中选用 FMS 系统，可以提高生产率，缩短新产品的准备时间，减少工厂的库存零件，节约劳动成本，提高产品质量。吸收有技能的人员到制造厂工作，可提高操作人员的安全性，增加新产品制造过程的柔性或灵活性，以及大幅度降低中小批零件的生产成本。

六、计算机集成制造系统

计算机集成制造系统（简称 CIMS）是在信息技术、自动化技术、计算机技术及制造技术的基础上，通过计算机及其软件，将制造工厂的全部生产活动（市场信息、设计制造和经营管理等）与整个生产过程有关的物料流和信息流实现高度统一的综合化管理，从而将各种分散的自动化系统有机地集成起来，构成一个优化的完整的生产系统，实现产品优质、高产、低耗和短周期的目标，提高了企业对市场的竞争力和应变力。

采用计算机集成制造系统的效益是明显的。1985 年美国科学院对美国在 CIMS 方面处于领先地位的 5 家公司进行了调研。结果表明，采用 CIMS 可获得以下多方面的效益：

1）产品质量提高 200%～500%。

2）生产率提高 40%～70%。

3）设备利用率提高 200%～300%。

4）生产周期缩短 30%～60%。

5）在制品减少 30％～60％。

6）工程设计费减少 15％～30％。

7）人力费用减少 5％～20％。

这是因为集成度的提高，可更好地对生产要素实行优化配置，更好地发挥其潜力，并可最大限度地减少企业存在的各种资源浪费，从而获得更好的整体效益。

中国是一个机械制造业大国，而又是一个按人均估算综合国力相对薄弱的发展中国家，无论在经济和技术上，目前都不可能全面推行 CIMS 技术。然而，面对国际上技术和经济的严峻挑战，应该采取的策略是：在尽量减少风险的同时，跟踪国际上 CIMS 高技术的发展，掌握 CIMS 的关键技术，同时在制造业中建立能获得综合经济效益并能带动全局的一些 CIMS 示范工厂，取得经验，逐步推广 CIMS 技术。

第三节　快速原型制造技术

快速原型制造技术，又称为快速成形制造技术，是一种用材料逐层或逐点堆积出制件的新型制造方法。它不是采用常规的模具或刀具来加工工件，而是利用光、电、热等手段，通过固化、烧结、粘结、熔结、聚合作用或化学作用等方式，有选择地固化（或粘结）液体（或固体）材料，实现材料的迁移和堆积，形成所需要的原型零件。快速原型制造技术可以直接从计算机模型产生出三维物体，它综合了机械工程、自动控制、激光、计算机和材料等学科的技术。

快速原型制造技术的实现方法，主要有光固化法、叠层法、激光选区烧结法、熔融沉积法、掩膜固化法和三维打印法等。

一、光固化法

光固化法又称光造型法，它使用液态光敏树脂作为成型材料。成形过程如图 12－9 所示，计算机控制激光束按零件的各分层截面信息在树脂表面进行逐点扫描，使被扫描区域的树脂薄层产生光聚合反应而硬化，形成零件的一个薄层；然后，工作台下移一个层厚的距离，再在原先固化好的树脂表面上敷一层新的液态树脂，再进行扫描加工，新生成的固化层牢固地粘结在前一层上。重复上述步骤，直到整个原型零件制造完毕。

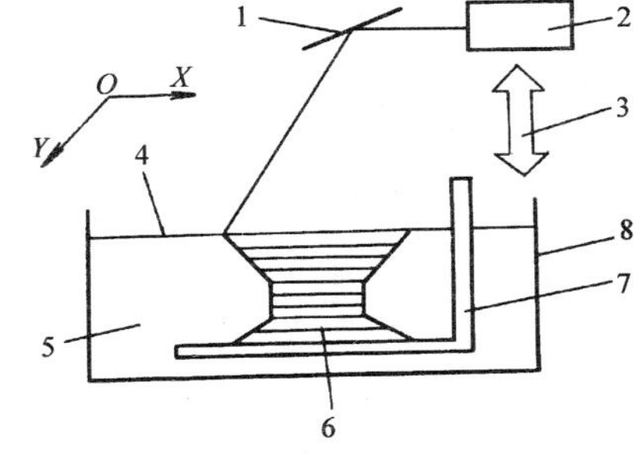

图 12－9　光固法成形原理

1—扫描镜　2—激光器　3—Z 轴升降工作台　4—树脂表面　5—光敏树脂　6—零件　7—托架　8—树脂槽

光固化法是目前世界上研究最深

入、技术最成熟、应用最广泛的快速成形制造方法。基于该法的商品化设备的典型代表，是美国 3D SYSTEM 公司研制开发的 SLA 系列机器。

光固化法具有如下特点：

1）制造精度高（±0.1mm）、表面质量好、原材料利用率接近 100%。

2）能制造形状特别复杂（如腔体等）及特别精细（如首饰、工艺品等）的零件（尤其适合壳体形零件制造）。

3）能使用较脆成形材料（特别是加工零件时必须制作支撑）、材料固化中伴随一定的收缩（甚至可能导致零件变形）的材料制造所需零件。

二、叠层法

叠层法，或称实体制造法，其成形过程如图 12－10 所示。首先在工作台基板上铺上一层箔材（如箔纸等），再用一定功率的 CO_2 激光器在计算机控制下按分层信息切出轮廓（同时将非零件的多余部分按一定网格形状切成碎片以便去除掉）；然后，重新铺上一层箔材，用热辊碾压，使新铺上的一层箔材在粘结剂作用下粘结在已成形体上；再用激光器切割该层的形状。重复上述过程，直到加工完毕。最后去除掉切碎的多余部分，即可得到完整的原型零件。基于该法的商品化设备的典型代表，是美国 HELYSIS 公司研制开发的 LOM 系列机器。

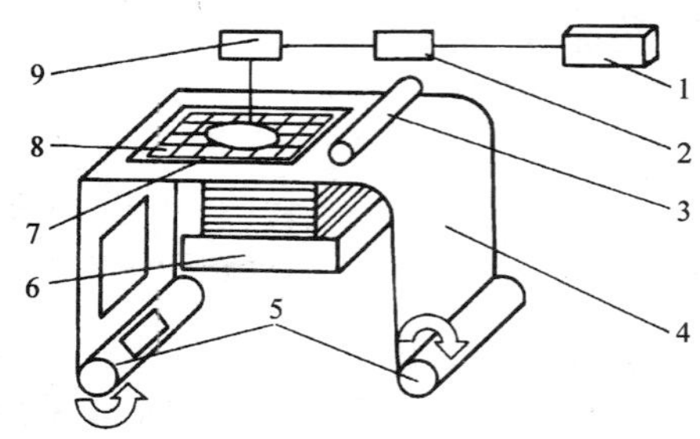

图 12－10 叠层法成形原理

1—激光器 2—光电系统 3—加热辊 4—箔材 5—滚筒 6—工作台 7—零件 8—边角料 9—加热辊 X/Y 扫描系统

叠层法具有如下特点：

1）不需要制作支撑。

2）激光只作轮廓扫描，而不需填充扫描，成形效率高。

3）运行成本低。

4）成形过程中无相变且残余应力小，适合于加工较大尺寸的零件。

5）这种方法的材料利用率较低，原型零件的表面质量较差。

三、激光选区烧结法

激光选区烧结法，又称选择性激光烧结法。它采用 CO_2 激光器作为能源，成形材料常选用粉末材料（如蜡粉、塑料粉、金属粉、陶瓷粉等）。成形过程如图 12－11 所示，先将粉末材料预热到稍低于其熔点的温度，再在刮平辊子的作用下将粉末铺平；CO_2 激光束在计算机控制下按零件分层截面信息有选择地烧结，上一层完成后再作下一层烧结，直到整个零件成形完毕；最后去掉多余粉末材料。

激光选区烧结法具有如下特点：

1）不需要制作支撑。

2）成形零件的力学性能好，强度高。

3）因粉末较松散，烧结后成形精度不高，Z 轴方向成形精度难以控制。

四、熔融沉积法

熔融沉积法，又称丝沉积制造法。其成形过程如图 12－12 所示，喷头喷出的熔融材料在 X/Y 驱动工作台的带动下，按零件截面形状铺在工作台底板上，逐层加工，最后制作出所需零件。该法常用的成形材料包括：铸造石蜡、尼龙、热塑材料和 ABS 等材料。基于这种方法的商品化设备的典型代表，是美国 STRATRASYS 公司研制开发的 3DMODELLER 系列机。

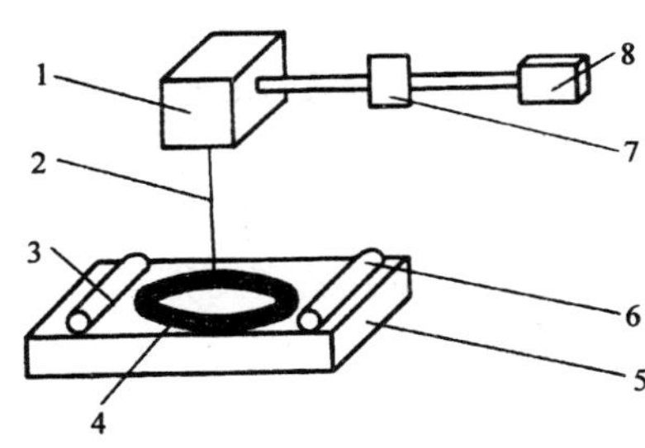

图 12－11　激光选区烧结法成形原理

1—扫描镜　2—激光束　3—铺粉装置　4—零件　5—Z 轴升降工作台　6—刮平辊子　7—透镜　8—激光器

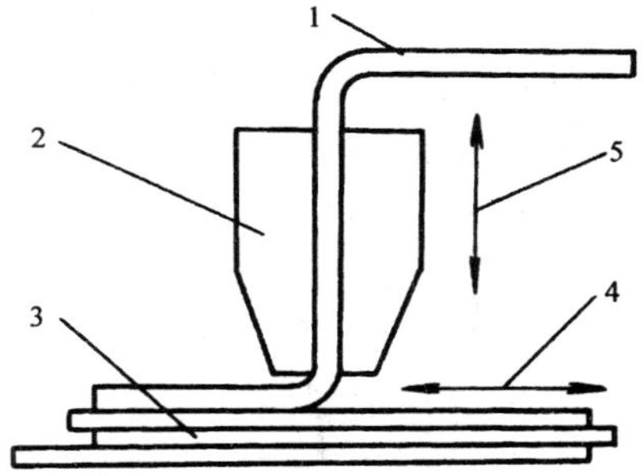

图 12－12　熔融沉积法成形原理

1—丝材　2—加热喷头　3—零件　4—X/Y 驱动　5—Z 向进给

熔融沉积法具有如下特点：

1）成形零件的力学性能好、强度高。

2）成形材料的来源广、成本低、无异味。

3）为提高加工效率，可采用多个喷头同时工作。

4）这种方法成形精度不高，不适合制作复杂精细结构的零件。

五、掩膜固化法

该法成形过程如图 12－13 所示，先由电子成像系统在一块特殊的玻璃板上通过曝光和高压充电产生与截面形状一致的静电潜像，并吸附上碳粉；再以此为“底片”，采用紫外光束对涂敷有一个薄层光敏树脂的基面进行曝光，形成与零件截面形状一致的薄固化层；再将多余的液态树脂吸走，用石蜡填充截面中的空缺部分；再用铣刀将截面铣削平整。在此基础上，再作下一个截面的涂敷与固化，直到完成整个零件的制作。基于该法的商品化设备的典型代表，是以色列 CUBITAL 公司研制开发的快速成形机。

掩膜固化法具有如下特点：

1）成形效率高，不需要制作支撑就能加工大尺寸的零件。

2）每一层均经过铣削，加工过程中树脂的收缩变形不会影响零件的最终尺寸精度。

3）这种方法的树脂和石蜡的浪费较大，工序较复杂。

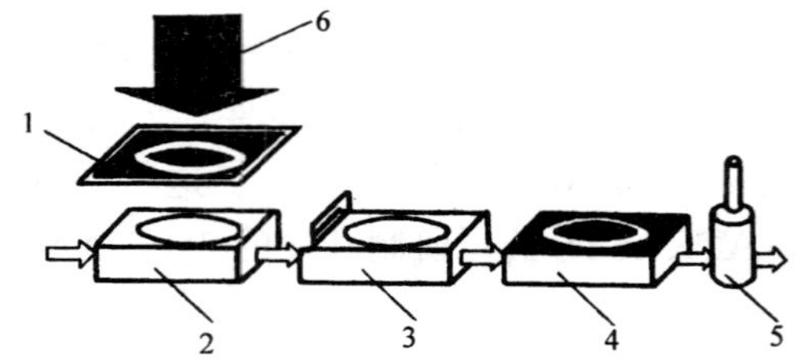

图 12－13　掩膜固化法

1—电子成像系统　2—固化　3—吸附清除　4—蜡填充　5—铣削　6—紫外光源

六、三维打印法

美国麻省理工学院研制的三维打印快速成形机器采用了类似于喷墨打印机的技术，喷头在每一层铺好的粉末材料上有选择地喷射粘合剂。喷有粘合剂的材料被粘结在一起，其他地方仍为粉末。这样逐层粘结后得到一个空间实体，再除去粉末进行烧结，即可得到所需零件。

三维打印法具有如下特点：

1）烧结后的零件具有良好的力学性能。

2）这种方法形成的表面质量不高，工艺上还有待改进、完善，以便形成商品化机器。

快速原型制造技术问世于 20 世纪 80 年代中期，并在 20 世纪 90 年代末期得到了很大发展。快速原型制造技术可以看作是材料基本加工方法中的材料迁移和堆积；而其他的材料基本加工方法可以看作是材料去除、材料附加、材料变形。多功能复杂形态件的加工，则是上述四种基本方法的复合。

以切屑形式除去金属等材料是最普通的材料去除加工法，并且以切削和磨削为典型代表。其中，切削方式又包括钻削、镗削、铰削、攻螺纹、车削、铣削、刨削、插削、拉削等；磨削方式又包括普通磨削、研磨和珩磨等。材料去除的特种加工方法，包括电化学加工（即利用电解作用溶解工件上金属的加工工艺）、超声加工（即将悬浮液通过工件与工具之间的间隙，工具以超过 20kHz 的频率振动，使悬浮液中的磨料微粒碰撞敲打工件而去除材料的加工工艺）和电火花加工以及线切割加工等。

材料附加方法的典型代表是电镀（即电化学加工的逆过程），如化学镀、电刷镀等。

材料变形方法，主要包括剪切、模压、冲压、锻造、铸造等加工方式。

复习思考题

1. 试说明特种加工的分类和特点。
2. 简述电火花加工的原理、特点和用途。
3. 简述线切割加工的原理、特点和应用。
4. 简述数控机床的组成及各部分的主要功能。
5. 数控机床的加工特点是什么？适合加工什么样的零件？
6. 什么叫数控车床？它与卧式车床的主要区别是什么？
7. 数控车削加工的特点是什么？其应用范围如何？
8. FMS的“柔性”体现在什么地方？简述FMS的主要特点。
9. FMS中有哪些加工设备？如何配置？
10. 简述加工中心的概念、应用意义和主要特点。
11. 工业机器人的控制方式有哪两种？工业机器人有哪些应用？
12. 什么是CIMS系统？
13. 简述快速原型制造技术的常用方法及其特点。
14. 论述材料加工的四种基本方法，并举例说明。

第十三章　企业管理与环境保护

第一节　企业管理基础

一、企业的分类

工业企业是具有法人资格，从事工业产品的生产、经营或提供工业性劳务的实行独立核算的经济组织。工业企业按照不同性质分为若干种类型：

（1）按工业部门归属　可分为机械制造企业、冶金企业、煤炭企业、电力企业、化工企业、纺织企业等。本章所述内容，多以机械制造企业为基础。

（2）按所有制形式　可分为全民所有制企业（国有企业）、集体企业、私有企业、外商投资企业、港澳台投资企业、股份制企业等。

（3）按税收形式　可分为一般纳税与小规模纳税企业。

（4）按生产规模　可分为特大型企业、大型企业、中型企业、小型企业。

（5）按技术装备程度　可分为劳动密集型企业、资金密集型企业、知识密集型企业。

另外，尚有按工艺划分、按产品重复性划分的企业等，这里不再一一叙述。

二、组织机构的类型

组织机构就是表现组织各部分排列顺序、空间位置、聚集状态、联系方式以及各要素之间相互关系的一种模式，它是执行管理和经营任务的体制。组织机构的构成形式，是根据企业的规模、行业特点、管理水平而有所不同。常见的有以下几种形式：

1．直线型组织结构

直线型组织结构是最早、最简单的一种组织结构形式。它的特点是：组织中各种职务按垂直系统直线排列，各级主管人员对所属下级拥有直接的一切职权，组织中每一个人只能向一个直接上级报告，即“一个人，一个头”。这种组织结构形式优点是结构比较简单，权力集中，责任分明，命令统一，联系简捷。其缺点是在组织规模较大的情况下，所有的管理职能都集中由一人承担，往往由于个人的知识及能力有限而感到难于应付，顾此失彼，可能会发生较多失误；此外，每个部门基本关心的是本部门的工作，因而部门间的协调比较差。一般地，这种组织结构形式只适用于那些没有必要按职能实行专业化管理的小型组织，或者是现场的作业管理。

直线型组织结构形式如图 13－1 所示。其中 L_i（i＝1，2，3）表示组织第 i 层次管理人员。

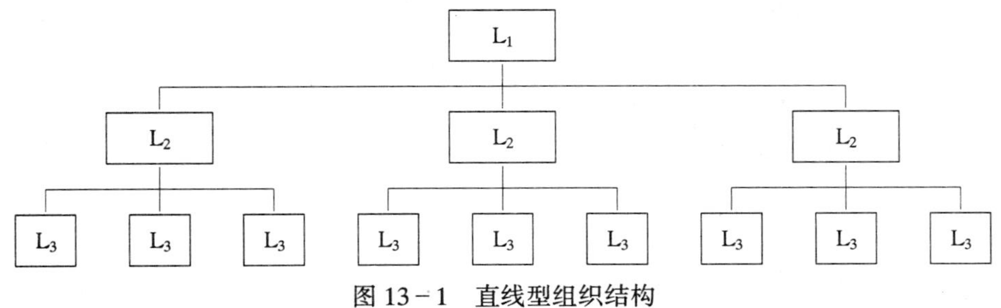

图 13－1　直线型组织结构

2．职能型组织结构

职能型组织结构的特点是，组织内除直线主管外还相应地设立一些组织机构，分担某些职能管理的业务。这些职能机构有权在自己的业务范围内向下级单位下达命令和指示，因此，下级直线主管除了接受上级直线主管的领导外，还必须接受上级各职能机构的领导和指示，如图 13－2 所示。它的优点是能够适应现代组织技术比较复杂和管理分工较细的特点，能够发挥职能机构的专业管理作用，减轻上层主管人员的负担。但其缺点也比较明显，即这种结构形式妨碍了组织必要的集中领导和统一指挥，形成了多头领导，对基层来讲是“上边千条线，下面一根针”，无所适从。因此，不利于明确划分直线人员和职能科室的职责权限，容易造成管理的混乱。图 13－2 中，L_i（i＝1，2）表示直线部门；F 表示职能部门。

3．事业部制组织结构

事业部制组织结构首创于 20 世纪 20 年代的美国通用汽车公司，它是在总公司领导下设立多个事业部，各事业部有各自独立的产品和市场，实行独立核算。事业部内部在经营管理上拥有自主性和独立性。这种组织结构形式最突出的特点是“集中决策，分散经营”，即总公司集中决策，事业部独立经营，这是在组织领导方式上由集权制向分权制转化的一种改革。

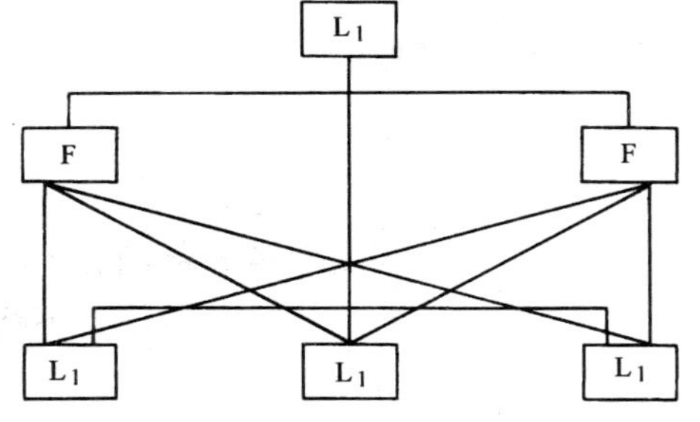

图 13－2　职能型组织结构

事业部制这种组织结构形式的主要优点是最高层管理摆脱了具体的日常管理事务，有利于集中精力做好战略决策和长远规划；提高了管理的灵活性、适应性，有利于培养和训练管理人才。它的缺点是，由于机构重复，造成了管理人员的浪费；由于各个事业部独立经营，各事业部之间要进行人员互换就比较困难，相互支援较差；各事业部主管人员考虑问题往往从本部门出发，而忽视整个组织的利益。

这种组织结构多适用于规模较大的一些公司等组织，在国外已相当普及，而我国则刚在个别的联合公司、大企业开始采用。事业部制组织结构形式如图13－3所示。图中的F表示职能部门。

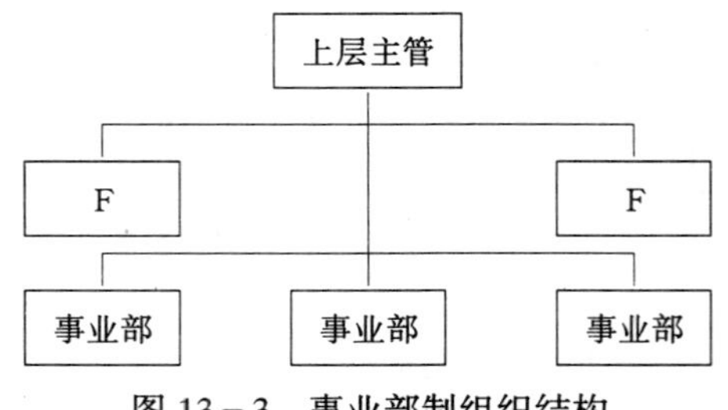

图13－3 事业部制组织结构

在事业部制组织结构的基础上，20世纪70年代在美国和日本的一些大公司又出现了一种新的组织结构形式——超事业部制组织结构。它是在组织最高管理层和各个事业部之间增加了一级管理机构，负责统辖和协调所属各个事业部的活动，使领导方式在分权的基上又适当地集中。这样做的好处是可以集中几个事业部力量共同研究和开发新产品，可以更好地协调各事业部的活动，从而能够增强组织活动的灵活性。

三、企业管理及其内容

1．企业管理的概念

所谓企业管理，是对企业的各项活动（经营、生产、技术、财务、人事、生活等）进行计划、组织、指挥、控制、协调、激励，目的是充分利用企业的人、财、物来完成企业的各项任务，不断提高经济效益。由企业管理的含义可以看出，企业管理有六个具体管理职能：

（1）计划　就是对生产经营的预测，对目标、方针、方案进行决策。计划是企业管理的首要职能。计划及在计划基础上的决策，对企业的成败具有决定性的作用。

（2）组织　是将企业的各要素、各环节合理地进行全方位的结合，使企业生产经营各项活动整体前进，做到“人尽其才，物尽其用”。

（3）指挥　是对企业各部门和各类人员的活动发布指令，进行领导和督促。

（4）控制　即对计划执行情况不断监督和检查，对执行中可能出现的偏差及时预防和处理。如生产控制、质量控制、成本控制等。

（5）协调　也叫调节，就是使各个环节互相配合，既不能出现相互推诿，也不能发生重复和矛盾。对内协调是调节企业内部的各种关系；对外协调是调节企业与外部各个单位的关系。

（6）激励　激励是激发和鼓励企业职工的积极性和创造性。奖、惩是激励的两种方式。只有搞好思想教育和业务教育，关心职工生活，才能发挥好激励这一职能。

2. 企业管理的内容

企业管理的内容非常广泛，根据企业规模及产品不同，管理内容也不同，从大的方面可划分为如下四个方面：

（1）经营管理　工业企业的经营管理是对企业为实现经营目标、从事各种经营活动所进行的管理工作的总称。它包括：分析、研究企业的战略环境，进行经营决策；落实经营目标，进行计划管理；做好市场营销管理；加强资金筹集、使用、控制、分配和效益评估的财务管理；搞好成本管理与利润管理等。现代管理认为，管理的重心在经营，经营的关键在决策。所以，包含决策在内的经营管理的优劣关系到企业的前途命运。

（2）生产管理　生产管理有广义和狭义之分。前者是指企业全部生产经营活动，包括产品的需求、预测和决策，工厂设计、产品设计、工装管理、质量与成本管理等；后者仅指生产制造全过程的管理，包括生产准备管理、生产过程管理、现场管理、物资管理、运输管理等。

（3）技术管理　包括科学研究，新产品的开发，老产品的改进，新材料、新工艺、新技术的研究与利用，工艺及其装备管理，技术安全管理，标准化工作，技术资料和技术情报、信息的收集与管理，质量管理，设备、动力管理，技术改造与引进等。

（4）组织领导与劳动人事管理　包括企业领导制度的选择，各项规章制度的制订与实施，企业管理系统的设置及其职责权限的划分，职工的管理与奖惩，干部的选拔与任免，职工教育与福利，人事档案管理等。

四、生产组织管理

生产组织是指对生产过程的组织，不同类型的企业采用的生产组织形式也不一样。

1. 生产过程的空间组织形式

生产过程的空间组织又称生产结构，是指企业内部各生产单位的组成及其如何合理布置。它有以下三种形式：

（1）工艺专业化　又叫工艺原则，就是按照生产工艺特点来设置生产单位（车间或工段）。这种车间称为工艺专业化车间，如铸造、热处理、机械加工车间（班组）等。

（2）对象专业化　也叫产品专业化或对象原则，是把加工对象的全部或大部分工艺过程集中在一个生产单位内，以产品（零、部件）为对象来设置生产单位（车间、工段）。这种车间，也叫封闭车间，如发动机车间、汽车底盘车间等。

（3）混合形式　也叫混合原则，是以某种专业化形式为主，同时采用另一种专业化形式。

2. 生产过程的时间组织形式

生产过程的时间组织，是指劳动对象在各生产单位之间及各工序之间在时间上的衔接和结合方式。它在很大程度上取决于零件在各环节的移动方式。在机械制造企业中，可采用以下三种移动方式：

（1）顺序移动方式　它是一批零件在前道工序全部完工后才转到后道工序上加工。其特点是零件在各道工序之间是整批移动的，这有利于减少设备调整和运输费用；但在每批零件中，多数零件需要等待加工和等待运输，故生产周期长，资金周转慢。

（2）平行移动方式　它是一批零件中的每个零件，在前道工序加工完毕后立即转送到后道工序继续加工，即各道工序平行加工。其特点是零件在各道工序之间是按件（或运输批量）移动的，故停歇时间短，整批零件生产周期短；但此方式运输繁忙，设备调整费用增加。

（3）平行顺序移动方式　这是前两种方式的结合，即每批零件在上道工序尚未加工完毕，就部分地把加工完毕的零件送到后道工序进行加工，并使后道工序能连续地加工整批零件。它与以上两种移动方式相比，有取优避短之特点。

3．流水生产组织

流水生产又称流水作业或流水线。它是制品在生产过程中按照工艺过程路线和规定的速度，一件接一件地、流水般地通过所有工序而完成加工的一种生产组织形式。它的主要特征是：①工作地专业化程度高，每个工作地只固定完成一道或少数几道工序；②按照统一的节拍进行生产（节拍是流水线上前后两件相同产品生产的时间间隔）；③流水线上各道工序的工序时间与节拍时间相等或成倍数关系，劳动对象在工序之间采用平行移动方式；④各工作地按劳动对象的加工工艺顺序排列。

4．自动线

自动线就是在没有工人直接参加生产的情况下，由自动化机器体系来实现制品生产过程的一种生产组织形式。自动线有两个基本特点：①生产过程是自动进行的，不需要工人直接参加操作，工人的职能是调整设备和监督生产过程的进行；②生产过程是高度连续的，自动线上的设备都按统一的速度进行工作，制品处于连续不断地被加工和运输状态中。

第二节　成本与利润

一、概述

随着商品经济的发展和企业改革的深化，作为企业管理中的成本管理和利润管理，对改善企业经营、提高企业经济效益和社会效益，正日益发挥着十分重要的杠杆作用。

1. 费用、成本及成本管理

（1）费用　费用是企业生产经营过程中发生的各种耗费。它包括三种费用：①直接费用，包括直接人工、直接材料、商品进价和其他直接费用；②间接费用，包括间接人工、间接材料、其他间接费用等；③期间费用，包括财务费用、管理费用、销售费用。

（2）成本　企业为生产经营和提供劳务等发生的直接费用与间接费用之和，称为生产经营成本，也称产品（制造）成本。它是反映企业生产经营各方面工作质量的、重要的综合性指标。但是，期间费用和其他某些费用（如罚款、赞助、对外投资等）不得列入成本。

（3）成本管理　成本管理工作由成本预测、成本计划、成本核算和成本控制等环节组成。

2. 营业收入、利润

（1）营业收入　也称销售收入，是企业在销售商品或者提供劳务等经营业务中实现的收入。它包括基本业务收入和其他业务收入。

（2）利润　也称利润总额，是企业在一定时期内的经营成果，包括营业利润、投资净收益和营业外收支净额。

（3）营业利润　也称销售利润，是营业收入减去营业成本、期间费用和各种流转税及附加税费后的余额。即：

营业利润＝营业收入－营业成本－期间费用－各种流转税、附加税

二、成本预测

成本预测是根据成本的特点和有关数据资料，综合经济发展前景和趋势，采用科学的方法对一定时期的一定产品或某个项目的成本、目标成本进行预计和测算。

1. 成本预测的内容

（1）对新产品开发和老产品改造的产品成本进行预测　根据企业制订的目标成本拟订若干方案，并运用价值工程原理对产品的功能和成本进行分析，从中选优，目的是论证新产品或对改造产品的经济前途及可行性分析。

（2）成本计划编制前进行成本预测　根据企业提供的产、供、销情况和拟订的各项技术措施，预测计划期内所生产的产品比以前可能降低的程度，其目的是企业挖潜。

（3）成本计划执行过程中的预测　根据企业内部或外部条件可能发生的变化，预测成本的发展趋势，以便发现问题，采取措施。

2. 成本预测的方法

成本预测的方法很多，这里简单介绍几种常用的预测方法。

（1）目标成本的预测

1）目标成本＝产品预测销售单价－单位产品应纳税金－单件产品目标利润。

2）将上述目标成本按零部件及料、工、费分解到各部门，进行具体落实。

（2）成本降低的目标预测　本方法是分别计算材料、工装、费用等成本项目的节约额，然后相加得出单位成本的总降低额，再与预定降低目标相比，决定是否可行。例：某厂甲产品上半年预计单位成本为 862.48 元，计划每台成本降低目标为 43 元，计划产量 1000 台，其预测方法如下：

1）材料方面预测。由于某些零件毛坯的改变、设计的改进等，预计可使甲产品的每台材料定额降低 33.27 元。

2）工资方面预测。由产品中的某些零件以铸代锻、加工工艺改进、采用自控设备等，预计甲产品的每台工时降低 1.94h，假若 1 元/h，那么工资降低额为 1.94 元/台。

3）费用方面的预测。企业计划年度压缩费用开支 11700 元，那么每台产品降低费用平均为 11.7 元（11700 元÷1000）。

4）每台的单位成本预测降低额。(33.27＋1.94＋11.7）元＝46.91 元

5）预测结果。因 46.91 元＞43 元，故可以实施。

三、成本控制

成本控制是在产品成本形成的整个过程中，通过监督和及时修正使产品成本费用限制在成本计划的范围内，保证达到降低成本的目标。简单讲：成本控制就是用标准成本来控制各种生产经营活动的费用。它有以下三方面工作：

1. 标准成本制订

（1）直接材料标准成本　直接材料（即构成产品实体的原料及主要材料）的标准成本等于单位产品用量标准（即材料消耗定额）与材料标准单价（即厂内价格）之乘积。

（2）直接人工标准成本　直接人工（即生产工人工资及附加费）标准成本等于单位产品工时标准（工时定额）与小时标准工资率（即工时单价）之乘积。

（3）间接制造费用标准成本　间接制造费用的标准成本等于变动间接费用标准与固定间接费用标准之和。

可见，产品的标准成本为上述各项标准成本之和，即：

标准成本＝直接材料标准成本＋直接人工标准成本＋间接制造费用标准成本

企业在成本控制管理中应设置标准成本卡储存在计算机内，以随时提供控制标准。

2. 成本差异的计算

在企业日常生产经营活动过程中，由于各种原因导致实际成本数额比标准成本数额往往发生偏离，这种偏离的差额称为成本差异。实际成本低于标准成本的顺差称为节约额，以负数表示；高于标准成本的逆差称为超支额，以正数表示。

成本差异是一种很重要的经济信息，一旦出现，就要认真计算、分析。一般按“料、工、费”三个成本项目分别进行。

（1）材料差异

1）材料用量差异=（实际用量－标准用量）×标准单价

2）材料价格差异=（实际单价－标准单价）×实际用量

（2）直接人工差异

1）人工差异=（实际工时－标准工时）×标准工资率

2）工资率差异=实际工时×（实际工资率－标准工资率）

（3）间接费用差异

1）变动间接费用差异=实际变动间接费用－标准变动间接费用

2）固定间接费用差异=实际固定间接费用－标准固定间接费用

3. 成本控制措施

成本差异计算出来以后，根据具体情况具体分析，并“对症下药”。通常采取的措施有以下几个方面。

（1）材料费用的控制

1）采购成本的控制。包括：①采购价应择优选廉，“货比三家”；②控制出差费和运输费；③严格控制实际采购成本与计划采购成本的差异范围。

2）材料消耗量的控制。包括以下措施：

①改进消耗定额，实行限额发料：在生产过程中，首先要严格执行已定的材料消耗定额；其次是根据水平的提高不断降低材料消耗定额。

②改进下料工艺，提高材料利用率：如薄钢板的“套裁工艺”；棒料的“成组”下料法要比“单裁”工艺和“成批”下料大大提高材料利用率。

③提高工艺水平，减少废品损失：如锻件可由模锻代替自由锻；切削加工的通用机床改为专用机床或数控机床等。

（2）工资费用的控制

1）制订和执行先进合理的劳动定额和定岗定编。

2）正确编制工资基金计划，监督工资基金的合理使用。

3）切实执行按劳分配的原则，充分调动职工积极性。

（3）管理费用的控制

1）制订费用定额和费用预算。

2）实行费用指标“包干”控制。

3）厂长签字控制。

四、利润管理

1. 利润指标

利润是反映企业经济效益的综合性指标。利润指标一般有利润总额和利润率两种。

（1）利润总额　利润总额是反映企业生产经营活动最终财物成果的绝对数指标。其计算公式为：

利润总额＝产品销售利润＋其他销售利润＋营业外收入－营业外支出

利润总额的大小除了受到企业生产任务大小和经营好坏的影响以外，还要受到企业经营规模的影响。为此，在考核不同规模、不同时期的企业时，还应计算利润率指标。

（2）利润率指标　主要介绍以下四种：

1）成本利润率

成本利润率＝利润总额/成本费用总额

成本降低不仅可以提高利润，还可以提高成本利润率。

2）产值利润率

产值利润率＝利润总额/商品产值（或工业总产值）

产值利润率可以用来考核企业增产是否也增收的效果。如果产值增长了，而产值利润率减小了，说明增产未增收或增产减收了。

3）销售利润率

销售利润率＝利润总额/销售净额

销售利润率是衡量企业销售收入的收益水平的指标。在计算该项指标时，应按国家规定的不变价格计算销售净额。

4）资本金利润率

资本金利润率＝利润总额/资本金数额

资本金利润率是衡量投资者投入资本金的获利能力。

2. 目标利润

目标利润是企业在计划期要求实现的利润。它是企业在计划期组织生产经营活动综合经济效益的预期目标。一般企业的目标利润仅按产品销售利润计算，其公式为：

$$A = Q[P \times (1 - t) - E] - F$$

式中　A——目标利润；

Q——计划期销售量；

P——产品销售单价；

E——单位变动成本；

t——税率（各种流转税及附加税费）；

F——固定成本总额。

例如：某企业计划期甲产品销售量为 12000 件，单价为 80 元，税率为 12%。计划单位变动成本 42 元，固定成本总额预算 58000 元。该产品的目标利润为：

$$目标利润 = 12000 \times [80 \times (1-12\%) - 42]元 - 58000元 = 282800元$$

3. 利润控制

企业在利润控制执行过程中，不断对目标利润的实现状况进行分析，并对影响利润实现的三个因素，即销售量（Q）、销售价格（P）和变动成本（E）加以控制。

企业在计划的前期，当目标利润达不到要求时，后期必须设法扩大销售量。如果销售量不能扩大时，必须在维持原销售量的基础上通过挖潜改造、提高劳动生产率等途径来降低成本。销售价格是个慎重问题：如果是科技含量高的畅销品，可以用提高价格来增长利润；否则，就应在成本降低的基础上，用相应降价的措施来促进销售量的增加来达到增长利润的目的。

第三节　新产品的开发与生产

新产品生产，是指从设想、构思新产品到正式投产销售的全部过程，如图13－4所示。它包括四个阶段：即产品开发决策阶段；设计、试制阶段；生产试验阶段；正式生产及销售阶段。前两个阶段称为开发阶段，后两个阶段称为投产阶段。

一、新产品生产的可行性分析概念

1. 新产品生产的可行性分析的含义

新产品生产的可行性分析也称新产品生产的可行性研究。它是对某种新产品的技术先进性、经济的合理性、生产的可能性，进行辩证地、综合地分析和论证，以期达到最佳效益的科学管理方法。目的在于为领导决策提供依据。简单讲，新产品生产的可行性分析，就是对某种新产品是否需要开发以及能否生产，进行分析、计算和方案论证。

2. 新产品生产的可行性分析内容

其内容涉及面很广，一般有四个主要内容：

1）新产品开发分析。

2）生产过程分析。

3）技术经济分析。

4）财务资金分析。

二、新产品开发分析

新产品开发分析是指对某种新产品开发的必要性进行调研、分析。

1. 市场分析研究

主要从三方面入手：①研究国家政策、法律及政治经济形势；②对顾客的需求心理及市场竞争情况进行调查分析；③创意筛选，即在上述工作后，结合企业经营分析淘汰那些不可行或可行性低的创意产品，筛选出成功机会较大、效益较好的创意产品。

2. 技术分析

即对经过筛选后的可行性产品进一步进行技术上的分析。

(1) 收集有关技术资料　收集并整理国内外有关技术情报信息，包括：基础理论及应用成果和专利；有关产品设计规范和标准；有关的新材料、新工艺的资料等。

(2) 新产品的功能分析　对新产品将达到的功能进行分析。分析这些功能是否合理，所定的技术指标是否可以达到或偏低，并根据这些技术指标确定本产品属哪类新产品：属国内空白还是省内新产品等，并将该产品的技术水平与国内外同类产品的水平进行分析比较。

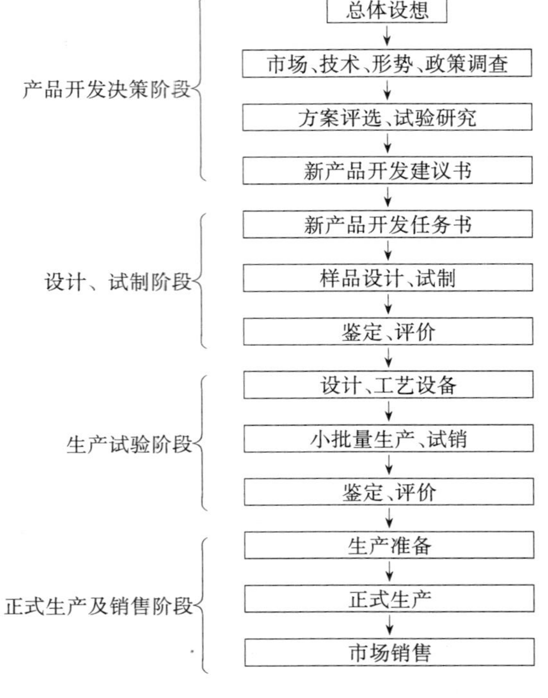

图 13－4　新产品开发生产程序

(3) 样品的设计与试制分析　首先对新产品的不同设计方案进行分析，选择一个结构先进、费用较少，设计制造时间少的方案；其次分析产品图样是否正确；最后通过对样机及其试制过程的分析，来验证产品设计的正确与否，即召开鉴定会进行专家论证。

新产品开发经过上述两方面的研究分析后，便可进行是否需要进行批量生产的决策分析。

三、生产过程的分析

生产过程的分析在这里是指对新产品批量生产的工艺过程的分析：

1. 工艺过程方案的技术分析

对拟订的工艺过程方案，应从以下几个方面进行技术分析：

(1) 对新产品设计要求的满足程度　能否稳定可靠地保证新产品的制造质量与规格可完全达到设计要求，是判断某方案技术可行性的首要标准，也是一项否决性指标。为了准确判断，就要研究分析产品图样、明确设计意图和各零部件的特性与技术要求。

(2) 技术的先进性与适用性　在工序安排与工艺方法上应尽量选用新技术、新工艺，既不能选用降低产品性能要求的工艺，也不能采用本厂无法达到的高新手段。

(3) 设备与工艺装备的选择　设备的选择应在满足新产品需要的前提下选择最经济的。工艺装备是对工、夹、量、模、检具和工位器具的总称。它的费用在机械工业企业中平均占成本的 10%～15%，因此应合理选择工艺装备的设计制造数量。

(4) 劳动消耗量分析　工艺方案中应制订劳动定额，以衡量工艺方案的劳动生产率高低。

(5) 能源及物资消耗指标分析　先分析能源和原材料的消耗，然后再分析其他辅助材料的消耗。

(6) 工艺路线的选择　在分析工艺路线时，应当考虑零件运输线和工作地、车间的专业化，以减少周转、减少库存与生产面积。

(7) 劳动安全与环境保护分析　这是文明生产的标志，也是工艺方案中不可忽视的问题。

2. 生产过程的全面分析

对生产过程的全面分析，除了上述对工艺过程方案的技术分析和工艺成本分析外，还应当有劳动生产率、工艺质量、生产周期、劳动条件及设备利用率等项有关指标分析。只有全面的分析比较，才能获得科学的结论。

四、技术经济分析

技术经济分析就是对各种不同技术方案的经济效果进行预算、评价、论证和预测，以便从中找出最优方案。技术经济分析的测算方法很多，主要方法如下：

1. 量本利分析法

量本利分析法又称盈亏分析法，它是对产品的销售量、成本、利润之间的关系进行分析的方法，是企业决策中经常运用的现代化管理方法之一。其基本公式为：

$$A = R - C = PQ - (F + EQ)$$

式中　A——目标利润；

R——销售总收入；

C——总成本；

P——单位产品售价；

Q——销售量；

F——固定成本总额；

E——单位产品变动成本。

由上述公式可以推导出：$Q = (F + A)/(P - E)$。

Q 即为当企业目标利润为 A 时，新产品投产后所必须达到的销售量。而当 $A = 0$ 时的销售量，(Q_0) 称为盈亏平衡点销量，即 $Q_0 = F/(P - E)$

表示量本利关系的图称为盈亏平衡图。由图 13－5 可以看出：当 $Q > Q_0$ 时获得盈利：$Q = Q_0$ 时不盈不亏；$Q < Q_0$ 时发生亏损。

2. 投资回收额法（净现值法）

计算公式如下：

$$P = KZ = \frac{(1 + i)^n - 1}{i(1 + i)^n} \times Z$$

式中 P—— 期望投资回收额；

K—— 年现金值系数；

Z—— 年平均利润额；

i—— 贷款年利率；

n—— 产品销售年限。

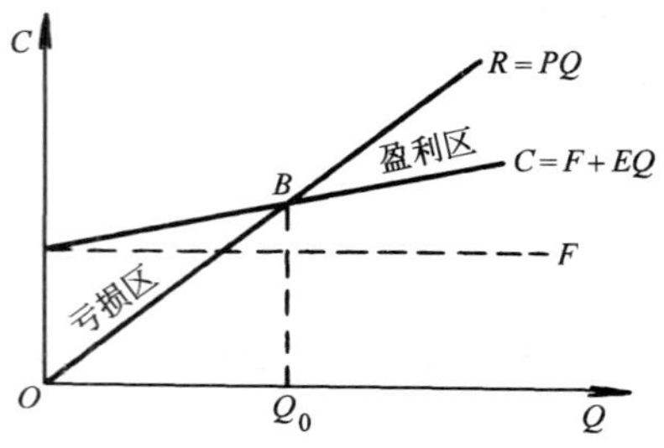

图 13－5 盈亏平衡图

计算后若 $P >$ 计划投资额(A_0)，该产品可以投产；反之，不宜投产。

例：某厂生产新产品需投资 55 万元，预测产品可销售 10 年，年平均利润 10 万元，年利率为 10%，问该产品是否值得开发投产？

解：设 $K = 1$，则

$$P = 10 \times \frac{(1 + 0.1)^{10} - 1}{0.1 \times (1 + 0.1)^{10}} \text{万元} = 64.1 \text{万元} > 55 \text{万元}$$

因为 $P > A_0$，所以该产品可以开发投产。

3. 价值分析法

价值分析法（VA）也称价值工程法（VE）。它是通过有组织的功能分析活动，以尽可能低的成本来实现产品（包括各种作业）的必要功能。根据这个表达，可以看出产品的价值（V）、功能（C）、成本（E）三者的关系是：

$$V = C/E$$

价值分析是一个发现问题和解决问题的过程。其步骤如下：

（1）选择 VA 对象产品　选择价值分析对象产品可从以下几个方面考虑：①设计方面选择结构复杂、造价高、功能较差的产品；②制造方面选择工时占用多，材料、能源消耗大的产品或零件；③质量方面选择质量差、维修难和有可能改进的零部件；④销售方面选择用户意见大的产品或正在设计试制的产品。

（2）搜集信息资料　确定 VA 对象后，就要围绕所选对象收集技术、销售、经济和本企业资料信息，取得进行 VA 活动的依据。

（3）进行功能分析　其目的在于用更低的成本来实现必要的功能。功能分析包括功能定义、功能整理和功能评价。

1）功能定义。是用简明、准确的语言来描述产品的作用。定义时要抓住本质。一般是用一个动词和一个名词来定义功能，如传递力矩、承受载荷、减少摩擦等。

2）功能整理。其目的是为了明确功能范围，检查功能定义的正确性。首先将功能分类，即分为有用的、不足的还是过剩的功能；或是基本功能、辅助功能；或是目的功能、手段功能等。然后，找出功能之间的内在联系。

3）功能评价。就是评定功能的价值。功能价值的表达式为：

功能价值＝实现所选功能的最低费用/实际费用

（4）选择功能改善的对象　这是价值分析的第二次选择对象。即在功能价值小于1的范围内，从中选择功能价值最小的功能作为功能改进对象。

（5）评选实施方案　对所选改进对象的功能提出提高功能价值的多个实施方案，从中进行技术经济论证，选出一个最优方案进行实施。

（6）VA成果评价　方案实施后要进行总结，对VA活动成果进行总评价。总评价主要有两个方面：一是技术效果，凡是成功的纳入规范，不尽人意的可作为今后技术攻关的方向；二是经济效果。VA活动的经济效果评价指标主要有如下两项：

全年净节约额＝(改进前的成本－改进后的成本)×年产销量－VA活动费用

VA活动单位时间节约额＝全年净节约额/VA活动延续时间。

五、财务资金分析

新产品生产的财务资金分析，是对新产品的投产所做的财务预测、分析和评价。资金是新产品生产的基础，财务资金分析是新产品生产的可行性分析中不可缺少的重要问题。

1．投资估算

总投资包括固定资产投资和流动资产投资两部分。在效益相同的情况下选择总投资少的方案；短、平、快的产品，应选择固定资产投资少的项目。

2．资金筹措和投入分析

（1）资金筹措分析　资金来源分为企业自有资金、上级拨款、银行贷款、发行股票和债券、引进外资等。在论证新产品时应当分析：资金的来源是否明确；筹集措施是否合理和落实。

（2）资金投入分析　是指资金投入的时间和数额是否合理。即：第一，资金的投入是否与投产量、项目阶段用资金相一致；第二，资金投入的日期和数额是否与资金筹措相匹配。

3．投资回收期

它是指以新产品投产后的净收益来抵偿其全部投资所需要的时间。当计算所得投资回收期小于规定的基准回收期时，该产品的投产在财务上是可行的；反之，是不可行的。

4. 投资利润率

一般是指新产品达到设计生产能力后的一个正常生产年份（或平均）的年利润总额与投资总额的比率。投资利润率高，说明投资少而所产生的利润多，应选取投资利润率高的方案。其他财务分析内容，如贷款期限、外汇效果分析等也应根据情况分析。

第四节　ISO 质量认证

一、ISO 和 ISO9000 概述

1. ISO

ISO 是一个组织的英语简称。其全称是 International Organizationfor Standardization，译成中文就是“国际标准化组织”。

ISO 是世界上最大的国际标准化组织，它成立于 1947 年 2 月 23 日，是负责除电工、电子领域之外的所有其他领域的标准化活动。ISO 通过它的 2856 个技术机构开展技术活动。其中技术委员会（简称 TC）共 185 个，分技术委员会（简称 SC）共 611 个，工作组（WG）2022 个，特别工作组 38 个。标准编号为：ISO + 标准号 + [杠 + 分标准号] + 冒号 + 发布年号（方括号中的内容可有可无）。例如 ISO8402：1987、ISO9000—1：1994 等，分别是某一个标准的编号。

2. ISO9000

ISO9000 不是指一个标准，而是一族标准的统称。根据 ISO9000—1：1994 的定义，‘ISO9000 族’是由 ISO/TC176 制订的所有国际标准。

TC176 即 ISO 中第 176 个技术委员会，它成立于 1980 年，全称是“品质保证技术委员会”，1987 年又更名为“品质管理和品质保证技术委员会”。TC176 专门负责制订品质管理和品质保证技术的标准。

二、推行 ISO9000 的作用

1. 强化品质管理，提高企业效益，增强客户信心，扩大市场份额

负责 ISO9000 品质体系认证的认证机构，都是经过国家认可机构认可的权威机构，对企业的品质体系的审核是非常严格的。这样，对于企业内部来说，可按照经过严格审核的国际标准化的品质体系进行品质管理，真正达到法治化、科学化的要求，极大地提高工作效率和产品合格率，迅速提高企业的经济效益和社会效益。对于企业外部来说，当顾客得知供方按照国际标准实行管理，拿到了 ISO9000 品质体系认证证书，并且有认证机构的严格审核和定期监督，就可以确信该企业是能够稳定地生产合格产品，仍至优秀产品的信得过的企业，从而放心地与企业订立供销合同，以此扩大了企业的市场占有率。可以说，在这两方面都

收到了立竿见影的功效。

2．获得了国际贸易“通行证”，消除了国际贸易壁垒

许多国家为了保护自身的利益，设置了种种贸易壁垒，包括关税壁垒和非关税壁垒。其中非关税壁垒主要是技术壁垒。在技术壁垒中，又主要是产品品质认证和ISO9000品质体系认证的壁垒。特别是，在“世界贸易组织”内，各成员国之间相互排除了关税壁垒，只能设置技术壁垒，所以，获得认证是消除贸易壁垒的主要途径。

3．节省了第二方审核的精力和费用

在现代贸易实践中，第二方审核早就成为惯例，又逐渐发现其存在很大的弊端：一方面供方通常要为许多需方供货，第二方审核无疑会给供方带来沉重的负担；另一方面，需方也需支付相当的费用，同时还要考虑派出或雇佣人员的经验和水平问题，否则，花了费用也达不到预期的目的。唯有ISO9000认证可以排除这样的弊端。因为作为第一方的生产企业申请了第三方的ISO9000认证并获得了认证证书以后，众多第二方就不必要再对第一方进行审核，这样，不管是对第一方还是对第二方都可以节省很多精力或费用。另外，如果企业在获得了ISO9000认证之后再申请UL、CE等产品品质认证，还可以免除认证机构对企业的品质保证体系进行重复认证的开支。

4．在产品品质竞争中永远立于不败之地

国际贸易竞争的手段主要是价格竞争和品质竞争。由于低价销售的方法不仅使利润锐减，如果构成倾销，还会受到贸易制裁，所以价格竞争的手段越来越不可取。20世纪70年代以来，品质竞争已成为国际贸易竞争的主要手段，不少国家把提高进口商品的品质要求作为限入奖出的贸易保护主义的重要措施。实行ISO9000国际标准化的品质管理，可以稳定地提高产品品质，使企业在产品品质竞争中永远立于不败之地。

5．有效地避免产品责任

各国在执行产品品质法的实践中，由于对产品品质的投诉越来越频繁，事故原因越来越复杂，追究责任也就越来越严格。尤其是近几年，发达国家都在把原有的“过失责任”转变为“严格责任”法理，对制造商的安全要求提高很多。例如，工人在操作一台机床时受到伤害，按“严格责任”法理，法院不仅要看该机床机件故障之类的品质问题，还要看其有没有安全装置，有没有向操作者发出警告的装置等。法院可以根据上述任何一个问题判定该机床存在缺陷，厂方便要对其后果负责赔偿。但是，按照各国产品责任法，如果厂方能够提供ISO9000品质体系认证证书，便可免赔，否则，要败诉且要受到重罚。

6．有利于国际间的经济合作和技术交流

按照国际间经济合作和技术交流的惯例，合作双方必须在产品品质方面有共

同的语言、统一的认识和共守的规范，方能进行合作与交流。ISO9000品质体系认证正好提供了这样的信任，有利于双方迅速达成协议。

三、推行ISO9000的一般步骤

仔细阅读过ISO9000标准后你一定会产生这样一个概念，ISO9000标准的确非常全面。它规范了企业内从原材料采购到成品交付的所有过程，牵涉到企业内从最高管理层到最基层的全体员工。简单地说，推行ISO9000有如下五个必不可少的过程：知识准备—立法—宣贯—执行—监督、改进。你可以根据公司的具体情况，对上述五个过程进行规划，按照一定的推行步骤引导公司逐步迈入ISO9000的世界。

企业在推行ISO9000之前，应结合本企业实际情况，对上述各推行步骤进行周密的策划，并给出时间上和活动内容上的具体安排，以确保得到更有效的实施效果。企业经过若干次内审并逐步纠正后，若认为所建立的质量管理体系已符合所选标准的要求时，便可申请外部认证。

第五节　环境保护

一、概述

环境污染按污染物性质可分为三类：第一类为化学性污染，包括无机有害物污染、无机有毒物污染和有机有毒物污染；第二类是物理性污染，包括噪声污染、放射性污染、电磁波污染；第三类是由病菌、病毒、寄生虫造成的生物性污染。机械工业中的环境污染主要是第一、第二类污染。

环境保护是指在经济建设中要保证合理地利用自然环境，防治环境污染和生态破坏，为人类造成清洁适宜的生活和劳动环境，保护人民健康，促进经济发展。

环境保护与生产技术是紧密相连的。环境保护的技术措施可促使生产制造技术的改革和发展；反之，生产制造技术的改革又可促进环境保护。

本节将对在机械工业生产中所产生的“三废”（废气、废水、废渣）、噪声和防治知识做一简单介绍。

二、机械工业的环境污染

（1）机械加工车间的主要污染　①冷却用的各类切削液；②由切削和磨削形成的粉尘。

（2）铸造车间的主要污染　烟尘、粉尘、噪声、多种有害气体及各类辐射等。

（3）锻压车间的主要污染　①锻锤、冲床工作时产生的振动、噪声；②锻造炉的烟尘和清理锻件产生的粉尘；③高温工件的辐射等。

（4）焊接车间的主要污染。

1）物理有害因素。如电弧辐射、高频电磁波、放射线、噪声等。

2）化学有害因素。是指烟尘和有害气体，如：①电弧焊产生的烟尘中含有较多的 Fe_2O_3（可造成铁尘肺病）和锰、氟、铜、铝等；②由电弧的紫外线辐射作用于环境空气中的氧和氮而产生的 O_3 和 NO、NO_2 等。

（5）热处理车间的主要污染　①高温炉与高温工件产生的热辐射；②淬火油烟；③盐浴炉及化学热处理产生的有害气体，如氢氧化钠及各种酸、碱、盐等在生产中产生的气体；④高频电场辐射。

（6）电镀、涂漆车间的污染　即工业“三废”：①酸雾及“三苯”（苯、甲苯、二甲苯）溶剂和油漆的废气等；②含有氰化物、铬离子、酸、碱的水溶液；③含铬、苯等有害物的污泥。

（7）锅炉房的主要污染　烟尘、噪声、灰渣及粉尘。

三、环境保护技术

1．工业废气（尘）的防治

在工业生产中产生或者向外散发的烟尘（粉尘）、有害气体、有害蒸气、统称为工业废气。

（1）烟尘、粉尘及其防治　一般从以下三方面入手：

1）控制粉尘的产生。

2）控制粉尘向作业环境中的散发。

3）通风除尘是防治粉尘的常用措施。

（2）有毒气体的防治　有毒气体的防治有如下三个基本措施：

1）通风排毒。有全面通风换气、局部排风和应急排风三种方式，可根据具体情况选用。

2）毒物净化。有直接燃烧法、热力燃烧法、催化燃烧法、冷凝燃烧法等。

3）防毒的工艺改革。采用新工艺、新技术是防毒的根本措施，不但从根本上改变了劳动条件，防止中毒事故的发生，又消除了环境的污染。

2．工业废水的防治

（1）工业废水的种类

1）相对洁净的废水。如空调机组、高频炉的冷却水等，可直接排入水道。但最好采用冷却或稳定化措施处理后供循环使用。

2）含有毒有害物质的废水。如电镀、电解、发蓝、清洗排出的废水，必须经过处理，达到国家规定的允许排放标准以后才能排入水道，更不得采用稀释方法来达到国家标准。

（2）工业废水防治的基本措施

1）改革工艺。例如工艺上采用低铬电镀、无氰镀锌；热处理用渗氮代替碳氮共渗；用表面活性剂和煤油洗涤镀件；用加压水喷淋代替无压水漂洗等。

2）综合回收利用。如酸洗废液中含硫酸和硫酸亚铁，应采取真空浓缩结晶法和隔膜电解法分别回收，并可利用其生产氧化铁。

3）封闭循环。如铸造车间水力清砂的废水、水帘喷漆废水，均应沉淀过滤后循环使用。

4）处理排放。无使用价值的废水，经过处理达到国家排放标准后再排入下水道。

（3）工业废水处理的主要方法

1）物理处理方法。是用物理原理分离和去除废水中不溶解悬浮固体与油脂的方法。

①筛滤截留法：是利用留有孔眼的装置或某种介质组成的滤层来截留废水中不溶解的物质，使用的装置有格栅、筛网、滤布和砂滤池。

②重力分离法：是指废水中的悬浮物在本身的重力使用下与水分离的方法。

③离心分离法：是使装有废水的容器高速旋转，将悬浮颗粒从废水中分离出来的方法。

④加热处理法：是利用蒸发或结晶的方法，分离污染物与水。

⑤磁场法：是利用磁场将磁性物质（Fe、Fe_2O_3、Fe_3O_4）与水分离。

2）化学处理法。是通过化学反应改变废水中污染物的化学或物理性质，使它从溶解状态转变为沉淀或漂浮状态，或从固态转变为气态，进而从水中除去的处理方法。

①混凝沉淀法：向废水中投入混凝剂，使水中胶体悬浮颗粒失去稳定。由于悬浮颗粒相互碰撞和附聚搭接而成为较大颗粒或絮状物，从而从水中沉淀分离。混凝剂有石灰、氯气、骨胶、活化硅酸等。该方法适用于含有胶体、乳状物的废水。

②中和法：是利用中和剂；在酸性废水中加入碱性物质，如石灰、电石渣等；在碱性废水中加入酸性物质，如硫酸、盐酸等，使之发生中和反应，以使废水的 pH 值达到要求。

③氧化（还原）法：根据废水的性质，向废水中加入氧化（或还原）剂，使污染物氧化（或还原），以净化废水。它适用于含有可被氧化（还原）物质的废水处理。

④离子交换法：是借助于离子交换剂中的交换离子和废水中的离子进行交换而除去废水中有害离子的方法。它适用于处理含有可电离物质，如 $NiSO_4NiCr_2$ 等的废水。

⑤电解法：是利用电解原理，使废水中有害物质通过电解过程，在阳、阴两极上分别发生氧化和还原反应转化为无害物质。它适用于含溶解性物质（如

$CuSO_4$等）的废水处理。

3）物理－化学处理法。是运用物理和化学的综合作用，而使废水精化的方法。

3．工业废渣的处理与利用

工业废渣是指工业生产中产生的固体废物和污泥，若处理不当就会造成环境污染，所以必须设法对固体废物和污泥进行处理与利用。

4．工业噪声的防治

噪声是干扰人们正常休息、学习、工作和生活的声音，对人们危害十分严重，例如：①引起耳聋、消化不良、食欲不振和血压增高；②影响语言交谈、思考和睡眠；③高声强的噪声可损坏建筑物和仪器；④降低工作效率，影响安全生产。

传播噪声的三要素是：声源、传播途径和接受者，因此也应从这三方面入手进行噪声的防治。

复习思考题

1．名词解释

①工业企业　②企业管理　③流水线　④成本管理　⑤利润总额及营业利润　⑥目标成本　⑦ISO　⑧价值分析　⑨噪声　⑩工业“三废”

2．成本的控制主要有哪些措施？

3．新产品开发生产有哪四个阶段？

4．新产品生产的可行性分析的内容主要有哪几方面？每个方面的含义是什么？

5．价值分析法的步骤有哪几步？

6．某厂甲产品的单位成本去年为 6430 元/台，根据市场情况准备降低到 6000 元/台。计划今年产量为 300 台，全年计划除材料、工资以外的总开支节约 3 万元。经改进设计后每台材料费用减少 150 元。问：加工工艺的改进后应当至少使单台的工时降低多少才能达到成本降低的预期效果？（工时费为 3 元/h）

7．若某厂生产新产品需投资 100 万元，预测产品可销售 10 年，平均年利润为 15 万元，贷款年利率为 10%。问该产品是否值得开发投产？

8．某厂拟投产一种新产品，经预算：每台变动成本为 8 元，年固定费用总额为 40000 元，市场预测单价为 10 元。问该产品年销售量必须大于多少件方可投产？

参 考 文 献

1 陈文明，高殿玉，刘群山主编．金属工艺学．北京：机械工业出版社，1994

2 刘群山主编．机电工艺实训教程．北京：机械工业出版社，2002

3 相瑜才等主编．工程材料及机械制造基础．北京：机械工业出版社，1998

4 催占全等主编．工程材料．北京：机械工业出版社，2003

5 傅水根主编．机械制造工艺基础．北京：清华大学出版社，1998

6 孙康宁等主编．现代工程材料成形与制造工艺基础．北京：机械工业出版社，2002

7 邓文英主编．金属工艺学．北京：高等教育出版社，第三版，1997

8 李振明主编．机械制造基础（冷加工）．北京：机械工业出版社，1997

9 孔庆华编著．特种加工．上海：同济大学出版社，1997

10 张木青等主编．制造技术基础实践．北京：机械工业出版社，2002